HUANJING ZIYUAN SHENPAN
YU XINGZHENG ZHIFA

环境资源审判与行政执法

·第2辑·

最高人民法院环境资源审判庭　编

法律出版社 LAW PRESS·CHINA
北京

图书在版编目(CIP)数据

环境资源审判与行政执法. 第2辑 / 最高人民法院环境资源审判庭编. -- 北京 : 法律出版社, 2023
ISBN 978-7-5197-7545-2

Ⅰ. ①环… Ⅱ. ①最… Ⅲ. ①环境保护法－审判－研究－中国②环境保护法－行政执法－研究－中国 Ⅳ. ①D922.680.4

中国国家版本馆CIP数据核字(2023)第023986号

环境资源审判与行政执法(第2辑)
HUANJING ZIYUAN SHENPAN YU XINGZHENG ZHIFA(DI-2 JI)

最高人民法院环境资源审判庭 编

责任编辑 赵明霞
装帧设计 臧晓飞

出版发行 法律出版社
编辑统筹 法商出版分社
责任校对 晁明慧 王 皓
责任印制 胡晓雅
经　　销 新华书店

开本 710毫米×1000毫米 1/16
印张 21　**字数** 330千
版本 2023年4月第1版
印次 2023年4月第1次印刷
印刷 三河市兴达印务有限公司

地址:北京市丰台区莲花池西里7号(100073)
网址:www.lawpress.com.cn
投稿邮箱:info@lawpress.com.cn
举报盗版邮箱:jbwq@lawpress.com.cn

销售电话:010-83938349
客服电话:010-83938350
咨询电话:010-63939796

书号:ISBN 978-7-5197-7545-2　**定价**:78.00元

凡购买本社图书,如有印装错误,我社负责退换。电话:010-83938349

《环境资源审判与行政执法》

编辑委员会

特约编委

福建高院	王江凌
江西高院	吴　胜
山东高院	崔　勇
河南高院	杨　巍
湖北高院	张乐喜
宁夏高院	孙泽诚
新疆高院	李　倩
兵团法院	李健鹏
军事法院	李　毅

特约通讯员

北京高院	汪　明
天津高院	左　楠
河北高院	王晓歌
山西高院	刘学仲
内蒙古高院	李　娟
辽宁高院	王　骞
吉林高院	徐榕玲
黑龙江高院	赵　敏
上海高院	张心全
江苏高院	刘尚雷
浙江高院	夏祖银
安徽高院	江炜炜
福建高院	郑文欢
江西高院	张满洋
山东高院	梁　勇
河南高院	董亚伟
湖北高院	姚海军
湖南高院	曾志燕
广东高院	范兴龙
广西高院	彭绍征
海南高院	陈　颜
重庆高院	黄　成
四川高院	峥　嵘
贵州高院	李婧菽
云南高院	马　荣
西藏高院	张文静
陕西高院	董倩倩
甘肃高院	贠红娟
青海高院	赵　瑾
宁夏高院	旦伟娟
新疆高院	宋艳云
兵团法院	雷美全
军事法院	田昕鑫

目　录

【法律法规与司法解释】

【司法政策专题】

中华人民共和国湿地保护法

（2021年12月24日第十三届全国人民代表大会常务委员会第三十二次会议通过）

目　录

第一章　总　则

第一条　为了加强湿地保护，维护湿地生态功能及生物多样性，保障生态安全，促进生态文明建设，实现人与自然和谐共生，制定本法。

第二条　在中华人民共和国领域及管辖的其他海域内从事湿地保护、利用、修复及相关管理活动，适用本法。

本法所称湿地，是指具有显著生态功能的自然或者人工的、常年或者季节性积水地带、水域，包括低潮时水深不超过六米的海域，但是水田以及用于养殖的人工的水域和滩涂除外。国家对湿地实行分级管理及名录制度。

江河、湖泊、海域等的湿地保护、利用及相关管理活动还应当适用《中华人民共和国水法》、《中华人民共和国防洪法》、《中华人民共和国水污染防治法》、《中华人民共和国海洋环境保护法》、《中华人民共和国长江保护法》、《中华人民共和国渔业法》、《中华人民共和国海域使用管理法》等有关法律的规定。

第三条 湿地保护应当坚持保护优先、严格管理、系统治理、科学修复、合理利用的原则,发挥湿地涵养水源、调节气候、改善环境、维护生物多样性等多种生态功能。

第四条 县级以上人民政府应当将湿地保护纳入国民经济和社会发展规划,并将开展湿地保护工作所需经费按照事权划分原则列入预算。

县级以上地方人民政府对本行政区域内的湿地保护负责,采取措施保持湿地面积稳定,提升湿地生态功能。

乡镇人民政府组织群众做好湿地保护相关工作,村民委员会予以协助。

第五条 国务院林业草原主管部门负责湿地资源的监督管理,负责湿地保护规划和相关国家标准拟定、湿地开发利用的监督管理、湿地生态保护修复工作。国务院自然资源、水行政、住房城乡建设、生态环境、农业农村等其他有关部门,按照职责分工承担湿地保护、修复、管理有关工作。

国务院林业草原主管部门会同国务院自然资源、水行政、住房城乡建设、生态环境、农业农村等主管部门建立湿地保护协作和信息通报机制。

第六条 县级以上地方人民政府应当加强湿地保护协调工作。县级以上地方人民政府有关部门按照职责分工负责湿地保护、修复、管理有关工作。

第七条 各级人民政府应当加强湿地保护宣传教育和科学知识普及工作,通过湿地保护日、湿地保护宣传周等开展宣传教育活动,增强全社会湿地保护意识;鼓励基层群众性自治组织、社会组织、志愿者开展湿地保护法律法规和湿地保护知识宣传活动,营造保护湿地的良好氛围。

教育主管部门、学校应当在教育教学活动中注重培养学生的湿地保护意识。

新闻媒体应当开展湿地保护法律法规和湿地保护知识的公益宣传,对破坏湿地的行为进行舆论监督。

第八条 国家鼓励单位和个人依法通过捐赠、资助、志愿服务等方式参与湿地保护活动。

对在湿地保护方面成绩显著的单位和个人,按照国家有关规定给予表彰、奖励。

第九条 国家支持开展湿地保护科学技术研究开发和应用推广，加强湿地保护专业技术人才培养，提高湿地保护科学技术水平。

第十条 国家支持开展湿地保护科学技术、生物多样性、候鸟迁徙等方面的国际合作与交流。

第十一条 任何单位和个人都有保护湿地的义务，对破坏湿地的行为有权举报或者控告，接到举报或者控告的机关应当及时处理，并依法保护举报人、控告人的合法权益。

第二章 湿地资源管理

第十二条 国家建立湿地资源调查评价制度。

国务院自然资源主管部门应当会同国务院林业草原等有关部门定期开展全国湿地资源调查评价工作，对湿地类型、分布、面积、生物多样性、保护与利用情况等进行调查，建立统一的信息发布和共享机制。

第十三条 国家实行湿地面积总量管控制度，将湿地面积总量管控目标纳入湿地保护目标责任制。

国务院林业草原、自然资源主管部门会同国务院有关部门根据全国湿地资源状况、自然变化情况和湿地面积总量管控要求，确定全国和各省、自治区、直辖市湿地面积总量管控目标，报国务院批准。地方各级人民政府应当采取有效措施，落实湿地面积总量管控目标的要求。

第十四条 国家对湿地实行分级管理，按照生态区位、面积以及维护生态功能、生物多样性的重要程度，将湿地分为重要湿地和一般湿地。重要湿地包括国家重要湿地和省级重要湿地，重要湿地以外的湿地为一般湿地。重要湿地依法划入生态保护红线。

国务院林业草原主管部门会同国务院自然资源、水行政、住房城乡建设、生态环境、农业农村等有关部门发布国家重要湿地名录及范围，并设立保护标志。国际重要湿地应当列入国家重要湿地名录。

省、自治区、直辖市人民政府或者其授权的部门负责发布省级重要湿地名录及范围，并向国务院林业草原主管部门备案。

一般湿地的名录及范围由县级以上地方人民政府或者其授权的部门发布。

第十五条 国务院林业草原主管部门应当会同国务院有关部门，依据国民经济和社会发展规划、国土空间规划和生态环境保护规划编制全国湿地保护规划，报国务院或者其授权的部门批准后组织实施。

县级以上地方人民政府林业草原主管部门应当会同有关部门，依据本级国土空间规划和上一级湿地保护规划编制本行政区域内的湿地保护规划，报同级人民政府批准后组织实施。

湿地保护规划应当明确湿地保护的目标任务、总体布局、保护修复重点和保障措施等内容。经批准的湿地保护规划需要调整的，按照原批准程序办理。

编制湿地保护规划应当与流域综合规划、防洪规划等规划相衔接。

第十六条 国务院林业草原、标准化主管部门会同国务院自然资源、水行政、住房城乡建设、生态环境、农业农村主管部门组织制定湿地分级分类、监测预警、生态修复等国家标准；国家标准未作规定的，可以依法制定地方标准并备案。

第十七条 县级以上人民政府林业草原主管部门建立湿地保护专家咨询机制，为编制湿地保护规划、制定湿地名录、制定相关标准等提供评估论证等服务。

第十八条 办理自然资源权属登记涉及湿地的，应当按照规定记载湿地的地理坐标、空间范围、类型、面积等信息。

第十九条 国家严格控制占用湿地。

禁止占用国家重要湿地，国家重大项目、防灾减灾项目、重要水利及保护设施项目、湿地保护项目等除外。

建设项目选址、选线应当避让湿地，无法避让的应当尽量减少占用，并采取必要措施减轻对湿地生态功能的不利影响。

建设项目规划选址、选线审批或者核准时，涉及国家重要湿地的，应当征求国务院林业草原主管部门的意见；涉及省级重要湿地或者一般湿地的，应当按照管理权限，征求县级以上地方人民政府授权的部门的意见。

第二十条 建设项目确需临时占用湿地的，应当依照《中华人民共和国土地管理法》、《中华人民共和国水法》、《中华人民共和国森林法》、《中华人民共和国草原法》、《中华人民共和国海域使用管理法》等有关法律法规的规定办理。临时占用湿地的期限一般不得超过二年,并不得在临时占用的湿地上修建永久性建筑物。

临时占用湿地期满后一年内,用地单位或者个人应当恢复湿地面积和生态条件。

第二十一条 除因防洪、航道、港口或者其他水工程占用河道管理范围及蓄滞洪区内的湿地外,经依法批准占用重要湿地的单位应当根据当地自然条件恢复或者重建与所占用湿地面积和质量相当的湿地;没有条件恢复、重建的,应当缴纳湿地恢复费。缴纳湿地恢复费的,不再缴纳其他相同性质的恢复费用。

湿地恢复费缴纳和使用管理办法由国务院财政部门会同国务院林业草原等有关部门制定。

第二十二条 国务院林业草原主管部门应当按照监测技术规范开展国家重要湿地动态监测,及时掌握湿地分布、面积、水量、生物多样性、受威胁状况等变化信息。

国务院林业草原主管部门应当依据监测数据,对国家重要湿地生态状况进行评估,并按照规定发布预警信息。

省、自治区、直辖市人民政府林业草原主管部门应当按照监测技术规范开展省级重要湿地动态监测、评估和预警工作。

县级以上地方人民政府林业草原主管部门应当加强对一般湿地的动态监测。

第三章 湿地保护与利用

第二十三条 国家坚持生态优先、绿色发展,完善湿地保护制度,健全湿地保护政策支持和科技支撑机制,保障湿地生态功能和永续利用,实现生态效益、社会效益、经济效益相统一。

第二十四条 省级以上人民政府及其有关部门根据湿地保护规划和湿地保护需要,依法将湿地纳入国家公园、自然保护区或者自然公园。

第二十五条 地方各级人民政府及其有关部门应当采取措施,预防和控制人为活动对湿地及其生物多样性的不利影响,加强湿地污染防治,减缓人为因素和自然因素导致的湿地退化,维护湿地生态功能稳定。

在湿地范围内从事旅游、种植、畜牧、水产养殖、航运等利用活动,应当避免改变湿地的自然状况,并采取措施减轻对湿地生态功能的不利影响。

县级以上人民政府有关部门在办理环境影响评价、国土空间规划、海域使用、养殖、防洪等相关行政许可时,应当加强对有关湿地利用活动的必要性、合理性以及湿地保护措施等内容的审查。

第二十六条 地方各级人民政府对省级重要湿地和一般湿地利用活动进行分类指导,鼓励单位和个人开展符合湿地保护要求的生态旅游、生态农业、生态教育、自然体验等活动,适度控制种植养殖等湿地利用规模。

地方各级人民政府应当鼓励有关单位优先安排当地居民参与湿地管护。

第二十七条 县级以上地方人民政府应当充分考虑保障重要湿地生态功能的需要,优化重要湿地周边产业布局。

县级以上地方人民政府可以采取定向扶持、产业转移、吸引社会资金、社区共建等方式,推动湿地周边地区绿色发展,促进经济发展与湿地保护相协调。

第二十八条 禁止下列破坏湿地及其生态功能的行为:

(一)开(围)垦、排干自然湿地,永久性截断自然湿地水源;

(二)擅自填埋自然湿地,擅自采砂、采矿、取土;

(三)排放不符合水污染物排放标准的工业废水、生活污水及其他污染湿地的废水、污水,倾倒、堆放、丢弃、遗撒固体废物;

(四)过度放牧或者滥采野生植物,过度捕捞或者灭绝式捕捞,过度施肥、投药、投放饵料等污染湿地的种植养殖行为;

(五)其他破坏湿地及其生态功能的行为。

第二十九条 县级以上人民政府有关部门应当按照职责分工,开展湿地有害生物监测工作,及时采取有效措施预防、控制、消除有害生物对湿地生态系统的危害。

第三十条 县级以上人民政府应当加强对国家重点保护野生动植物集中分布湿地的保护。任何单位和个人不得破坏鸟类和水生生物的生存环境。

禁止在以水鸟为保护对象的自然保护地及其他重要栖息地从事捕鱼、挖捕底栖生物、捡拾鸟蛋、破坏鸟巢等危及水鸟生存、繁衍的活动。开展观鸟、科学研究以及科普活动等应当保持安全距离，避免影响鸟类正常觅食和繁殖。

在重要水生生物产卵场、索饵场、越冬场和洄游通道等重要栖息地应当实施保护措施。经依法批准在洄游通道建闸、筑坝，可能对水生生物洄游产生影响的，建设单位应当建造过鱼设施或者采取其他补救措施。

禁止向湿地引进和放生外来物种，确需引进的应当进行科学评估，并依法取得批准。

第三十一条 国务院水行政主管部门和地方各级人民政府应当加强对河流、湖泊范围内湿地的管理和保护，因地制宜采取水系连通、清淤疏浚、水源涵养与水土保持等治理修复措施，严格控制河流源头和蓄滞洪区、水土流失严重区等区域的湿地开发利用活动，减轻对湿地及其生物多样性的不利影响。

第三十二条 国务院自然资源主管部门和沿海地方各级人民政府应当加强对滨海湿地的管理和保护，严格管控围填滨海湿地。经依法批准的项目，应当同步实施生态保护修复，减轻对滨海湿地生态功能的不利影响。

第三十三条 国务院住房城乡建设主管部门和地方各级人民政府应当加强对城市湿地的管理和保护，采取城市水系治理和生态修复等措施，提升城市湿地生态质量，发挥城市湿地雨洪调蓄、净化水质、休闲游憩、科普教育等功能。

第三十四条 红树林湿地所在地县级以上地方人民政府应当组织编制红树林湿地保护专项规划，采取有效措施保护红树林湿地。

红树林湿地应当列入重要湿地名录；符合国家重要湿地标准的，应当优先列入国家重要湿地名录。

禁止占用红树林湿地。经省级以上人民政府有关部门评估，确因国家重大项目、防灾减灾等需要占用的，应当依照有关法律规定办理，并做好保护和修复工作。相关建设项目改变红树林所在河口水文情势、对红树林生长产生较大影响的，应当采取有效措施减轻不利影响。

禁止在红树林湿地挖塘，禁止采伐、采挖、移植红树林或者过度采摘红树林种子，禁止投放、种植危害红树林生长的物种。因科研、医药或者红树林湿地保护等需要采伐、采挖、移植、采摘的，应当依照有关法律法规办理。

第三十五条 泥炭沼泽湿地所在地县级以上地方人民政府应当制定泥炭沼泽

湿地保护专项规划，采取有效措施保护泥炭沼泽湿地。

符合重要湿地标准的泥炭沼泽湿地，应当列入重要湿地名录。

禁止在泥炭沼泽湿地开采泥炭或者擅自开采地下水；禁止将泥炭沼泽湿地蓄水向外排放，因防灾减灾需要的除外。

第三十六条 国家建立湿地生态保护补偿制度。

国务院和省级人民政府应当按照事权划分原则加大对重要湿地保护的财政投入，加大对重要湿地所在地区的财政转移支付力度。

国家鼓励湿地生态保护地区与湿地生态受益地区人民政府通过协商或者市场机制进行地区间生态保护补偿。

因生态保护等公共利益需要，造成湿地所有者或者使用者合法权益受到损害的，县级以上人民政府应当给予补偿。

第四章 湿 地 修 复

第三十七条 县级以上人民政府应当坚持自然恢复为主、自然恢复和人工修复相结合的原则，加强湿地修复工作，恢复湿地面积，提高湿地生态系统质量。

县级以上人民政府对破碎化严重或者功能退化的自然湿地进行综合整治和修复，优先修复生态功能严重退化的重要湿地。

第三十八条 县级以上人民政府组织开展湿地保护与修复，应当充分考虑水资源禀赋条件和承载能力，合理配置水资源，保障湿地基本生态用水需求，维护湿地生态功能。

第三十九条 县级以上地方人民政府应当科学论证，对具备恢复条件的原有湿地、退化湿地、盐碱化湿地等，因地制宜采取措施，恢复湿地生态功能。

县级以上地方人民政府应当按照湿地保护规划，因地制宜采取水体治理、土地整治、植被恢复、动物保护等措施，增强湿地生态功能和碳汇功能。

禁止违法占用耕地等建设人工湿地。

第四十条 红树林湿地所在地县级以上地方人民政府应当对生态功能重要区域、海洋灾害风险等级较高地区、濒危物种保护区域或者造林条件较好地区的红树林湿地优先实施修复，对严重退化的红树林湿地进行抢救性修复，修复应当尽量采用本地树种。

第四十一条 泥炭沼泽湿地所在地县级以上地方人民政府应当因地制宜，组织对退化泥炭沼泽湿地进行修复，并根据泥炭沼泽湿地的类型、发育状况和退化程度等，采取相应的修复措施。

第四十二条 修复重要湿地应当编制湿地修复方案。

重要湿地的修复方案应当报省级以上人民政府林业草原主管部门批准。林业草原主管部门在批准修复方案前，应当征求同级人民政府自然资源、水行政、住房城乡建设、生态环境、农业农村等有关部门的意见。

第四十三条 修复重要湿地应当按照经批准的湿地修复方案进行修复。

重要湿地修复完成后，应当经省级以上人民政府林业草原主管部门验收合格，依法公开修复情况。省级以上人民政府林业草原主管部门应当加强修复湿地后期管理和动态监测，并根据需要开展修复效果后期评估。

第四十四条 因违法占用、开采、开垦、填埋、排污等活动，导致湿地破坏的，违法行为人应当负责修复。违法行为人变更的，由承继其债权、债务的主体负责修复。

因重大自然灾害造成湿地破坏，以及湿地修复责任主体灭失或者无法确定的，由县级以上人民政府组织实施修复。

第五章 监督检查

第四十五条 县级以上人民政府林业草原、自然资源、水行政、住房城乡建设、生态环境、农业农村主管部门应当依照本法规定，按照职责分工对湿地的保护、修复、利用等活动进行监督检查，依法查处破坏湿地的违法行为。

第四十六条 县级以上人民政府林业草原、自然资源、水行政、住房城乡建设、生态环境、农业农村主管部门进行监督检查，有权采取下列措施：

（一）询问被检查单位或者个人，要求其对与监督检查事项有关的情况作出说明；

（二）进行现场检查；

（三）查阅、复制有关文件、资料，对可能被转移、销毁、隐匿或者篡改的文件、资料予以封存；

（四）查封、扣押涉嫌违法活动的场所、设施或者财物。

第四十七条 县级以上人民政府林业草原、自然资源、水行政、住房城乡建设、生态环境、农业农村主管部门依法履行监督检查职责，有关单位和个人应当予以配合，不得拒绝、阻碍。

第四十八条 国务院林业草原主管部门应当加强对国家重要湿地保护情况的监督检查。省、自治区、直辖市人民政府林业草原主管部门应当加强对省级重要湿地保护情况的监督检查。

县级人民政府林业草原主管部门和有关部门应当充分利用信息化手段，对湿地保护情况进行监督检查。

各级人民政府及其有关部门应当依法公开湿地保护相关信息，接受社会监督。

第四十九条 国家实行湿地保护目标责任制，将湿地保护纳入地方人民政府综合绩效评价内容。

对破坏湿地问题突出、保护工作不力、群众反映强烈的地区，省级以上人民政府林业草原主管部门应当会同有关部门约谈该地区人民政府的主要负责人。

第五十条 湿地的保护、修复和管理情况，应当纳入领导干部自然资源资产离任审计。

第六章 法律责任

第五十一条 县级以上人民政府有关部门发现破坏湿地的违法行为或者接到对违法行为的举报，不予查处或者不依法查处，或者有其他玩忽职守、滥用职权、徇私舞弊行为的，对直接负责的主管人员和其他直接责任人员依法给予处分。

第五十二条 违反本法规定，建设项目擅自占用国家重要湿地的，由县级以上人民政府林业草原等有关主管部门按照职责分工责令停止违法行为，限期拆除在非法占用的湿地上新建的建筑物、构筑物和其他设施，修复湿地或者采取其他补救措施，按照违法占用湿地的面积，处每平方米一千元以上一万元以下罚款；违法行为人不停止建设或者逾期不拆除的，由作出行政处罚决定的部门依法申请人民法院强制执行。

第五十三条 建设项目占用重要湿地，未依照本法规定恢复、重建湿地的，由县级以上人民政府林业草原主管部门责令限期恢复、重建湿地；逾期未改正的，由县级以上人民政府林业草原主管部门委托他人代为履行，所需费用由违法行为人承担，按照占用湿地的面积，处每平方米五百元以上二千元以下罚款。

第五十四条 违反本法规定，开(围)垦、填埋自然湿地的，由县级以上人民政府林业草原等有关主管部门按照职责分工责令停止违法行为，限期修复湿地或者采取其他补救措施，没收违法所得，并按照破坏湿地面积，处每平方米五百元以上五千元以下罚款；破坏国家重要湿地的，并按照破坏湿地面积，处每平方米一千元以上一万元以下罚款。

违反本法规定，排干自然湿地或者永久性截断自然湿地水源的，由县级以上人民政府林业草原主管部门责令停止违法行为，限期修复湿地或者采取其他补救措施，没收违法所得，并处五万元以上五十万元以下罚款；造成严重后果的，并处五十万元以上一百万元以下罚款。

第五十五条 违反本法规定，向湿地引进或者放生外来物种的，依照《中华人民共和国生物安全法》等有关法律法规的规定处理、处罚。

第五十六条 违反本法规定，在红树林湿地内挖塘的，由县级以上人民政府林业草原等有关主管部门按照职责分工责令停止违法行为，限期修复湿地或者采取其他补救措施，按照破坏湿地面积，处每平方米一千元以上一万元以下罚款；对树木造成毁坏的，责令限期补种成活毁坏株数一倍以上三倍以下的树木，无法确定毁坏株数的，按照相同区域同类树种生长密度计算株数。

违反本法规定，在红树林湿地内投放、种植妨碍红树林生长物种的，由县级以上人民政府林业草原主管部门责令停止违法行为，限期清理，处二万元以上十万元以下罚款；造成严重后果的，处十万元以上一百万元以下罚款。

第五十七条 违反本法规定开采泥炭的，由县级以上人民政府林业草原等有关主管部门按照职责分工责令停止违法行为，限期修复湿地或者采取其他补救措施，没收违法所得，并按照采挖泥炭体积，处每立方米二千元以上一万元以下罚款。

违反本法规定，从泥炭沼泽湿地向外排水的，由县级以上人民政府林业草原主管部门责令停止违法行为，限期修复湿地或者采取其他补救措施，没收违法所得，并处一万元以上十万元以下罚款;情节严重的,并处十万元以上一百万元以下罚款。

第五十八条 违反本法规定,未编制修复方案修复湿地或者未按照修复方案修复湿地,造成湿地破坏的,由省级以上人民政府林业草原主管部门责令改正,处十万元以上一百万元以下罚款。

第五十九条 破坏湿地的违法行为人未按照规定期限或者未按照修复方案修复湿地的,由县级以上人民政府林业草原主管部门委托他人代为履行,所需费用由违法行为人承担;违法行为人因被宣告破产等原因丧失修复能力的,由县级以上人民政府组织实施修复。

第六十条 违反本法规定,拒绝、阻碍县级以上人民政府有关部门依法进行的监督检查的,处二万元以上二十万元以下罚款;情节严重的,可以责令停产停业整顿。

第六十一条 违反本法规定,造成生态环境损害的,国家规定的机关或者法律规定的组织有权依法请求违法行为人承担修复责任、赔偿损失和有关费用。

第六十二条 违反本法规定,构成违反治安管理行为的,由公安机关依法给予治安管理处罚;构成犯罪的,依法追究刑事责任。

第七章 附 则

第六十三条 本法下列用语的含义:

(一)红树林湿地,是指由红树植物为主组成的近海和海岸潮间湿地;

(二)泥炭沼泽湿地,是指有泥炭发育的沼泽湿地。

第六十四条 省、自治区、直辖市和设区的市、自治州可以根据本地实际,制定湿地保护具体办法。

第六十五条 本法自2022年6月1日起施行。

中华人民共和国噪声污染防治法

（2021 年 12 月 24 日第十三届全国人民代表大会常务委员会
第三十二次会议通过）

目　录

第一章　总　　则

第一条　为了防治噪声污染，保障公众健康，保护和改善生活环境，维护社会和谐，推进生态文明建设，促进经济社会可持续发展，制定本法。

第二条　本法所称噪声，是指在工业生产、建筑施工、交通运输和社会生活中产生的干扰周围生活环境的声音。

本法所称噪声污染，是指超过噪声排放标准或者未依法采取防控措施产生噪声，并干扰他人正常生活、工作和学习的现象。

第三条 噪声污染的防治，适用本法。

因从事本职生产经营工作受到噪声危害的防治，适用劳动保护等其他有关法律的规定。

第四条 噪声污染防治应当坚持统筹规划、源头防控、分类管理、社会共治、损害担责的原则。

第五条 县级以上人民政府应当将噪声污染防治工作纳入国民经济和社会发展规划、生态环境保护规划，将噪声污染防治工作经费纳入本级政府预算。

生态环境保护规划应当明确噪声污染防治目标、任务、保障措施等内容。

第六条 地方各级人民政府对本行政区域声环境质量负责，采取有效措施，改善声环境质量。

国家实行噪声污染防治目标责任制和考核评价制度，将噪声污染防治目标完成情况纳入考核评价内容。

第七条 县级以上地方人民政府应当依照本法和国务院的规定，明确有关部门的噪声污染防治监督管理职责，根据需要建立噪声污染防治工作协调联动机制，加强部门协同配合、信息共享，推进本行政区域噪声污染防治工作。

第八条 国务院生态环境主管部门对全国噪声污染防治实施统一监督管理。

地方人民政府生态环境主管部门对本行政区域噪声污染防治实施统一监督管理。

各级住房和城乡建设、公安、交通运输、铁路监督管理、民用航空、海事等部门，在各自职责范围内，对建筑施工、交通运输和社会生活噪声污染防治实施监督管理。

基层群众性自治组织应当协助地方人民政府及其有关部门做好噪声污染防治工作。

第九条 任何单位和个人都有保护声环境的义务，同时依法享有获取声环境信息、参与和监督噪声污染防治的权利。

排放噪声的单位和个人应当采取有效措施，防止、减轻噪声污染。

第十条 各级人民政府及其有关部门应当加强噪声污染防治法律法规和知识的宣传教育普及工作，增强公众噪声污染防治意识，引导公众依法参与噪声污染防治工作。

新闻媒体应当开展噪声污染防治法律法规和知识的公益宣传，对违反噪声污染防治法律法规的行为进行舆论监督。

国家鼓励基层群众性自治组织、社会组织、公共场所管理者、业主委员会、物业服务人、志愿者等开展噪声污染防治法律法规和知识的宣传。

第十一条 国家鼓励、支持噪声污染防治科学技术研究开发、成果转化和推广应用，加强噪声污染防治专业技术人才培养，促进噪声污染防治科学技术进步和产业发展。

第十二条 对在噪声污染防治工作中做出显著成绩的单位和个人，按照国家规定给予表彰、奖励。

第二章 噪声污染防治标准和规划

第十三条 国家推进噪声污染防治标准体系建设。

国务院生态环境主管部门和国务院其他有关部门，在各自职责范围内，制定和完善噪声污染防治相关标准，加强标准之间的衔接协调。

第十四条 国务院生态环境主管部门制定国家声环境质量标准。

县级以上地方人民政府根据国家声环境质量标准和国土空间规划以及用地现状，划定本行政区域各类声环境质量标准的适用区域；将以用于居住、科学研究、医疗卫生、文化教育、机关团体办公、社会福利等的建筑物为主的区域，划定为噪声敏感建筑物集中区域，加强噪声污染防治。

声环境质量标准适用区域范围和噪声敏感建筑物集中区域范围应当向社会公布。

第十五条 国务院生态环境主管部门根据国家声环境质量标准和国家经济、技术条件，制定国家噪声排放标准以及相关的环境振动控制标准。

省、自治区、直辖市人民政府对尚未制定国家噪声排放标准的，可以制定地方噪声排放标准；对已经制定国家噪声排放标准的，可以制定严于国家噪声排放标准的地方噪声排放标准。地方噪声排放标准应当报国务院生态环境主管部门备案。

第十六条 国务院标准化主管部门会同国务院发展改革、生态环境、工业和信息化、住房和城乡建设、交通运输、铁路监督管理、民用航空、海事等部门，对可能产生噪声污染的工业设备、施工机械、机动车、铁路机车车辆、城市轨道交通车辆、民用航空器、机动船舶、电气电子产品、建筑附属设备等产品，根据声环境保护的要求和国家经济、技术条件，在其技术规范或者产品质量标准中规定噪声限值。

前款规定的产品使用时产生噪声的限值，应当在有关技术文件中注明。禁止生产、进口或者销售不符合噪声限值的产品。

县级以上人民政府市场监督管理等部门对生产、销售的有噪声限值的产品进行监督抽查，对电梯等特种设备使用时发出的噪声进行监督抽测，生态环境主管部门予以配合。

第十七条 声环境质量标准、噪声排放标准和其他噪声污染防治相关标准应当定期评估，并根据评估结果适时修订。

第十八条 各级人民政府及其有关部门制定、修改国土空间规划和相关规划，应当依法进行环境影响评价，充分考虑城乡区域开发、改造和建设项目产生的噪声对周围生活环境的影响，统筹规划，合理安排土地用途和建设布局，防止、减轻噪声污染。有关环境影响篇章、说明或者报告书中应当包括噪声污染防治内容。

第十九条 确定建设布局，应当根据国家声环境质量标准和民用建筑隔声设计相关标准，合理划定建筑物与交通干线等的防噪声距离，并提出相应的规划设计要求。

第二十条 未达到国家声环境质量标准的区域所在的设区的市、县级人民政府，应当及时编制声环境质量改善规划及其实施方案，采取有效措施，改善声环境质量。

声环境质量改善规划及其实施方案应当向社会公开。

第二十一条 编制声环境质量改善规划及其实施方案，制定、修订噪声污染防治相关标准，应当征求有关行业协会、企业事业单位、专家和公众等的意见。

第三章 噪声污染防治的监督管理

第二十二条 排放噪声、产生振动，应当符合噪声排放标准以及相关的环境振动控制标准和有关法律、法规、规章的要求。

排放噪声的单位和公共场所管理者，应当建立噪声污染防治责任制度，明确负责人和相关人员的责任。

第二十三条 国务院生态环境主管部门负责制定噪声监测和评价规范，会同国务院有关部门组织声环境质量监测网络，规划国家声环境质量监测站(点)的设置，组织开展全国声环境质量监测，推进监测自动化，统一发布全国声环境质量状况信息。

地方人民政府生态环境主管部门会同有关部门按照规定设置本行政区域声环境质量监测站(点)，组织开展本行政区域声环境质量监测，定期向社会公布声环境质量状况信息。

地方人民政府生态环境等部门应当加强对噪声敏感建筑物周边等重点区域噪声排放情况的调查、监测。

第二十四条 新建、改建、扩建可能产生噪声污染的建设项目，应当依法进行环境影响评价。

第二十五条 建设项目的噪声污染防治设施应当与主体工程同时设计、同时施工、同时投产使用。

建设项目在投入生产或者使用之前，建设单位应当依照有关法律法规的规定，对配套建设的噪声污染防治设施进行验收，编制验收报告，并向社会公开。未经验收或者验收不合格的，该建设项目不得投入生产或者使用。

第二十六条 建设噪声敏感建筑物，应当符合民用建筑隔声设计相关标准要求，不符合标准要求的，不得通过验收、交付使用；在交通干线两侧、工业企业周边等地方建设噪声敏感建筑物，还应当按照规定间隔一定距离，并采取减少振动、降低噪声的措施。

第二十七条 国家鼓励、支持低噪声工艺和设备的研究开发和推广应用，实行噪声污染严重的落后工艺和设备淘汰制度。

国务院发展改革部门会同国务院有关部门确定噪声污染严重的工艺和设备淘汰期限，并纳入国家综合性产业政策目录。

生产者、进口者、销售者或者使用者应当在规定期限内停止生产、进口、销售或者使用列入前款规定目录的设备。工艺的采用者应当在规定期限内停止采用列入前款规定目录的工艺。

第二十八条 对未完成声环境质量改善规划设定目标的地区以及噪声污染问题突出、群众反映强烈的地区,省级以上人民政府生态环境主管部门会同其他负有噪声污染防治监督管理职责的部门约谈该地区人民政府及其有关部门的主要负责人,要求其采取有效措施及时整改。约谈和整改情况应当向社会公开。

第二十九条 生态环境主管部门和其他负有噪声污染防治监督管理职责的部门,有权对排放噪声的单位或者场所进行现场检查。被检查者应当如实反映情况,提供必要的资料,不得拒绝或者阻挠。实施检查的部门、人员对现场检查中知悉的商业秘密应当保密。

检查人员进行现场检查,不得少于两人,并应当主动出示执法证件。

第三十条 排放噪声造成严重污染,被责令改正拒不改正的,生态环境主管部门或者其他负有噪声污染防治监督管理职责的部门,可以查封、扣押排放噪声的场所、设施、设备、工具和物品。

第三十一条 任何单位和个人都有权向生态环境主管部门或者其他负有噪声污染防治监督管理职责的部门举报造成噪声污染的行为。

生态环境主管部门和其他负有噪声污染防治监督管理职责的部门应当公布举报电话、电子邮箱等,方便公众举报。

接到举报的部门应当及时处理并对举报人的相关信息保密。举报事项属于其他部门职责的,接到举报的部门应当及时移送相关部门并告知举报人。举报人要求答复并提供有效联系方式的,处理举报事项的部门应当反馈处理结果等情况。

第三十二条 国家鼓励开展宁静小区、静音车厢等宁静区域创建活动,共同维护生活环境和谐安宁。

第三十三条 在举行中等学校招生考试、高等学校招生统一考试等特殊活动期间,地方人民政府或者其指定的部门可以对可能产生噪声影响的活动,作出时间和区域的限制性规定,并提前向社会公告。

第四章　工业噪声污染防治

第三十四条 本法所称工业噪声,是指在工业生产活动中产生的干扰周围生活环境的声音。

第三十五条 工业企业选址应当符合国土空间规划以及相关规划要求，县级以上地方人民政府应当按照规划要求优化工业企业布局，防止工业噪声污染。

在噪声敏感建筑物集中区域，禁止新建排放噪声的工业企业，改建、扩建工业企业的，应当采取有效措施防止工业噪声污染。

第三十六条 排放工业噪声的企业事业单位和其他生产经营者，应当采取有效措施，减少振动、降低噪声，依法取得排污许可证或者填报排污登记表。

实行排污许可管理的单位，不得无排污许可证排放工业噪声，并应当按照排污许可证的要求进行噪声污染防治。

第三十七条 设区的市级以上地方人民政府生态环境主管部门应当按照国务院生态环境主管部门的规定，根据噪声排放、声环境质量改善要求等情况，制定本行政区域噪声重点排污单位名录，向社会公开并适时更新。

第三十八条 实行排污许可管理的单位应当按照规定，对工业噪声开展自行监测，保存原始监测记录，向社会公开监测结果，对监测数据的真实性和准确性负责。

噪声重点排污单位应当按照国家规定，安装、使用、维护噪声自动监测设备，与生态环境主管部门的监控设备联网。

第五章 建筑施工噪声污染防治

第三十九条 本法所称建筑施工噪声，是指在建筑施工过程中产生的干扰周围生活环境的声音。

第四十条 建设单位应当按照规定将噪声污染防治费用列入工程造价，在施工合同中明确施工单位的噪声污染防治责任。

施工单位应当按照规定制定噪声污染防治实施方案，采取有效措施，减少振动、降低噪声。建设单位应当监督施工单位落实噪声污染防治实施方案。

第四十一条 在噪声敏感建筑物集中区域施工作业，应当优先使用低噪声施工工艺和设备。

国务院工业和信息化主管部门会同国务院生态环境、住房和城乡建设、市场监督管理等部门，公布低噪声施工设备指导名录并适时更新。

第四十二条 在噪声敏感建筑物集中区域施工作业，建设单位应当按照国家规定，设置噪声自动监测系统，与监督管理部门联网，保存原始监测记录，对监测数据的真实性和准确性负责。

第四十三条 在噪声敏感建筑物集中区域，禁止夜间进行产生噪声的建筑施工作业，但抢修、抢险施工作业，因生产工艺要求或者其他特殊需要必须连续施工作业的除外。

因特殊需要必须连续施工作业的，应当取得地方人民政府住房和城乡建设、生态环境主管部门或者地方人民政府指定的部门的证明，并在施工现场显著位置公示或者以其他方式公告附近居民。

第六章 交通运输噪声污染防治

第四十四条 本法所称交通运输噪声，是指机动车、铁路机车车辆、城市轨道交通车辆、机动船舶、航空器等交通运输工具在运行时产生的干扰周围生活环境的声音。

第四十五条 各级人民政府及其有关部门制定、修改国土空间规划和交通运输等相关规划，应当综合考虑公路、城市道路、铁路、城市轨道交通线路、水路、港口和民用机场及其起降航线对周围声环境的影响。

新建公路、铁路线路选线设计，应当尽量避开噪声敏感建筑物集中区域。

新建民用机场选址与噪声敏感建筑物集中区域的距离应当符合标准要求。

第四十六条 制定交通基础设施工程技术规范，应当明确噪声污染防治要求。

新建、改建、扩建经过噪声敏感建筑物集中区域的高速公路、城市高架、铁路和城市轨道交通线路等的，建设单位应当在可能造成噪声污染的重点路段设置声屏障或者采取其他减少振动、降低噪声的措施，符合有关交通基础设施工程技术规范以及标准要求。

建设单位违反前款规定的，由县级以上人民政府指定的部门责令制定、实施治理方案。

第四十七条 机动车的消声器和喇叭应当符合国家规定。禁止驾驶拆除或者损坏消声器、加装排气管等擅自改装的机动车以轰鸣、疾驶等方式造成噪声污染。

使用机动车音响器材，应当控制音量，防止噪声污染。

机动车应当加强维修和保养，保持性能良好，防止噪声污染。

第四十八条 机动车、铁路机车车辆、城市轨道交通车辆、机动船舶等交通运输工具运行时，应当按照规定使用喇叭等声响装置。

警车、消防救援车、工程救险车、救护车等机动车安装、使用警报器，应当符合国务院公安等部门的规定；非执行紧急任务，不得使用警报器。

第四十九条 地方人民政府生态环境主管部门会同公安机关根据声环境保护的需要，可以划定禁止机动车行驶和使用喇叭等声响装置的路段和时间，向社会公告，并由公安机关交通管理部门依法设置相关标志、标线。

第五十条 在车站、铁路站场、港口等地指挥作业时使用广播喇叭的，应当控制音量，减轻噪声污染。

第五十一条 公路养护管理单位、城市道路养护维修单位应当加强对公路、城市道路的维护和保养，保持减少振动、降低噪声设施正常运行。

城市轨道交通运营单位、铁路运输企业应当加强对城市轨道交通线路和城市轨道交通车辆、铁路线路和铁路机车车辆的维护和保养，保持减少振动、降低噪声设施正常运行，并按照国家规定进行监测，保存原始监测记录，对监测数据的真实性和准确性负责。

第五十二条 民用机场所在地人民政府，应当根据环境影响评价以及监测结果确定的民用航空器噪声对机场周围生活环境产生影响的范围和程度，划定噪声敏感建筑物禁止建设区域和限制建设区域，并实施控制。

在禁止建设区域禁止新建与航空无关的噪声敏感建筑物。

在限制建设区域确需建设噪声敏感建筑物的，建设单位应当对噪声敏感建筑物进行建筑隔声设计，符合民用建筑隔声设计相关标准要求。

第五十三条 民用航空器应当符合国务院民用航空主管部门规定的适航标准中的有关噪声要求。

第五十四条 民用机场管理机构负责机场起降航空器噪声的管理，会同航空运输企业、通用航空企业、空中交通管理部门等单位，采取低噪声飞行程序、起降跑道优化、运行架次和时段控制、高噪声航空器运行限制或者周围噪声敏感建筑物隔声降噪等措施，防止、减轻民用航空器噪声污染。

民用机场管理机构应当按照国家规定，对机场周围民用航空器噪声进行监测，保存原始监测记录，对监测数据的真实性和准确性负责，监测结果定期向民用航空、生态环境主管部门报送。

第五十五条 因公路、城市道路和城市轨道交通运行排放噪声造成严重污染的，设区的市、县级人民政府应当组织有关部门和其他有关单位对噪声污染情况进行调查评估和责任认定，制定噪声污染综合治理方案。

噪声污染责任单位应当按照噪声污染综合治理方案的要求采取管理或者工程措施，减轻噪声污染。

第五十六条 因铁路运行排放噪声造成严重污染的，铁路运输企业和设区的市、县级人民政府应当对噪声污染情况进行调查，制定噪声污染综合治理方案。

铁路运输企业和设区的市、县级人民政府有关部门和其他有关单位应当按照噪声污染综合治理方案的要求采取有效措施，减轻噪声污染。

第五十七条 因民用航空器起降排放噪声造成严重污染的，民用机场所在地人民政府应当组织有关部门和其他有关单位对噪声污染情况进行调查，综合考虑经济、技术和管理措施，制定噪声污染综合治理方案。

民用机场管理机构、地方各级人民政府和其他有关单位应当按照噪声污染综合治理方案的要求采取有效措施，减轻噪声污染。

第五十八条 制定噪声污染综合治理方案，应当征求有关专家和公众等的意见。

第七章 社会生活噪声污染防治

第五十九条 本法所称社会生活噪声，是指人为活动产生的除工业噪声、建筑施工噪声和交通运输噪声之外的干扰周围生活环境的声音。

第六十条 全社会应当增强噪声污染防治意识，自觉减少社会生活噪声排放，积极开展噪声污染防治活动，形成人人有责、人人参与、人人受益的良好噪声污染防治氛围，共同维护生活环境和谐安宁。

第六十一条　文化娱乐、体育、餐饮等场所的经营管理者应当采取有效措施，防止、减轻噪声污染。

第六十二条　使用空调器、冷却塔、水泵、油烟净化器、风机、发电机、变压器、锅炉、装卸设备等可能产生社会生活噪声污染的设备、设施的企业事业单位和其他经营管理者等，应当采取优化布局、集中排放等措施，防止、减轻噪声污染。

第六十三条　禁止在商业经营活动中使用高音广播喇叭或者采用其他持续反复发出高噪声的方法进行广告宣传。

对商业经营活动中产生的其他噪声，经营者应当采取有效措施，防止噪声污染。

第六十四条　禁止在噪声敏感建筑物集中区域使用高音广播喇叭，但紧急情况以及地方人民政府规定的特殊情形除外。

在街道、广场、公园等公共场所组织或者开展娱乐、健身等活动，应当遵守公共场所管理者有关活动区域、时段、音量等规定，采取有效措施，防止噪声污染；不得违反规定使用音响器材产生过大音量。

公共场所管理者应当合理规定娱乐、健身等活动的区域、时段、音量，可以采取设置噪声自动监测和显示设施等措施加强管理。

第六十五条　家庭及其成员应当培养形成减少噪声产生的良好习惯，乘坐公共交通工具、饲养宠物和其他日常活动尽量避免产生噪声对周围人员造成干扰，互谅互让解决噪声纠纷，共同维护声环境质量。

使用家用电器、乐器或者进行其他家庭场所活动，应当控制音量或者采取其他有效措施，防止噪声污染。

第六十六条　对已竣工交付使用的住宅楼、商铺、办公楼等建筑物进行室内装修活动，应当按照规定限定作业时间，采取有效措施，防止、减轻噪声污染。

第六十七条　新建居民住房的房地产开发经营者应当在销售场所公示住房可能受到噪声影响的情况以及采取或者拟采取的防治措施，并纳入买卖合同。

新建居民住房的房地产开发经营者应当在买卖合同中明确住房的共用设施设备位置和建筑隔声情况。

第六十八条 居民住宅区安装电梯、水泵、变压器等共用设施设备的，建设单位应当合理设置，采取减少振动、降低噪声的措施，符合民用建筑隔声设计相关标准要求。

已建成使用的居民住宅区电梯、水泵、变压器等共用设施设备由专业运营单位负责维护管理，符合民用建筑隔声设计相关标准要求。

第六十九条 基层群众性自治组织指导业主委员会、物业服务人、业主通过制定管理规约或者其他形式，约定本物业管理区域噪声污染防治要求，由业主共同遵守。

第七十条 对噪声敏感建筑物集中区域的社会生活噪声扰民行为，基层群众性自治组织、业主委员会、物业服务人应当及时劝阻、调解；劝阻、调解无效的，可以向负有社会生活噪声污染防治监督管理职责的部门或者地方人民政府指定的部门报告或者投诉，接到报告或者投诉的部门应当依法处理。

第八章 法律责任

第七十一条 违反本法规定，拒绝、阻挠监督检查，或者在接受监督检查时弄虚作假的，由生态环境主管部门或者其他负有噪声污染防治监督管理职责的部门责令改正，处二万元以上二十万元以下的罚款。

第七十二条 违反本法规定，生产、进口、销售超过噪声限值的产品的，由县级以上人民政府市场监督管理部门、海关按照职责责令改正，没收违法所得，并处货值金额一倍以上三倍以下的罚款；情节严重的，报经有批准权的人民政府批准，责令停业、关闭。

违反本法规定，生产、进口、销售、使用淘汰的设备，或者采用淘汰的工艺的，由县级以上人民政府指定的部门责令改正，没收违法所得，并处货值金额一倍以上三倍以下的罚款；情节严重的，报经有批准权的人民政府批准，责令停业、关闭。

第七十三条 违反本法规定，建设单位建设噪声敏感建筑物不符合民用建筑隔声设计相关标准要求的，由县级以上地方人民政府住房和城乡建设主管部门责令改正，处建设工程合同价款百分之二以上百分之四以下的罚款。

违反本法规定，建设单位在噪声敏感建筑物禁止建设区域新建与航空无关的噪声敏感建筑物的，由地方人民政府指定的部门责令停止违法行为，处建设工程合同价款百分之二以上百分之十以下的罚款，并报经有批准权的人民政府批准，责令拆除。

第七十四条 违反本法规定，在噪声敏感建筑物集中区域新建排放噪声的工业企业的，由生态环境主管部门责令停止违法行为，处十万元以上五十万元以下的罚款，并报经有批准权的人民政府批准，责令关闭。

违反本法规定，在噪声敏感建筑物集中区域改建、扩建工业企业，未采取有效措施防止工业噪声污染的，由生态环境主管部门责令改正，处十万元以上五十万元以下的罚款；拒不改正的，报经有批准权的人民政府批准，责令关闭。

第七十五条 违反本法规定，无排污许可证或者超过噪声排放标准排放工业噪声的，由生态环境主管部门责令改正或者限制生产、停产整治，并处二万元以上二十万元以下的罚款；情节严重的，报经有批准权的人民政府批准，责令停业、关闭。

第七十六条 违反本法规定，有下列行为之一，由生态环境主管部门责令改正，处二万元以上二十万元以下的罚款；拒不改正的，责令限制生产、停产整治：

（一）实行排污许可管理的单位未按照规定对工业噪声开展自行监测，未保存原始监测记录，或者未向社会公开监测结果的；

（二）噪声重点排污单位未按照国家规定安装、使用、维护噪声自动监测设备，或者未与生态环境主管部门的监控设备联网的。

第七十七条 违反本法规定，建设单位、施工单位有下列行为之一，由工程所在地人民政府指定的部门责令改正，处一万元以上十万元以下的罚款；拒不改正的，可以责令暂停施工：

（一）超过噪声排放标准排放建筑施工噪声的；

（二）未按照规定取得证明，在噪声敏感建筑物集中区域夜间进行产生噪声的建筑施工作业的。

第七十八条 违反本法规定，有下列行为之一，由工程所在地人民政府指定的部门责令改正，处五千元以上五万元以下的罚款；拒不改正的，处五万元以上二十万元以下的罚款：

（一）建设单位未按照规定将噪声污染防治费用列入工程造价的；

（二）施工单位未按照规定制定噪声污染防治实施方案，或者未采取有效措施减少振动、降低噪声的；

（三）在噪声敏感建筑物集中区域施工作业的建设单位未按照国家规定设置噪声自动监测系统，未与监督管理部门联网，或者未保存原始监测记录的；

（四）因特殊需要必须连续施工作业，建设单位未按照规定公告附近居民的。

第七十九条 违反本法规定，驾驶拆除或者损坏消声器、加装排气管等擅自改装的机动车轰鸣、疾驶，机动车运行时未按照规定使用声响装置，或者违反禁止机动车行驶和使用声响装置的路段和时间规定的，由县级以上地方人民政府公安机关交通管理部门依照有关道路交通安全的法律法规处罚。

违反本法规定，铁路机车车辆、城市轨道交通车辆、机动船舶等交通运输工具运行时未按照规定使用声响装置的，由交通运输、铁路监督管理、海事等部门或者地方人民政府指定的城市轨道交通有关部门按照职责责令改正，处五千元以上一万元以下的罚款。

第八十条 违反本法规定，有下列行为之一，由交通运输、铁路监督管理、民用航空等部门或者地方人民政府指定的城市道路、城市轨道交通有关部门，按照职责责令改正，处五千元以上五万元以下的罚款；拒不改正的，处五万元以上二十万元以下的罚款：

（一）公路养护管理单位、城市道路养护维修单位、城市轨道交通运营单位、铁路运输企业未履行维护和保养义务，未保持减少振动、降低噪声设施正常运行的；

（二）城市轨道交通运营单位、铁路运输企业未按照国家规定进行监测，或者未保存原始监测记录的；

（三）民用机场管理机构、航空运输企业、通用航空企业未采取措施防止、减轻民用航空器噪声污染的；

（四）民用机场管理机构未按照国家规定对机场周围民用航空器噪声进行监测，未保存原始监测记录，或者监测结果未定期报送的。

第八十一条 违反本法规定，有下列行为之一，由地方人民政府指定的部门责令改正，处五千元以上五万元以下的罚款；拒不改正的，处五万元以上二十万元以下的罚款，并可以报经有批准权的人民政府批准，责令停业：

（一）超过噪声排放标准排放社会生活噪声的；

（二）在商业经营活动中使用高音广播喇叭或者采用其他持续反复发出高噪声的方法进行广告宣传的；

（三）未对商业经营活动中产生的其他噪声采取有效措施造成噪声污染的。

第八十二条 违反本法规定，有下列行为之一，由地方人民政府指定的部门说服教育，责令改正；拒不改正的，给予警告，对个人可以处二百元以上一千元以下的罚款，对单位可以处二千元以上二万元以下的罚款：

（一）在噪声敏感建筑物集中区域使用高音广播喇叭的；

（二）在公共场所组织或者开展娱乐、健身等活动，未遵守公共场所管理者有关活动区域、时段、音量等规定，未采取有效措施造成噪声污染，或者违反规定使用音响器材产生过大音量的；

（三）对已竣工交付使用的建筑物进行室内装修活动，未按照规定在限定的作业时间内进行，或者未采取有效措施造成噪声污染的；

（四）其他违反法律规定造成社会生活噪声污染的。

第八十三条 违反本法规定，有下列行为之一，由县级以上地方人民政府房产管理部门责令改正，处一万元以上五万元以下的罚款；拒不改正的，责令暂停销售：

（一）新建居民住房的房地产开发经营者未在销售场所公示住房可能受到噪声影响的情况以及采取或者拟采取的防治措施，或者未纳入买卖合同的；

（二）新建居民住房的房地产开发经营者未在买卖合同中明确住房的共用设施设备位置或者建筑隔声情况的。

第八十四条 违反本法规定，有下列行为之一，由地方人民政府指定的部门责令改正，处五千元以上五万元以下的罚款；拒不改正的，处五万元以上二十万元以下的罚款：

（一）居民住宅区安装共用设施设备，设置不合理或者未采取减少振动、降低噪声的措施，不符合民用建筑隔声设计相关标准要求的；

（二）对已建成使用的居民住宅区共用设施设备，专业运营单位未进行维护管理，不符合民用建筑隔声设计相关标准要求的。

第八十五条 噪声污染防治监督管理人员滥用职权、玩忽职守、徇私舞弊的，由监察机关或者任免机关、单位依法给予处分。

第八十六条 受到噪声侵害的单位和个人，有权要求侵权人依法承担民事责任。

对赔偿责任和赔偿金额纠纷，可以根据当事人的请求，由相应的负有噪声污染防治监督管理职责的部门、人民调解委员会调解处理。

国家鼓励排放噪声的单位、个人和公共场所管理者与受到噪声侵害的单位和个人友好协商，通过调整生产经营时间、施工作业时间，采取减少振动、降低噪声措施，支付补偿金、异地安置等方式，妥善解决噪声纠纷。

第八十七条 违反本法规定，产生社会生活噪声，经劝阻、调解和处理未能制止，持续干扰他人正常生活、工作和学习，或者有其他扰乱公共秩序、妨害社会管理等违反治安管理行为的，由公安机关依法给予治安管理处罚。

违反本法规定，构成犯罪的，依法追究刑事责任。

第九章 附 则

第八十八条 本法中下列用语的含义：

（一）噪声排放，是指噪声源向周围生活环境辐射噪声；

（二）夜间，是指晚上十点至次日早晨六点之间的期间，设区的市级以上人民政府可以另行规定本行政区域夜间的起止时间，夜间时段长度为八小时；

（三）噪声敏感建筑物，是指用于居住、科学研究、医疗卫生、文化教育、机关团体办公、社会福利等需要保持安静的建筑物；

（四）交通干线，是指铁路、高速公路、一级公路、二级公路、城市快速路、城市主干路、城市次干路、城市轨道交通线路、内河高等级航道。

第八十九条 省、自治区、直辖市或者设区的市、自治州根据实际情况，制定本地方噪声污染防治具体办法。

第九十条 本法自2022年6月5日起施行。《中华人民共和国环境噪声污染防治法》同时废止。

自然资源部关于加强自然资源法治建设的通知

（2022 年 3 月 28 日　自然资发〔2022〕62 号）

各省、自治区、直辖市及计划单列市自然资源主管部门，新疆生产建设兵团自然资源局，国家林业和草原局，中国地质调查局及部其他直属单位，各派出机构，部机关各司局：

为深入贯彻习近平法治思想和习近平生态文明思想，切实履行好“两统一”职责，根据《法治中国建设规划（2020—2025 年）》《法治社会建设实施纲要（2020—2025 年）》要求和《法治政府建设实施纲要（2021—2025 年）》部署，现就全面推进自然资源法治建设通知如下。

一、加快推进生态文明领域重要立法

（一）加快推进重要立法。推动构建绿色制度体系，配合立法机关制定《耕地保护法》《不动产登记法》《自然保护地法》，修改《矿产资源法》《草原法》等。推进自然资源保护和合理开发利用，制定《自然资源节约集约规定》《国有建设用地使用权配置办法》等。坚持以法治保障生态文明体制改革，推进自然资源资产、国土空间开发保护、生态保护修复、国土空间规划等立法研究，促进立法决策与改革决策相统一。

（二）统筹谋划法律制度体系。明确自然资源管理的通用规则，实现自然资源立法从单要素向综合性转变。坚持党中央精神，坚持问题导向，准确把握国情，深入研究正面、反面和关联的重大问题，切实提高法律法规的可执行性，在多目标平衡下促进自然资源立法高质量发展。完善规章规范性文件“实时清理、自动更新、动态调整”机制，对不符合党中央精神、不符合生态文明建设要求、不符合自然资源管理实践的，坚决予以废止。开展自然资源前瞻性立法研究，加强立法储备。

（三）加强规范性文件管理。省级以上自然资源主管部门应当于每年1月底前公布继续有效的规范性文件目录，未纳入规范性文件目录的不得作为行政管理的依据。严格规范性文件合法性审核，不得以征求意见、会签、参加会议审议等方式代替合法性审核。严格执行规范性文件有效期制度，到期的规范性文件原则上一律予以废止。

二、不断规范行政权力运行

（四）完善重大行政决策程序。落实《重大行政决策程序暂行条例》要求，严格履行公众参与、专家论证、风险评估、合法性审查、集体讨论决定的重大行政决策程序。省级以上自然资源主管部门每年制定并公开本级自然资源重大行政决策事项目录。建立健全决策过程记录和材料归档制度。

（五）深入推进政务公开。坚持以公开为常态、不公开为例外，推动公开、互动、服务融合发展，全面提升政务公开水平。加强保密审查，确保法定不公开事项保护到位。不得滥用“内部事务信息”“过程性信息”等理由不公开依法应当公开的政府信息。全面推行补充耕地地块、设施农业用地监管、重大行政处罚决定等信息和行政复议决定书网上公开。

（六）持续深化行政审批制度改革。全面推行自然资源领域审批标准化，实现审批事项表格化、规范化、电子化。大力推动自然资源审批事项的集成化，统筹推进用地、用矿、用林、用海等审批改革。强化行政审批的实质性审查和对审批权力的控制与制衡，增强审批工作透明度。健全行政审批在线受理机制。

（七）运用法治手段应对突发事件。健全完善地质灾害防治制度，加强责任体系建设，提升防御工程标准。建立海洋灾害的监测预警、信息报告、应急响应、恢复重建、调查评估等制度。完善突发事件应对征收、征用、救助、补偿的相关审批、实施程序和救助途径。强化信访风险预警和应急处置，着力推动化解信访突出问题。

（八）加快推进数据有序共享。综合运用大数据、云计算、区块链等手段提高自然资源管理智能化水平。健全完善部、省、市、县互联互通的数字化政务平台，推进自然资源管理数据有序共享。完善自然资源数据安全管理制度，探索开展测绘成果、卫星导航定位基准站观测数据、地质资料、地质灾害等数据面向市场主体开放共享。

三、建立健全行政监督体系

（九）加快推动"放管服"改革。编制并公布权责清单、行政许可事项清单、公共服务事项清单、告知承诺制证明事项清单。不得变相设置行政许可事项。实施不动产登记、交易和缴税"一窗受理、并行办理"，全面建成网上"一窗办事"平台，应用不动产单元代码"一码管地"。实现自然资源领域高频事项"跨省通办"。

（十）切实加强事中事后监管。按照"谁审批、谁监管"的原则，负责行政审批的机构同时履行监管职责。制定公布自然资源监管事项清单，具体监管手段要充分考虑行权能力。健全以"双随机、一公开"监管和"互联网＋监管"为基本手段、以重点监管为补充、以信用监管为基础的新型监管机制。探索建立自然资源行政审批事中事后监管年度报告制度。健全土地、矿业权市场制度。健全自然资源系统守信践诺机制，建立政务诚信监测治理机制和政府失信责任追究制度。

（十一）强化行政执法监督。建立健全自然资源监管、执法、督察统筹联动机制，强化部门监管合力。对涉及自然资源行政审批、项目管理、资金分配使用等权力集中的岗位，实行定期轮岗制度。加强行政复议决定书履行的监督，强化行政复议意见书和建议书的跟踪问效。实施行政复议约谈和行政败诉案件报告制度。建立领导干部干预复议案件办理、插手具体案件处理记录制度。建立健全规范性文件附带性审查机制。积极配合检察机关开展公益诉讼工作。

四、严格规范执法行为

（十二）规范行政执法行为。严格执行行政执法公示制度、执法全过程记录制度、重大执法决定法制审核制度。建立健全自然资源系统自由裁量基准制度并公开。研究制定自然资源领域轻微违法行为依法免予处罚清单。严格实行执法人员持证上岗和资格管理制度。严格规范执法程序，充分保障行政相对人陈述、申辩以及提出听证申请等权利。完善执法案卷管理和评查、处理投诉举报、考核评议等制度。完善自然资源行政执法与刑事司法衔接机制。

（十三）加大重点领域执法力度。采取“长牙齿”的硬措施，严肃查处违法占用耕地、无证开采、违法围填海等行为。加大对重大典型违法案件进行立案查处、挂牌督办、公开通报的力度，定期发布指导案例。持续深入开展违建别墅专项清查整治和农村乱占耕地建房专项整治。加强和改进自然资源督察工作。

五、切实加强法治基础

（十四）全面加强党的领导。各级自然资源主管部门要深刻领会“两个确立”的决定性意义，深入学习贯彻习近平法治思想，切实提高政治站位。要坚持党的领导、人民当家作主、依法治国有机统一，坚持党中央精神、国家立场、权责对等、严起来的工作理念，强化自然资源党政主要负责人履行推进法治建设第一责任人职责。党组（党委）要定期听取有关工作汇报，及时研究解决影响自然资源法治建设的重大问题。

（十五）建立健全工作机制。建立“一把手负总责，分管领导具体抓，业务机构是主体，法治机构要统筹”的法治工作机制。地方各级自然资源主管部门要于每年12月31日前就法治建设情况向上一级自然资源主管部门报告。自然资源部将根据《法治政府建设实施纲要（2021—2025年）》规定，定期开展自然资源法治建设督促检查和通报表扬。

（十六）健全督察考核机制。全面落实法治政府建设督察的各项要求。建立健全述法制度，将党政主要负责人履行推进法治建设第一责任人职责情况纳入年终述职内容，完善其他党员领导干部述法制度。探索建立自然资源法治建设考核机制，考核结果作为衡量单位工作实绩和干部选拔任用的重要依据。要将善于运用法治思维和法治方式推动工作的干部选拔到领导岗位和重要部门。

（十七）着力加强法治队伍建设。各级自然资源主管部门要突出抓基层强基础，切实加强法治机构和队伍建设，配齐配强专业人员，着力提升基层自然资源主管部门和干部的法治能力。探索多种方式充实法治支撑力量。建立健全公职律师和法律顾问工作规则和考核标准。探索自然资源法治研究合作共建，设立自然资源法治专家库,利用外脑提高自然资源法治工作水平。完善自然资源法治人才培养机制,做好法治干部培养、使用和交流工作。

地方各级自然资源主管部门要认真贯彻本《通知》要求,压实责任、狠抓落实。执行过程中的重要情况和意见建议,请及时报部。

自然资源部法规司负责人解读《自然资源部关于加强自然资源法治建设的通知》

近期,《自然资源部关于加强自然资源法治建设的通知》(以下简称《通知》)印发,对今后一个时期的自然资源法治建设工作进行全面部署。自然资源部法规司司长魏莉华接受中国自然资源报记者专访。

《通知》出台的背景和意义是什么?

"法律是治国之重器,法治是治国理政的基本方式。"魏莉华表示,加强自然资源法治建设对于贯彻落实习近平法治思想、推进法治政府建设、实现自然资源管理法治化具有重要意义。

第一,加强自然资源法治建设是学习贯彻落实习近平法治思想的必然要求。习近平法治思想是全面依法治国的指导思想和根本遵循,习近平总书记强调要坚持依法治国、依法执政、依法行政共同推进,法治国家、法治政府、法治社会一体建设。法治政府建设是重点任务和主体工程,要率先突破,用法治给行政权力定规矩、划界限,规范行政决策程序,加快转变政府职能。自然资源事关国家生态文明建设,事关人民群众重大财产权益,与人民群众利益密切相关。自然资源主管部门的每一个文件、每一个决策都可能对人民群众权益产生重大影响。自然资源法治建设作为法治政府建设的重要组成部分,应当有力推进。

第二,加强自然资源法治建设是落实"一规划两纲要"的重要举措。自2020年以来,中共中央陆续印发了《法治中国建设规划(2020—2025年)》《法治社会建设实施纲要(2020—2025年)》《法治政府建设实施纲要(2021—2025年)》,明确要求各地区各部门要全面准确贯彻纲要精神和要求,压实责任,狠抓落实,并对自然资源法治建设提出明确要求。比如,积极推进生态文明等重要领域立法,加大自然资源领域执法力度等。自然资源系统应当按照"一规划两纲要"的部署要求,切实加强法治建设。

第三,加强自然资源法治建设是推动自然资源管理法治化的客观需要。自然资源部组建以来,部党组高度重视法治建设,推动全系统自然资源管理法治化取得了积极成效,地方也有一些好的经验做法。面临新时代、新征程,有必要在总结成效经验的基础上制定《通知》,将行之有效的经验上升为制度规定,对自然资源管理的薄弱环节和突出问题提出有针对性的法治举措,系统部署自然资源系统今后五年的法治建设工作,进一步推动提升自然资源系统法治能力和水平,为生态文明建设提供法治保障。

魏莉华强调,《通知》是自然资源部建部以来制定的第一个全面推进自然资源法治建设的重要文件。今年我们将喜迎党的"二十大"胜利召开,在此之际,印发《通知》对全系统法治建设进行部署,充分发挥法治对履行"两统一"职责的引领和保障作用,有利于进一步推动自然资源管理提质增效、推动国家治理体系和治理能力现代化。

起草《通知》坚持的原则是什么?

魏莉华介绍,"起草过程中,我们坚持'党中央精神、国家立场、权责对等、严起来'的工作理念,主要突出了'四个注重'":

一是注重落实党中央精神。切实以习近平法治思想为引领,把握"11 个坚持",贯彻落实"一规划两纲要"的各项要求,完成"规定动作"。起草过程中,我们深入学习领会习近平法治思想和习近平生态文明思想,深入学习领会推动自然资源法治建设的新要求,对标党中央精神,坚持将科学立法、严格执法、公正司法、全民守法的新十六字方针贯穿自然资源法治建设全过程。

二是注重总结成效经验。起草过程中,自然资源部邀请天津、江苏、山东等地有关基层自然资源主管部门同志进行为期三天的集中座谈。2021 年 4 月,建立自然资源法治基层联系点制度,就全面统筹各方力量加强行政规范性文件合法性审核、耕地保护政策研究等法治工作进行试点。同时,赴山东、云南等多地开展实地调研,了解地方自然资源法治建设的主要问题和成效经验。在系统总结建部以来自然资源法治建设成效经验的基础上起草了《通知》。

三是注重突出部门特点。自然资源部是党和国家机构改革中新组建的国务院部门,统一行使全民所有自然资源资产所有者职责,统一行使所有国土空间用途管制和生态保护修复职责,既承担自然资源资产管理,也承担行业管理,是生态文明建设的主力军。我们立足于新部门、新职能、新形势、新要求,围绕中心、服务大局,积极探索创新,采取各种制度措施不断深化自然资源法治建设实践。

四是注重问题导向和目标导向。《通知》针对自然资源系统依法行政存在的突出问题,扭住立法、执法、审批、监管等环节,提出有针对性的举措。为确保《通知》的执行性和可操作性,自然资源部专门召开推进自然资源法治建设座谈会,听取了部分省级自然资源主管部门法规处处长、有关市县自然资源主管部门负责同志,以及媒体、高校等有关专家的意见建议。

《通知》的主要内容包括哪些方面?

"加强自然资源法治建设,功在当代,利在长远。"魏莉华表示,发挥法治对自然资源改革的保障作用,我们既要当医生,抽丝剥茧、发现问题,也要开药方,对症下药、力争药到病除。《通知》坚持问题导向,不搞大而全,紧紧聚焦立法、执法、审批、监管等四个方面的突出问题,提出具体的制度安排和工作举措。

在立法方面,针对法治供给不足、立法质量和效率有待提高等问题,《通知》强调要加快推进生态文明领域重要立法。包括加快推进《耕地保护法》《自然保护地法》等重要立法;统筹谋划法律制度体系,在多目标平衡下促进自然资源立法高质量发展;对不符合党中央精神、不符合生态文明建设要求、不符合自然资源管理实践的规章和规范性文件,坚决予以废止等。在执法方面,针对行政执法重实体、轻程序,重点领域执法力度不够的问题,《通知》强调要规范权力运行。包括完善重大行政决策程序;深入推进政务公开,全面推行补充耕地地块、设施农业用地监管、重大行政处罚决定等信息和行政复议决定书网上公开;运用法治手段应对突发事件,建立地质灾害、海洋灾害等的应急制度;加快推进数据有序共享等。在审批方面,针对行政审批程序复杂、效率不高、实质性审查不够等问题,《通知》强调要持续深化行政审批制度改革。包括全面推行自然资源领域审批标准化,实现审批事项表格化、规范化、电子化。大力推动自然资源审批事项的集成化,统筹推进用地、用矿、用林、用海等审批改革。在监管方面,针对监管责任落实不到位、监管制度不健全、监管能力不足等问题,《通知》强调要建立健全行政监督体系。包括加快推动"放管服"改革;切实加强事中事后监管,明确"谁审批、谁监管"的原则,制定公布自然资源监管事项清单;强化行政执法监督,突出部门监管合力、实行定期轮岗制度、加强行政复议决定履行的监督等。

《通知》突出的重点内容有哪些?

魏莉华介绍,此次《通知》以绿色原则、内部约束、服务为民、改革创新为重点,突出体现了"四个坚持":

坚持绿色原则。《通知》明确以绿色原则指导自然资源法治建设,推动绿色原则具体化、制度化,完善生态文明法治体系。《通知》规定,推动构建绿色制度体系,坚持以法治保障生态文明体制改革,推进自然资源资产、国土空间开发保护、生态保护修复、国土空间规划等立法研究,促进立法决策与改革决策相统一。

坚持强化内部约束。《通知》明确,要严格管理规范性文件,未纳入规范性文件目录的不得作为行政管理的依据;要深入推进政务公开,不得滥用"内部事务信息""过程性信息"等理由不公开依法应当公开的政府信息;要健全自然资源系统守信践诺机制,建立政务诚信监测治理机制和政府失信责任追究制度;要建立领导干部干预复议案件办理、插手具体案件处理记录制度,确保廉洁办案;要加强法治建设督察考核等,将依法行政的"软要求"变为"硬约束",维护法治权威。

坚持服务为民。《通知》规定,要推动公开、互动、服务融合发展,全面提升政务公开水平;要完善自然资源数据安全管理制度,探索开展测绘成果、卫星导航定位基准站观测数据、地质资料、地质灾害等数据面向市场主体开放共享;要实施不动产登记、交易和缴税"一窗受理、并行办理",全面建成网上"一窗办事"平台,应用不动产单元代码"一码管地";实现自然资源领域高频事项"跨省通办"等。

坚持改革创新。《通知》规定,要明确自然资源管理的通用规则,实现自然资源立法从单要素向综合性转变;要综合运用大数据、云计算、区块链等手段提高自然资源管理智能化水平;要探索建立自然资源行政审批事中事后监管年度报告制度等。

如何把《通知》的要求落实到位?

“一分部署,九分落实。”魏莉华表示,各级自然资源主管部门要把《通知》落实到位,必须夯实法治基础,重点做好以下四个方面工作:

要全面加强党的领导。党的领导是社会主义法治的根本特征,也是社会主义法治的政治方向和优势所在。要坚持党的领导、人民当家作主、依法治国有机统一,强化自然资源党政主要负责人履行推进法治建设第一责任人职责,把坚持党总揽全局、协调各方的领导核心地位落到实处。

要建立健全工作机制。建立“一把手负总责、分管领导具体抓,业务机构是主体、法治机构要统筹”的法治工作机制。地方各级自然资源主管部门要于每年12月31日前就法治建设情况向上一级自然资源主管部门报告。自然资源部将定期开展自然资源法治建设督促检查和通报表扬。

要健全督察考核机制。以建立健全述法制度为抓手,推动党政主要负责人履行推进法治建设第一责任人职责。探索建立自然资源法治建设考核机制,考核结果作为衡量单位工作实绩和干部选拔任用的重要依据。将善于运用法治思维和法治方式推动工作的干部选拔到领导岗位和重要部门。

要着力加强法治队伍建设。基层是政府治理的基础,是政策、法律实施的“最后一公里”,也是自然资源法治建设的短板和薄弱环节。对此,各级自然资源主管部门要突出抓基层强基础,切实加强法治机构和队伍建设。同时,探索与高等院校、研究机构开展自然资源法治研究合作共建,设立自然资源法治专家库,利用外脑提高自然资源法治工作水平。完善自然资源法治人才培养机制等。

“接下来,我们将以习近平新时代中国特色社会主义思想为指导,深入贯彻习近平法治思想和习近平生态文明思想,落实‘一规划两纲要’部署,根据《通知》安排,紧紧围绕部党组中心工作,推进自然资源法治建设各项工作取得新进展,以优异成绩迎接党的‘二十大’胜利召开”,魏莉华表示。

最高人民法院关于生态环境侵权案件适用禁止令保全措施的若干规定

（2021年11月29日最高人民法院审判委员会第1854次会议通过
法释〔2021〕22号　自2022年1月1日起施行）

为妥善审理生态环境侵权案件，及时有效保护生态环境，维护民事主体合法权益，落实保护优先、预防为主原则，根据《中华人民共和国民法典》《中华人民共和国环境保护法》《中华人民共和国民事诉讼法》等有关法律规定，结合审判实践，制定本规定。

第一条　申请人以被申请人正在实施或者即将实施污染环境、破坏生态行为，不及时制止将使申请人合法权益或者生态环境受到难以弥补的损害为由，依照民事诉讼法第一百条、第一百零一条规定，向人民法院申请采取禁止令保全措施，责令被申请人立即停止一定行为的，人民法院应予受理。

第二条　因污染环境、破坏生态行为受到损害的自然人、法人或者非法人组织，以及民法典第一千二百三十四条、第一千二百三十五条规定的"国家规定的机关或者法律规定的组织"，可以向人民法院申请作出禁止令。

第三条　申请人提起生态环境侵权诉讼时或者诉讼过程中，向人民法院申请作出禁止令的，人民法院应当在接受申请后五日内裁定是否准予。情况紧急的，人民法院应当在接受申请后四十八小时内作出。

因情况紧急，申请人可在提起诉讼前向污染环境、破坏生态行为实施地、损害结果发生地或者被申请人住所地等对案件有管辖权的人民法院申请作出禁止令，人民法院应当在接受申请后四十八小时内裁定是否准予。

第四条 申请人向人民法院申请作出禁止令的,应当提交申请书和相应的证明材料。

申请书应当载明下列事项:

(一)申请人与被申请人的身份、送达地址、联系方式等基本情况;

(二)申请禁止的内容、范围;

(三)被申请人正在实施或者即将实施污染环境、破坏生态行为,以及如不及时制止将使申请人合法权益或者生态环境受到难以弥补损害的情形;

(四)提供担保的财产信息,或者不需要提供担保的理由。

第五条 被申请人污染环境、破坏生态行为具有现实而紧迫的重大风险,如不及时制止将对申请人合法权益或者生态环境造成难以弥补损害的,人民法院应当综合考量以下因素决定是否作出禁止令:

(一)被申请人污染环境、破坏生态行为被行政主管机关依法处理后仍继续实施;

(二)被申请人污染环境、破坏生态行为对申请人合法权益或者生态环境造成的损害超过禁止被申请人一定行为对其合法权益造成的损害;

(三)禁止被申请人一定行为对国家利益、社会公共利益或者他人合法权益产生的不利影响;

(四)其他应当考量的因素。

第六条 人民法院审查申请人禁止令申请,应当听取被申请人的意见。必要时,可进行现场勘查。

情况紧急无法询问或者现场勘查的,人民法院应当在裁定准予申请人禁止令申请后四十八小时内听取被申请人的意见。被申请人意见成立的,人民法院应当裁定解除禁止令。

第七条 申请人在提起诉讼时或者诉讼过程中申请禁止令的,人民法院可以责令申请人提供担保,不提供担保的,裁定驳回申请。

申请人提起诉讼前申请禁止令的,人民法院应当责令申请人提供担保,不提供担保的,裁定驳回申请。

第八条 人民法院裁定准予申请人禁止令申请的,应当根据申请人的请求和案件具体情况确定禁止令的效力期间。

第九条 人民法院准予或者不准予申请人禁止令申请的，应当制作民事裁定书，并送达当事人，裁定书自送达之日起生效。

人民法院裁定准予申请人禁止令申请的，可以根据裁定内容制作禁止令张贴在被申请人住所地，污染环境、破坏生态行为实施地、损害结果发生地等相关场所，并可通过新闻媒体等方式向社会公开。

第十条 当事人、利害关系人对人民法院裁定准予或者不准予申请人禁止令申请不服的，可在收到裁定书之日起五日内向作出裁定的人民法院申请复议一次。人民法院应当在收到复议申请后十日内审查并作出裁定。复议期间不停止裁定的执行。

第十一条 申请人在人民法院作出诉前禁止令后三十日内不依法提起诉讼的，人民法院应当在三十日届满后五日内裁定解除禁止令。

禁止令效力期间内，申请人、被申请人或者利害关系人以据以作出裁定的事由发生变化为由，申请解除禁止令的，人民法院应当在收到申请后五日内裁定是否解除。

第十二条 被申请人不履行禁止令的，人民法院可依照民事诉讼法第一百一十一条的规定追究其相应法律责任。

第十三条 侵权行为实施地、损害结果发生地在中华人民共和国管辖海域内的海洋生态环境侵权案件中，申请人向人民法院申请责令被申请人立即停止一定行为的，适用海洋环境保护法、海事诉讼特别程序法等法律和司法解释的相关规定。

第十四条 本规定自2022年1月1日起施行。

《关于生态环境侵权案件适用禁止令保全措施的若干规定》的理解与适用

刘竹梅　贾清林　刘慧慧*

摘　要:2021 年 12 月 28 日发布的《最高人民法院关于生态环境侵权案件适用禁止令保全措施的若干规定》落实保护优先、预防为主原则,就禁止令保全措施的法律依据、申请主体、审查需考量的因素、效力期间、文书形式、提前解除、不履行的法律责任等相关内容进行了规范,在生态环境保护领域确立了适用禁止令保全措施的相关规则。

关键词:禁止令保全措施　生态环境　污染环境破坏生态

《最高人民法院关于生态环境侵权案件适用禁止令保全措施的若干规定》(以下简称《环境禁止令规定》)于 2021 年 11 月 29 日由最高人民法院审判委员会第 1854 次会议讨论通过,自 2022 年 1 月 1 日起施行。《环境禁止令规定》对于贯彻落实习近平生态文明思想、习近平法治思想,落实保护优先、预防为主原则,及时有效保护生态环境,维护民事主体合法权益,具有重要的现实意义。笔者现对《环境禁止令规定》的制定背景、指导思想和原则、主要内容作如下解读。

一、《环境禁止令规定》的制定背景

生态环境与每个人息息相关,人民群众对美好生活的向往包含了对良好生态

* 刘竹梅,最高人民法院环境资源审判庭庭长;贾清林,最高人民法院环境资源审判庭二级高级法官;刘慧慧,最高人民法院环境资源审判庭综合办主任。

环境的期待。良好生态环境是最公平的公共产品、最普惠的民生福祉，是中华民族永续发展的可靠保证，只有尊重自然、顺应自然，才能实现人与自然的和谐共生。党的十八大以来，习近平总书记高度重视生态环境保护，开展了一系列根本性、开创性、长远性工作，美丽中国建设迈出重大步伐，生态环境保护发生历史性、转折性、全局性变化。十九届六中全会、中央经济工作会议对生态环境保护提出了新要求，协同推进经济高质量发展与生态环境高水平保护需求更加迫切。

司法作为生态环境治理体系的重要组成部分，担负化解生态环境矛盾纠纷，保护生态环境国家利益和社会公共利益，保障人民群众环境权益的重要职责。环境污染、生态破坏具有突发性、瞬时性、不可逆转性，危害后果具有滞后性、长久性、难以修复性等特征，决定了预防性救济在生态环境保护领域的极端重要性，当侵害正在进行中或者损害尚未最终发生时，即应给予及时有效的救济，以维护个人、公众的环境权益及民事主体的其他合法权益，保护生态环境。

从世界范围看，欧美国家在长期的司法实践中已经形成一套较为成熟完善的禁令救济制度，并在环境保护领域发挥重要作用。“美国环境司法实践中，环境诉讼禁令既是一种临时保全措施，又是一种救济手段。”①就我国而言，《刑法修正案（八）》②以及相关司法解释已经明确规定了刑事司法领域的禁止令制度，但此类禁止令系在刑事判决的同时颁发的禁止令，在性质上属于终局救济的范畴，与生态环境保护领域作为预防性、临时性救济措施的禁止令并不相同。我国《民法典》规定了人格权禁令制度，但在生态环境领域尚未有明确法律规定。环境司法理论界认为，“环境保护禁止令的适用，具有及时阻却环境损害发生或扩大的客观效果。在此意义上，环境保护禁止令的适用，作为对民事行为保全基本制度的沿袭，对应了

---

① 杨凯：《民行一体化：环境司法诉讼禁令制度的重构与完善》，载《武汉大学学报（哲学社会科学版）》2019 年第 4 期。

② 《中华人民共和国刑法修正案（八）》第 2 条规定：“在刑法第三十八条中增加一款作为第二款：‘判处管制，可以根据犯罪情况，同时禁止犯罪分子在执行期间从事特定活动，进入特定区域、场所，接触特定的人。’原第二款作为第三款，修改为：‘对判处管制的犯罪分子，依法实行社区矫正。’增加一款作为第四款：‘违反第二款规定的禁止令的，由公安机关依照《中华人民共和国治安管理处罚法》的规定处罚。’”

环境保护实践的内在要求，具有合理性”[①]。但司法理论的研究成果并未被立法所吸纳，民事法律中并未有“生态环境保护禁止令”的具体规定。

实践中，贵州、云南、重庆、江苏、浙江、福建、山东、河南等地法院针对环境污染、生态破坏案件的特点，为及时制止生态环境侵权行为，预防环境损害的发生或者扩大，有效维护当事人的合法利益和公众的环境权益，结合审判实践需求，在生态环境司法实践中不断探索适用禁止令措施，并制定了相应的规范性文件，取得了良好的法律效果。但是各地法院采取禁止令措施的法理基础并不完全相同，适用范围不尽相同，亟需统一和规范。全国人大代表、政协委员近几年也针对生态环境保护的实践需求提交了关于建立完善禁止令制度的相关建议或者提案。

最高人民法院高度重视环境司法对生态环境保护、生态文明建设的服务和保障作用，2014 年 6 月设立专门的环境资源审判庭，统一指导全国的环境资源审判工作。为了进一步丰富和完善预防性救济措施在生态环境领域的适用，在根植于我国环境司法理论发展土壤，吸收、借鉴域外经验的基础上，针对环境司法实践对禁止令措施的特殊需求，最高人民法院以《民事诉讼法》行为保全制度为基本依据，将探索适用生态环境保护禁止令作为一项重要工作部署，先后在《最高人民法院关于认真学习贯彻党的十九届四中全会精神的通知》（法〔2019〕244 号）、《最高人民法院关于为黄河流域生态保护和高质量发展提供司法服务与保障的意见》（法发〔2020〕19 号）、《最高人民法院关于支持和保障深圳建设中国特色社会主义先行示范区的意见》（法发〔2020〕39 号）等司法政策性文件中明确提出“探索环境保护禁止令”和“探索建立环境保护禁止令制度”等工作要求，指导各地法院积极开展工作实践；并在认真总结各地法院司法实践的基础上，经反复调研论证和广泛征求意见，就生态环境禁止令保全措施的法律依据、申请主体、审查需考量的因素、效力期间、文书形式、提前解除、不履行的法律责任等问题进行规范，制定出台本《环境禁止令规定》，以实现对生态环境的预防性、及时性保护和对侵权行为的震慑作用，统一法律的适用。

---

① 王晶：《环境保护禁止令之适用审视》，载《甘肃政法学院学报》2019 年第 2 期。

二、《环境禁止令规定》制定的指导思想和原则

习近平总书记指出:“只有实行最严格的制度、最严密的法治,才能为生态文明建设提供可靠保障。”《环境禁止令规定》的起草制定始终以习近平生态文明思想、习近平法治思想为指导,深入贯彻落实党的十九大以及十九届历次全会精神,找准环境司法审判与保护人民群众切身利益和服务经济社会高质量发展的最佳结合点,丰富完善生态环境司法保护制度体系。《环境禁止令规定》的制定主要遵循了以下原则:

一是坚持以人民为中心。在《环境禁止令规定》制定过程中,坚持以人民群众对严厉惩治环境污染、生态破坏行为的迫切需求为出发点,明确为防止申请人合法权益或者生态环境受到难以弥补的损害,可以采取禁止令保全措施给予救济,及时制止生态环境损害的发生或继续扩大。《环境禁止令规定》明确将民事裁定的内容以禁止令的形式张贴在被申请人住所地,污染环境、破坏生态行为实施地、损害结果发生地等相关场所,加大禁止令保全措施的公示力度。既对被申请人形成有力震慑,督促其及时停止生态环境侵权行为,又强化公众参与和社会监督,保障禁止令保全措施的执行和落实。

二是坚持“保护优先、预防为主”。《环境禁止令规定》针对生态环境具有一旦受到损害则难以恢复,甚至完全丧失生态服务功能的特点,将“保护优先、预防为主”作为起草制定的重要原则之一。《环境禁止令规定》明确申请人在提起诉讼前和诉讼过程中均可以申请人民法院采取禁止令保全措施,并对“情况紧急”缩短采取禁止令保全措施的时间,以强化禁止令保全措施的预防性权利救济功能,及时制止生态环境侵权行为,有效避免或者减少生态环境损害的影响。

三是坚持服务国家社会发展需要。申请人申请人民法院采取禁止令保全措施时,案件往往尚未进入审理阶段,甚至尚未受理,禁止被申请人一定行为可能会对其合法权益以及社会经济发展带来一定影响。《环境禁止令规定》明确在确定禁止令保全措施的适用范围、考量因素、审查期限时,要把握时、度、效,既要考虑禁止令保全措施对申请人合法权益和生态环境的保护,也要考量对国家社会发展及被申请人合法权益产生的影响,以合理平衡各方利益关系,避免利益保护过度失衡,影响国家社会发展大局。

三、《环境禁止令规定》的主要内容

《环境禁止令规定》共 14 条，对禁止令保全措施的法律依据、申请主体、类型、考量因素、文书形式、权利保障等相关内容进行了规定。现结合《环境禁止令规定》的具体条文，对其主要内容进行阐释。

（一）禁止令保全措施的法律依据、基本内涵

1.《环境禁止令规定》第 1 条明确了禁止令保全措施的法律依据。最高人民法院对《民事诉讼法》框架下的行为保全制度在生态环境领域的适用进行解释，将 2017 年《民事诉讼法》第 100 条、第 101 条关于民事诉讼保全的规定作为《环境禁止令规定》起草制定的直接法律依据①。在起草《环境禁止令规定》过程中，因尚无民事法律对“禁止令”予以明确规定，故从“禁止令”的本质系采取禁止一定行为的措施，达到制止或者预防某种生态环境损害的发生和扩大目的角度进行制度设计。民事行为保全制度与《环境禁止令规定》的起草目的相一致，故以《民事诉讼法》行为保全制度为框架进行《环境禁止令规定》条文起草和制度设计具有上位法依据。

2.《环境禁止令规定》第 1 条明确了禁止令保全措施的基本内涵，即禁止令保全措施是为及时制止被申请人正在实施或者即将实施的污染环境、破坏生态行为，避免对申请人合法权益或者生态环境受到难以弥补的损害，向人民法院申请作出的临时性救济措施。其核心内容是责令被申请人立即停止一定行为，不得继续实施相关行为。就此而言，禁止令保全措施可以理解为民事诉讼保全制度在生态环境领域中的延伸适用，且是一种禁止类的行为保全措施。禁止令保全措施在生态环境侵权案件中的适用既体现了民事诉讼行为保全制度的一般特征，又满足了生态环境保护、建设生态文明的特殊需要。《环境禁止令规定》在起草过程中，对如何界定禁止令的内涵，是否把责令被申请人实施一定行为即强制被申请人为一定行为亦归入禁止令的范畴，存在不同的认识。经初步考察，禁止令最早起源于罗马

---

① 2021 年 12 月 24 日，全国人民代表大会常务委员会《关于修改〈中华人民共和国民事诉讼法〉的决定》（2022 年 1 月 1 日施行）对《中华人民共和国民事诉讼法》（2017 年）进行了修正，原第 100 条、第 101 条序号相应变更为第 103 条、第 104 条，内容未变。

法，是指由地方行政官发给某一特定人的命令或禁令。[①] 之后，禁止令沿着两条不同的路径发展：在英美法系演变成为非常复杂的禁止令或禁令（injunction）制度，在大陆法系则以“假处分”的行为保全方式将禁止令内容包含其中。按一般理解，禁止令的原始含义是停止侵权，也称禁令、强制令，是指在诉讼过程中，在侵权行为明显成立的情况下，法院要求侵权当事人实施某种行为或禁止其为一定行为的命令。禁止令的目的是在实质争议解决前，防止侵权行为的重复或预期发生，保护当事人的合法权益。在英美法系中，中间性禁令是指在诉讼终结之前，为了维持现状或变更现状所采取的暂时性救济方式，包括临时禁令和初步禁令。[②] 应当说，大陆法系中的“假处分”制度中“制止侵权行为的继续”等内容作为诉讼中的行为保全，与英美法系禁止令制度中的中间禁令（临时禁令和初步禁令）基本对应。“无论是中间禁令制度还是‘假处分’制度，都是相对终极救济而言的暂时性救济手段。”[③]由此，尽管两大法系法的传统不同，但在及时制止侵权行为、防止难以弥补损害方面殊途同归。

基于上述分析，尽管欧美国家关于禁止令或者禁令的制度多将责令停止一定行为和命令实施一定行为均包含在其中，但考虑到我国禁止令系针对生态环境侵权行为的一种临时性救济措施，并非终局救济，其目的是及时制止侵害，以避免造成难以弥补的环境损害，而此时案件尚未受理或者已受理但尚未正式审理、裁判，一旦采取禁止令保全措施可能会对被申请人以及国家社会发展造成一定影响，甚至较大影响，故在禁止令保全措施实施初期适当控制适用范围有利于平衡各方利益，确保该措施的适用效果和目的得以顺利实现；且“禁止令”的中文字面含义仅包含“不得为”，不包含“必须为”的内容，若将“必须为”亦包含在禁止令内涵中则显得名实不符。为此，《环境禁止令规定》将禁止令保全措施的内涵限缩为“立即停止一定行为”，即禁止或者不得为一定行为，未包含强制被申请人为一定行为。实

---

① 参见［英］戴维·M. 沃克：《牛津法律大辞典》，北京社会与科技发展研究所组织翻译，光明日报出版社 1988 年版，第 453 页。

② 参见叶明、吴太轩：《论环境侵权救济中的排除侵害制度——兼谈利益衡平原则的适用》，载《广西政法管理干部学院学报》2002 年第 1 期。

③ 龚海南：《环境保护禁止令制度的构建》，载《人民司法（应用）》2005 年第 1 期。

际上,《民法典》第997条关于人格权保护禁令也仅规定了"责令行为人停止有关行为",禁止令保全措施与人格权保护禁令的表述方式基本一致。

当然,若司法实践中基于具体个案,确实需要行为人作出某种积极行为才能实现制止环境侵害的目的,可以通过转换禁止令的表述方式而实现:将需要行为人实施的某种积极行为作为禁止令的前提条件置于禁止令之中。比如,若需要行为人建设并运行污水处理设施,则禁止令可表述为:责令(生态环境侵权行为人)在污水处理设施竣工验收合格并投入使用前停止或者不得排放污水。

(二)禁止令保全措施的申请主体、申请材料

1. 申请主体。"基于司法的中立性、被动性的特征,生态行为司法禁令依当事人申请而开启,这也是民事诉讼'诉权处分'原则的要求。"①生态环境侵权诉讼,既涉及生态环境私益侵权案件,也涉及生态环境公益侵权案件;既涉及法律规定的机关、社会组织和人民检察院提起的环境民事公益诉讼案件,也涉及省级、市地级政府及其指定的部门或机构提起的生态环境损害赔偿诉讼案件。理论上,依法有权提起这些诉讼的主体均有权向人民法院申请采取禁止令保全措施,《环境禁止令规定》第2条基于前述不同诉讼程序明确了相关申请主体。

就生态环境私益侵权诉讼而言,受到环境污染、生态破坏行为损害或损害之虞的民事主体(自然人、法人或者非法人组织)有权提起诉讼,并基于具体实际情况在诉讼前或者诉讼过程中依法申请人民法院采取禁止令保全措施。

就生态环境公益侵权诉讼而言,根据现有法律和司法解释规定,有权提起诉讼的主体包括四类:一是《民事诉讼法》第58条第1款所列"法律规定的机关"。比如:《海洋环境保护法》第89条第2款规定的"依照本法规定行使海洋环境监督管理权的部门",《森林法》第68条规定的"县级以上人民政府自然资源主管部门、林业主管部门",《固体废物污染环境防治法》第122条第1款规定的"设区的市级以上地方人民政府或者其指定的部门、机构"。二是《民事诉讼法》第58条第1款所列"有关组织"。比如:《环境保护法》第58条规定的,依法在设区的市级以上人民

① 赖声利、郭娜:《生态环境损害行为司法禁令制度探究》,载《上饶师范学院学报》2015年第5期。

政府民政部门登记、专门从事环境保护公益活动连续五年以上且无违法记录的社会组织。三是《民事诉讼法》第58条第2款所规定的人民检察院。四是根据中共中央办公厅、国务院办公厅《生态环境损害赔偿制度改革方案》的规定，国务院授权的省级、市地级人民政府及其指定的部门、机构，以及受国务院委托代行全民所有自然资源资产所有权的部门，系生态环境损害赔偿权利人。[①]《民法典》作为民事实体法律，在第1234条、第1235条概括规定了上述各类主体的生态环境公益请求权，将生态环境公益请求权主体明确为“国家规定的机关”和“法律规定的组织”两大类型。故《环境禁止令规定》第2条采用《民法典》的概括表述，包括了前述可以提起生态环境公益侵权诉讼的各类主体。

2. 申请材料。《环境禁止令规定》第4条明确了申请人申请人民法院作出禁止令需要提交的材料以及相关要求。主要包括三层含义：

一是符合条件的申请人申请禁止令时应提交书面申请书。法院是否作出禁止令原则上应由当事人申请启动，法院不宜直接以职权采取禁止令措施；申请书作为申请人的正式意思表示，被提交给法院后，法院才可以依法审查并作出相应的处理。考虑到禁止令保全措施可能会对被申请人利益以及国家社会发展产生一定影响，甚至较大影响，当事人不能口头申请禁止令。

二是申请书应当具备必要的内容。当事人申请禁止令，其一，需将双方的基本情况，尤其被申请人的信息清楚载明。如被申请人不明确、地址不详或者无法联络，则禁止令就难以对被申请人产生效力。其二，要明确申请作出禁止令的具体内容，即请求法院责令被申请人停止的具体行为，是一项还是数项行为；请求禁止实施的具体行为范围，是部分停止还是全部停止等。其三，要表明被申请人正在实施或者即将实施生态环境侵权行为，若不及时制止将使申请人合法权益或者生态环境受到难以弥补损害的具体情形。其四，要明确基于申请禁止令所拟提供担保的财产信息，并提供相应的证照手续供法院核查。若存在无须提供担保的法定事由，也需予以明确说明，事前已经人民法院同意不提供担保的除外。司法实践中，若受

---

① 参见最高人民法院民法典贯彻实施工作领导小组主编：《中华人民共和国民法典理解与适用（侵权责任编）》，人民法院出版社2020年版，第556～557页。

理禁止令申请的人民法院根据不同案件的具体情况，尚需了解的相关事项，申请人亦应按法院的要求予以载明或另行说明。

三是应向法院提交相应的证明材料。除法律法规或者司法解释特别规定的除外，“谁主张，谁举证”系民事诉讼的一般举证规则。申请人向法院申请禁止令应遵循基本的举证规则，除需要提供被申请人基本信息的相关证明材料以及其他程序性材料外，最主要的是提供被申请人正在实施或者即将实施生态环境侵权行为，以及若不及时制止将使申请人或者公众的合法权益受到难以弥补损害的初步证明材料。当然，由于此时案件尚未实质审理，甚至尚未受理，申请人提供的证明材料不一定要达到确证的程度，只要能初步证明存在前述情形或者具有较大可能性即可。若申请人提交的申请不符合前述规定要求，或者不能提供初步证明材料的，经人民法院要求限期补交，逾期不补交的，人民法院对其申请不予受理。

（三）禁止令保全措施的类型、管辖

1. 禁止令保全措施的类型。2017 年《民事诉讼法》第 103 条、第 104 条分别规定了诉中和诉前两种行为保全类型，与此相对应，《环境禁止令规定》第 3 条明确禁止令保全措施包括诉中禁止令和诉前禁止令两种类型，不包括终局禁止令，即人民法院经过审理最终判令生态环境侵权人停止侵害的情形不包含其中。诉中禁止令是申请人在提起诉讼时、诉讼过程中申请人民法院作出的禁止令；诉前禁止令是因紧急情况来不及起诉的，申请人在提起诉讼前申请的禁止令。人民法院受理申请后作出禁止令的期限根据禁止令类型的不同而有所不同。参照《民事诉讼法》及相关解释关于保全的规定，《环境禁止令规定》明确人民法院在接受当事人的诉中禁止令申请后 5 日内裁定是否作出禁止令，紧急情况下应在接受申请后 48 小时内作出是否准予的裁定；诉前接受禁止令申请的，因情况紧急，亦要在接受申请后 48 小时内作出是否准予的裁定。

2. 禁止令保全措施的管辖。当事人申请禁止令应向有管辖权的人民法院申请。就诉中禁止令而言，鉴于当事人的诉讼已经被人民法院受理，案件已经进入诉讼程序，则自然要向审理该案的人民法院提出申请，由该法院审查判断是否作出禁止令，此为诉中禁止令的应有之义。就诉前禁止令而言，由于情况紧急来不及向人民法院提起诉讼，但又亟需采取及时措施，制止生态环境侵权行为，故允许当事人遵循就近便利原则，选择一家与污染环境、破坏生态行为密切关联的侵权行为实施地、损害结果发生地或者侵权行为人所在地等对案件有管辖权的法院提出申请，由该法院审查决定是否作出禁止令。一方面，该规定考虑到禁止令的实际执行效果，需要由与生态环境侵权行为密切关联的法院受理诉前禁止令申请；另一方面，该规定也考虑到，由对案件有管辖权的法院受理诉前禁止令申请会尽可能避免诉前禁止令的作出法院与审理案件的法院不一致可能导致的后续工作衔接不畅的问题。实际上，该项规定也是回应多地法院所提的反馈意见，即不少地方环境资源案件实施跨行政区划集中管辖，应由这些地方实行集中管辖的法院审查处理更为妥当。

当然，若基于具体个案，受理诉前禁止令申请并作出禁止令的法院并非之后受理并审理案件的法院，则作出禁止令的法院应将相关材料及时移交给审理案件的法院，鉴于此种操作属于法院内部工作协调的范围，囿于条文篇幅，《环境禁止令规定》对此没有具体规定。

（四）采取禁止令保全措施的基本条件、考量因素

《环境禁止令规定》第5条明确了人民法院作出禁止令的基本条件、考量因素。该条规定基于生态环境损害的特殊性以及我国生态环境保护现状和现阶段基本国情，借鉴参考了英美国家法院通过判例逐步形成的中间禁令四要素（不可弥补的损害、损失衡量、对公共利益的影响和胜诉可能性）①、作出预防性禁令的三要件（损害发生的重大性、损害发生的高度盖然性、损害发生的紧迫性）②，以及我国知识产权行为保全司法解释的相关规定③，并采纳吸收了各方意见建议。其核心目的在于既要通过禁止令保全措施及时制止生态环境侵权行为或者重大生态环境风险，有

---

① 参见薛淼：《我国环境司法对美国环境法禁令制度之借鉴》，载《人民司法（应用）》2017年第31期；杨凯：《民行一体化：环境司法诉讼禁令制度的重构与完善》，载《武汉大学学报（哲学社会科学版）》2019年第4期。

② 杜颖：《英美法律的禁令制度》，载《广东行政学院学报》2003年第3期。

③ 《最高人民法院关于审查知识产权纠纷行为保全案件适用法律若干问题的规定》第7条规定："人民法院审查行为保全申请，应当综合考量下列因素：（一）申请人的请求是否具有事实基础和法律依据，包括请求保护的知识产权效力是否稳定；（二）不采取行为保全措施是否会使申请人的合法权益受到难以弥补的损害或者造成案件裁决难以执行等损害；（三）不采取行为保全措施对申请人造成的损害是否超过采取行为保全措施对被申请人造成的损害；（四）采取行为保全措施是否损害社会公共利益；（五）其他应当考量的因素。"

效避免申请人合法权益、公众环境权益受到难以弥补的损害，也要考虑被申请人的合法权益、国家社会发展的大局，坚持稳中求进，防止出现保护不足和过度保护两种倾向。具体而言：

1. 采取禁止令保全措施的基本条件。人民法院采取禁止令保全措施，禁止被申请人实施一定行为，可能会对被申请人及国家社会发展造成一定影响，甚至还存在申请人恶意申请禁止令打击竞争对手的情形，故人民法院应审慎为之。《环境禁止令规定》制定过程中，曾试图确定具体的审查判断标准，但由于生态环境侵权案件类型众多、案情各异，在征求意见过程争议很大，难以统一。后经综合各方意见，以高度概括的方式确定了作出禁止令须具备的基本条件，即污染环境、破坏生态行为具有现实而紧迫的重大风险，不及时制止会造成难以弥补的损害。该基本条件是人民法院审查决定作出禁止令的基础或者前提，若禁止令申请不符合这一基本条件，人民法院应不予准许。基于文义理解，环境损害必须是真实、现实存在的，不是虚构、想象的，具有时空上的迫切性，所产生的风险具有重大性，不及时制止将很可能导致申请人合法权益或者生态环境受到难以弥补的损害。“现实而紧迫的重大风险”的具体判断，可从以下几个层面予以考虑：一是被申请人是否违反了《环境保护法》《森林法》《长江保护法》等环境资源法律法规，实施了污染环境、破坏生态行为；二是被申请人实施的污染环境、破坏生态行为是否已经被相关环境资源法律法规明确规定在应承担法律责任的范围内；三是被申请人因污染环境、破坏生态行为应当被行政主管机关予以行政处理但尚未处理，或者已被行政处理但环境污染、生态破坏尚未得到有效控制。满足上述三方面的要求，即可认定“现实而紧迫的重大风险”的基础已基本具备。在此基础上是否最终作出禁止令，受理法院尚须综合考虑《环境禁止令规定》第5条所涉四项因素，并结合具体个案实际情况进行审查判断。

2. 采取禁止令保全措施的考量因素。在污染环境、破坏生态行为具有“现实而紧迫的重大风险”，不及时制止将受到难以弥补损害的基本条件下，人民法院作出禁止令尚须综合考量的因素主要涉及：一是被申请人污染环境、破坏生态行为是否被行政机关依法处理而仍继续实施。被申请人因生态环境违法行为已经被行政主管机关予以责令改正、责令停止或采取限制生产、停产整治、限期拆除等行政处理，而环境污染、生态破坏并未得到有效控制，其中主要原因在于被申请人阴奉阳违，被行政处理后仍继续实施生态环境违法行为，既包括根本没有履行或者没有完全履行行政处理决定或者相关措施，也包括先履行后又恢复实施违法行为等情形。该因素的有无有利于人民法院强化是否应作出禁止令的内心判断。当然，若行政主管机关对被申请人的生态环境违法行为尚未作出行政处理，则该项因素可不予考量。

二是被申请人污染环境、破坏生态行为对申请人合法权益或者生态环境造成的损害是否会超过禁止被申请人的一定行为对其造成的损害。"衡平法是在天平上舞动的法律，即便在考虑如何实现正义的时候，也不会忘记对于实现正义成本的计算。……虽然经济成本并不必然是我们考虑法律措施的要素之一，但如果以不经济的方式实现正义，法律的运行成本将明显增加，最后所造成的是对社会利益的损害。"《环境禁止令规定》始终坚持平等保护各方当事人的合法权益，注重考虑申请人合法权益、公众环境权益与被申请人合法权益的关系，注意各方利益和损失的衡量。具体而言：

(1)考量具体的环境损害类型，区分不同的生态环境损害予以救济。生态环境损害千差万别，尤其是环境污染与生态破坏类型不同，造成损害的行为方式差异较大，在具体个案中需要法官发挥司法智慧，对当事人的申请和被申请人的抗辩予以认真审查判断，审慎适用禁止令保全措施。(2)适当控制适用范围，发挥禁止令保全措施"调节器"功能。人民法院在审查判断是否作出禁止令时，要审查比较被申请人污染环境、破坏生态行为对申请人合法权益或者生态环境在裁判前可能遭受的损害，与禁止被申请人一定行为可能会对被申请人造成的损害，以衡量双方合法权益，避免出现利益失衡。特别说明的是，对"损害"的认定不需要精确认定双方损失的具体金额，而是应当在现有证据材料基础上对双方损失范围、大小、程度进行综合比较判断。(3)辅之以程序保障。为平衡申请人、被申请人以及利害关系人之间可能产生的利益冲突，防止权利滥用，《环境禁止令规定》明确了询问、勘查、申请复议、提前解除禁止令保全措施等程序，保障被申请人和其他利害关系人的合法权益。

三是禁止被申请人的一定行为对国家利益、社会公共利益或者他人合法权益产生的不利影响。鉴于生态环境侵权领域采取禁止令保全措施,不仅会影响当事人双方之间的利益,而且具有较强的影响外溢性,可能会对涉及社会经济发展的国家利益、社会公共利益以及其他民事主体的合法利益产生一定影响。尤其在生态环境侵权公益诉讼中,诉讼本身就关涉生态环境、国家利益和公共利益,人民法院无论是否作出禁止令,都可能会对国家利益、社会公共利益产生影响。因此,人民法院在决定是否采取禁止令保全措施时,"应当考虑当事人所争议的私益和社会公共利益之间的平衡,在一些案件中,更应当考虑代表社会不同层面的公共利益之间的平衡"。[①] 审慎统筹各种利益保护,认真审查禁止令保全措施对相关国家利益、社会公共利益或者他人合法权益是否造成不利影响,综合考量相关因素作出应有的判断。

四是其他应当考量的因素。在其他应考量因素中,申请人的诉求应有基本的依据是重点。鉴于禁止令保全措施是对被申请人利益的一种剥夺或限制,即便是临时的,可能也会造成被申请人的损失,甚至重大损失,如果最终申请人败诉,则可能导致被申请人的索赔问题。为此,人民法院在作出禁止令前要对案件初步证据材料进行认真审查,依法进行询问、现场勘查等,以尽可能全面客观地了解案情。只有经初步审查认定申请人的诉讼请求有基本的事实和法律依据,具有较大胜诉可能性时,受理法院才存在作出禁止令的问题。若申请人的诉讼请求明显不能成立或者现有证据难以确定、缺乏基本的事实和法律依据,则人民法院不宜作出禁止令或者要更为慎重处理。当然,在不能作出禁止令的情况下,对于所涉生态环境风险,人民法院可循一定途径通报相关行政主管机关。

(五)禁止令保全措施的文书形式

对于禁止令保全措施的文书形式,在《环境禁止令规定》起草制定过程中存在两种观点:一种观点认为,禁止令从作用和功能上看,既属于民事诉讼行为保全措施,也是一种实体权益救济措施,且最新的民事案由已将人格权保护禁令案件作为一项独立案由,故可制作单独的禁止令,其效力等同于民事裁定。另一种观点认为,《民事诉讼法》明确采取行为保全措施要制作民事裁定书,禁止令作为行为保全

① 薛淼:《我国环境司法对美国环境法禁令制度之借鉴》,载《人民司法(应用)》2017 年第 31 期。

制度在环境司法领域的延伸适用，亦应遵循该规定，故作出禁止令亦应制作民事裁定书。考虑到环境司法实践的需要，依据2017年《民事诉讼法》第103条、第104条关于诉讼保全的规定，受理禁止令申请的人民法院依法应出具民事裁定书，同时参照海事强制令的方式，制作禁止令在生态环境保护领域延伸适用。《环境禁止令规定》最终采取了第二种观点，明确了禁止令行为保全措施的具体形式。民事裁定加禁止令的形式，是民事诉讼行为保全制度在生态环境诉讼领域的创新适用，丰富了民事诉讼行为保全制度，推动了民事诉讼保全制度体系化进程。

《环境禁止令规定》第9条第1款明确无论人民法院是否准予申请人禁止令申请，均应制作民事裁定书，并送达当事人，以保障当事人的诉讼权利。此外，诉前禁止令作出后30日内申请人不依法提起诉讼，禁止令据以作出的事由发生变化、申请人申请提前解除，禁止令作出后被申请人的抗辩成立，以及当事人申请复议后的处理等情况下，人民法院均应出具相应的民事裁定书。该条第2款进一步明确人民法院裁定准予申请人禁止令申请后，可以根据民事裁定制作单独的禁止令予以公示。特别说明的是，此处制作的禁止令是基于环境司法实践需要根据民事裁定的内容而制作，并非强制要求制作，可以由受理禁止令申请的人民法院选择适用。该单独制作的禁止令相当于民事裁定书的附件，可理解为简化版的裁定书。参照海事强制令等其他“令”的文书样式，基于民事裁定制作的禁止令应写明根据裁定的内容，责令当事人立即停止实施的具体行为。鉴于生态环境侵权案件的公众参与多、社会影响大等特点，禁止令可以在被申请人的住所地，或者污染环境、破坏生态行为的实施地、损害结果发生地等相关场所，通过张贴公示、新闻媒体报道等方式，让公众知晓相关情况，威慑潜在污染环境、破坏生态行为人，扩大公众参与程度，依法接受社会监督。

为确保禁止令保全措施的适用效果，《环境禁止令规定》同时附录了三份民事裁定书、一份禁止令文书样式，并附有相应说明，供受理禁止令申请的人民法院参考选用。

（六）当事人及利害关系人的权利保障

《环境禁止令规定》总结环境司法实践经验，对禁止令保全措施实施过程中当事人及利益相关方的权利保障予以明确，作出了多项具体的规范。一是第6条、第

10 条规定了询问、勘查、复议程序，保障当事人陈述、申辩等诉讼权利以及利害关系人的合法权益。二是第 7 条规定了申请人的担保责任，防止恶意申请禁止令和权利滥用，平衡双方合法利益的保护。三是第 11 条规定了禁止令保全措施的提前解除，在禁止令据以作出的事由发生变化情况下，申请人、被申请人或者利害关系人均可以申请提前解除禁止令，人民法院应在规定期限内审查是否予以解除，以避免当事人或者利害关系人受到不必要的损害。四是第 12 条明确了不履行禁止令保全措施须依法承担相应法律责任，以保障禁止令保全措施的履行效果。

四、其他需要特别说明的问题

关于禁止令保全措施的执行，在《环境禁止令规定》起草过程中，一直有相关讨论。《环境禁止令规定》第 9 条明确“裁定书自送达之日起生效”，而作为“发生法律效力”的民事裁定，在被申请人拒不履行的情况下，自然亦存在强制执行的问题。但经调研发现，目前各地法院的环境资源审判体制机制尚在不断完善发展中，既有单独民事、行政分立，也有民事、行政“二合一”，民事、行政、刑事“三合一”，民事、行政、刑事、执行“四合一”，甚至再加上立案“五合一”的归口审理模式。有的法院尽管没有明确将执行纳入环境资源审判庭职能范围，但部分法院环境资源审判部门也会延伸审判职能，积极参与环境公益诉讼案件的执行活动。当然，也有不少法院根据内部职能分工，涉及执行事宜均由执行局负责执行。考虑到生态环境侵权案件的执行往往具有较强的专业性，且各地法院的做法不一，为避免“一刀切”，《环境禁止令规定》未对禁止令的执行进行规定，各地法院可根据法律法规及相关司法解释的相关规定，遵循各地已有行之有效的执行方式对禁止令保全措施予以落实。

最高人民法院关于审理生态环境侵权纠纷案件适用惩罚性赔偿的解释

（2021年12月27日最高人民法院审判委员会第1858次会议通过
法释〔2022〕1号　自2022年1月20日起施行）

为妥善审理生态环境侵权纠纷案件，全面加强生态环境保护，正确适用惩罚性赔偿，根据《中华人民共和国民法典》《中华人民共和国环境保护法》《中华人民共和国民事诉讼法》等相关法律规定，结合审判实践，制定本解释。

第一条　人民法院审理生态环境侵权纠纷案件适用惩罚性赔偿，应当严格审慎，注重公平公正，依法保护民事主体合法权益，统筹生态环境保护和经济社会发展。

第二条　因环境污染、生态破坏受到损害的自然人、法人或者非法人组织，依据民法典第一千二百三十二条的规定，请求判令侵权人承担惩罚性赔偿责任的，适用本解释。

第三条　被侵权人在生态环境侵权纠纷案件中请求惩罚性赔偿的，应当在起诉时明确赔偿数额以及所依据的事实和理由。

被侵权人在生态环境侵权纠纷案件中没有提出惩罚性赔偿的诉讼请求，诉讼终结后又基于同一污染环境、破坏生态事实另行起诉请求惩罚性赔偿的，人民法院不予受理。

第四条　被侵权人主张侵权人承担惩罚性赔偿责任的，应当提供证据证明以下事实：

（一）侵权人污染环境、破坏生态的行为违反法律规定；

（二）侵权人具有污染环境、破坏生态的故意；

（三）侵权人污染环境、破坏生态的行为造成严重后果。

第五条 人民法院认定侵权人污染环境、破坏生态的行为是否违反法律规定，应当以法律、法规为依据，可以参照规章的规定。

第六条 人民法院认定侵权人是否具有污染环境、破坏生态的故意，应当根据侵权人的职业经历、专业背景或者经营范围，因同一或者同类行为受到行政处罚或者刑事追究的情况，以及污染物的种类，污染环境、破坏生态行为的方式等因素综合判断。

第七条 具有下列情形之一的，人民法院应当认定侵权人具有污染环境、破坏生态的故意：

（一）因同一污染环境、破坏生态行为，已被人民法院认定构成破坏环境资源保护犯罪的；

（二）建设项目未依法进行环境影响评价，或者提供虚假材料导致环境影响评价文件严重失实，被行政主管部门责令停止建设后拒不执行的；

（三）未取得排污许可证排放污染物，被行政主管部门责令停止排污后拒不执行，或者超过污染物排放标准或者重点污染物排放总量控制指标排放污染物，经行政主管机关责令限制生产、停产整治或者给予其他行政处罚后仍不改正的；

（四）生产、使用国家明令禁止生产、使用的农药，被行政主管部门责令改正后拒不改正的；

（五）无危险废物经营许可证而从事收集、贮存、利用、处置危险废物经营活动，或者知道或者应当知道他人无许可证而将危险废物提供或者委托给其从事收集、贮存、利用、处置等活动的；

（六）将未经处理的废水、废气、废渣直接排放或者倾倒的；

（七）通过暗管、渗井、渗坑、灌注，篡改、伪造监测数据，或者以不正常运行防治污染设施等逃避监管的方式，违法排放污染物的；

（八）在相关自然保护区域、禁猎（渔）区、禁猎（渔）期使用禁止使用的猎捕工具、方法猎捕、杀害国家重点保护野生动物、破坏野生动物栖息地的；

（九）未取得勘查许可证、采矿许可证，或者采取破坏性方法勘查开采矿产资源的；

（十）其他故意情形。

第八条　人民法院认定侵权人污染环境、破坏生态行为是否造成严重后果，应当根据污染环境、破坏生态行为的持续时间、地域范围，造成环境污染、生态破坏的范围和程度，以及造成的社会影响等因素综合判断。

侵权人污染环境、破坏生态行为造成他人死亡、健康严重损害，重大财产损失，生态环境严重损害或者重大不良社会影响的，人民法院应当认定为造成严重后果。

第九条　人民法院确定惩罚性赔偿金数额，应当以环境污染、生态破坏造成的人身损害赔偿金、财产损失数额作为计算基数。

前款所称人身损害赔偿金、财产损失数额，依照民法典第一千一百七十九条、第一千一百八十四条规定予以确定。法律另有规定的，依照其规定。

第十条　人民法院确定惩罚性赔偿金数额，应当综合考虑侵权人的恶意程度、侵权后果的严重程度、侵权人因污染环境、破坏生态行为所获得的利益或者侵权人所采取的修复措施及其效果等因素，但一般不超过人身损害赔偿金、财产损失数额的二倍。

因同一污染环境、破坏生态行为已经被行政机关给予罚款或者被人民法院判处罚金，侵权人主张免除惩罚性赔偿责任的，人民法院不予支持，但在确定惩罚性赔偿金数额时可以综合考虑。

第十一条　侵权人因同一污染环境、破坏生态行为，应当承担包括惩罚性赔偿在内的民事责任、行政责任和刑事责任，其财产不足以支付的，应当优先用于承担民事责任。

侵权人因同一污染环境、破坏生态行为，应当承担包括惩罚性赔偿在内的民事责任，其财产不足以支付的，应当优先用于承担惩罚性赔偿以外的其他责任。

第十二条　国家规定的机关或者法律规定的组织作为被侵权人代表，请求判令侵权人承担惩罚性赔偿责任的，人民法院可以参照前述规定予以处理。但惩罚性赔偿金数额的确定，应当以生态环境受到损害至修复完成期间服务功能丧失导致的损失、生态环境功能永久性损害造成的损失数额作为计算基数。

第十三条 侵权行为实施地、损害结果发生地在中华人民共和国管辖海域内的海洋生态环境侵权纠纷案件惩罚性赔偿问题，另行规定。

第十四条 本规定自2022年1月20日起施行。

《关于审理生态环境侵权纠纷案件适用惩罚性赔偿的解释》的理解与适用

刘竹梅　刘牧晗*

为妥善审理生态环境侵权纠纷案件,全面加强生态环境保护,正确适用惩罚性赔偿,根据《民法典》《环境保护法》《民事诉讼法》等相关法律规定,结合审判实践,最高人民法院制定了《关于审理生态环境侵权纠纷案件适用惩罚性赔偿的解释》(以下简称《惩罚性赔偿解释》)。

一、《惩罚性赔偿解释》起草的背景和意义

生态文明建设是关乎中华民族永续发展的根本大计,良好的生态环境是最普惠的民生福祉。党的十八大以来,以习近平同志为核心的党中央以前所未有的力度抓生态文明建设。党的十八届三中全会提出,"对造成生态环境损害的责任者严格实行赔偿制度"。党的十九大报告要求,"加大生态系统保护力度","实行最严格的生态环境保护制度"。党的十九届四中全会报告明确,要"加大对严重违法行为处罚力度,实行惩罚性赔偿制度"。2021 年 1 月 1 日施行的《民法典》,除在总则编将绿色原则确立为基本原则,在第 179 条继续沿用《民法总则》关于惩罚性赔偿的原则性规定之外,还专门在第 1232 条增加规定了生态环境惩罚性赔偿制度,有力回应了社会发展所提出的环境问题,具有鲜明的中国特色、实践特色、时代特色。

---

* 刘竹梅,最高人民法院环境资源审判庭庭长;刘牧晗,最高人民法院环境资源审判庭三级高级法官助理。

惩罚性赔偿作为损害赔偿填平原则的突破，通过让恶意的不法行为人承担超出实际损害数额的赔偿，达到充分救济受害人、制裁恶意侵权人的效果，具有惩罚、震慑、预防等多重功能。《民法典》新增生态环境惩罚性赔偿制度，为惩治生态环境侵权行为、推动生态文明建设、满足人民日益增长的对优美生态环境新期待进一步提供了制度保障，对以法治方式推进环境治理体系和治理能力现代化具有重要意义。

最高人民法院把贯彻实施好《民法典》生态环境惩罚性赔偿制度作为践行习近平生态文明思想、习近平法治思想的生动实践，指导各级法院积极开展工作探索。在认真总结各地法院司法经验的基础上，经过反复调研论证和广泛征求意见，就生态环境侵权纠纷案件适用惩罚性赔偿的范围、认定要件、计算基数和倍数等具体问题予以规范，制定出台本《惩罚性赔偿解释》。

二、《惩罚性赔偿解释》起草的指导思想

习近平总书记指出，“生态环境没有替代品，用之不觉，失之难存。必须像保护眼睛一样保护生态环境，像对待生命一样对待生态环境”。《惩罚性赔偿解释》的起草，始终坚持以习近平生态文明思想、习近平法治思想为指导，贯彻落实用最严格制度、最严密法治保护生态环境，找准环境司法审判统筹生态环境保护、经济社会发展和保障民生的平衡点。起草的主要思路有：

一是准确适用《民法典》生态环境惩罚性赔偿制度。《民法典》第 1232 条规定，“侵权人违反法律规定故意污染环境、破坏生态造成严重后果的，被侵权人有权请求相应的惩罚性赔偿”。《惩罚性赔偿解释》的起草，明确了人民法院审理生态环境侵权纠纷案件适用惩罚性赔偿的原则，进一步细化了当事人主张惩罚性赔偿的时点和具体请求，惩罚性赔偿的适用条件、履行顺位等问题，确保《民法典》生态环境惩罚性制度在审判实践中落实落细，见行见效。

二是立足破解环境违法成本低的突出问题。生态环境损害具有累积性、潜伏性、缓发性、公害性等特点，生态环境领域违法成本低的问题突出。《惩罚性赔偿解释》的起草，立足解决上述问题，同时围绕审判实践中亟待统一的惩罚性赔偿的适用范围、责任构成以及惩罚性赔偿金数额的确定等问题进行规范，充分发挥惩罚性

赔偿的制度功能，依法提高环境违法成本，严惩突出环境违法行为，让恶意侵权人付出应有代价。

三是坚持统筹环境保护和经济发展。生态环境保护和经济发展辩证统一。保护生态环境就是保护生产力，改善生态环境就是发展生产力。《惩罚性赔偿解释》的起草，坚持统筹保护和发展，合理设置惩罚性赔偿金数额、惩罚倍数，综合考量同一环境污染、破坏生态行为已被处以行政罚款、刑事罚金的情形，在维护国家利益、环境公共利益和人民群众环境权益的同时，引导全社会加快形成绿色生产生活方式，推动经济发展和环境保护协同共进。

三、《惩罚性赔偿解释》的主要内容

《惩罚性赔偿解释》共 14 条，主要包括生态环境惩罚性赔偿的适用原则、适用范围、请求的时间和内容、要件认定、基数倍数、公益诉讼的参照适用等相关内容。

（一）审理生态环境侵权纠纷案件适用惩罚性赔偿应遵循的原则

环境污染和生态破坏，是现代社会工业化快速发展带来的重大社会风险之一。当前，我国资源环境约束趋紧、生态系统退化等问题突出，各类环境污染、生态破坏仍呈高发态势，给社会公众人身和财产权利造成巨大损失。生态环境侵权纠纷案件具有专业性强、举证难、鉴定贵、评估周期长等特点，传统侵权法中的补偿性损害赔偿，不足以弥补受害人的实际损失，也难以遏制、震慑和预防污染环境、破坏生态行为。因此，《民法典》在总则编规定绿色原则的同时，又在生态环境侵权领域引入惩罚性赔偿制度。值得注意的是，生态环境侵权不同于一般的民事侵权，企业生产经营活动在污染环境、破坏生态的同时，也在为社会创造财富、提供就业。在《惩罚性赔偿解释》起草调研中，多数意见亦提出，惩罚性赔偿作为对传统侵权法填平原则的突破，具有私人执法属性，针对同一环境污染、生态破坏行为同时适用惩罚性赔偿、行政罚款和刑事罚金有可能造成过度、重复惩罚。

鉴于此，《惩罚性赔偿解释》第 1 条明确了审理生态环境侵权案件适用惩罚性赔偿制度应遵循的原则，以更好地实现惩罚性赔偿的制度功能和《民法典》新增此项制度的目的。一是严格审慎适用惩罚性赔偿，统筹适用惩罚性赔偿制度的法律效果和社会效果,防止被滥诉滥用。二是注重公平公正,依法保护被侵权人合法权益的同时,兼顾侵权人、尤其生产经营企业的生存发展需要。三是正确处理保护和发展的辩证关系,统筹生态环境保护和经济社会发展。

(二)生态环境惩罚性赔偿的适用范围

实践中,关于《民法典》第 1232 条规定的生态环境惩罚性赔偿的适用范围问题,主要存在两种不同观点:一种观点认为,生态环境惩罚性赔偿仅适用于环境私益诉讼;另一种观点认为,生态环境惩罚性赔偿应同时适用于环境私益诉讼、环境民事公益诉讼和生态环境损害赔偿诉讼。主张惩罚性赔偿不应适用于公益诉讼的理由主要有:一是《民法典》第 1232 条使用了"被侵权人"的表述,该表述的文义解释表明,受害人应是特定的主体;二是该条文规定在《民法典》第 1234 条、第 1235 条有关公益诉讼的规定之前,体系解释表明,其主要针对私益损害的情形;三是由国家规定的机关或者法律规定的组织取得该部分赔偿金缺乏正当性。①

我们经研究认为,惩罚性赔偿主要针对因侵权人的邪恶动机或其他莽撞地无视他人的权利而具有恶劣性质的行为而做出,其适用与否不应过多地受被侵权人影响。单纯就"被侵权人"的文义解释而言,难以得出受害人是特定主体的唯一结论。而且,从体系解释的角度看,《民法典》第 1234 条、第 1235 条位列侵权责任编第七章最后两条,可谓全章的特殊规定,位列前五条的第 1229 条至第 1233 条,则系全章的一般规定。② 至于惩罚性赔偿金的支付问题,根据最高人民法院《关于审理生态环境损害赔偿案件的若干规定(试行)》第 15 条③规定,生态环境损失赔偿资金并非向提起诉讼的国家规定的机关或者法律规定的组织直接支付,而是应当依照法律、法规、规章予以缴纳、管理和使用。《生态环境损害赔偿资金管理办法(试行)》第 6 条第 2 款、第 15 条对生态环境损害赔偿资金的支付进一步作了明确。

---

① 参见王利明:《〈民法典〉中环境污染和生态破坏责任的亮点》,载《广东社会科学》2021 年第 1 期。

② 参见最高人民法院民法典贯彻实施工作领导小组主编:《中华人民共和国民法典理解与适用(侵权责任编)》,人民法院出版社 2020 年版,第 539 页。

③ 《关于审理生态环境损害赔偿案件的若干规定(试行)》第 15 条规定:"人民法院判决被告承担的生态环境服务功能损失赔偿资金、生态环境功能永久性损害造成的损失赔偿资金,以及被告不履行生态环境修复义务时所应承担的修复费用,应当依照法律、法规、规章予以缴纳、管理和使用。"

按照上述规定,生态环境惩罚性赔偿金并非由提起诉讼的国家规定的机关或者法律规定的组织取得。

此外,按照全国人大常委会副委员长王晨在第十三届全国人民代表大会第三次会议所作的《关于〈中华人民共和国民法典(草案)〉的说明》,惩罚性赔偿制度恰是为了解决生态环境损害问题而引入民法典。①《民法典》施行之后出台的多个中央文件中,亦对探索适用民事公益诉讼惩罚性赔偿制度作出了部署要求。例如:2021 年 1 月,中共中央《法治中国建设规划(2020—2025 年)》第五部分第(十七)条中明确要求"拓展公益诉讼案件范围,完善公益诉讼法律制度,探索建立民事公益诉讼惩罚性赔偿制度"。2021 年 3 月,《国民经济和社会发展第十四个五年规划和 2035 年远景目标纲要》规定,探索建立食品安全民事公益诉讼惩罚性赔偿制度。2021 年 9 月,国务院新闻办公室发布的《国家人权行动计划(2021—2035 年)》第二部分第(八)条中规定,"完善公益诉讼法律制度。拓展公益诉讼案件范围,探索建立生态环境、食品药品安全领域民事公益诉讼惩罚性赔偿制度"。《惩罚性赔偿解释》征求意见时,最高人民检察院、司法部、自然资源部、生态环境部等部门认为,惩罚性赔偿应既适用于环境私益诉讼,也适用于环境民事公益诉讼和生态环境损害赔偿诉讼。最高人民检察院于 2021 年 7 月施行的《人民检察院公益诉讼办案规则》中明确规定,人民检察院在破坏生态环境和资源保护领域案件,可以提出惩罚性赔偿的诉讼请求。就审判实践而言,案例检索显示,《民法典》实施后适用惩罚性赔偿的生态环境侵权纠纷案件中,环境民事公益诉讼、生态环境损害赔偿诉讼的案件占绝大多数。

《惩罚性赔偿解释》起草过程中,我们专门就惩罚性赔偿的适用范围问题赴全国人大法工委民法室进行沟通。其称,民法典制定过程中关于惩罚性赔偿是否适用于环境民事公益诉讼、生态环境损害赔偿诉讼,采取的是有争议但未封死的态度。《惩罚性赔偿解释》征求意见中,全国人大法工委的书面反馈意见认为,根据《民法典》第 1232 条规定,惩罚性赔偿主要适用于由被侵权人提起的私益诉讼。在

---

① 《关于〈中华人民共和国民法典(草案)〉的说明》明确,"贯彻落实习近平生态文明思想,增加规定生态环境损害的惩罚性赔偿制度,并明确规定了生态环境损害的修复和赔偿规则(草案第一千二百三十二条、第一千二百三十四条、第一千二百三十五条)"。

公益诉讼中,如果国家规定的机关或者法律规定的组织能够被法院认定为被侵权人代表的,可以适用该条的规定。关于如何理解“作为被侵权人代表”的问题,全国人大法工委民法室明确,此“代表”并非私益诉讼中的代表人诉讼,并以《海洋环境法》第89条第2款关于“行使海洋环境监督管理权的部门代表国家对责任者提出损害赔偿要求”的规定佐证说明。

综合上述意见和审判实践需要,《惩罚性赔偿解释》在遵照立法目的、原则和原意的基础上,在体例上采取以环境私益诉讼中的惩罚性赔偿适用为主体进行条文设置,同时明确环境民事公益诉讼、生态环境损害赔偿诉讼中惩罚性赔偿的参照适用,即《惩罚性赔偿解释》第2条规定:“因环境污染、生态破坏受到损害的自然人、法人或者非法人组织,依据民法典第一千二百三十二条的规定,请求判令侵权人承担惩罚性赔偿责任的,适用本解释。”第12条中规定:“国家规定的机关或者法律规定的组织作为被侵权人代表,请求判令侵权人承担惩罚性赔偿责任的,人民法院可以参照前述规定予以处理……”

(三)生态环境惩罚性赔偿的适用要件

根据《民法典》第1229条的规定,生态环境侵权责任适用无过错责任归责原则,即在侵权人有污染、破坏的行为与他人损害有因果关系的情形下,不考虑侵权人是否存在过错、排污是否符合规定的标准,均应承担侵权责任。但惩罚性赔偿作为一种主要针对具有不法性和道德上应受谴责性的行为而适用的责任方式,其赔偿数额更高,具有一般生态环境侵权责任不具备的惩罚功能,在构成要件上更为严格。《惩罚性赔偿解释》第4条至第8条,用5个条文的体量规定了生态环境惩罚性赔偿的特别构成要件及其认定的考量因素和典型情形。

根据《民法典》第1232条的规定,生态环境侵权惩罚性赔偿责任的特别构成要件有三:

1. 侵权人实施了不法行为,即侵权人的污染环境、破坏生态行为违反了法律规定。企业的正常生产经营活动不仅是社会正常发展所必需,也应为法律所保护和鼓励,故对企业的排污行为施以惩罚,必须以企业违反法律规定为前提,否则不具有正当性。[1]《惩罚性赔偿解释》起草过程中，关于认定污染环境、破坏生态行为是否“违反法律规定”应以何者为依据的问题，有两种意见：一种意见认为，应仅限于全国人大及其常委会制定的法律，另一种意见认为，应包括法律、法规在内，并可参照规章。我们经研究认为，将《民法典》第1232条中的“法律”作狭义解读，固然有严格限定惩罚性赔偿构成要件的合理性。但某一污染环境、破坏生态行为是否具有违法性，应充分关注政府在环境治理体系中所处的主导地位。而且，根据《环境保护法》规定，关于环境质量标准的项目、污染物排放标准的项目等问题，可以在无国家标准时制定地方性标准，或者在有国家标准时制定高于国家标准的地方性标准，故行政法规、地方性法规以及民族自治地方的自治条例和单行条例亦应包括在内。同时，基于生态环境保护需要，避免因法律、法规的天然滞后性和制定修订的程序复杂性，来不及就新污染物出现作出反应的考虑，必要时亦可参照规章。因此，《惩罚性赔偿解释》第5条规定：“人民法院认定侵权人污染环境、破坏生态的行为是否违反法律规定，应当以法律、法规为依据，可以参照规章的规定。”

2. 侵权人主观具有故意。惩罚性赔偿责任的主要目的，就是制裁不法的恶意侵权人。因此，侵权人是否具有主观故意，是惩罚性赔偿责任能否成立的特别要件之一。《民法典》对新增加规定的生态环境惩罚性赔偿制度保持了谦抑性，将侵权人的主观状态限定为“故意”，而未包括重大过失。《惩罚性赔偿解释》结合审判实践中的典型案例，对认定侵权人是否具有主观故意的考量因素进行了总结提炼。根据《惩罚性赔偿解释》第6条规定，人民法院认定侵权人是否具有污染环境、破坏生态的故意，综合判断的因素如下：一是侵权人的职业经历、专业背景或者经营范围。例如：广东卫洁垃圾处理厂污染环境案，系垃圾处理厂违法倾倒垃圾；江苏胜科公司污染环境案中，胜科公司本身即化学工业园区污水处理企业。二是侵权人因同一或者同类污染环境、破坏生态行为受到行政处罚或者刑事追究的情况。例如：因同一或者同类污染环境、破坏生态行为受到行政处罚后仍拒不改正；多次结伙实施污染环境、破坏生态违法犯罪行为等。三是污染物的种类，污染环境、破坏

[1] 参见黄薇主编：《中华人民共和国民法典侵权责任编解读》，中国法制出版社2020年版，第252页。

生态行为的方式等。例如：将未经处理的废水、废气、废渣直接予以倾倒；在禁渔期、禁渔区使用“电”“炸”“毒”或者“绝户网”等禁止使用的工具非法捕捞水产品。

此外，故意作为一种主观状态，难以直接证明，司法实践中往往通过侵权人的外在行为来认定。《惩罚性赔偿解释》第 7 条在第 6 条概括规定认定故意的考量因素的基础上，根据《刑法》《环境保护法》《野生动物保护法》《矿产资源法》等相关法律的禁止性规定，列举了九种足以从侵权人的外在行为认定其具有污染环境、破坏生态的主观故意的情形，为审判实践提供明确、具体的裁判指引。同时，为防止挂一漏万，设置了兜底条款。根据《惩罚性赔偿解释》规定，九种故意情形包括：因同一污染环境、破坏生态行为，已被人民法院认定构成破坏环境资源保护犯罪的；建设项目未依法进行环境影响评价，或者提供虚假材料导致环境影响评价文件严重失实，被行政主管部门责令停止建设后拒不执行的；未取得排污许可证排放污染物，被行政主管部门责令停止排污后拒不执行，或者超过污染物排放标准或者重点污染物排放总量控制指标排放污染物，经行政主管机关责令限制生产、停产整治或者给予其他行政处罚后仍不改正的；生产、使用国家明令禁止生产、使用的农药，被行政主管部门责令改正后拒不改正的；无危险废物经营许可证而从事收集、贮存、利用、处置危险废物经营活动，或者知道或者应当知道他人无许可证而将危险废物提供或者委托给其从事收集、贮存、利用、处置等活动的；将未经处理的废水、废气、废渣直接排放或者倾倒的；通过暗管、渗井、渗坑、灌注，篡改、伪造监测数据，或者以不正常运行防治污染设施等逃避监管的方式，违法排放污染物的；在相关自然保护区域、禁猎（渔）区、禁猎（渔）期使用禁止使用的猎捕工具、方法猎捕、杀害国家重点保护野生动物、破坏野生动物栖息地的；未取得勘查许可证、采矿许可证，或者采取破坏性方法勘查开采矿产资源的。

3. 侵权人的行为造成严重后果。惩罚性赔偿应保持其适用上的谦抑性，应聚焦于损害后果严重的生态环境侵权行为，避免侵权人动辄得咎。而且，此种严重后果必须是已经实际发生的、现实存在的人身损害、财产损失或者生态环境损害，不能仅是一种风险。环境损害指因污染环境或破坏生态行为导致人体健康、财产价值或生态环境及其生态系统服务的可观察的或可测量的不利改变。此种“不利改变”是否严重，涉及环境损害程度的确定甚至后果的量化，具有较高的专业技术性。

《惩罚性赔偿解释》第8条第1款结合审判实践，根据《固体废物污染环境防治法》《自然保护区条例》等法律、法规的规定，参考最高人民法院、最高人民检察院《关于办理环境污染刑事案件适用法律若干问题的解释》关于严重污染环境的界定，以及《环境损害鉴定评估推荐方法》（第Ⅱ版）关于量化量度损害程度参数的规定，明确了认定是否造成严重后果的酌定因素包括：污染环境、破坏生态行为的持续时间，如某涉案地块上数十年进行化工生产，损害的累积性明显；污染环境、破坏生态行为的地域范围，如法律、法规特别保护的生态保护红线区域、自然保护区核心区、饮用水水源地、永久基本农田保护区等；环境污染、生态破坏的范围和程度，如某特定类型栖息地的范围，某种资源的单位或数量，植被密度、覆盖或生物量量度等；社会影响，如曾被媒体披露的湖南儿童血铅事件等。《惩罚性赔偿解释》第8条第2款是对足以认定为造成严重后果情形的规定。《惩罚性赔偿解释》起草过程中，有意见认为应参考最高人民法院、最高人民检察院《关于办理环境污染刑事案件适用法律若干问题的解释》的相关规定，明确具体标准，如财产损失达30万元。但调研中，绝大多数意见认为，惩罚性赔偿作为民事责任，其认定标准应与刑事责任有所区别，且我国幅员广阔、各地生态环境特点不一，如从生态价值和修复难度看，"西北一棵树相当于东北一片林"，过于确定的标准反不利于司法实践基于实际灵活掌握，故未以具体数额设置认定标准。此外，因环境私益侵权的损害是以生态环境受到损害为前提的，即侵权人污染环境、破坏生态的行为，首先损害的是生态环境，如污染空气、水、土壤，破坏植物或动物种群等，以这些被污染的空气、水、土壤或者被破坏的生态系统为媒介侵害个体权益。故，本条对损害后果的衡量，除人身损害、财产损失外，并不排除生态环境损害。此点与被侵权人在环境私益诉讼中亦有权提出停止侵害，排除妨碍，或者修复与其人身、财产密切相关的受损生态环境等诉讼请求的司法实践亦契合。

需要说明的是，《惩罚性赔偿解释》第4条同时规定，应由被侵权人对是否满足生态环境惩罚性赔偿的特别构成要件负举证证明责任。这一举证责任分配符合《民事诉讼法》上"谁主张，谁举证"的原则，仅针对生态环境惩罚性赔偿的特别构成要件，即侵权人实施的污染环境、破坏生态行为违反了法律规定、具有主观故意和造成的后果严重而言，并不因此改变《民法典》第1230条"因污染环境、破坏生态发生纠纷,行为人应当就法律规定的不承担责任或者减轻责任的情形及其行为与损害之间不存在因果关系承担举证责任”有关环境侵权中举证责任倒置的特别规定。

(四)生态环境惩罚性赔偿金的计算基数

惩罚性赔偿,是指行为人恶意实施某种行为时,以对行为人实施惩罚和追求一般抑制效果为目的,法院在判令行为人支付通常赔偿金的同时,还可以判令行为人支付受害人高于实际损失的赔偿金。[①]《民法典》第 1232 条规定,被侵权人有权请求相应的惩罚性赔偿,但未明确具体的赔偿幅度以及惩罚性赔偿金数额的计算方法。《惩罚性赔偿解释》第 9 条、第 12 条规定了生态环境惩罚性赔偿金的计算基数。

惩罚性赔偿作为传统侵权责任填平原则的例外,应以补偿性损害赔偿为前提。相应地,同为《民法典》第 179 条规定的承担民事责任的方式,惩罚性赔偿应以赔偿损失这一责任方式为基础,其数额的确定应以被侵权人因环境污染、生态破坏受到的实际损失作为计算基数。对此,《消费者权益保护法》第 55 条第 2 款规定,经营者提供有缺陷的商品或者服务时,以所受损失为基数确定惩罚性赔偿金;《食品安全法》第 148 条第 2 款规定,生产或者经营不符合食品安全标准食品的,以支付价款或者所受损失为基数确定惩罚性赔偿金;《商标法》第 63 条第 1 款、《著作权法》第 54 条规定,侵犯商标专用权或者著作权的,以权利人因被侵权所受到的实际损失为基数确定惩罚性赔偿金;等等。甚至有观点认为,《消费者权益保护法》第 55 条第 2 款正是彻底摆脱以商品价款或服务费用为基础确定惩罚性赔偿金的窠臼,首次将消费者“所受损失”规定为惩罚性赔偿的确定基础。[②]

具体到环境私益诉讼,被侵权人的实际损失是指因环境污染、生态破坏受到的人身损害和财产损失。故《惩罚性赔偿解释》第 9 条第 1 款规定,环境私益诉讼中

---

① 参见最高人民法院侵权责任法研究小组编著:《〈中华人民共和国侵权责任法〉条文理解与适用》,人民法院出版社 2010 年版,第 337 页。

② 参见美国法学会:《美国法律整编 · 侵权行为法》,刘兴善译,我国台湾地区司法周刊杂志社 1986 年版,第 110 页。转引自杨立新、李怡雯:《生态环境侵权惩罚性赔偿责任之构建——〈民法典侵权责任编(草案二审稿)〉第一千零八条的立法意义及完善》,载《河南财经政法大学学报》2019 年第 3 期。

的惩罚性赔偿金数额，应当以环境污染、生态破坏造成的人身损害赔偿金、财产损失数额作为计算基数。至于人身损害赔偿金、财产损失数额本身的确定问题，因生态环境侵权具有复杂性，在法律适用上除《民法典》外，还可能涉及诸多生态环境单行法、特别法，故《惩罚性赔偿解释》第 9 条第 2 款规定，"前款所称人身损害赔偿金、财产损失数额，依照民法典第一千一百七十九条、第一千一百八十四条规定予以确定。法律另有规定的，依照其规定。"

值得注意的是，环境公益诉讼中惩罚性赔偿金的计算基数不同于环境私益诉讼。根据《民法典》第 1234 条规定，生态环境损害适用修复优先原则，且《民法典》第 1235 条关于生态环境损害赔偿范围的规定，对损失和费用作了区分，其中第 3 项鉴定评估费用、第 5 项止损费用不能反映和衡量侵权人的主观恶意以及法益受到侵害的程度，不应成为惩罚性赔偿的计算基数；第 4 项生态环境修复费用，根据最高人民法院《关于审理环境民事公益诉讼案件适用法律若干问题的解释》第 23 条的规定，其确定的考量因素中已包括了侵权人的过错程度，如再以生态环境修复费用作为生态环境损害惩罚性赔偿的计算基数，有重复考量侵权人过错之嫌。实践中，生态环境修复费用往往金额较大，将其纳入惩罚性赔偿计算基数难免会使企业陷入困境，不利于统筹保护与发展、保障企业正常生产经营。综上，《惩罚性赔偿解释》第 12 条规定，生态环境损害惩罚性赔偿金应以生态环境受到损害至修复完成期间服务功能丧失导致的损失、生态环境功能永久性损害造成的损失，即《民法典》第 1235 条第 1 项、第 2 项规定的赔偿范围作为计算基数。根据《环境损害鉴定评估推荐方法》（第Ⅱ版）规定，期间损害，"指生态环境损害发生至生态环境恢复到基线状态期间，生态环境因其物理、化学或生物特性改变而导致向公众或者其他生态系统提供服务的丧失或减少，即受损生态环境从损害发生到其恢复至基线状态期间提供生态系统服务的损失量"。永久性损害，"指受损生态环境及其服务难以恢复，其向公众或其他生态系统提供服务能力的完全丧失"。

（五）生态环境惩罚性赔偿金的量定因素和倍数

惩罚性赔偿，旨在针对恶意的、在道德上具有可非难性的行为而实施特殊救济，具有制裁、震慑和预防等功能。作为损害补偿原则的例外，其数额不应是无限的，而应是"相应"的。人民法院判令侵权人赔偿超出实际损失数额的额度，应与侵权人的主观恶意、损害后果以及对侵权人的震慑等大致相当。在有惩罚性赔偿制度传统的普通法国家和地区,惩罚性赔偿金数额的量定因素,包括被告不法行为的非难程度与其获利可能性、原告受害的性质与程度、被告的财务状况以及被告遭受其他处罚的可能性等,其中以被告的不法行为的非难性为最重要的考量标准。[①] 我国台湾地区"消费者保护法"适用的审酌因素包括被告行为的道德恶性、"断臂非中彩"的法理、取得不法利益的大小、有无受刑事制裁、原告受损害的程度、被告事发后的处理态度等。[②] 基于上述考察,结合审判实际,《惩罚性赔偿解释》第 10 条第 1 款规定,"人民法院确定惩罚性赔偿金数额,应当综合考虑侵权人的恶意程度、侵权后果的严重程度、侵权人因污染环境、破坏生态行为所获得的利益或者侵权人所采取的修复措施及其效果等因素,但一般不超过人身损害赔偿金、财产损失数额的二倍"。其中,侵权人的恶意程度、侵权后果的严重程度回应了生态环境惩罚性赔偿责任的制度目的和特别构成要件,侵权人因污染环境、破坏生态行为所获得的利益,符合任何人不得因非法行为获利的法理,侵权人所采取的修复措施及其效果,则体现了侵权人在环境污染、生态破坏事发后的态度,如能积极主动履行修复义务并取得修复效果,亦可表明其主观恶意和损害后果的程度。

现行法律、司法解释中关于惩罚性赔偿的倍数限定,存在三种模式:第一种是固定倍数,如"价款十倍或者损失三倍";第二种是弹性倍数,如"一倍以上五倍以下";第三种是不设定倍数限制。《民法典》制定过程中,关于惩罚性赔偿的赔偿幅度问题存有较大争议,但最终未就具体标准作出规定。《惩罚性赔偿解释》起草中,经过充分调研论证,为兼顾可操作性和灵活性,采取了弹性倍数的模式。同时,考虑到生态环境惩罚性赔偿以造成严重后果为要件,其损害基数往往较大,将其倍数规定为一般不超过损失数额的 2 倍,在遵循谦抑原则的同时,亦备特别情势之需。需要说明的是,2 倍以内的倍数规定,并不要求必须是整倍数,根据个案的具体情况,可以确定为小数。

此外,关于惩罚性赔偿与行政罚款、刑事罚金是否构成重复惩罚、能否相互抵

---

① 参见陈聪富:《美国法上之惩罚性赔偿金制度》,载《台大法学论丛》第 31 卷第 5 期。

② 参见何建志:《惩罚性赔偿金之法理与应用——论最适赔偿金额之判定》,载《台大法学论丛》第 31 卷第 3 期。

扣的问题。根据《行政处罚法》第35条第2款的规定，行政罚款和刑事罚金可以相互折抵。尽管有观点认为惩罚性赔偿具有私人执法的公法属性，但其作为《民法典》规定的民事责任承担方式之一，在缺乏上位法依据的情况下，不宜直接折抵行政罚款、刑事罚金。故《惩罚性赔偿解释》第10条第2款规定，“因同一污染环境、破坏生态行为已经被行政机关给予罚款或者被人民法院判处罚金，侵权人主张免除惩罚性赔偿责任的，人民法院不予支持，但在确定惩罚性赔偿金数额时可以综合考虑”。

（六）生态环境惩罚性赔偿请求的一并提起、一并解决

生态环境侵权纠纷案件涉及多种生态环境要素，点多面广，具有高度的复合性、专业技术性，侵权行为和损害结果等事实的认定具有举证难、鉴定贵、评估周期长等特点。为提高人民法院审理生态环境侵权纠纷案件的水平和效率，《惩罚性赔偿解释》第3条第1款规定，“被侵权人在生态环境侵权纠纷案件中请求惩罚性赔偿的，应当在起诉时明确赔偿数额以及所依据的事实和理由”，对当事人及时、全面主张权利、提出诉讼请求予以明确指引。

此外，惩罚性赔偿是补偿性损害赔偿之上的附加性责任，须以补偿性损害赔偿责任的成立和确定为前提。根据民事诉讼“一事不再理”理论和《民事诉讼法》的相关规定，《惩罚性赔偿解释》第3条第2款规定“被侵权人在生态环境侵权纠纷案件中没有提出惩罚性赔偿的诉讼请求，诉讼终结后又基于同一污染环境、破坏生态事实另行起诉请求惩罚性赔偿的，人民法院不予受理”，即生态环境惩罚性赔偿的诉讼请求，应由当事人在生态环境侵权诉讼中一并提起，由人民法院一并解决。其目的，一是督促当事人及时、正当地行使自己的权利，以提供公平、高效、充分的救济。二是遵循“两便”原则。当事人赔偿损失的请求和惩罚性赔偿的请求都是基于同一污染环境、破坏生态行为产生的，应当在一个诉讼中进行审理和作出判决。既便于法院审理，也便于当事人诉讼。同时，也防止诉讼资源的浪费。三是防止人民法院对同一事实作出相互矛盾的判决。

最高人民法院关于新时代加强和创新环境资源审判工作　为建设人与自然和谐共生的现代化提供司法服务和保障的意见

（2021年10月8日　法发〔2021〕28号）

为深入贯彻落实习近平生态文明思想和习近平法治思想，学习贯彻习近平总书记在庆祝中国共产党成立100周年大会上的重要讲话精神，党的十九大和十九届二中、三中、四中、五中全会精神，促进"十四五"规划纲要的全面实施，充分发挥人民法院审判职能作用，为构建新时代生态文明制度体系、建设人与自然和谐共生的现代化提供公正、高效的司法服务和保障，制定如下意见。

一、强化政治引领，把握新时代环境资源审判工作的前进方向

1.坚持以习近平生态文明思想和习近平法治思想为指引。习近平生态文明思想和习近平法治思想是推进国家环境治理体系和治理能力现代化的根本遵循和科学指南。各级人民法院要始终坚持党对环境资源审判工作的绝对领导，增强"四个意识"，坚定"四个自信"，做到"两个维护"，胸怀"国之大者"。要牢固树立以人民为中心的发展思想，努力满足人民群众日益增长的优美生态环境需要。要大力弘扬牢记使命、艰苦创业、绿色发展的塞罕坝精神，深入践行绿水青山就是金山银山的理念，严守尊重自然、顺应自然、保护自然的价值准则，遵循山水林田湖草沙冰一体保护的系统观念，用最严格制度最严密法治保护生态环境。要以共谋全球生态环境治理的国际视野，统筹国内法治与涉外法治，推动构建人类命运共同体和清洁

美丽的世界。

2. 把握新时代环境资源审判工作的发展目标。各级人民法院要准确把握新发展阶段、深入贯彻新发展理念、加快构建新发展格局，推动环境资源审判工作在新时代谋新篇、开新局。要围绕建设有中国特色和国际影响力的生态环境司法保护体系的总目标，以更大的决心、更明确的思路、更精准的举措全面加强和创新环境资源审判各项工作，努力推动新时代环境司法理念得到新开拓，审判质效获得新提升，改革创新迈开新步伐，专门化建设取得新成效，服务保障能力实现新进步，国际影响力达到新高度。

3. 找准新时代加强和创新环境资源审判工作的切入点和着力点。各级人民法院要以加强环境司法能力建设为中心，完善案件审判规则，提升审判质效。要以体制机制建设为重点，构建环境资源案件刑事、民事、行政以及立案、执行协同审判大格局，完善预防性、恢复性司法措施，健全公益诉讼制度，丰富多元化纠纷解决方式。要全面落实民法典绿色原则和绿色条款，推动在具体案件审判中的规则转化。要以培育和推广精品案例为抓手，充分发挥案例的规则引领与价值导向功能。要以人工智能、大数据、区块链等信息技术为依托，促进信息技术与环境司法深度融合。要不断深化国际环境司法交流，努力提升环境司法国际话语权和规则引领权。

二、坚持以人民为中心，切实解决人民群众身边突出生态环境问题

4. 助力深入打好污染防治攻坚战。加大对环境污染违法犯罪的惩治力度，严厉打击暗管偷排、跨域倾倒、走私废物以及排污监测数据造假、环境监管失职渎职等突出违法犯罪活动。依法审理涉大气、水、土壤、固体废物以及涉新污染物环境污染民事案件，切实维护人民群众的人身财产权益和环境权益。依法审理涉危险废物、医疗废物处置案件，着力化解涉重点地区危险化学品生产企业“关停转”引发的矛盾纠纷。依法审理涉环境影响评价相关案件，促进环评在防范环境风险中的功能和作用得到有效发挥。

5. 推动城市人居环境持续改善。依法审理涉城市黑臭水体整治案件，严惩向城市河道、湖泊、海湾排污等违法犯罪活动。依法审理涉建设用地土壤污染案件，推动建设用地污染风险管控、污染场地修复，强化责任追究。依法妥善处理污水及

垃圾处理场站等设施选址、建设引发的纠纷，防范环保设施二次污染，实现污染物处理客观需要和周边居民对生活环境高品质要求的有机平衡。依法审理涉城中村、棚户区、老旧小区改造，城市垃圾分类，生态景观建设相关案件，推动绿色城市、森林城市、“无废城市”建设。

6. 服务建设生态宜居的美丽乡村。依法惩治非法占用、污染耕地和渔业水域的违法犯罪行为，保障粮食和重要农产品供给安全。依法审理涉农业面源污染防治案件，提升畜禽粪污、农作物秸秆、农膜、水产附产物等农业废弃物无害化处置和资源化利用水平，助力开展村庄清洁和绿化行动。依法审理涉传统民居、古村落、古建筑保护案件，提升乡村自然景观、人文景观的司法保护水平，助力建设“望得见山、看得见水、记得住乡愁”的美丽乡村。

三、贯彻系统观念，推动构建人与自然生命共同体

7. 强化生态系统综合保护。依法惩治非法采矿采砂、非法侵占河湖、乱砍滥伐、毁林挖草、非法开垦等破坏生态的违法犯罪活动。依法审理涉耕地休耕轮作、封育保护、生态移民、舍饲圈养等生态保护措施相关案件，推动草原森林休养生息。加大山脉、湖泊、湿地保护力度，依法审理涉退耕还林还湿、湿地保护修复工程建设、湿地用途管控相关案件，促进湿地保护水源、调蓄洪水、控制污染、调节气候等功能有效发挥。依法审理涉海岸、海洋工程建设项目以及海岛资源开发利用、海水养殖、围海造田等相关案件，推动建立陆海统筹的海洋生态环境保护修复制度，维护海洋自然再生产能力。

8. 切实维护生物多样性。严厉打击各类破坏野生动植物资源犯罪活动。依法惩治利用网络或以其他方式实施野生动植物及制品非法贸易，非法引进、释放或丢弃外来物种等违法犯罪行为。依法审理涉遗传多样性、物种多样性和生态系统多样性司法保护案件，坚持保护和可持续利用原则，遏制生物多样性丧失和生态系统退化。依法保护珍贵濒危野生动植物栖息地生态环境，护航候鸟安全迁徙。依法审理涉野生动物肇事责任保险案件，保障生物多样性重大工程有序实施。统筹疫情防控与生物多样性司法保护，助推国家生物安全治理能力水平不断提升。

9. 助力打赢长江十年禁渔持久战。严格落实《中华人民共和国长江保护法》，

严厉打击“电毒炸”“绝户网”等各类涉渔违法犯罪活动，依法惩治扎巢采卵、挖沙采石，切实保护长江珍贵濒危野生动物。加大对收购、加工、销售、利用非法渔获物的惩治力度，从源头和终端斩断非法捕捞地下产业链。支持和监督行政机关依法开展“清船”“清网”行政执法活动，妥善处理因收缴、处置“三无”船舶和非法捕捞工具以及涉水产品市场、涉渔餐馆、渔获物市场整治引发的纠纷。依法审理涉渔民转移安置、转产转业相关案件，推动禁渔长效机制不断完善健全，保障长江流域重点水域十年禁渔落到实处。

10. 推动黄河流域生态环境不断改善。坚持共同抓好大保护、协同推进大治理原则，切实保护黄河流域生态环境。依法审理涉黄河源头冰川、高原冻土、高寒草甸、草原、河湖等重要生态系统保护案件，提升黄河上游水源涵养能力。依法审理涉黄河干流和重要支流环境污染案件，支持和监督行政机关依法开展黄土高原退耕还林还草工程建设，助力黄河污染治理和水土保持水平同步提升。依法审理涉黄河中下游三角洲湿地保护、涉水沙关系协调等案件，维护河道管理秩序，促进生态环境持续改善。

11. 保障自然保护地体系建设。加大对国家公园、自然保护区以及地质公园、森林公园、海洋公园、湿地公园等各类自然公园的司法保护力度，依法惩治在自然保护地违法开垦、开发或修筑建筑物以及排污倾废等违法犯罪活动。严格区分核心保护区、一般控制区以及其他区域的功能定位，妥善处理与区域定位不符的开发利用、退出、转型引发的矛盾纠纷，切实维护自然保护地原住民及相关权利人合法权益。依法保障长城、大运河、长征、黄河国家文化公园建设，统筹自然遗迹与人文遗迹、民俗文化一体化保护。

12. 筑牢生态安全司法屏障。依法惩治偷采盗挖泥炭黑土等违法犯罪活动，服务构建黑土地保护系统工程。保障三北防护林等防护林体系建设和国家储备林建设，助推大规模国土绿化行动顺利开展。深入贯彻冰天雪地也是金山银山的理念，依法审理涉青藏高原生态环境保护案件，切实保护好地球第三极生态。依法审理涉京津风沙源治理、三江源生态保护和建设、祁连山生态保护与综合治理、岩溶地区石漠化综合治理等国家重点生态功能区修复保护相关案件，加大对水土流失、土地沙化、石漠化、海岸侵蚀及沙源流失等生态极度脆弱区生态环境的司法保护力度，维护国家生态安全格局。

四、助推能源革命，促进经济社会绿色低碳转型

13. 提高自然资源产权司法保护水平。依法审理涉土地、草原、矿藏、森林、海域等自然资源权属案件，科学划定自然资源所有权、使用权行使边界，维护全民所有自然资源资产所有者权益。完善自然资源权属争议行政调处与司法审判的衔接，服务构建市场化、多元化的生态保护补偿机制。依法监督自然保护地内自然资源特许经营权审批，统筹协调生态环境保护与资源集约节约开发利用。关注自然资源交易平台化、金融化、信息化趋势，依法审理相关案件，服务构建统一自然资源交易市场。

14. 加大对水资源的司法保护力度。依法审理江河流域水资源保护案件，严惩破坏水环境、水生态，擅自取水、超量取水、破坏性取水等违法犯罪行为。强化对水权确权、取水许可审批、取水计量监管等行政行为的司法监督，依法审理涉水权交易相关案件。妥善处理南水北调工程建设、征地移民引发的矛盾纠纷，确保南水北调工程安全、供水安全、水质安全。将水资源司法保护主动融入长江经济带发展、粤港澳大湾区建设、长三角一体化发展、黄河流域生态保护和高质量发展等区域重大战略，为形成全国统一大市场和畅通的国内大循环提供有力的水资源支撑。

15. 助力实现碳达峰、碳中和目标。准确把握碳排放权、碳汇、碳衍生品等涉碳权利的经济属性、公共属性和生态属性，依法妥当处理涉及确权、交易、担保以及执行的相关民事纠纷。支持和监督行政机关依法查处碳排放单位虚报、瞒报温室气体排放报告、拒绝履行温室气体排放报告义务等违法行为。依法审理国家规定的机关或者法律规定的组织提起的涉碳公益诉讼和生态环境损害赔偿案件，助力形成以风能、太阳能、水能、核能、气能、生物质能等可再生能源为主体的清洁低碳安全高效能源系统。加大对京津冀及周边地区、汾渭平原、长三角地区等重点区域涉能源结构调整案件的审理力度，严格落实减污降碳协同治理。依法审理各类涉受控消耗臭氧层物质违法生产、使用和环境污染案件，助力减少非二氧化碳温室气体排放，有效应对全球气候变化危机。

16. 服务产业结构绿色优化升级。依法妥当处理涉高耗能、高排放企业规划、

建设、生产引发的行政纠纷，支持和监督行政机关依法查处未批先建、批建不符等违法行为。加大对高耗能、高排放企业改制、破产和重整案件审判力度，完善市场退出机制。支持和监督行政机关依法履行排污许可监管职责，推动企业按证排污。加大绿色创新知识产权司法保护力度，鼓励清洁生产，推动重点行业和重要领域绿色化改造。支持运用金融工具助力绿色发展，服务构建绿色信贷政策法律体系，推动完善绿色债券发行制度规则，支持保险机构创新绿色保险产品和服务，促进绿色金融市场健康发展。

五、持续深化改革创新，健全环境资源审判制度体系

17. 统一环境资源审判法律适用。坚持最严格制度最严密法治，遵循罪刑法定和罪责刑相适应原则，准确把握各类环境资源刑事犯罪构成要件，正确认定单位犯罪，审慎适用从轻、减轻处罚。贯彻宽严相济的刑事政策，妥当处理发展与保护的关系，努力实现政治效果、法律效果、社会效果、生态效果的有机统一。加强自然资源使用权体系化研究，完善统一涉自然资源相关案件审判的法律适用。准确把握生态环境侵权民事诉讼、公益诉讼、生态环境损害赔偿诉讼属性和功能，构建类型化的生态环境损害责任构成要件体系，完善不同诉讼程序和责任方式的衔接机制。明确惩罚性赔偿制度适用范围，丰富生态环境修复责任方式，规范禁止令适用程序和条件，探索建立环境资源案件专门证据制度，不断健全审判程序和实体规则。

18. 加强专门化制度建设。坚持以前瞻性、全局性、战略性、整体性思维系统推进环境资源审判专门化改革。切实聚焦主责主业，加强环境资源法庭建设，充分发挥机构在专门化制度建设中的基础性作用。完善环境资源刑事、民事、行政案件“三合一”审判模式，确保环境司法理念在不同类型环境资源案件中得到统一贯彻落实。加强与公安机关、检察机关以及环境资源行政主管部门的工作协调，完善异地执行委托衔接、生态环境修复效果评估、环境修复资金管理制度等配套措施，建立全国环境资源审判信息平台。构建具有专门知识的人民陪审员参加环境资源案件审理制度，充分保障人民群众知情权、参与权和监督权。

19. 锻造素质过硬审判队伍。始终把党的政治建设摆在首位，着力提升队伍的政治领悟力、政治判断力、政治执行力，强化纪律作风建设，坚守清正廉洁底线，用

真抓实干担当责任、诠释忠诚。全面加强队伍专业能力建设，加大培训力度，培养既精通环境法又熟悉相关经济、社会以及环境科学知识的专家型法官，努力建设一支党和人民信得过、靠得住、能放心的专业化环境资源审判队伍。

20. 深化国际环境司法交流。秉持公平、共同但有区别的责任原则及各自能力原则，公平公正惠益分享原则，损害担责原则，保护和可持续利用自然资源原则，携手各国加强气候变化及其影响、保护生物多样性、防治环境污染等全球环境危机的司法应对。协力构建环境司法案例、司法经验的多元化共享平台，建立常态化国际环境司法交流互访机制，促进相互借鉴和共享。加大与世界各国、国际组织的合作力度，传播中国环境司法声音，讲好中国环境司法故事，为全球环境司法事业提供中国方案。

最高人民法院贯彻实施《长江保护法》工作推进会会议纪要

引 言

为深入贯彻落实习近平生态文明思想、习近平法治思想，全面正确实施《中华人民共和国长江保护法》（以下简称《长江保护法》），为长江流域生态文明建设和绿色发展提供更加有力的司法服务和保障，最高人民法院于2021年7月在湖北省武汉市召开贯彻实施《长江保护法》工作推进会。长江流域十九省（市、自治区）高级人民法院，上海、武汉、南京海事法院派员参加了会议。生态环境部、自然资源部、国家林业和草原局、水利部长江水利委员会等行政主管部门负责同志及部分全国人大代表、全国政协委员应邀参加会议。

会议认为，长江流域环境资源审判工作要坚持正确政治方向，立足新发展阶段、贯彻新发展理念、构建新发展格局要求，深入贯彻落实习近平总书记致世界环境司法大会贺信重要指示精神，持续深化环境司法改革创新，积累生态环境司法保护的有益经验，站在人与自然和谐共生的高度，谋划长江流域生态环境保护、资源合理高效利用、生物多样性保护、气候变化应对等。要按照"十四五"规划和2035年远景目标纲要要求，坚持生态优先、共抓大保护、绿色发展的战略定位。要准确理解《长江保护法》作为我国第一部流域专门法律的重大意义，推动流域生态环境治理制度创新，不断增强人民群众生态环境获得感、幸福感和安全感。

会议要求，长江流域环境资源审判工作要树立正确的审判理念。严格贯彻最严格制度、最严密法治，落实损害担责、全面赔偿原则，依法适用环境侵权惩罚性赔偿制度，通过刑事、民事、行政三大审判有机衔接，强化对环境污染者、生态破坏者的相应责任追究。全面贯彻"两山"理念，正确适用《中华人民共和国民法典》（以下简称《民法典》)绿色原则、绿色条款,准确把握物尽其用与绿色使用的关系、意思自治与绿色干预的关系、经济发展与生态保护的关系。正确适用《长江保护法》,坚持生态环境系统保护和治理,从生态系统整体性和流域系统性出发,统筹山水林田湖草沙冰一体化保护和修复,推进长江上中下游、江河湖库、左右岸、干支流协同治理,有效提升流域生态系统质量和稳定性。坚持保护优先、预防为主原则,充分发挥预防性公益诉讼的功能作用,将生态环境保护的阶段提前至事中事前,避免生态环境损害的发生和扩大。

会议对当前长江流域环境资源审判工作中的一些突出、疑难法律适用问题取得了基本一致的看法,形成纪要如下:

一、关于非法采砂、非法捕捞案件的审理

1. 严格贯彻实施《长江保护法》第28条规定,审理非法采砂案件既要考虑采砂行为造成的涉案砂石资源破坏的数量、种类、品质和被破坏程度,也要考量采砂行为对水底生物栖息地生态环境危害程度、堤防安全、航道畅通和通航安全的危害程度等因素,依法认定相应的刑事责任和民事责任。

2. 严格贯彻实施《长江保护法》第53条规定,依法审理长江流域重点水域非法捕捞案件,准确把握入罪条件;构成犯罪的,应按照《最高人民法院、最高人民检察院、公安部、农业农村部关于依法惩治长江流域非法捕捞等违法犯罪的意见》的要求,将长江流域重点水域涉案水生生物的濒危程度、数量价值,以及行为人的认罪悔罪态度作为量刑情节,对积极主动修复生态环境的行为人可以依法从轻或减轻处罚。

二、关于资源开发利用类案件的审理

3. 严格贯彻实施《长江保护法》第39条、第42条和第59条规定,审理涉濒危物种、生态破坏和生物遗传资源流失等案件,坚持保护和可持续利用自然资源原则,既要保护珍贵、濒危野生动物、珍贵树木或者国家重点保护的其他植物,又要保护其赖以生存的生态环境,既要打击非法猎杀、捕捞、采伐、毁坏行为,又要打击非法收购、运输、加工、出售行为,切实保护珍贵、濒危野生动植物及其栖息地、分布区

生态环境。

4. 坚持山水林田湖草沙冰一体化保护和系统治理，依法审理涉长江源头尤其是重点生态功能区、生态环境敏感区和脆弱区及国家公园、自然保护区等重点区域的环境污染、生态破坏及自然资源开发利用案件，依托三江源生态法庭等专门审判机构，加强雪山冰川、江源流域、高原湖泊湿地等生态治理修复，全力推动青藏高原生物多样性保护，切实保护好地球第三极生态安全。

5. 严格贯彻实施《长江保护法》第 31 条和第 54 条规定，审理上游地区水资源开发利用案件，对于未办理水行政许可或环境影响评价、擅自修建拦截坝取水，未保障必要生态下泄流量，导致下游水量减少，损害下游地区河道内生态用水、供水、通航、灌溉、养殖等生态流量受益方合法权益，被侵权人主张侵权人承担惩罚性赔偿责任的，人民法院应当依照《民法典》第 1232 条规定，为被侵权人提供充分救济，惩罚恶意侵权人。

6. 严格贯彻实施《长江保护法》第 23 条规定，审理长江流域上游水电工程开发建设案件，要综合考虑工程开发建设对周边生态环境的不利影响，将生态优先、绿色发展的原则贯穿到工程规划、勘察、设计、施工、运营等全过程，结合法律、行政法规的强制性规定，准确把握涉案合同效力认定等问题。

7. 严格贯彻实施《长江保护法》第 70 条规定，正确区分河道附近的村民在枯水期对滩涂的“习惯使用”行为与污染、危害水域环境安全的非法土地利用行为，维护国有自然资源的有序使用和河道水域岸线生态功能、河道通航功能。

8. 因自然保护地依法设立或调整引发的行政诉讼，企业主张补偿因政府行为变化而产生实际损失的，人民法院对其合理损失部分依法予以支持，实现公共利益保护与企业合法权益保护的平衡，确保企业有序退出自然保护地。

9. 严格贯彻实施《长江保护法》第 76 条规定，审理涉自然资源案件，落实中共中央办公厅、国务院办公厅《关于建立健全生态产品价值实现机制的意见》《关于深化生态保护补偿制度改革的意见》要求，完善司法与生态补偿有机衔接的环境修复责任制度，推动生态产品“难度量”“难交易”“难变现”“难抵押”问题有效解决。

三、关于环境污染防治类案件的审理

10. 严格贯彻实施《长江保护法》第四章关于水污染防治规定，审理水污染责任纠纷案件，侵权人以没有超过国家或地方水污染物排放标准，或者不属于相关污染物标准明确列举的污染物种类，或者被污染水域有自净功能、水质得到恢复为由，主张水污染责任不成立或免除、减轻生态环境修复责任的，人民法院应当依照《民法典》第1229条等规定予以确定。

11. 严格贯彻实施《长江保护法》第49条规定，对在河湖管理范围内实施违法倾倒、填埋、堆放、弃置、处理等行为以及为其提供帮助的侵权人，依法追究相应责任。

12. 企业事业单位和其他生产经营者堆放、处理固体废物产生的有毒、有害气体浓度超过大气污染物排放标准，生态环境主管部门适用《中华人民共和国大气污染防治法》对其进行处罚后，企业事业单位和其他生产经营者以处罚较重为由提起诉讼，主张较轻处罚的，人民法院依法不予支持。

四、关于绿色低碳发展案件的审理

13. 严格贯彻实施《长江保护法》第六章关于绿色发展的规定，推动长江流域深入开展以经济社会全面绿色转型为引领，以能源绿色低碳发展为关键的绿色发展示范。审理涉产业结构优化升级，遏制高耗能高排放项目盲目发展，构建清洁低碳安全高效能源体系、低碳交通运输体系，提升城乡建设节能低碳发展等案件，要注重完整、准确、全面贯彻新发展理念，助力做好碳达峰、碳中和工作。

14. 严格贯彻实施《长江保护法》第66条规定，审理环境污染责任纠纷案件，侵权人根据经生态环境主管部门或者其委托机构认可的生态环境修复方案以及其按照该方案支付的技术改造费用等，主张折抵案涉生态环境损害赔偿费用的，可以依法予以支持，鼓励、引导企业转型升级，促进形成绿色生产方式。

15. 立足不同环境要素的修复要求，在案件执行中坚持恢复性司法理念，引导责任人采用“补种复绿”林木修复、“削填引种”矿山修复、“增殖放流”江河修复、“海砂回填”海域修复等多种方式承担责任，探索通过认购碳汇等方式对被破坏生态环境进行替代性修复，有效恢复自然生态系统，提升土壤、植被、海洋等生态系统碳汇能力，促进长江流域生态环境及时有效修复。

《最高人民法院贯彻实施〈长江保护法〉工作推进会会议纪要》理解与适用

刘竹梅　孙　茜　徐　阳*

摘　要:《长江保护法》是我国第一部流域专门法律。最高人民法院《贯彻实施〈长江保护法〉工作推进会会议纪要》(以下简称《长江纪要》)坚持司法服务和保障党和国家推动长江经济带发展等重大战略部署的职能定位,深入贯彻《长江保护法》协同推动生态环境保护和促进绿色发展的立法精神,聚焦长江流域司法实践中的重点、难点问题以及人民群众密切关注的热点问题,对审理涉非法采砂、非法捕捞、资源开发利用、环境污染防治、绿色发展等纠纷案件的统一法律适用作出指引。《长江纪要》要求各级人民法院坚持最严格制度、最严密法治,准确适用《民法典》绿色原则和绿色条款,坚持保护优先、预防为主,坚持系统保护,推动流域生态环境治理制度创新,不断增强人民群众生态环境获得感、幸福感和安全感。

关键词:长江保护法　生态环境保护　流域绿色发展　环境司法创新

深入贯彻落实习近平生态文明思想、习近平法治思想,全面正确实施《长江保护法》,为长江流域生态文明建设和绿色发展提供有力的司法服务和保障,最高人民法院于2021年7月在湖北省武汉市召开贯彻实施《长江保护法》工作推进会。长江流域19省(市、自治区)高级人民法院,上海、武汉、南京海事法院派员参加了会议。生态环境部、自然资源部、国家林业和草原局、水利部长江水利委员会等行

* 刘竹梅,最高人民法院环境资源审判庭庭长;孙茜,最高人民法院环境资源审判庭三级高级法官;徐阳,最高人民法院环境资源审判庭三级高级法官助理。

政主管部门负责人及部分全国人大代表、全国政协委员应邀参加会议。会议围绕当前长江流域环境资源审判中存在的法律适用问题进行了深入交流探讨。

会议认为，长江流域环境资源审判工作要坚持正确政治方向，立足新发展阶段、贯彻新发展理念、构建新发展格局要求，深入贯彻落实习近平总书记致世界环境司法大会贺信重要指示精神，持续深化环境司法改革创新，积累生态环境司法保护的有益经验，站在人与自然和谐共生的高度，谋划长江流域生态环境保护、资源合理高效利用、生物多样性保护、气候变化应对等。要按照《国民经济和社会发展第十四个五年规划和2035年远景目标纲要》要求，坚持生态优先、共抓大保护、绿色发展的战略定位。要准确理解《长江保护法》作为我国第一部流域专门法律的重大意义，推动流域生态环境治理制度创新，不断增强人民群众生态环境获得感、幸福感和安全感。

会议对当前长江流域环境资源审判工作中的一些突出、疑难法律适用问题取得了基本一致的看法。会后，最高人民法院在充分论证、反复修改的基础上，制定出台《长江纪要》，并于2021年11月25日发布，旨在总结流域审判经验、明确审判规则，指导各级法院统一法律适用，确保依法公正裁判。现就《长江纪要》起草背景、过程与原则、主要内容和重点条文进行说明，便于广大法官准确理解与适用。

一、《长江纪要》的起草背景、过程与原则

党的十八大以来，以习近平同志为核心的党中央高度重视长江流域生态环境保护。习近平总书记先后三次主持召开推动长江经济带发展座谈会，强调“生态优先、绿色发展”“共抓大保护、不搞大开发”，并专门指出要抓紧制定一部法律，让保护长江生态环境有法可依。2020年12月26日，第十三届全国人民代表大会常务委员会第二十四次会议通过《长江保护法》，填补了我国流域立法的空白。

最高人民法院始终将加强长江流域生态环境司法保护工作作为人民法院服务党和国家工作大局、推进环境治理体系和治理能力现代化的重要方面，先后发布《关于为长江经济带发展提供司法服务和保障的意见》《关于全面加强长江流域生态文明建设与绿色发展司法保障的意见》《关于为长江三角洲区域一体化发展提供司法服务和保障的意见》，对流域生态环境司法保护工作进行全面部署。先后发布

首部《长江流域生态环境司法保护状况》白皮书、长江流域环境资源典型案例 5 批 50 个，以生动的司法实践回应人民关切，增强全社会保护长江生态环境的法治意识和行动自觉。同时注重指导各级人民法院立足审判职能，及时转变理念，加强改革创新，健全体制机制，依法公正高效审理各类环境资源案件，积累了丰富的审判实践经验，为长江流域生态文明建设与绿色发展提供了有力的司法服务和保障。

《长江保护法》于 2021 年 3 月 1 日正式实施。最高人民法院在《长江保护法》发布之后、正式实施之前，于 2021 年 2 月 25 日发布《关于贯彻〈中华人民共和国长江保护法〉的实施意见》及长江流域生态环境司法保护典型案例，积极宣传习近平生态文明思想，强化《长江保护法》贯彻落实，展示人民法院严惩重处长江流域生态环境违法犯罪行为，用司法力量守护好长江母亲河的决心与力度。随着《长江保护法》实施，法律适用过程中出现部分新情况、新问题需要进一步明确，司法实践的成功经验和做法也需要进一步推广。为此，最高人民法院环境资源审判庭经过深入调研，召开贯彻实施《长江保护法》工作推进会，制定出台了《长江纪要》。

在起草《长江纪要》时，我们主要遵循以下原则：一是坚持司法服务和保障党和国家推动长江经济带发展等重大战略部署的职能定位。指导各级人民法院认真学习贯彻习近平生态文明思想、习近平法治思想，深刻认识《长江保护法》实施的重大意义和深远影响，对标《国民经济和社会发展第十四个五年规划和 2035 年远景目标纲要》要求，充分发挥审判职能作用，加强长江流域生态环境保护和修复，实现人与自然和谐共生。二是坚持贯彻《长江保护法》协同推动生态环境和绿色发展的立法精神。《长江纪要》相关条款大多指向《长江保护法》具体条文，要准确理解我国第一部流域专门法律的重大历史意义，需要准确把握流域生态环境治理重大制度创新，坚持生态优先、绿色发展，统筹协调、系统治理。三是坚持问题导向。聚焦长江流域生态环境保护审判实践中的重点、难点问题以及人民群众密切关注的热点问题，立足审判实际，破解实践难题，明确裁判规则、统一裁判尺度，切实增强司法保护实际效果。《长江纪要》裁判规则和经验的总结大多来自我院发布的涉长江流域指导性案例、典型案例，有的裁判要旨已被《长江保护法》吸收，如《长江保护法》第 31 条和第 54 条关于保护水资源生态流量的规定，即吸收了贵州泰荦河生态养殖开发有限公司诉贵州华锦铝业有限公司财产损害赔偿案的裁判规则。《长江纪要》根据《长江保护法》相关规定，结合典型案例，将法律规定予以具体化，便于审判实践运用和把握，具有较强的针对性和可操作性。

二、《长江纪要》的主要内容

《长江纪要》分为引言和正文两大部分。

（一）引言部分

引言明确了长江流域环境资源审判应当树立的正确审判理念。一是贯彻最严格制度、最严密法治。落实损害担责原则、全面赔偿原则，准确适用环境侵权惩罚性赔偿制度，通过刑事、民事、行政三大审判有机衔接，强化对环境污染者、生态破坏行为的责任追究。二是准确适用《民法典》绿色原则和绿色条款。深刻认识《民法典》绿色原则对物权、合同、侵权等条款的指导作用，把握物尽其用与绿色使用的关系、意思自治与绿色干预的关系、经济发展与生态保护的关系，准确理解立法宗旨精神。三是坚持保护优先、预防为主。充分发挥预防性公益诉讼作用，将生态环境司法保护提前至事中事前，避免生态环境损害的发生或扩大。四是坚持系统保护。统筹山水林田湖草沙冰一体化保护和修复，推进流域上中下游、河湖岸库协同治理，提升流域生态系统质量和稳定性。

（二）正文部分

正文共四部分15个条文，分别聚焦非法采砂和非法捕捞、资源开发利用、环境污染防治、绿色低碳发展等长江流域司法审判中的重点、难点法律适用问题。《长江纪要》将长江流域最为突出的非法采砂、非法捕捞列为第一部分，其余三部分与《长江保护法》体例保持一致，分别对应了《长江保护法》的资源保护、生态环境修复、绿色发展。

第一部分是关于审理非法采砂、非法捕捞案件的法律适用，共2条。一是规定要从单纯关注对资源保护拓展到对生态环境以及航运安全的损害提供救济，落实损害担责、全面赔偿原则。加大对非法采砂的打击力度，综合考虑砂石等资源破坏程度、河道水生态破坏情况、河岸堤坝和航道安全等因素，依法认定长江违法采砂法律责任。二是规定要坚持最严法治观，依照《长江保护法》第53条规定审理长江流域重点水域非法捕捞案件，准确把握入罪条件；同时，按照最高人民法院、最高人民检察院、公安部、农业农村部《依法惩治长江流域非法捕捞等违法犯罪的意见》（以下简称《非法捕捞意见》）的相关规定量刑，并引导非法捕捞者及时修复案涉水域生态环境。

第二部分是关于审理资源开发利用类案件的法律适用，共7条。一是全面加强生物多样性保护案件的审理力度，从保护珍贵、濒危野生动物、珍贵树木或者国家重点保护的其他植物本身扩大到保护其赖以生存的生态环境，从打击非法猎杀、捕捞、采伐、毁坏行为扩大到打击非法收购、运输、加工、出售行为。通过发挥预防性公益诉讼的功能作用将生态环境保护的阶段提升至事中、事前，避免或者防止损害的进一步扩大。二是坚持山水林田湖草沙冰一体化保护和系统治理，依法审理涉长江源头尤其是重点生态功能区、生态环境敏感区和脆弱区及国家公园、自然保护区等重点区域的环境污染、生态破坏及自然资源开发利用案件，依托三江源生态法庭等专门审判机构，加强雪山冰川、江源流域、高原湖泊湿地等生态治理修复，全力推动青藏高原生物多样性保护，切实保护好地球第三极生态安全。三是明确河湖生态流量是提升河湖生态系统质量和稳定性的基础，保证河湖生态流量是用水户在使用水资源过程中应当履行的注意义务。《长江纪要》吸收部分法院建议，对侵权人未办理水行政许可或环境影响评价径行取水，导致下游水量减少，严重损害下游地区供水、通航、灌溉、养殖等生态流量受益方合法权益的行为，明确应当施以惩罚性赔偿。四是为回应社会各界对长江上游水电站建设引发的环境问题的高度关注，《长江纪要》第6条明确要综合考虑工程开发建设对周边生态环境的不利影响，将生态优先、绿色发展的原则贯穿工程规划、勘察、设计、施工、运营等全过程，结合法律、行政法规的强制性规定，准确把握涉案合同效力认定等。五是明确审理滩涂等岸线资源案件，要注意正确区分河道附近的村民在枯水期对滩涂的"习惯使用"行为与污染、危害水域环境安全的非法土地利用行为，维护国有自然资源的有序使用和河道水域岸线生态功能、河道通航功能。六是明确审理涉自然保护地案件需要注意的问题。在征求意见过程中，国家林业和草原局等行政主管部门提出，执法实践中只对案涉区域被划入自然保护地之前就存在的退出企业进行补偿，在设立自然保护地后，企业未经许可擅自修建相关生产场所、设备的不应补偿。《长江纪要》吸收了该意见。同时，为落实中共中央办公厅、国务院办公厅《关于建立健全生态产品价值实现机制的意见》《关于深化生态保护补偿制度改革的意见》关于在长江流域和三江源国家公园开展生态产品价值实现机制试点的要求,《长江纪要》第 9 条明确要完善司法与生态补偿有机衔接的环境修复责任制度,推动生态产品“难度量”“难交易”“难变现”“难抵押”问题有效解决。

第三部分是关于审理环境污染防治类案件的法律适用,共 3 条。一是关于审理水污染防治案件时需要注意的问题。水污染具有扩散快、证据难以固定的特点,加之水域具有自净能力,故侵害结果一旦发生,不能单独以水质已得到恢复进行抗辩。对于排放物质超出水域净化能力、确已造成污染损害的,被告单独以其向水域排放的污水未被纳入国家或地方环境标准明确列举的污染物为由抗辩的,人民法院不予支持。二是关于审理固体废物污染案件时需要注意的问题。全面贯彻落实《固体废物防治法》,贯彻最严法治观,保障公众健康、维护生态安全。《长江纪要》第 11 条关于责任主体范围的规定,注重全链条打击,包括生产、销售、贮存、利用、处置、运输等环节发生的污染行为主体。第 12 条体现为依法从重处罚,明确在固体废物排放臭气超标、同时造成大气污染后果符合《固体污染防治法》《大气污染防治法》相关法条规定、构成法条竞合时,适用处罚较重的法律。

第四部分是关于审理绿色发展案件的法律适用,共 3 条。一是关于审理气候变化应对类案件时需要注意的问题。要高度关注碳排放重点行业领域产业结构调整及新能源开发利用、节能服务等节能减排案件,推动重点行业绿色转型;依法支持建设绿色矿山等提高资源循环利用效率行为,注重运用多种司法裁判手段促进可再生能源发展,调整优化能源结构,推动长江流域绿色低碳发展,助力国家自主贡献碳达峰、碳中和目标实现。二是严格贯彻实施《长江保护法》第 66 条规定,审理环境污染责任纠纷案件,侵权人根据经生态环境主管部门或者其委托机构认可的生态环境修复方案以及其按照该方案支付的技术改造费用等,主张折抵案涉生态环境损害赔偿费用的,可以依法予以支持,鼓励、引导企业转型升级,促进形成绿色生产方式。三是立足不同环境要素的修复要求,一方面,引导责任人采用“补种复绿”林木修复、“削填引种”矿山修复、“增殖放流”江河修复、“海砂回填”海域修复等多种方式承担责任;另一方面,探索通过认购碳汇等方式对被破坏生态环境进行替代性修复,有效恢复自然生态系统,增强土壤、植被、海洋等储碳、固碳能力,促进长江流域生态环境及时有效修复。

三、《长江纪要》的重点条文解读

（一）严惩非法采砂、非法捕捞行为

《长江纪要》明确了长江流域生态环境犯罪较为突出的非法采砂、非法捕捞纠纷案件法律适用问题，有利于准确定罪量刑，统一裁判尺度。

1. 对水底生物栖息地生态环境、堤防安全、航道畅通和通航安全的保护。长江流域砂石资源丰富，河砂具有维持河道潜流、稳定河道形态、提供生物栖息地、过滤河流水质等重要功能，非法采砂行为不仅导致国家资源的流失，还严重影响长江航道和防洪堤坝安全，危害社会公共利益。最高人民法院和最高人民检察院于2016年11月28日发布的《关于办理非法采矿、破坏性采矿刑事案件适用法律若干问题的解释》，将非法采砂行为以非法采矿罪论处。人民法院不断加大对非法采砂犯罪行为的惩处力度，统筹适用刑事、民事、行政责任，有力保障长江水域生态系统和航运安全。《长江保护法》专门设立了更为严格的处罚条款。针对长江流域长期以来突出的非法采砂活动，《长江纪要》第1条要求人民法院依照《长江保护法》第28条规定，审理非法采砂案件既要考虑采砂行为造成的涉案砂石资源破坏的数量、种类、品质和被破坏程度，也要考量采砂行为对水底生物栖息地生态环境危害程度、堤防安全、航道畅通和通航安全的危害程度等因素，依法认定相应的刑事责任和民事责任，体现了不仅要关注对资源的破坏，更要关注对生态环境的保护和修复环境司法中的刑事审判理念。

被告人赵某春等6人非法采矿案，系在长江镇江段119号黑浮下游锚地附近水域使用吸砂船非法采砂案件。人民法院对非法采砂人、运输人、收购人分别判处有期徒刑，并处罚金，有力震慑了非法采矿犯罪行为，切实解决了违法成本低、惩罚不到位的问题，从而真正达到打击和修复的目的。夏某安等15人非法采矿民事公益诉讼案，系在洞庭湖水域非法采砂犯罪行为引发的环境民事公益案件。夏某安等人的非法采砂行为严重威胁洞庭湖河床的稳定性及防洪安全，破坏长江水生生物资源繁衍生存环境和洞庭湖生态环境。人民法院在另案追究刑事责任的同时，判令夏某安等人承担民事责任，赔偿生态环境损害并赔礼道歉，体现了惩治和修复

并重,统筹适用刑事、民事责任的司法理念。

2. 明确限定非法捕捞行为的适用范围。长江流域十年禁捕是贯彻落实习近平总书记关于"共抓大保护、不搞大开发"的重要指示精神,保护长江母亲河和加强生态文明建设的重要举措。《长江保护法》第 53 条第 1 款规定:"国家对长江流域重点水域实行严格捕捞管理。在长江流域水生生物保护区全面禁止生产性捕捞;在国家规定的期限内,长江干流和重要支流、大型通江湖泊、长江河口规定区域等重点水域全面禁止天然渔业资源的生产性捕捞……"正确理解和适用该条,需要把握好:

(1)严格捕捞管理制度的适用范围是长江流域的重点水域,而非全流域,要注意保护渔民合法的捕捞、养殖权益。实践中,非法捕捞案件入罪门槛过低、打击面过大的问题比较突出。个别以极少渔获物定罪的案件既违背社会公众一般认知,也不符合罪责刑相适应原则。根据《长江保护法》规定,长江流域重点水域根据捕捞对象不同具体区分为"水生生物保护区"和"长江干流和重要支流、大型通江湖泊、长江河口规定区域等"。前者限定"全面禁止生产性捕捞",后者限定"全面禁止天然渔业资源的生产性捕捞"且仅适用于"在国家规定的期限内"。

(2)《长江保护法》于 2020 年 12 月 26 日发布,2021 年 3 月 1 日起施行。《非法捕捞意见》发布于 2020 年 12 月 17 日,就非法捕捞水产品等犯罪的定罪量刑问题作出要求,对依法妥善审理非法捕捞刑事案件具有重要指导意义。审理《长江保护法》实施后的非法捕捞案件,应当按照《长江保护法》第 53 条规定,在确保从严惩治相关犯罪的同时,根据实践情况进一步贯彻罪责刑相适应原则,予以定罪量刑。

(3)《非法捕捞意见》关于"非法猎捕、收购、运输、出售珍贵、濒危水生野生动物,尚未造成动物死亡,综合考虑行为手段、主观罪过、犯罪动机、获利数额、涉案水生生物的濒危程度、数量价值以及行为人的认罪悔罪态度、修复生态环境情况等情节,认为适用本意见规定的定罪量刑标准明显过重的,可以结合具体案件的实际情况依法作出妥当处理,确保罪责刑相适应"的规定,在《长江保护法》实施之后仍然具有指导意义。《长江纪要》第 2 条吸收该规定,明确将长江流域重点水域涉案水生生物的濒危程度、数量价值,以及行为人的认罪悔罪态度作为量刑情节。贯彻落实宽严相济的刑事政策,对于积极主动修复生态环境的行为人从轻或减轻处罚,有利于生态环境的及时有效修复。

王某朋等59人环境民事公益诉讼案，系自2016年1月国家调整长江流域禁渔期以来，全国首例判令从捕捞、收购到贩卖长江鳗鱼苗"全链条"承担生态破坏赔偿责任的案件。人民法院认定：非法捕捞者于禁渔期在长江干流水域多次使用网目尺寸小于3毫米的禁用渔具非法捕捞长江鳗鱼苗，妨碍鳗鱼种群繁衍并导致其他水生生物减少，造成生物多样性损害，应当承担赔偿责任；非法收购与非法捕捞者之间形成完整的利益链条，共同造成生态资源损害，依法应当承担共同连带赔偿责任。

（二）加强生物多样性司法保护

1. 充分发挥预防性环境公益诉讼在保护珍贵、濒危野生动植物及其生态环境中的积极作用。生物多样性是指生物（动物、植物、微生物）与环境形成的生态复合体以及与此相关的各类生态过程的总和，包括生态系统、物种和基因三个层次。生物多样性是人类社会赖以生存和发展的基础，保护生物多样性才能保证生物资源的永续利用。《世界环境司法大会昆明宣言》指出，人民法院在实践中要注意预防性司法措施尤其是预防性环境公益诉讼的具体适用。长江拥有独特的生态系统，是国家重要的生态宝库。长江生态系统类型多样，包涵了山水林田湖草等多种类型的生态元素，生物多样性极其丰富。《长江纪要》第3条明确，严格贯彻实施《长江保护法》第39条、第42条和第59条规定，审理涉濒危物种、生态破坏和生物遗传资源流失等案件，坚持保护和可持续利用自然资源原则，既要保护珍贵、濒危野生动物、珍贵树木或者国家重点保护的其他植物，又要保护其赖以生存的生态环境。

北京市朝阳区自然之友环境研究所（以下简称自然之友）诉中国水电顾问集团新平开发有限公司（以下简称新平公司）等环境污染责任民事公益诉讼案，系珍稀野生动植物保护预防性环境民事公益诉讼案件。自然之友已举证证明案涉水电站如果继续建设，势必导致国家Ⅰ级重点保护动物绿孔雀和国家Ⅰ级重点保护植物陈氏苏铁的生境被淹没，导致该区域的生物多样性和遗传资源遭受直观预测且不可逆转的损害。人民法院依法判定新平公司停止基于现有环境影响评价下的水电站建设项目，责令完善相关手续，为长江流域生物多样性保护提供有力司法保障。

中国生物多样性保护与绿色发展基金会诉雅砻江流域水电开发有限公司（以

下简称雅砻江公司）环境民事公益诉讼案，系全国首例针对珍稀野生植物的预防性公益诉讼。人民法院依法处理好生态环境保护与经济发展的关系，将生态优先的原则贯穿到水电规划开发的全过程，在进行项目可行性研究时充分尊重五小叶槭的生存环境，成功避免了环境安全与效益价值的冲突。在案件审理过程中，五小叶槭虽未列入我国《国家重点保护野生植物名录》，但世界自然保护联盟已将其评估为"极度濒危"列入红色名录，人民法院判令雅砻江公司采取预防性措施保护五小叶槭生存环境，充分体现了我国作为《生物多样性公约》缔约国的责任和担当。

《长江纪要》第3条同时明确，既要打击非法猎杀、捕捞、采伐、毁坏行为，又要打击非法收购、运输、加工、出售行为，切实保护珍贵、濒危野生动植物及其栖息地、分布区生态环境。魏某文等33人非法捕捞水产品刑事附带民事公益诉讼案中，魏某文等人在巢湖非法捕捞、收购、销售白米虾、毛草鱼等水产品，直接导致巢湖水域水生物种数量减少，损害巢湖水域的生物多样性和生态平衡。人民法院依法严惩重处，有利于引导长江沿岸渔民合法捕捞，保护长江流域生物多样性。

近年来，野生动物及其制品走私已成为世界上仅次于毒品、军火的非法贸易，严重威胁到自然生态平衡与社会的可持续发展。宋某某、黄某某等人非法收购、出售珍贵、濒危野生动物及其制品案，系网络贩卖野生动物及其制品的案件，涉及人员多，各被告人通过网络平台相互联系，已形成买、卖和中间商的完整非法交易市场，犯罪地涉及7个省。人民法院对为牟利而出售的被告人均判处实刑，并加大罚金刑的惩处力度，充分贯彻了从严打击的刑事政策。

2. 坚持山水林田湖草沙冰一体化保护和系统治理。依法审理涉长江源头尤其是重点生态功能区、生态环境敏感区和脆弱区及国家公园、自然保护区等重点区域的环境污染、生态破坏及自然资源开发利用案件，依托三江源生态法庭等专门审判机构，加强雪山冰川、江源流域、高原湖泊湿地等生态治理修复，全力推动青藏高原生物多样性保护，切实保护好地球第三极生态安全。

王某林生态破坏民事公益诉讼案，系长江沿岸非法采矿引发的生态破坏民事公益案件。人民法院正确区分认定矿产资源损失和生态要素损失，聚焦受损生态环境的损失构成及修复，正确区分赔偿款项的性质，将生态栖息地明确为重要的生态保护和修复目标，将改善受破坏的自然环境状况，恢复和维持生态环境要素正常生态功能发挥范畴的赔偿费用,用于侵权行为发生地生态修复工程及地质灾害治理工程;将生物多样性受到影响的损失纳入生物多样性恢复考量范畴,用于侵权行为发生地生物多样性的恢复及保护,全面体现生态环境要素的一体保护和系统修复。

(三)促进水资源保护与利用

1. 惩罚性赔偿制度在涉水资源保护与利用纠纷案件中的适用。《长江保护法》第29条明确,长江流域水资源保护与利用,应当根据流域综合规划,优先满足城乡居民生活用水,保障基本生态用水,并统筹农业、工业用水以及航运等需要。为服务和保障国家有关长江流域水资源保护与利用相关政策的贯彻落实,《长江纪要》第5条对长江流域涉水资源保护和利用案件中适用惩罚性赔偿制度作出指引。惩罚性赔偿是指行为人恶意实施某种行为或者对该行为有重大过失时,以对行为人实施惩罚和追求一般抑制效果为目的,法院在判令行为人支付通常赔偿金的同时,还可以判令行为人支付受害人高于实际损失的赔偿金。该制度不仅宣示了对被告行为的否认,而且意在制止行为人重犯这种行为,并且有可能制止其他人效法这种行为,对预防同类型损害具有十分重要的意义。《民法典》除在第179条规定惩罚性赔偿的一般条款外,还专门在第1232条增加规定了生态环境侵权惩罚性赔偿责任,这是我国生态环境侵权民事责任制度的一项重要内容。

根据《民法典》第1232条的规定,生态环境侵权惩罚性赔偿的适用条件包括:(1)主观上存在故意。人民法院应当根据侵权人的职业经历、专业背景以及侵权人是否因案涉侵权行为受到行政处罚或者追究刑事责任等因素综合判断。(2)侵权人实施的污染环境、破坏生态行为需违反法律规定。例如:《环境保护法》第63条所列举的“建设项目未依法进行环境影响评价,被责令停止建设,拒不执行的;违反法律规定,未取得排污许可证排放污染物,被责令停止排污,拒不执行的;通过暗管、渗井、渗坑、灌注或者篡改、伪造监测数据,或者不正常运行防治污染设施等逃避监管的方式违法排放污染物的;生产、使用国家明令禁止生产、使用的农药,被责令改正,拒不改正”等情形。(3)侵权行为造成被侵权人严重的人身损害、财产损害后果。

在起草过程中,我们注意到,惩罚性赔偿责任不同于普通侵权的责任承担方式，其赔偿数额更高，具有普通环境侵权不具备的惩罚功能，故其构成要件应当更为严格，需要结合长江流域生态环境侵权案件特点对《民法典》第1232条“故意”“违反法律规定”“造成严重后果”作进一步解释。经调研，长江流域沿江法院普遍认为，已办理水行政许可或环境影响评价的修建拦截坝取水行为并不违反法律法规规定，尽管实施后果造成生态下泄流量未能得到必要保障，下游水量减少，仍然不适用惩罚性赔偿责任。未办理水行政许可或环境影响评价擅自修建拦截坝取水的，人民法院应当对其主观故意、违法性进行惩罚，此种情形下被侵权人主张惩罚性赔偿的，应予支持。我们吸收了前述合理意见，在本条明确，“故意”表现为未办理水行政许可或环境影响评价；侵权人擅自修建拦截坝取水行为，违反了《长江保护法》第31条和第54条规定，该行为具有“违法性”；未保障必要生态下泄流量，导致下游水量减少，严重损害下游地区供水、通航、灌溉、养殖等生态流量受益方合法权益。

2. 推动长江流域生态保护补偿制度的贯彻落实。《长江保护法》第76条第1款规定，国家建立长江流域生态保护补偿制度。为落实中共中央办公厅、国务院办公厅《关于建立健全生态产品价值实现机制的意见》《关于深化生态保护补偿制度改革的意见》要求，审理涉自然资源案件，对于因自然保护地依法设立或调整引发的行政诉讼，企业主张补偿因政府行为变化而产生实际损失的，人民法院对其合理损失部分依法予以支持，实现公共利益保护与企业合法权益保护的平衡，确保企业有序退出自然保护地。同时，完善司法与生态补偿有机衔接的环境修复责任制度，推动生态产品“难度量”“难交易”“难变现”“难抵押”问题有效解决。

宣城市恒泰金属铸件有限公司诉安徽省宣城市宣州区人民政府未依法履行行政补偿职责案中，企业虽已取得经营、用地、建设等各项行政许可，但因位于安徽扬子鳄国家级自然保护区内，行政主管机关基于环保整改工作要求责令其停止生产经营活动、拆除不动产。人民法院支持政府责令企业退出自然保护区行政行为，同时明确对企业的实际损失应依法予以补偿，实现了公共利益保护与企业合法权益保护的平衡。在行政协议履行过程中，如因实现公共利益或者行政管理目标需要，或遇法律政策有重大调整时，行政机关依法单方变更、解除行政协议，因此造成相对人合法权益受损的，也应当依法予以补偿。人民法院判令政府对宣城市恒泰金属铸件有限公司实际损失予以合理补偿，有利于促进行政机关依法行政，实现生态环境保护与企业合法权益保护的平衡。

（四）对固体废物污染行为的全面、全链条打击

1. 长江流域部分地区存在危险废物非法经营产业链，跨省区涉事人数众多的跨境非法排放、倾倒、处置、经营危险废物案中，多个侵权人分工负责、持续时间长，涉及地区广，严重污染案涉区域生态环境。《长江保护法》第49条规定，禁止在长江流域河湖管理范围内倾倒、填埋、堆放、弃置、处理固体废物。为贯彻落实《长江保护法》第49条规定，《长江纪要》第11条明确，在长江流域河湖管理范围内违法倾倒、填埋、堆放、弃置、处理等直接实施污染行为的侵权人应当承担侵权责任。同时，根据《民法典》第1169条明确为直接实施污染行为的侵权人提供帮助的行为人，也要依法追究相应责任。如成都益正环卫工程有限公司、成都晨光亚克力塑胶有限公司、吕某体等16人污染环境案，依法既要追究生产者、销售者、非法处置者等直接从事侵权行为者的侵权责任，也要追究帮助其运输、提供场所者的相应责任，形成对受损生态环境的全方位保护。

2. 关于生态环境主管部门对污染者堆放、处理固体废物排放有毒、有害气体浓度超过大气物污染排放标准进行处罚的法律规范选择适用是否正确的问题。《长江纪要》第12条明确，企业事业单位和其他生产经营者堆放、处理固体废物产生的有毒、有害气体浓度超过大气污染物排放标准，生态环境主管部门适用《大气污染防治法》对其进行处罚后，企业事业单位和其他生产经营者以处罚较重为由提起诉讼，主张较轻处罚的，人民法院依法不予支持。

上海鑫晶山建材开发有限公司（以下简称鑫晶山公司）不服上海市金山区环境保护局（以下简称金山环保局）行政处罚案，争议焦点在于金山环保局适用《大气污染防治法》对污染企业涉案行为进行处罚是否正确。其中涉及《固体废物污染环境防治法》及《大气污染防治法》相关法条竞合、选择适用问题。前者规定，未采取相应防范措施，造成工业固体废物扬散、流失、渗漏或者造成其他环境污染的，处1万元以上10万元以下的罚款。后者规定，超过大气污染物排放标准或者超过重点大气污染物排放总量控制指标排放大气污染物的，由县级以上人民政府环境保护主管部门责令改正或者限制生产、停产整治，并处10万元以上100万元以下的罚款;情节严重的,报经有批准权的人民政府批准,责令停业、关闭。前者规制的是未采取防范措施造成工业固体废物污染环境的行为,后者规制的是超标排放大气污染物的行为;前者有未采取防范措施的行为并具备一定环境污染后果即可构成,后者排污单位排放大气污染物必须超过排放标准或者重点大气污染物排放总量控制指标才可构成。人民法院认为,金山环境监测站工作人员对该公司厂界臭气和废气排放口进行气体采样,检查、监测对象是案涉企业排放大气污染物情况,适用大气污染防治法更为匹配。《监测报告》显示臭气浓度超过大气污染物排放标准,行为后果方面适用《大气污染防治法》第 99 条第 2 项规定更为准确,故被诉行政处罚决定适用法律并无不当。

(五)司法服务和保障绿色发展

1. 贯彻落实党和国家长江经济带发展、长三角一体化发展等区域重大战略部署,助力长江流域经济社会绿色低碳转型。《长江保护法》第六章专章规定长江流域绿色发展相关内容。中共中央、国务院《关于完整准确全面贯彻新发展理念做好碳达峰碳中和工作的意见》要求,"优化绿色低碳发展区域布局。持续优化重大基础设施、重大生产力和公共资源布局,构建有利于碳达峰、碳中和的国土空间开发保护新格局。在京津冀协同发展、长江经济带发展、粤港澳大湾区建设、长三角一体化发展、黄河流域生态保护和高质量发展等区域重大战略实施中,强化绿色低碳发展导向和任务要求"。为此,《长江纪要》第 13 条明确,要推动长江流域深入开展以经济社会全面绿色转型为引领,以能源绿色低碳发展为关键的绿色发展示范。审理涉产业结构优化升级,遏制高耗能高排放项目盲目发展,构建清洁低碳安全高效能源体系、低碳交通运输体系,提升城乡建设节能低碳发展等案件,要注重完整、准确、全面贯彻新发展理念,助力做好碳达峰、碳中和工作。

2. 依法支持生态环境修复、赔偿方式创新,推进节能减排、清洁生产。《长江保护法》第 66 条规定,应当推动钢铁、石油、化工、有色金属、建材、船舶等产业升级改造,提升技术装备水平;推动造纸、制革、电镀、印染、有色金属、农药、氮肥、焦化、原料药制造等企业实施清洁化改造。企业应当通过技术创新减少资源消耗和污染物排放。为推动企业积极开展技术创新,减少资源消耗和污染物排放,《长江纪要》第 14 条明确,审理环境污染责任纠纷案,侵权人根据经生态环境主管部门或者其委托机构认可的生态环境修复方案以及其按照该方案支付的技术改造费用等，主张折抵案涉生态环境损害赔偿费用的，可以依法予以支持，鼓励、引导企业转型升级，促进形成绿色生产方式。司法实践中，为保障保护生态环境与经济发展的有效衔接，综合考虑企业事业单位和其他生产经营者的主观过错、经营状况等因素，在责任人提供有效担保后可判决其分期支付赔偿费用。如江苏省人民政府诉安徽海德化工科技有限公司（以下简称海德公司）生态环境损害赔偿案中，一审法院认为，企业对其在生产经营过程中产生的危险废物废碱液，负有防止污染环境的义务。企业放任该公司营销部负责人将废碱液交给不具备危险废物处置资质的个人进行处置，导致废碱液被倾倒进长江和新通扬运河，严重污染环境，依法应当承担生态环境侵权责任。宣判后，海德公司提出上诉，并以企业负担过重、资金紧张，如短期内全部支付赔偿将导致企业破产为由，申请分期支付赔偿费用。江苏省人民政府在庭后表示，如海德公司能够提供证据证明其符合国家经济结构调整方向、能够实现绿色生产转型，在有效提供担保的情况下，同意海德公司依照《民事诉讼法》第231条之规定，分五期支付赔偿款。二审法院判决海德公司在向一审法院提供有效担保后，可于二审判决生效之日起60日内支付赔偿款的20%，其余款项分四期各支付20%。如有一期未按时履行，江苏省人民政府可以就全部未赔偿款项申请法院强制执行。如海德公司未按二审判决指定的期限履行给付义务，应当依照《民事诉讼法》第253条之规定，加倍支付迟延履行期间的债务利息。

最高人民法院服务保障黄河流域生态保护和高质量发展工作推进会会议纪要

引　言

为深入学习贯彻习近平总书记关于推动黄河流域生态保护和高质量发展的重要讲话和指示批示精神，落实推动黄河流域生态保护和高质量发展领导小组第二次全体会议部署，最高人民法院于2021年9月在河北省沧州市召开服务保障黄河流域生态保护和高质量发展工作推进会。黄河流域九省（自治区）高级人民法院有关负责同志参加会议。

会议指出，黄河流域环境资源审判工作要深入贯彻落实习近平生态文明思想、习近平法治思想，努力践行绿水青山就是金山银山理念，始终牢记“国之大者”，从中华民族永续发展的高度看待黄河流域生态环境突出问题，把保护黄河流域生态环境放在压倒性位置，把水资源节约集约利用放在更加突出位置，全面贯彻以水定城、以水定地、以水定人、以水定产原则，坚持节约优先、保护优先、自然恢复为主方针，坚守生态保护红线，严守资源特别是水资源开发利用上限，充分发挥审判职能作用，为黄河流域生态保护和高质量发展提供更加有力的司法服务和保障。

会议强调，做好当前和今后一个时期服务保障黄河流域生态保护和高质量发展工作，必须坚持问题导向、靶向意识，把大保护作为关键任务，聚焦黄河水“跑冒滴漏”、盲目上马高耗能高耗水项目、生态破坏和环境污染、文物古迹破坏、违法成本低等突出问题，进一步增强司法工作的针对性、实效性，助力打好环境问题整治、深度节水控水、生态保护修复攻坚战。坚持综合治理、系统治理、源头治理，统筹谋划山水林田湖草沙冰一体化保护和修复，统筹推进上中下游、干流支流、左右两岸的保护和治理，统筹适用刑事、民事、行政法律责任，确保黄河长久安澜。加强与有关部门的协调联动，持续拓展在信息资源共享、纠纷调处化解、证据收集固定、判决监督执行等方面的协调配合，做好诉讼与调解、仲裁、行政裁决、行政复议等非诉讼纠纷解决机制的有机衔接，有效融入黄河流域环境治理体系，形成共同抓好大保护、协同推进大治理的强大合力。

会议对当前黄河流域环境资源审判工作中的一些突出、疑难法律适用问题取得基本一致的看法，形成纪要如下：

一、加强水资源司法保护

1. 依法惩治违规取水用水行为。侵权人违反法律规定擅自取水、超量取水、筑坝截（蓄）水、破坏性取水，造成地面沉降、地下水污染、水资源衰减、河湖生态破坏等损害后果的，应当依法承担相应责任。

2. 保障生活用水和生态环境用水。对于侵权人违法实施占用城乡居民生活用水、农业用水、生态环境用水进行生产经营，地方政府违规挖湖造景等行为，人民法院应当依照《中华人民共和国水法》（以下简称《水法》）第 21 条等规定，考虑首先满足城乡居民生活用水需求，并兼顾生态环境用水等需要，依法确定其承担相应责任。

3. 依法审理取水权纠纷案件。当事人通过民事合同约定取水权转让，或者变更取水许可证确定的取水期限、取水量、取水用途、水源类型等内容，人民法院应当审查合同内容是否违反《水法》《取水许可和水资源费征收管理条例》等法律、行政法规的强制性规定，依法认定合同是否有效。

4. 依法审理涉水沙关系调节案件，助力三江源等国家公园建设，推动提升黄河上游水源涵养、中游水土流失综合治理、下游湿地保护和生态治理的能力和水平。审理黄河流域水沙调控行政许可、水功能区管理等行政诉讼案件，应当依照《水法》《中华人民共和国水土保持法》等有关规定，支持、监督行政机关依法履行监管职责。

二、助力深入打好污染防治攻坚战

5. 依法严惩水污染犯罪。对于发生在黄河流域九省（自治区）的环境污染犯罪行为,存在直接向黄河干流、重要支流及骨干水库库区排放、倾倒、处置有放射性的废物、含传染病病原体的废物、有毒物质或者其他有害物质等情形的,应当作为从重处罚的考虑因素。

6. 依法加大罚金刑适用力度。罚金数额的确定,应当充分考虑污染环境犯罪行为造成的实际损失、环境危害后果、被污染环境修复的可能性和难度、污染情节恶劣程度、污染环境造成的社会影响等因素。对于未发生实际危害后果的,应当考虑行为人的主观恶性、污染行为的恶劣程度、潜在危害等因素。

7. 准确适用环境侵权惩罚性赔偿。被侵权人请求惩罚性赔偿的,人民法院应当根据污染环境、破坏生态行为的持续时间、地域范围,造成环境污染、生态破坏的程度,造成人身、财产损害的情况以及社会影响等因素,综合判断是否构成《中华人民共和国民法典》(以下简称《民法典》)第1232条规定的"造成严重后果"。

8. 贯彻损害担责、全面赔偿救济原则。对于违反国家规定、造成黄河流域生态环境损害,国家规定的机关或者法律规定的组织请求侵权人停止侵害、采取预防措施、修复生态环境、赔偿损失的,人民法院应当依法予以支持。

三、推动黄河文化保护与传承弘扬

9. 依照《中华人民共和国文物保护法》《文物保护法实施条例》等规定,妥善审理涉及历史文化名城名镇名村、历史文化街区、历史建筑、传统村落、少数民族特色村寨和古河道、古堤防、古灌区、古渡口、重大决口堵口遗迹等水文化遗产和农耕文化遗产、地名文化遗产相关案件,助力黄河国家文化公园建设,促进黄河文化的历史传承与创新发展。

10. 依法保护围绕黄河流域历史文化、风土民情、发展成就、时代风貌等创作的文艺作品,加大对反映黄河流域地方特色、体现黄河文化精神的传统技艺、医药、戏剧、曲艺、民俗等非物质文化遗产的司法保护力度,保护好黄河流域丰富灿烂的红色资源,推动黄河文化价值弘扬延续,筑牢中华民族的根和魂。

11. 依法严惩妨害文物管理犯罪。加大对损毁文物,损毁名胜古迹,盗掘古文化遗址、古墓葬,盗掘古人类化石、古脊椎动物化石等刑事案件的审判力度,严厉惩治破坏黄河流域人文遗迹、自然遗迹的犯罪。对于情节恶劣、社会反映强烈的犯罪行为,依法不得适用缓刑、免予刑事处罚。

四、服务保障高质量发展

12.贯彻落实《民法典》绿色原则。人民法院在审理相关案件时,应当把握好生态保护和经济发展的关系,准确适用《民法典》绿色条款,引导民事主体遵循有利于节约资源、保护生态环境的原则从事民事活动,助力经济社会绿色低碳发展。

13.贯彻落实黄河流域严格限制高耗能高耗水项目布局建设的国家政策。人民法院审理涉"两高"企业破产重整、和解或者清算案件,严格依照《中华人民共和国企业破产法》的相关规定,促进市场主体救治和出清,推动产业结构优化升级。当事人约定在黄河流域生态敏感区、脆弱区新建对生态系统有严重影响的"两高"项目,违反法律、行政法规的强制性规定或者损害社会公共利益的,人民法院应当依照《民法典》第153条等规定认定合同无效。

14.贯彻落实建立健全生态产品价值实现机制的国家政策。人民法院审理碳排放权、排污权、用能权、用水权等交易合同纠纷案件,应当遵循诚信原则,依法促成合同生效和全面履行,同时避免当事人从其不诚信行为中获益,推动完善环境权益市场交易机制。

15.贯彻落实《中共中央、国务院关于全面推进乡村振兴加快农业农村现代化的意见》。人民法院应当依法公正高效审理农村地区污水、黑臭水体、垃圾污染等群众反映强烈的案件,积极参与农业面源污染综合治理,支持农业节水改造,助力农业生产方式由过度消耗资源型向节能减排绿色发展型转变。

《最高人民法院服务保障黄河流域生态保护和高质量发展工作推进会会议纪要》理解与适用

刘竹梅　孙　茜　刘　哲*

摘　要:黄河流域生态保护和高质量发展,事关中华民族伟大复兴和永续发展。《最高人民法院服务保障黄河流域生态保护和高质量发展工作推进会会议纪要》(以下简称《黄河纪要》)坚持服务保障党和国家工作大局,立足审判实际,总结审判经验,明确了黄河流域环境资源审判工作的基本理念。坚持问题导向,聚焦黄河水"跑冒滴漏"、盲目上马高耗能高耗水项目、生态破坏和环境污染、文物古迹破坏等突出问题,确定了加强水资源司法保护、助力深入打好污染防治攻坚战、推动黄河文化保护与传承弘扬、服务保障高质量发展等四个方面重点工作,并对黄河流域环境资源审判工作中的一些突出、疑难法律适用问题予以明确。

关键词:黄河流域　以水四定　黄河文化　生态保护　高质量发展

为深入学习贯彻习近平总书记关于推动黄河流域生态保护和高质量发展的重要讲话和指示批示精神,落实推动黄河流域生态保护和高质量发展领导小组第二次全体会议部署,最高人民法院于 2021 年 9 月在河北省沧州市召开服务保障黄河流域生态保护和高质量发展工作推进会。黄河流域 9 省(自治区)高级人民法院有关负责同志、部分全国人大代表、有关专家学者参加会议。会议研究了当前和今后一个时期人民法院服务保障黄河流域生态保护和高质量发展工作,对当前黄河流

---

* 刘竹梅,最高人民法院环境资源审判庭庭长;孙茜,最高人民法院环境资源审判庭三级高级法官;刘哲,最高人民法院环境资源审判庭二级高级法官助理。

域环境资源审判工作中的一些突出、疑难法律适用问题取得基本一致的看法。

会议认为，做好当前和今后一个时期服务保障黄河流域生态保护和高质量发展工作，必须坚持问题导向、靶向意识，把大保护作为关键任务，聚焦黄河水“跑冒滴漏”、盲目上马高耗能高耗水项目、生态破坏和环境污染、文物古迹破坏、违法成本低等突出问题，进一步增强司法工作的针对性、实效性，助力打好环境问题整治、深度节水控水、生态保护修复攻坚战。坚持综合治理、系统治理、源头治理，统筹谋划山水林田湖草沙冰一体化保护和修复，统筹推进上中下游、干流支流、左右两岸的保护和治理，统筹适用刑事、民事、行政法律责任，确保黄河长久安澜。加强与有关部门的协调联动，持续拓展在信息资源共享、纠纷调处化解、证据收集固定、判决监督执行等方面的协调配合，做好诉讼与调解、仲裁、行政裁决、行政复议等非诉讼纠纷解决机制的有机衔接，有效融入黄河流域环境治理体系，形成共同抓好大保护、协同推进大治理的强大合力。

会后，最高人民法院在充分论证、反复修改的基础上，制定出台了《黄河纪要》，并于 2021 年 11 月 24 日发布，旨在总结流域审判经验，明确审判规则，指导各级法院统一法律适用，确保依法公正裁判。现就《黄河纪要》的起草背景、过程与原则、主要内容和重点条文进行说明，便于广大法官准确理解与适用。

一、起草背景、过程与原则

黄河是中华民族的母亲河，孕育了光辉灿烂的中华文明，铸就了以爱国主义为核心的民族精神。黄河流域生态保护和高质量发展，是以习近平同志为核心的党中央统揽中国大历史、世界大格局，从事关中华民族伟大复兴和永续发展高度确定的重大国家战略。党的十八大以来，习近平总书记对黄河流域生态保护和高质量发展问题高度关注，多次亲赴流域省区视察，走遍黄河上中下游，提出一系列重要思想观点，作出一系列重大决策部署，为新时代把黄河的事情办好提供了治本之策，为建设人与自然和谐共生的现代化描绘了宏伟蓝图。

最高人民法院认真学习、深刻领会习近平总书记关于推动黄河流域生态保护和高质量发展的重要讲话和指示批示精神，始终把服务保障黄河流域生态保护和高质量发展工作摆在突出位置，在深化司法实践、深入调查研究基础上，于 2020 年

6 月发布了《最高人民法院关于为黄河流域生态保护和高质量发展提供司法服务与保障的意见》(法发〔2020〕19 号)及黄河流域环境资源审判典型案例,为人民法院服务保障黄河流域生态保护和高质量发展提供了重要政策依据。

2020 年 6 月以来,习近平总书记先后赴宁夏、青海等地考察,再次就黄河流域生态保护和高质量发展作出重要指示,并主持召开中共中央政治局会议,审议《黄河流域生态保护和高质量发展规划纲要》。2021 年 7 月 6 日,推动黄河流域生态保护和高质量发展领导小组第二次全体会议召开,研究部署黄河流域生态保护和高质量发展工作,最高人民法院有关负责同志列席会议。为深入学习贯彻习近平总书记重要讲话精神,落实好推动黄河流域生态保护和高质量发展领导小组第二次全体会议部署,深入研究流域治理司法实践中的重点难点问题,及时总结司法经验和有效做法,最高人民法院环境资源审判庭经过认真筹备,召开了此次会议。

《黄河纪要》形成后,先后书面征求了最高人民法院有关部门、黄河流域 9 省(自治区)高级人民法院,以及全国人大环境与资源保护委员会、生态环境部、自然资源部、国家林业和草原局等单位的意见,并进行了反复研究修改。期间,习近平总书记先后在《生物多样性公约》第十五次缔约方大会领导人峰会、深入推动黄河流域生态保护和高质量发展座谈会上发表了重要讲话。我们在深入学习领会习近平总书记最新重要讲话精神基础上,对《黄河纪要》做了进一步修改完善。

在起草《黄河纪要》时,我们着重把握以下原则:

1. 提高政治站位,强化责任担当。黄河流域西接昆仑、北抵阴山、南倚秦岭、东临渤海,横跨东中西部,是我国重要的生态安全屏障,也是人口活动和经济发展的重要区域,在国家发展大局和社会主义现代化建设全局中具有举足轻重的战略地位。深入学习贯彻习近平总书记重要讲话精神,要放眼社会主义现代化建设新的历史时期,进一步加强对推动黄河流域生态保护和高质量发展现实紧迫性的认识,深刻领会推动黄河流域生态保护和高质量发展战略的重大意义,切实增强推动黄河流域生态保护和高质量发展的责任感紧迫感。最高人民法院、黄河流域各级人民法院要深入学习贯彻习近平生态文明思想、习近平法治思想,努力践行绿水青山就是金山银山理念,始终牢记“国之大者”,从中华民族永续发展的高度看待黄河流域生态环境突出问题,把保护黄河流域生态环境放在压倒性位置,把水资源节约集约利用放在更加突出位置，全面贯彻以水定城、以水定地、以水定人、以水定产原则，坚持节约优先、保护优先、自然恢复为主方针，坚守生态保护红线，严守资源特别是水资源开发利用上限，充分发挥审判职能作用，为黄河流域生态保护和高质量发展提供更加有力的司法服务和保障。

2. 落实最严法治观，强化司法保障。用最严格制度、最严密法治保护生态环境，是习近平生态文明思想的重要内容。黄河流域作为仅次于长江的我国第二大流域，是事关国家生态安全、能源资源安全、国土安全的重要地带，同时也是我国生态环境最脆弱、水资源最短缺、高质量发展基础最薄弱、发展不平衡不充分最明显的地区之一。人民法院服务保障黄河流域生态保护和高质量发展，必须深入学习贯彻习近平生态文明思想关于加强生态环境保护制度建设和法治保障的要求，完整、准确、全面贯彻新发展理念，把握好生态保护与高质量发展的关系，紧紧围绕"努力让人民群众在每一个司法案件中感受到公平正义"的工作目标，通过专业化的环境资源审判，落实最严格的源头保护、损害赔偿和责任追究制度。黄河流域环境资源审判工作应当充分发挥刑事审判的惩治、教育功能，严厉打击污染生态环境、妨害文物管理等相关犯罪行为，加大罚金刑适用力度，严惩相关犯罪分子。充分发挥民事审判的救济、修复功能，落实损害担责、全面赔偿救济原则，准确适用环境侵权惩罚性赔偿制度，妥善审理生态环境损害赔偿和民事公益诉讼案件。充分发挥行政审判的监督、预防功能，依法监督、支持行政机关履行行政监管职责，支持检察机关提起行政公益诉讼，推动形成黄河流域生态保护和高质量发展的有效合力。

3. 坚持问题导向，增强工作实效。习近平总书记在深入推动黄河流域生态保护和高质量发展座谈会上指出，在黄河流域生态保护和高质量发展上还存在一些突出矛盾和问题，要坚持问题导向，再接再厉，坚定不移做好各项工作。推动黄河流域生态保护和高质量发展领导小组第二次全体会议强调，做好黄河流域生态保护和高质量发展工作，必须坚持问题导向，发现问题、直面问题、及时解决问题。做好当前和今后一个时期的黄河流域生态环境司法保护工作，必须坚持问题导向、靶向意识，把大保护作为关键任务，进一步增强司法工作的针对性、实效性，助力打好环境问题整治、深度节水控水、生态保护修复攻坚战。一是聚焦黄河水"跑冒滴漏"

问题，全面贯彻以水定城、以水定地、以水定人、以水定产原则，把水资源作为最大刚性约束，把水资源节约集约利用放在更加突出位置，坚决遏制违规取水用水，配合有关部门大力整治挖湖造景、“造湖大跃进”等乱象，保障人民群众生产生活和基本用水需求。二是聚焦盲目上马高耗能高耗水项目问题，强化对节约资源、促进循环利用的司法指引，积极妥善运用企业重组、破产重整等方式，淘汰与黄河流域水资源和生态环境承载能力不相匹配的落后产能，加快新旧动能转换，促进水资源、能源高效利用，推动黄河流域绿色低碳循环发展，助力实现碳达峰、碳中和目标。三是聚焦黄河流域生态破坏和环境污染问题，严肃追究环境污染、生态破坏行为的法律责任。把黄河流域水污染作为司法惩治的重中之重，严厉惩处污染排放违法行为。以司法力量严守生态红线，推动黄河流域生态环境持续改善。四是聚焦文物古迹破坏问题，加大对损毁文物，损毁名胜古迹，盗掘古文化遗址、古墓葬，盗掘古人类化石、古脊椎动物化石等刑事案件的审判力度，严厉惩治破坏黄河流域人文遗迹、自然遗迹的犯罪，加强黄河流域人文资源的司法保护力度。

4. 深化工作创新，推动系统治理。习近平在深入推动黄河流域生态保护和高质量发展座谈会上指出，要提高战略思维能力，把系统观念贯穿到生态保护和高质量发展全过程。人民法院服务保障黄河流域生态保护和高质量发展，必须坚持综合治理、系统治理、源头治理，统筹谋划山水林田湖草沙冰一体化保护和修复，统筹推进上中下游、干流支流、左右两岸的保护和治理，统筹适用刑事、民事、行政法律责任，确保黄河长久安澜。要持续拓展人民法院与检察机关、公安机关、环境资源行政执法部门的协调联动，加大对行政执法工作的支持、监督力度，做好诉讼与调解、仲裁、行政裁决、行政复议等非诉讼纠纷解决机制的有机衔接，主动融入黄河流域环境治理体系，推动形成共同抓好大保护、协同推进大治理的强大合力。

二、《黄河纪要》主要内容

《黄河纪要》全文分为引言和正文两大部分。引言部分明确了人民法院服务保障黄河流域生态保护和高质量发展的基本原则和总体要求。正文部分立足审判实际，坚持问题导向，紧紧围绕加强水资源司法保护、助力深入打好污染防治攻坚战、推动黄河文化保护与传承弘扬、服务保障高质量发展等四个方面的重点工作，研究提炼出 15 条司法经验和有效做法,推动破解当前黄河流域生态保护和高质量发展面临的突出问题。

在加强水资源司法保护方面,《黄河纪要》体现了将水资源作为最大刚性约束,坚决遏制违规取水用水的司法政策。第 1 条强调依法惩治违规取水用水行为,明确侵权人违反法律规定擅自取水、超量取水、筑坝截(蓄)水、破坏性取水,应当承担法律责任。第 2 条强调保障生活用水和生态环境用水,明确首先满足城乡居民生活用水需求,并兼顾生态环境用水等需要的审判理念。第 3 条强调依法审理取水权纠纷案件,准确认定约定取水权转让等合同是否有效。第 4 条强调依法审理涉水沙关系调节案件,助力三江源等国家公园建设,推动提升黄河上中下游生态治理,支持、监督行政机关依法履行监管职责。

在助力深入打好污染防治攻坚战方面,《黄河纪要》体现了严惩重罚的司法政策。第 5 条强调依法严惩水污染犯罪,并明确将直接向黄河干流、重要支流及骨干水库库区排放、倾倒、处置有放射性的废物、含传染病病原体的废物、有毒物质或者其他有害物质作为从重处罚的考虑因素。第 6 条强调加大罚金刑适用力度,并明确了确定污染环境犯罪罚金数额的主要考量因素。第 7 条强调准确适用环境侵权惩罚性赔偿,并明确了判断是否构成《民法典》第 1232 条规定的"造成严重后果"的主要考量因素。第 8 条强调严格落实损害担责、全面赔偿救济原则,依法支持有关主体关于停止侵害、采取预防措施、修复生态环境、赔偿损失等诉讼请求。

在助力黄河文化保护与传承弘扬方面,《黄河纪要》体现了保护弘扬与打击严惩并重的司法政策。第 9 条强调妥善审理涉水文化遗产和农耕文化遗产、地名文化遗产相关案件,助力黄河国家文化公园建设,促进黄河文化的历史传承与创新发展。第 10 条强调依法保护黄河流域相关文艺作品,加大红色资源和非物质文化遗产的司法保护力度。第 11 条强调严惩妨害文物管理犯罪,明确对于情节恶劣、社会反映强烈的犯罪行为,依法不得适用缓刑、免予刑事处罚。

在服务保障高质量发展方面,《黄河纪要》全面贯彻新发展理念。第 12 条强调贯彻落实《民法典》绿色原则,准确把握生态保护和经济发展的关系,助力经济社会绿色低碳发展。第 13 条强调严格限制高耗能高耗水项目布局建设,加大涉"两高"企业破产重整、和解或者清算案件审理力度,依法严格认定"两高"项目合同是否有效。第 14 条强调妥善审理碳排放权、排污权、用能权、用水权等交易合同纠纷案件,支持生态资源权益交易,推动完善环境权益市场交易机制。第 15 条强调依法公正高效审理农村地区环境污染案件,支持农业节水改造,助力农业生产方式由过度消耗资源型向节能减排绿色发展型转变。

三、重点条文解读

(一)加强水资源司法保护

黄河流域最大的矛盾是水资源短缺。黄河上中游大部分地区位于 400 毫米等降水量线以西,气候干旱少雨,多年平均降水量 446 毫米,仅为长江流域的 40%;多年平均水资源总量 647 亿立方米,不到长江的 7%;水资源开发利用率高达 80%,远超 40% 的生态警戒线。人民法院服务保障黄河流域生态保护和高质量发展,必须首先聚焦水资源短缺这一最大矛盾,紧扣水资源保护中存在的突出问题,采取有效司法措施,切实加强水资源司法保护。

1. 依法惩治违规取水用水行为。调研中发现,黄河流域一方面存在水资源严重短缺问题,另一方面又存在水资源保护力度不足、惩治违规取水用水力度不够问题。由于监管不到位、违法成本低等,黄河流域违反法律规定擅自取水、超量取水、筑坝截(蓄)水、破坏性取水等问题比较突出。为推动相关问题解决,《黄河纪要》第 1 条纲举目张,明确侵权人违反法律规定擅自取水、超量取水、筑坝截(蓄)水、破坏性取水,造成地面沉降、地下水污染、水资源衰减、河湖生态破坏等损害后果的,应当依法承担相应责任。从审判角度而言,这里所说的法律责任,既可能是单一的刑事责任、民事责任、行政责任,也可能是多种责任的复合。人民法院在审理相关案件时,应当坚持最严格制度、最严密法治,通过刑事、民事、行政三大审判有机衔接,依法强化对环境污染者、生态破坏者的责任追究。对于造成严重后果的违规取水用水行为,被侵权人依据《民法典》第 1232 条请求惩罚性赔偿的,人民法院应当依法予以支持。

2. 保障生活用水和生态环境用水。有关部门在执法检查中发现,黄河流域一些地方违法占用城镇居民生活用水、农业用水、生态环境用水挖湖造景问题比较突出,企业违法占用城镇居民生活用水、农业用水、生态环境用水进行生产经营的情况也时有发生，严重影响了人民群众的基本用水需求。《水法》第21条规定："开发、利用水资源，应当首先满足城乡居民生活用水，并兼顾农业、工业、生态环境用水以及航运等需要。在干旱和半干旱地区开发、利用水资源，应当充分考虑生态环境用水需要。"《取水许可和水资源费征收管理条例》第5条第1款规定："取水许可应当首先满足城乡居民生活用水，并兼顾农业、工业、生态与环境用水以及航运等需要。"上述规定体现了以人民为中心的发展思想，明确了水资源开发利用应当首先保障城乡居民生活用水的基本原则，对于水资源严重短缺的黄河流域尤为重要。为严格适用《水法》第21条等规定，有效破解"造湖大跃进"等突出问题，《黄河纪要》第2条明确了首先满足城乡居民生活用水需求，并兼顾生态环境用水等需要的审理思路，对人民法院审理相关案件具有重要指导意义。

3. 依法审理取水权纠纷案件。取水权纠纷案件在水资源短缺的黄河流域发生较多，也是人民法院发挥职能作用，服务保障黄河流域生态保护和高质量发展的重要着力点。《水法》第7条规定，国家对水资源依法实行取水许可制度和有偿使用制度。《取水许可和水资源费征收管理条例》规定了取水的申请和受理、取水许可的审查和决定、取水许可证载明的主要内容，并在第26条规定，"取水单位或者个人要求变更取水许可证载明的事项的，应当依照本条例的规定向原审批机关申请，经原审批机关批准，办理有关变更手续"。基于取水权获得及变更的行政许可性质，取水权纠纷民事案件可能涉及合同约定与法律、行政法规的强制性规定是否抵触等问题，需要在案件审理中予以查明。对此，《黄河纪要》第3条规定，当事人通过民事合同约定取水权转让，或者变更取水许可证确定的取水期限、取水量、取水用途、水源类型等内容，人民法院应当审查合同内容是否违反《水法》《取水许可和水资源费征收管理条例》等法律、行政法规的强制性规定，依法认定合同是否有效。

4. 依法审理涉水沙关系调节案件。黄河水少沙多、水沙关系不协调，是黄河复杂难治的症结所在。上游的高原冰川、草原草甸和三江源、祁连山，中游的黄土高原，下游的黄河三角洲等，都极易发生退化，恢复难度极大且过程缓慢。下游泥沙淤积、河道摆动、"地上悬河"等老问题尚未彻底解决，下游滩区仍有近百万人受洪水威胁。为助力构建良性水沙关系，《黄河纪要》第4条规定，人民法院应当将涉水沙关系调节案件作为黄河流域审判工作重点，助力三江源等国家公园建设，推动提升黄河上游水源涵养、中游水土流失综合治理、下游湿地保护和生态治理的能力和水平。被告人张某君、刘某龙等15人盗伐林木案，是配合《黄河纪要》发布的典型案例。该案中，被告人在子午岭腹地盗伐柏树、盗挖柏树根牟利。横跨陕西、甘肃的子午岭林区是黄土高原中部最大的天然次生林区，是黄河流域重要水源涵养和水土保持林区，对稳定黄河水质和水量具有重要意义。人民法院依法严格追究15名被告人刑事责任，展示了对黄河流域重点生态功能区水土保持的司法保护力度。

5. 支持、监督行政机关依法履行监管职责。水资源管理是行政主管部门的主要职责。《水法》第12条规定，"国家对水资源实行流域管理与行政区域管理相结合的管理体制。国务院水行政主管部门负责全国水资源的统一管理和监督工作。国务院水行政主管部门在国家确定的重要江河、湖泊设立的流域管理机构（以下简称流域管理机构），在所管辖的范围内行使法律、行政法规规定的和国务院水行政主管部门授予的水资源管理和监督职责。县级以上地方人民政府水行政主管部门按照规定的权限，负责本行政区域内水资源的统一管理和监督工作"。第23条第1款规定，"地方各级人民政府应当结合本地区水资源的实际情况，按照地表水与地下水统一调度开发、开源与节流相结合、节流优先和污水处理再利用的原则，合理组织开发、综合利用水资源"。在司法实践中，涉黄河流域水资源管理案件主要体现为取水用水、水功能区管理和水沙调控行政许可、权属确认等行政诉讼案件。人民法院在审理这些案件时，应当严格依照法律规定，既要从程序上审查行政机关的执行程序是否合法，也要从实体上审查行政行为是否符合法定标准，特别要加强对行政机关不履行查处违反环境资源保护法律法规行为职责案件的审理，监督、支持行政机关依法履行水资源管理保护职责，维护行政相对人的合法权益。碌曲县人民检察院诉碌曲县水务水电局未全面履行处罚和征收法定职责行政公益诉讼案中，人民法院依法判令行政机关对长期不缴纳水资源费的水电站全面履行水资源利用监管和征缴法定职责，督促行政机关严格执行水资源管理"三条红线"，切实落实水资源有偿使用制度，对水资源节约、保护与合理开发利用起到了监督和引导作用。

（二）助力深入打好污染防治攻坚战

良好生态环境是实现中华民族永续发展的内在要求，是增进民生福祉的优先领域，是建设美丽中国的重要基础。《黄河流域生态保护和高质量发展规划纲要》指出，黄河流域最大的问题是生态脆弱，环境污染积重较深，水质总体差于全国平均水平。为依法严肃追究生态环境违法行为的法律责任，着力破解违法成本低等突出问题，《黄河纪要》从以下四个方面作出规定。

1. 依法严惩水污染犯罪。黄河全长5464公里，是我国第二长河。加强黄河水污染防治，首先要确保黄河干流、重要支流及骨干水库库区水体不受污染。《刑法》第338条第1款第2项规定，“向国家确定的重要江河、湖泊水域排放、倾倒、处置有放射性的废物、含传染病病原体的废物、有毒物质，情节特别严重的”，应当判处7年以上有期徒刑，并处罚金。

最高人民法院、最高人民检察院、公安部、司法部、生态环境部《关于办理环境污染刑事案件有关问题座谈会纪要》第10条规定，“向国家确定的重要江河、湖泊或者其他跨省（直辖市）江河、湖泊排放、倾倒、处置有放射性的废物、含传染病病原体的废物、有毒物质或者其他有害物质的”，可以作为发生在长江经济带11省（直辖市）的环境污染犯罪的从重处罚情节。为贯彻最严法治观，进一步加大对黄河干流、重要支流及骨干水库库区的司法保护力度，《黄河纪要》第5条规定，对于发生在黄河流域9省（自治区）的环境污染犯罪行为，存在直接向黄河干流、重要支流及骨干水库库区排放、倾倒、处置有放射性的废物、含传染病病原体的废物、有毒物质或者其他有害物质等情形的，应当作为从重处罚的考虑因素。适用该条文时应当注意：如果直接向黄河干流、重要支流及骨干水库库区排放、倾倒、处置有放射性的废物、含传染病病原体的废物、有毒物质或者其他有害物质的行为符合《刑法》第338条第1款第2项规定的，应当按照《刑法》第338条的规定判处7年以上有期徒刑，并处罚金；不符合《刑法》第338条第1款第2项规定的，也应当作为从重处罚的重要考量因素。关于黄河干流、重要支流及骨干水库库区的范围，应当严格依照国家有关规定确定。

2. 依法加大罚金刑适用力度。加大罚金刑适用力度，是发挥刑罚惩治教育功能、破解污染环境违法成本低问题的有效途径。《刑法》第52条规定，“判处罚金，应当根据犯罪情节决定罚金数额”。最高人民法院《关于适用财产刑若干问题的规定》第2条第1款规定：“人民法院应当根据犯罪情节，如违法所得数额、造成损失的大小等，并综合考虑犯罪分子缴纳罚金的能力，依法判处罚金……”《黄河纪要》第6条在贯彻上述法律和司法解释规定基础上，对污染环境犯罪行为罚金刑的主要考量因素进行明确，规定罚金数额的确定，应当充分考虑污染环境犯罪行为造成的实际损失、环境危害后果、被污染环境修复的可能性和难度、污染情节恶劣程度、污染环境造成的社会影响等因素。对于未发生实际危害后果的，应当考虑行为人的主观恶性、污染行为的恶劣程度、潜在危害等因素。

3. 准确适用环境侵权惩罚性赔偿。《民法典》第1232条规定：“侵权人违反法律规定故意污染环境、破坏生态造成严重后果的，被侵权人有权请求相应的惩罚性赔偿。”这是我国现行法律体系中首次对环境侵权惩罚性赔偿作出明确规定。所谓惩罚性赔偿，是指行为人恶意实施某种行为或者对该行为有重大过失时，以对行为人实施惩罚和追求一般抑制效果为目的，法院在判令行为人支付通常赔偿金的同时，还可以判令行为人支付受害人高于实际损失的赔偿金。惩罚性赔偿不仅宣示了对被告行为的否认，而且意在制止行为人重犯这种行为，并且有可能进一步制止其他人效法这种行为。由于生态环境损害的累积性、潜伏性、缓发性、公害性等特点，对环境侵权适用惩罚性赔偿有其必要性。根据《民法典》第1232条的规定，环境侵权惩罚性赔偿的适用条件包括三个方面：一是主观要件，即要求侵权人主观上存在故意。通常情况下，适用无过错责任的侵权责任构成要件不考虑过错的存在。但是，基于惩罚性赔偿填补损害之外的惩罚性质，其针对的是恶意的、在道德上具有可非难性的行为，故应当以侵权人主观故意为适用条件，且该证明责任应当由作为原告的被侵权人承担。二是行为要件，即侵权人违反法律规定污染环境、破坏生态的行为。《环境保护法》第63条规定的四种行为，都是典型的侵权人违反法律规定故意污染环境、破坏生态的行为。三是结果要件，即造成严重后果。这是为了防止环境侵权惩罚性赔偿制度被滥用而设置的限制条件。关于如何判断“造成严重后果”，《民法典》未作出明确规定。在调研论证基础上，《黄河纪要》第7条规定，人民法院应当根据污染环境、破坏生态行为的持续时间、地域范围，造成环境污染、生态破坏的程度，造成人身、财产损害的情况以及社会影响等因素，综合判断是否构成《民法典》第1232条规定的“造成严重后果”。

4. 贯彻损害担责、全面赔偿救济原则。损害担责、全面赔偿原则，是生态环境侵权救济的基本原则。《环境保护法》第5条对损害担责原则作出规定。所谓损害担责原则,是指在生产和其他活动中造成环境污染和破坏、损害他人权益或者公共利益的主体,应当承担赔偿损失、治理污染、恢复生态的责任。只要实施了污染环境行为并产生了损害,行为人就必须承担采取防治措施和事后措施的责任及承担必要费用,从而实现"外部成本"(社会承担的成本)"内部化"(成本由破坏者承担)。全面赔偿原则与损害担责原则密切相关,也称完全赔偿原则,是指加害人对其给受害人造成的损害,尤其是财产损害,应当全面和完全予以赔偿。民法学界一般认为,全面赔偿原则是确定侵权财产损害赔偿范围所应遵循的裁判原则,其意旨是可以获得赔偿的损害既包括直接损失(所受损害、积极损害),也包括间接损失(所失利益、消极损害),即侵权人既要对现有财产的直接减少进行赔偿,也要对在正常情况下实际上可以得到的利益即间接损失进行赔偿。《民法典》除了在第179条规定停止侵害、排除妨碍、消除危险、恢复原状、赔偿损失等民事责任承担方式外,还在第1232条规定了生态环境侵权的惩罚性赔偿,第1234条规定了生态环境修复责任,第1235条规定了环境公益诉讼的赔偿范围。上述责任形式,是环境污染、生态破坏侵权领域内贯彻损害担责、全面赔偿原则的具体体现,也是制定《黄河纪要》第8条的主要依据。

(三)推动黄河文化保护与传承弘扬

黄河流域文化根基深厚,孕育了河湟文化、关中文化、河洛文化、齐鲁文化等特色鲜明的地域文化,是中华文明的摇篮。保护黄河文化,就是保护中华民族的根和魂,对延续历史文脉、坚定文化自信、弘扬民族精神至关重要。为加强黄河文化司法保护和传承弘扬,《黄河纪要》从以下三方面作出规定。

1. 推动黄河文化遗产系统保护,助力黄河国家文化公园建设。黄河流域作为中华文化保护传承弘扬的重要承载区,历史文化名城名镇名村、历史文化街区、历史建筑、传统村落、少数民族特色村寨和古河道、古堤防、古灌区、古渡口、重大决口堵口遗迹等水文化遗产和农耕文化遗产、地名文化遗产等历史文化遗产星罗棋布。司法助力黄河文化保护,首先要聚焦于上述历史文化遗产等有形文化载体的司法保护,通过准确适用《文物保护法》《文物保护法实施条例》等规定,依法妥善审理涉历史文化遗产相关案件,将黄河文化司法保护工作落实落地,积极助力黄河国家文化公园建设。

2. 明确了司法服务黄河文化传承弘扬的三个重要着力点。一是依法保护围绕黄河流域历史文化、风土民情、发展成就、时代风貌等创作的文艺作品。最高人民法院《关于加强新时代知识产权审判工作为知识产权强国建设提供有力司法服务和保障的意见》(法发〔2021〕29 号)强调,“充分发挥著作权审判对于优秀文化的引领和导向功能,促进文化和科学事业发展与繁荣”。二是加大对反映黄河流域地方特色、体现黄河文化精神的传统技艺、医药、戏剧、曲艺、民俗等非物质文化遗产的司法保护力度。非物质文化遗产既是历史发展的见证,又是珍贵的、具有重要价值的文化资源。其所蕴含的中华民族特有的精神价值、思维方式、想象力和文化意识,是维护我国文化身份和文化主权的基本依据。三是保护好黄河流域丰富灿烂的红色资源。黄河流域是全国革命遗址规模最大、数量最多的地区之一,主要包括陕甘宁等革命根据地和红军长征雪山草地、西路军西征路线等地区。要依法加强黄河流域“红色经典”和英雄烈士合法权益保护,以法治手段传承红色文化基因,大力弘扬社会主义核心价值观。

3. 依法严惩妨害文物管理犯罪。黄河流域文物古迹丰富,但人为损毁、盗掘、侵占等问题也比较突出。推动黄河流域生态保护和高质量发展领导小组第二次会议强调,要聚焦文物古迹破坏问题,严肃处理侵占或损毁文物古迹行为,切实加强黄河流域文化遗产资源保护。关于文物古迹保护,《刑法》分则编第六章专节规定了妨碍文物管理犯罪,涉及故意损毁文物罪,故意损毁名胜古迹罪,过失损毁文物罪,非法向外国人出售、赠送珍贵文物罪,倒卖文物罪,非法出售、私赠文物藏品罪,盗掘古文化遗址、古墓葬罪,盗掘古人类化石、古脊椎动物化石罪等罪名。为正确适用《刑法》规定,最高人民法院、最高人民检察院制定出台了《关于办理妨害文物管理等刑事案件适用法律若干问题的解释》。以上构成了《黄河纪要》第 11 条的主要制定依据。关于相关犯罪适用缓刑、免予刑事处罚问题,根据《刑法》第 37 条、第 72 条的规定,免予刑事处罚的适用条件之一是犯罪情节轻微,适用缓刑的条件之一是犯罪情节较轻。《黄河纪要》第 11 条关于“对于情节恶劣、社会反映强烈的犯罪行为,依法不得适用缓刑、免予刑事处罚”的规定,既符合《刑法》相关规定,也体现了严惩犯罪的司法导向,有利于加强对黄河流域文物古迹的保护力度。

（四）服务保障高质量发展

黄河流域最大的短板是高质量发展不充分。习近平总书记在推动黄河流域生态保护和高质量发展座谈会上强调，坚定走绿色低碳发展道路，推动流域经济发展质量变革、效率变革、动力变革。中共中央、国务院《关于完整准确全面贯彻新发展理念做好碳达峰碳中和工作的意见》明确，以经济社会发展全面绿色转型为引领，以能源绿色低碳发展为关键，加快形成节约资源和保护环境的产业结构、生产方式、生活方式、空间格局，坚定不移走生态优先、绿色低碳的高质量发展道路，确保如期实现碳达峰、碳中和。为完整、准确、全面贯彻新发展理念，服务保障黄河流域高质量发展，《黄河纪要》从以下四方面作出规定。

1. 贯彻《民法典》绿色原则。绿色原则是《民法典》的基本原则。《民法典》不仅在总则编第 9 条规定了绿色原则，还在侵权责任编第七章规定了环境污染和生态破坏责任，在物权编、合同编规定了贯彻绿色原则的相关条款。人民法院服务保障黄河流域绿色低碳循环发展，主要路径是在案件审理过程中全面准确贯彻《民法典》绿色原则，准确适用《民法典》绿色条款，把握好物尽其用与绿色使用的关系、意思自治与绿色干预的关系、经济发展与生态保护的关系，助力经济社会绿色低碳发展。

2. 贯彻落实黄河流域严格限制高耗能高耗水项目布局建设的国家政策。黄河流域水资源、能源短缺问题突出，盲目上马高耗能高耗水项目问题也比较突出，导致水资源、能源短缺问题进一步加剧。为贯彻落实国家关于严守黄河流域资源特别是水资源开发利用上限，坚决遏制“两高”项目盲目发展的政策要求，《黄河纪要》第 13 条强调了两方面重点工作：一是加大涉“两高”企业破产重整、和解或者清算案件审判力度，严格依照《企业破产法》的相关规定，促进市场主体救治和出清，推动产业结构优化升级。二是依法严格认定涉“两高”项目合同效力。当事人约定在黄河流域生态敏感区、脆弱区新建对生态系统有严重影响的“两高”项目，违反法律、行政法规的强制性规定或者损害社会公共利益的，人民法院应当依照《民法典》第 153 条等规定认定合同无效。

3. 贯彻落实建立健全生态产品价值实现机制的国家政策。生态资源权益交易是生态产品价值实现机制的重要内容，对推动经济社会发展全面绿色转型具有重要意义。中共中央办公厅、国务院办公厅印发的《关于建立健全生态产品价值实现机制的意见》指出,“健全碳排放权交易机制,探索碳汇权益交易试点。健全排污权有偿使用制度,拓展排污权交易的污染物交易种类和交易地区。探索建立用能权交易机制。探索在长江、黄河等重点流域创新完善水权交易机制”。随着国家关于建立健全生态产品价值实现机制的深入推进,碳排放权、排污权、用能权、用水权等交易合同纠纷案件数量将会出现明显增长。人民法院在审理碳排放权、排污权、用能权、用水权等交易合同纠纷时,应当坚持鼓励交易原则,尽可能限制无效合同的范围。在未生效合同问题上,要尽量通过让报批义务人履行报批义务,促成合同生效。在合同不成立、无效或者被撤销的法律后果问题上,要根据诚实信用原则在当事人之间合理分配责任,避免当事人从其不诚信行为中获益。在约定解除条件的认定上,要坚持诚实信用原则,避免轻易解除合同。

4. 贯彻落实中共中央、国务院《关于全面推进乡村振兴加快农业农村现代化的意见》。推动黄河流域农业农村现代化工作涉及方方面面,《黄河纪要》第 15 条立足人民法院职能作用,重点强调依法公正高效审理农村环境污染案件和推动农业生产方式绿色转型两方面的工作。调研中发现,相比于工业、城市污染治理,农村污染防治起步晚、投入少、历史欠账多,污染防治形势较为严峻。此外,虽然黄河流域水资源短缺问题突出,但农田灌溉等农业用水方式粗放,科技含量低,水资源有效利用率不高,存在一定程度的水资源浪费现象。这两方面的突出问题,直接影响到黄河流域乡村振兴战略实施,有必要在《黄河纪要》中予以强调。

应对我国国内气候变化诉讼的思考*

陈学敏**

摘　要：在我国，气候变化诉讼是指对气候变化产生直接或间接影响的诉讼，采取的是广义说。在域外，只有直接提出气候变化法律问题、政策问题、事实问题的诉讼才是气候变化诉讼，不包括直接或间接对气候有影响但未在诉讼中提出气候问题的诉讼，采取的是狭义说。在此意义上，我国尚无实质性的气候变化诉讼。从世界范围内气候变化诉讼的司法实践看，诉讼资格、因果关系证明、责任承担等一直是此类诉讼的难点问题。我国国内气候变化诉讼，可选择私益诉讼+公益诉讼的双轨救济模式。同时，鉴于气候变化问题的全球性和我国气候变化诉讼尚处于初步发展阶段，可参照国际条约、习惯法以指导我国气候变化诉讼案件的司法裁判，并合理借鉴域外气候变化诉讼案例。要有针对性地解决审判中出现的难题，即在诉讼资格上遵循“三要件说”，在因果关系上遵循“有助于说”，在责任承担上遵循“分类说”。

关键词：气候变化诉讼　温室气体排放　起诉资格　因果关系

气候变化作为“这个时代最为迫切的环境挑战”，越来越明显地影响着人们生活的方方面面，已成为全球关注的重大环境问题，解决气候变化问题到了刻不容缓

* 本研究为天津市社科项目“京津冀大气污染治理联建联防联治机制研究”（TJFX20－001）和国家社科基金重大项目“国家治理现代化视域下的生态环境保护法律体系研究”（20ZDA089）的阶段性成果。

** 陈学敏，天津大学法学院讲师，中国绿色发展研究院研究员，法学博士，研究方向：环境法基本理论，环境司法。

的地步。2020 年,以习近平同志为核心的党中央提出 2030 年前实现碳达峰、2060 年前实现碳中和的重大战略目标,为全球应对气候变化作出表率。为实现“双碳”目标,2021 年 5 月《世界环境司法大会昆明宣言》明确运用诉讼手段审理气候案件。与之形成鲜明对比的是,美国等发达国家出于国内经济的考虑,对《京都议定书》下的减排机制一直不够积极,少有实质性的政策或法律应对。在政府不作为情况下,诉讼对于解决气候变化问题不一定是最佳途径,但却是最可行的办法。正如有学者所指出的那样,“当政府对是发展经济还是对碳排放作出限制以减缓气候变化难以抉择时,以气候变化诉讼的方式通过法院的裁决或可‘刺痛政府良知’”①。外交谈判的反复与曲折慢慢消磨掉了人们对以政治手段解决气候变化问题的信心,国际社会尤其是美国气候变化诉讼逐渐兴起。这一方面考验着我国“双碳”目标的贯彻与实施,另一方面挑战着我国对全球气候治理的参与。由于涉及有多种利益纠葛的国家及国际政策的诸多领域,再加上科学上的不确定性,使得以诉讼应对气候变化风险与机遇并存。通过梳理国内及域外气候变化诉讼,明确气候变化诉讼面临的困境并提出应对举措,既能及早预防以我国政府和企业作为被告的国际气候变化诉讼,②也能有效应对我国国内的气候变化诉讼。

一、气候变化诉讼概况

(一)我国国内气候变化诉讼概况

2016 年最高人民法院《关于充分发挥审判职能作用为推进生态文明建设与绿色发展提供司法服务和保障的意见》中,我国就明确提出以司法手段积极应对气候变化。

2017 年 7 月,最高人民法院发布《中国环境资源审判(2016—2017)》(白皮书),气候变化诉讼案件已经被统计在册。这些案件即为因排放温室气体、臭氧层损耗物质等直接或间接影响气候变化过程中产生的案件。北京市朝阳区自然之友环境研究所诉国网甘肃电力公司、国网宁夏电力公司两起“弃风弃光”环境民事公

---

① Peel J., *Climate Change Law: The Emergence of a New Legal Discipline*, Melbourne University Law Review, Vol. 32:3, p. 922 – 979 (2008).

② 在“共同但有区别责任”原则指导的国际气候谈判难以有所突破的情况下,为转移国内民众注意力,以美国为首的发达国家可能会怂恿民间组织、国际性组织或其他国家提起针对我国的诉讼。

益诉讼案、权某杰诉丹东市生态环境局生态环境管理行政处罚案、海南森源置业有限公司诉海口市人民政府有偿回收国有土地使用权案被认为是在此期间的气候变化诉讼类案件。

2020 年 5 月 8 日，最高人民法院发布《中国环境资源审判（2019）》（白皮书），将环境资源案件划分为五大类型，“气候变化应对案件”首次作为一种独立的案件类型与环境污染防治、生态保护、资源开发利用、生态环境治理与服务等案件一起归入环境资源案件中。

2021 年 1 月，最高人民法院出台《环境资源案件类型与统计规范（试行）》，明确了气候变化应对类案件的含义及其类型。①

从最高人民法院发布的文件可以发现，我国的气候变化诉讼是指对气候变化产生直接或间接影响的案件，如涉温室气体排放、臭氧层损耗物质等发生的案件。依据不同的标准，该类诉讼可做进一步划分（见表 1）：

第一，根据诉讼手段不同，分为刑事、民事、行政以及公益案件；

第二，根据诉讼对象不同，分为碳排放相关案件、节约能源相关案件及绿色金融、生物多样性保护相关案件；

第三，根据诉讼目的不同，分为气候变化减缓类案件和气候变化适应类案件。

表 1　我国气候变化诉讼的分类

划分标准	基本类型	具体细化
诉讼手段	刑事	如走私煤炭、硅砂等妨害环境资源保护或者非法生产、销售、使用、进出口消耗臭氧层物质的犯罪案件
	民事	如涉碳汇交易纠纷案件
	行政	如涉建设项目环境影响评价案件
	公益	如社会组织对“弃风弃光”提起诉讼的案件

① 根据该规范，绿色金融案件属于生态环境治理与服务类案件，是指为支持生态环境改善、应对气候变化和资源节约高效利用，对环保、节能、清洁能源、绿色交通、绿色建筑等领域的项目投融资、项目运营、风险管理，提供绿色信贷、绿色债券、绿色股票指数和相关产品、绿色发展基金、绿色保险、碳金融等金融服务而产生的案件。按照我国气候变化诉讼的含义，这类绿色金融案件会间接对气候变化产生影响，理应划归于气候变化诉讼类案件。

续表

划分标准	基本类型	具体细化
诉讼对象	碳排放相关案件	包括涉电力、钢铁、建材、化工等重点碳排放行业,以及涉工业、能源、建筑、交通等碳排放重点领域的相关案件
	节约能源相关案件	包括节能、节水、节地、节材、节矿、污泥无害化处理和资源化利用等领域的专利、技术转让等知识产权纠纷案件
	绿色金融、生物多样性保护相关案件	包括涉绿色税收、绿色信贷、绿色债券、绿色保险、绿色发展基金等案件,涉植物新品种、生物遗传资源和基因等知识产权纠纷案件
诉讼目的	气候变化减缓类案件	在可再生能源、能源效率、可持续交通、臭氧层消耗物质控制、土地利用变化和林业管理等领域减少或避免温室气体排放过程中发生的案件
	气候变化适应类案件	涉气候变化的建设项目和规划环境影响评价等案件;涉综合防洪除涝减灾和气象灾害防御工程、治理退化、沙化和碱化草地、治理水土流失、海洋和海平面变化趋势科学监测等气候变化应对措施的案件

(二)域外气候变化诉讼概况

《巴黎协定》以来,气候变化诉讼在全球范围迅速兴起,日益成为一种不可忽视的司法现象。根据哥伦比亚大学萨宾气候变化法律中心数据库①统计,自 1986 年起,截至 2020 年 12 月,世界范围内涉气候变化的诉讼共计 1700 多起。除美国国内法院出现了气候变化诉讼外,阿根廷、奥地利、德国、巴西、荷兰、巴基斯坦、英国、加拿大、法国等 39 个国家均发生了气候变化诉讼。从诉讼所涉区域看,这些诉讼既有国内性气候变化诉讼,也有国际性气候变化诉讼,但两者在数量上相差悬殊:前

---

① 哥伦比亚大学萨宾气候变化法律中心数据库由哥伦比亚大学法学院萨宾气候变化法律中心建设,该中心研发了一些应对气候变化的法律技术,并培训法学院学生和律师来使用这些技术,为法律专业人士和公众提供气候法的最新资源,它不仅与哥伦比亚大学地球研究所的科学家进行着一些合作,也与各国政府、非政府组织以及学术组织有着密切的合作关系。参见何志鹏、王菲:《以人权为基础的气候变化诉讼探究》,载《青海社会科学》2021 年第 2 期。

者高达1718例，后者仅有26例。其中，美国一国的国内性气候变化诉讼就有1476例。越来越多的社会组织和个人选择以人权为诉求事由提起气候变化诉讼，对政府或企业的无效行为或不作为予以纠正，以免造成更大的气候危机。这其中不乏针对域外政府、跨国和外国企业提起的跨界气候变化诉讼。近年来，在各国陆续提出气候中和、碳中和目标之际，气候变化诉讼案件数量激增、诉求日新，开始延伸至一国宪法、人权、代际公平、企业的“洗绿”行为、甚至国际刑法的“生态灭绝罪”等领域。从当前案例看，诉讼原告包括公民、非政府组织、地方政府、儿童等。诉讼被告主要分为两类：一类是政府等行政机关，另一类是个人和企业等。诉讼请求往往围绕制定更为严格的温室气体减排目标、削减气候变化风险、赔偿气候损害损失和修复生态环境进行。国际性气候变化诉讼案由主要是温室气体排放与交易、人权、环境评估与许可；国内性气候变化诉讼除上述三种案由外，还包括法律法规与政策审查、保护生物多样性与生态系统、信息披露、金融风险、公共信托①、确定威胁气候的资源、滥用程序、宪法基本权利等。随着域外气候变化诉讼的发展与成熟，原告借由气候变化诉讼所要实现的诉讼目的也在发生改变，从最初试图以诉讼促使政府正视气候变化问题，改变在气候变化问题上的摇摆不定与消极漠视，颁行积极的应对举措，②到直接要求政府和碳排放大企业承担具体责任，再到依据自身权利对政府和企业提出明确要求，希冀引起系统的社会、政策和法律变革（见表2）。

---

① 如2017年的Alec L. v. Jackson案中，原告是5位儿童及从事反对地球变暖与地球保护的儿童组织；被告是数个联邦机构，诉求是要求法院发布禁止令，要求被告采取所有必要行动使二氧化碳在2012年前达到峰值，2013年开始至少每年降低6%。理由是大气是公共资源，被告有责任在公共信托原则下保护大气环境。

② 这一诉讼目的突出体现在Massachusetts案中，该案几经波折，联邦最高法院最终肯定了美国环保署对温室气体的监管职责。

表 2　域外气候变化诉讼概况

诉讼原告	诉讼被告	诉讼请求	诉讼案由	诉讼目的
公民、非政府组织、地方政府、儿童	政府等行政机关、个人、企业等	制定更为严格的温室气体减排目标、削减气候变化风险、赔偿气候损害损失、修复生态环境	国际性气候变化诉讼案由为：温室气体排放与交易、人权、环境评估与许可。国内性气候变化诉讼案由为：环境评估与许可、法律法规与政策审查、保护生物多样性与生态系统、温室气体排放与交易、信息披露、人权、金融风险、公共信托、确定威胁气候的资源、滥用程序、宪法基本权利等	敦促政府积极作为→提出具体责任要求→引起社会、政策和法律的系统变革

（三）对我国国内及域外气候变化诉讼的评析

截至当前，不管是哥伦比亚大学萨宾气候变化法律中心数据库，还是伦敦政治经济学院气候诉讼数据库①，其所统计的气候变化诉讼案件数虽每天都在更新，但具体到我国的数据始终为零，这意味着从国际视域看，我国尚无实质意义上的气候变化诉讼。为什么会出现这种情况呢？这涉及国际上通用的气候变化诉讼定义。

关于气候变化诉讼，联合国环境规划署给出的定义②是："将提交给行政、司法和其他调查机构的，提出的有关气候变化科学和气候变化减缓和适应努力的法律或事实问题的案件……"③伦敦政治经济学院格兰瑟姆气候变化与环境研究所给出的定义与之如出一辙，"提交给行政部门、司法机构、国际机构的涉及气候变化的司法案件和有针对性的裁决……"其进一步明确，包含"气候变化（Climate Change）、全球变暖（Global Warming）、全球变化（Global Change）、温室气体

---

① 此数据库由伦敦经济学院格兰瑟姆气候变化与环境研究所构建，该研究所于 2008 年在伦敦政治经济学院成立，汇集了经济学、环境、政治等方面的国际专业人员，以期建立世界领先的与气候变化和环境政策相关的教学和培训中心。参见何志鹏、王菲：《以人权为基础的气候变化诉讼探究》，载《青海社会科学》2021 年第 2 期。

② 在 2017 年发布的《气候变化诉讼状况全球报告》中，联合国环境规划署给出了气候变化诉讼的定义。

③ United Nations Environmental Programme, Columbia University, Sabin Center for Climate Change Law, *The Status of Climate Change Litigation: A Global Review* (May, 2017), http://wedocs.unep.org/handle/20.500.11822/20767.

(Greenhouse Gas)、海平面上升(Sea Level Rise)"[①]这几个关键词中的一个或多个的案件都属于气候变化诉讼。两个定义都未对诉讼目的进行强调，而是以诉讼涉及的实质内容为准，从而将不是以气候变化问题作为中心和焦点的诉讼案件排除在外。显然采取的是狭义气候变化诉讼说，即"当事人直接提出气候变化法律问题、政策问题、事实问题的诉讼，不包括直接或间接对气候有影响但未在诉讼中提出气候问题的诉讼"[②]。

从我国气候变化诉讼的划分可知，我国采取的是广义气候变化诉讼说。这与澳大利亚学者 Osofsky 和 Pele 根据案件所涉争议将四种案件归属为气候变化诉讼的论点契合：(1)以气候变化为核心焦点的案件；(2)气候变化虽非核心事由，但明确提出了气候变化问题的案件；(3)没有明确提出与气候变化相关的问题，气候变化只是动因之一的案件；(4)没有提出气候变化相关的争议，但对气候变化的减缓与应对有明显影响的案件。[③] 按照此定义，聚焦与围绕气候变化问题的案件都属于气候变化诉讼案件。但就各个因素与气候变化的关系看，甚至可以说"所有形式的诉讼都可以被定性为与气候变化诉讼有关"[④]。

短期内，我国气候变化诉讼尚处于初期探索阶段，采取广义说更有助于气候变化诉讼的发展。但边界不清，法官会在多重价值、多种法律之间难以取舍，无法彰显气候变化诉讼相较于其他类环境诉讼的特殊性，不利于气候变化诉讼案件的"精准性"审理，气候变化诉讼的实际功能最终会被淡化。

从长期看，与其他国家同步采取气候变化诉讼狭义说，意义重大。就国内而言，可以形成以气候变化为核心的审判思路，促成应对气候变化的政策，为专门立法积累经验；就国际而言，可以在同一语境下开展比较法研究，进行司法交流合作，

---

① Joana Setzer, Rebecca Byrnes, *Global Trends in Climate Change Litigation* 2020 *Snapshot*, http://www. lse. ac. uk/granthaninstitute/wp - content/uploads/2020/07/global - trends - in - climate - change - litigation - 2020 - snapshot. pdf.

② 高利红:《我国气候诉讼的法律路径:一个比较法的研究》,载《山东大学学报(哲学社会科学版)》2022 年第 1 期。

③ Hari Osofsky and Jacqueline Peel, *Litigation's Regulatory Pathways and the Administrative State: Lessons from U. S. and Australian Climate Change Governance*, 25 Geo. Int'l Envtl. L. Rev. 207(2013).

④ Hilson C. , *Climate Change Litigation: A Social Movement Perspective*, Available at SSRN 1680362, 2010.

与世界各国携手共同应对气候变化问题，也让我国政府和跨国公司能从容应对以自己为被告的国际气候变化诉讼。

二、应对我国国内气候变化诉讼的障碍

从世界范围内气候变化诉讼的司法实践看，诉讼资格、因果关系证明、责任承担等一直是此类诉讼的难点问题。

（一）诉讼资格问题

诉讼资格问题关系到原告所提起的气候变化诉讼案件能否被法院受理。如果原告没有诉讼资格，他就无权提起诉讼请求法院救济因气候变化致损的权益，即使案件得以立案，最终也会被法院驳回。

在2018年The People's Climate Case中，来自多个国家青年协会①的10个家庭起诉欧盟，理由是欧盟现有的温室气体减排目标②不足以应对气候变化，从而可能对原告的人身权、财产权构成威胁。欧盟法院以原告不具有起诉资格为由驳回了诉讼。而判断原告没有起诉资格的依据是《欧盟运作条约》（Treaty on the Functioning of the European Union），该条约要求个人只能对与他们直接相关（direct and individual concern to them）的案件提起诉讼。在Comer v. Murphy Oil案中，密西西比州居民提出他们的地产被卡特里娜飓风损害，而附近的工厂排放了大量的温室气体，加剧了全球变暖，增强了飓风的破坏性，因此这些工厂应当对其损失赔偿。密西西比州的地方法院以“没有起诉资格”驳回原告诉讼。2014年，我国出现了首起公民个人因雾霾起诉政府机关的案件——李某欣诉石家庄市环保局案，原告要求被告依法履行治理大气污染的职责，赔偿其经济损失10,000元。遗憾的是法院不予立案。从原告的诉讼目的看，其以救济私益为桥梁行救济公益之道。只是若作为行政公益诉讼案件，我国公民没有被赋予提起行政公益诉讼的资格；若作为行政诉讼案件，石家庄市环保局在治理空气污染上的消极作为影响的并不仅仅是原告一人，而是石家庄市的全体居民，这并不是针对原告个人的行政行为，原告也无

① 包括葡萄牙、德国、法国、意大利、罗马尼亚、肯尼亚、斐济和瑞典萨米青年协会。

② 这个目标设定是：到2030年将国内温室气体排放量与1990年的水平相比减少40%。

诉讼资格。

可见,原告要证明自己具备诉讼资格,必须提交受到切实、特定损害的证据。而在气候变化诉讼中,由于原告所声称的“损害”建立在科学家的气候模型、研究结论上,使得“损害”更像是存在于“想象的范畴”(speculative category)中,且相较于环境污染类案件,气候变化对人身、财产及生态环境的影响潜伏期更久,活动链条更长,作用机理更复杂,甚至原告自己也是引起气候变化的加害者中的一员。在此情况下,能否说服法官作出有利于己方的判决带有很大冒险性质,因为毕竟有关气候变化的科学带有不确定性。

此外,我国民事公益诉讼对社会组织诉讼资格的要求是:在静态上,“宗旨和主要业务范围是维护社会公共利益”;在动态上,“从事环境保护公益活动”;在关系上,“所提起的诉讼涉及的社会公共利益,应与其宗旨和业务范围具有关联性”。① 这就产生一个问题,能提起气候变化公益诉讼的社会组织,其章程是只原则性规定“维护社会公共利益,推动可持续发展”即可,还是应明确“致力于推动可再生能源的绿色循环经济,减缓温室气体排放”呢?

(二)因果关系证明问题

因果关系的证明是解决原告声称损害的来源问题,即这一损害能否追溯至被告行为。一般来说,要把原告的损害归结于被告的行为,原告须证明若被告停止排放行为或减少排放,原告的损害就不会发生,即行为与损害之间存在一种“实质性可能”。但现实是,引起气候变化的因素多种多样,它们均对原告的损害结果起着或大或小的作用,这在无形中就削弱了特定排放行为与原告损害之间的关系。而且,气候变化与损害之间的因果关系证明需要极强的科学技术为后盾,原告往往并不具备这种能力。

在 Kivalina v. Exxon Mobil Corp. 案中,原告起诉包括埃克森美孚公司在内的 24 家温室气体排放者,要求这些排放者承担由于气候变暖侵蚀海岸导致居民必须

① 最高人民法院《关于审理环境民事公益诉讼案件适用法律若干问题的解释》(2020 年修正)第 4 条规定:“社会组织章程确定的宗旨和主要业务范围是维护社会公共利益,且从事环境保护公益活动的,可以认定为环境保护法第五十八条规定的‘专门从事环境保护公益活动’。社会组织提起的诉讼所涉及的社会公共利益,应与其宗旨和业务范围具有关联性。”

搬离所需的费用。法院驳回原告诉讼请求，理由除了气候变化问题属于政治问题不适合法院审理外，还包括原告没有证据证明所受损害是被告的排放行为所致，即无法在其中建立足够的因果关系。2011 年的 Connecticuti v. American Electric Petroleum 案中，原告败诉的原因之一也是不能证明因果关系。类似的案件也发生在秘鲁，这就是 Saúl Luciano 诉德国公用事业公司案。本案中，原告是秘鲁的一位农民兼登山向导，他的诉求是被告采取必要的风险管理措施应对气候变化，以免引起冰川退缩，目的是保护其家乡瓦拉斯地区（Huaraz）。理由是被告排放的温室气体造成他与家人及其财产损害，且对瓦拉斯的大部分地区产生危害。地方法院在肯定案件涉及的法律事项具有根本性意义的同时，还是驳回原告诉求。理由是“复杂的气候变化过程及其后果使得证明是某单一温室气体排放者引起的特定气候变化几乎不可能。……对大气中的温室气体总量作出贡献的排放者数不胜数，根据‘充分性’原则，单一主体的排放份额与具体的气候变化影响之间没有关系。”①

一些环境污染案件特别是具有流动性、迁移性的环境污染案件中，如水污染、大气污染案件，根据原告与污染者的距离远近，法院将原告分为两类：一类是处于污染中心地带的被污染者（zone of a polluter），另外一类是距离污染中心地带比较远的被污染者。地理上的接近理论（geographic proximity）实质上是对关联性理论的颠覆。在这种理论指导下的气候变化诉讼审判，对原告很不友好。例如：在澳大利亚 Dual Gas Pty Etd 案中，法院认为温室气体排放问题虽具有全球性，但仍应以个人利益是否受到影响相关，不应该过于遥远。当原告声称他们受到来自千里之外温室气体排放的影响时，客观的距离会妨碍法院对排放行为与损害之间关系的认定。在 Watson 案中，原告声称位于非洲中北部②、南美洲北部③、东南亚④的三家

---

① Frank W, Bals C, Grimm J., *The Case of Huaraz: First Climate Lawsuit on Loss and Damage agaist an Energy Company before German Courts*, *Loss and Damage from Climate Change*. Springer, Cham, 2019, p. 475 – 482.

② 具体是非洲中北部的乍得湖，在乍得、尼日尔、尼日利亚、喀麦隆等国结界处。

③ 具体国家是委内瑞拉。

④ 具体国家是印度尼西亚。

企业所排放的温室气体破坏了她所居住的安克雷奇市[①]的森林。可见，在气候变化诉讼中，污染中心地带根本无中心可言，由此，是不是就不需考虑原告与被告污染排放地的距离远近呢？这虽然解决了气候变化诉讼中的因果关系证明难问题，但一旦允许原告对千里之外的排放者提起诉讼，那么，我国作为温室气体排放大国，政府或企业都面临着成为被告的风险。而且，法院该如何认定如此宽泛范围内的损害，是否需要确定合理范围内的公民才有权提起诉讼，又该如何确定这一合理范围呢？

（三）责任承担问题

责任承担问题体现在两个方面：一是责任承担方式的选择问题；二是责任分配问题。所选择责任承担方式合理适当与否与责任分配公平公正与否直接关系到生效裁决能否得到有效履行。

1. 责任承担方式的选择问题

根据当前的法律规定，结合司法实践，气候变化私益诉讼和气候变化民事公益诉讼中，修复生态环境与赔偿损失是适用频率最高的两种责任承担方式。就修复生态环境而言，比如增加碳汇，是通过植树造林的方式还是通过退牧还草的方式进行呢？种多少棵树，还多少亩草才能“弥合”气候的变化？是在甲地还是在乙地修复？就赔偿损失而言，某一特定加害人对气候变化的贡献有多少，特定受害人或生态环境因气候变化引起的损失是多大。在难以证明所造成的损失时，还可以考虑排放者的违法所得，但同样的问题是，违法所得中的哪部分可归因于排放温室气体的行为呢？上述问题都可归结为造成气候变化的因素多种多样，各种因素还会发生协同作用，气候变化影响的对象也是数不胜数，往往带来不确定性，而不确定性是司法大忌。在缺乏确切的修复方案与赔偿的具体数额时，一切都仰赖于法院的裁量，很容易出现“类案不类判”的情形，难以让当事人服判息诉，大大增加司法成本，消耗司法公信力。

在气候变化行政公益诉讼 Urgenda Foundation 诉荷兰案中，Urgenda 要求法院命令政府的温室气体排放量到 2020 年应当至少减少 25%，法院支持了这一诉讼请

① 这是美国阿拉斯加州南部的一个港口城市。

求。在 Association of Irradiated Residents v. California Air Resources Board 案中,原告要求法院裁定被告采取更有效的措施。由此引起的问题是,既然“国家在履行义务的方式与对相互冲突的利益之考量方面享有裁量权”①,那么,法院能对行政机关依法履职提出更为具体的要求吗?什么是更有效的措施?法院的判决能否将这一更有效的措施明确具体化?法院有没有确定更有效措施的专业能力?法院的这种判决属不属于对政府行政裁量权的过分干涉?

2. 责任分配问题

在德国 RWE 案中,原告认为 RWE 电力生产商排放温室气体,使附近高山冰川融化,要求法院裁判 RWE 赔偿损失。法院认为没有发现“线性因果关系链”将 RWE 的排放与冰川融化造成的危险和成本联系起来,气候变化是相当多的温室气体排放者共同造成的,不能将发生气候变化的根本原因归结于 RWE,最终判决驳回原告诉讼请求。

既然气候变化问题复杂,“温室效应、全球变暖是大气空间容量作为‘公地’被滥用而产生的现象,其侵害者包括全人类,甚至包括原告在内……”②那么,明知是在多个排放源共同累积作用下发生的气候变化,原告是否可以只选择其中一家或几家来追究责任?这种做法是否具有选择的任意性呢?又该如何确定这一家或几家要承担的责任呢?这会不会使得温室气体的排放者处于无法合理预见被诉风险的境地呢?尤其在各项复杂因素加剧气候变化的程度不确定时,根据“损害之虞”、预防原则来起诉温室气体排放者,会不会使后者承担过重的责任呢?

三、应对我国国内气候变化诉讼的具体路径

我国作为气候变化诉讼的后发国家,借鉴域外气候变化诉讼经验大有必要。但各国在能源结构、立法状况、监管体制以及法系上的差异性决定了气候变化诉讼在不同国家有不同的样态。各国应当在各自国家国情的基础上,依据各国国内法

① 张忠利:《应对气候变化诉讼中国家注意义务的司法认定——以“Urgenda Foundation 诉荷兰”案为例》,载《法律适用》2019 年第 18 期。

② 王燕:《“利害关系”的嬗变:美国温室气体排放诉讼原告资格的发展趋势》,载《江苏社会科学》2015 年第 1 期。

及其参加或缔结的国际条约依法审理节能减排、碳交易、低碳技术、绿色金融等相关案件,促进气候变化减缓和适应,推动实现碳达峰、碳中和目标。① 我国可采私益救济+公益救济的双轨模式,构建符合我国法律特色的气候变化诉讼。(见表3)但从气候变化的影响范围、具体责任承担方式及诉讼实际效果看,采用公益救济是更为现实的选择。考虑到气候变化问题的全球性及我国气候变化诉讼尚处于初步发展阶段,还可参照国际条约、习惯法并合理借鉴域外气候变化诉讼案例来指导我国气候变化诉讼案件的司法裁判。

表3 我国国内气候变化诉讼路径比较

<table>
<tr><th colspan="2">司法模式诉讼构造</th><th>诉讼目的</th><th>诉讼资格</th><th>诉讼标的</th><th>审查范围</th><th>因果关系</th></tr>
<tr><td colspan="2">环境私益诉讼</td><td>权利保护</td><td>与案件有直接利害关系的主体</td><td>人身权或财产权</td><td>全案审查</td><td>致害行为与人身权或财产权受损之间具有关联性</td></tr>
<tr><td rowspan="2">环境公益诉讼</td><td>环境民事公益诉讼</td><td>公益保护</td><td>国家规定的机关或法律规定的组织:检察机关、社会组织</td><td>生态法益</td><td>全案审查</td><td>致害行为与生态环境受损之间具有关联性</td></tr>
<tr><td>环境行政公益诉讼</td><td>秩序维护</td><td>检察机关</td><td>行政行为</td><td>合法审查</td><td>被告没有依法履行应对气候变化的职责,致使国家利益或社会利益受损</td></tr>
</table>

路径一:气候变化私益诉讼

根据被告性质的不同,气候变化私益诉讼可以分为两大类:一是以温室气体排

① 参见最高人民法院《关于充分发挥审判职能作用为推进生态文明建设与绿色发展提供司法服务和保障的意见》(法发〔2016〕12号)中,"四、积极探索气候变化司法应对举措,推动构建国家气候变化应对治理体系"列出了:14.依法审理碳排放相关案件,其中包括碳交易、低碳技术案件;15.依法审理节约能源相关案件,针对的就是节能减排案件;16.依法审理绿色金融、生物多样性保护相关案件,明确了绿色金融案件。

放大户的企业为被告的气候变化民事诉讼;二是以作出行政行为的行政机关为被告的气候变化行政诉讼。

在气候变化民事诉讼中,被告企业常为以下几种形式:(1)生产、销售化石燃料的企业,如石油、天然气、煤炭公司;(2)直接使用化石燃料的企业,如燃煤发电公司;(3)生产的产品一旦被使用则会增强全球变暖趋势的企业,如汽车公司。此外,还有以直接投资、贷款、保险等方式对石油和其他化石燃料行业投资的金融、保险公司,它们以资金支持的行业所排放的二氧化碳加速了全球变暖。例如,发生在美国的 Comer v. Murphy Oil 案中,原告是路易斯安纳州的居民,其认为作为能源公司的被告的排放活动导致了气候变化并加剧了卡特里娜飓风的破坏能力,因而有责任赔偿原告因飓风造成的损失。类似的案例还有 Kivalina v. Exxon Mobil Corp 案。本案原告是基瓦利纳地区的居民,他们认为以埃克森美孚公司为代表的多家石油、能源和公用事业公司的行为导致全球变暖,使北极海冰侵蚀海岸线,将迫使基瓦利纳无奈搬迁,因而要求被告支付居民搬迁的费用。上述两案虽均以败诉告终,但它为普通民众针对温室气体排放者提起诉讼并要求被告通过承担赔偿损失等责任救济受损个人权益提供了借鉴。我国的气候变化诉讼可从因应碳排放交易、合同能源管理、合同节水管理等节能服务产业,投融资、证券债券基金股票等绿色金融领域的气候变化诉求为基点,探索如何在个人权益与市场经营自由之间进行价值衡量,逐步为应对气候变化提供充分的司法保障。

在气候变化行政诉讼中,根据我国《行政诉讼法》(2017 年修正)第 25 条第 1 款和第 53 条的规定,原告只能就针对自己作出的或与己方有利害关系的行政行为以及规范性文件提起行政诉讼,请求法院对行政行为进行审查。如在权某杰诉丹东市生态环境局生态环境管理行政处罚案①中,权某杰正是对丹东市生态环境局对其“在无生产配额许可证的情况下,擅自生产消耗臭氧层物质”作出的行政处罚不服,因而提起了行政诉讼。法院通过肯定“丹东市生态环境局对违规生产消耗臭氧层物质的查处具有法定职权。原告无消耗臭氧层物质生产配额许可证从事一氟三氯甲烷的生产,违反了《消耗臭氧层物质管理条例》的规定”,使公众认识到一氟三

① 辽宁省丹东市振兴区人民法院行政判决书,(2019)辽 0603 行初 63 号。

氯甲烷是一种消耗臭氧层、影响气候变化的物质,生产该种物质必须获得配额许可证,否则是一种违法行为。

路径二:气候变化公益诉讼①

大气环境容量是气候变化诉讼所要保护的对象,是典型的公共物品。气候变化对人类社会的广泛影响已普遍得到承认,可以基于对人类公共利益的保护提起诉讼。

气候变化民事公益诉讼是针对影响气候变化的排放者提出的,目的是纠正违法违规行为。虽说排放者停止或减少温室气体排放并不足以扭转全球气候变暖的趋势,对减缓全球气候变化只能发挥微不足道的作用,但却能在实质上对全球气候变化产生影响,如发生在 2013 年的 Urgenda Foundation 诉荷兰案。该案从被告的主体性质看是行政公益诉讼,但由于该案的依据为《荷兰民法典》中有关过失侵权之注意义务的规定,实为民事公益诉讼。原告 Urgenda Foundation 是一家非政府组织,该组织及其代表的 886 名个人认为荷兰政府拒绝提高到 2020 年的温室气体减排目标违反其对荷兰居民应负之注意义务而构成违法行为。这是世界上首例非政府组织因气候变化将国家诉至法院,要求政府提高温室气体减排目标并获得法院支持的案件。②

环境行政机关虽深知气候变化给人类带来的威胁和严重后果,但若其拒绝采取应对措施,则应允许适格主体提起行政公益诉讼,由法院介入,敦促环境行政机关采取积极应对行为,如发生在 2015 年的 Asghar Leghari 诉巴基斯坦案。该案原告是巴基斯坦的一名农民。他认为政府未能执行国家气候变化政策,对巴基斯坦的水、粮食以及能源安全构成了严重威胁,违反了巴基斯坦宪法所规定的包括生命权、人身尊严等权利在内的基本权利,因此提起诉讼。法院通过审理判令政府采取若干行动来解决违规行为,包括成立气候变化委员会以帮助协调和监督相关执行

---

① 笔者认为,不宜以生态环境损害赔偿诉讼的路径来应对气候变化问题。该类型诉讼虽也旨在救济生态公益,但其是以国家对自然资源的所有权为基础所构建的一种制度。气候变化关系到全人类的生存与发展,属全球性问题,国家不是气候的所有人,也就不宜就气候问题提起生态环境损害赔偿诉讼。

② 参见张忠利:《应对气候变化诉讼中国家注意义务的司法认定——以“Urgenda Foundation 诉荷兰”案为例》,载《法律适用》2019 年第 18 期。

工作。我国的气候变化行政公益诉讼中，气候变化行政公益诉讼的救济效果优于气候变化民事公益诉讼。这主要是因为气候变化涉及经济、外交、技术等问题，更宜由行政机关处理。我国虽尚未在法律层面明确政府在二氧化碳等温室气体减排上的环境行政监管职能，但《环境保护法》规定了政府对本行政区划的环境质量负责。温室气体也是影响某地环境质量的重要指标，由此也能推定政府机关对气候变化负有监管职责。我国生态环境部在推进高耗能、高排放行业减污降碳协同控制中也提出将碳排放影响评价纳入环评规制范畴。① 因此，虽然我国的行政诉讼只针对行政行为，即使政府没有制定应对气候变化的政策，或者只是象征性制定政策，有能力却没有采取更严格的应对政策，适格主体也无法就此提起行政公益诉讼，但这并不妨碍适格主体以环境影响评价等为依托提起行政公益诉讼，以敦促政府部门依法履职。需明确的是，气候变化行政公益诉讼需依据立法所规定的行政职责对行政行为进行审视，在法律规范不够明晰的情况下，法院支持起诉方的诉求，则有越位之嫌。性质上，气候变化行政公益诉讼只是在行政监管失灵时所采取的一种补救措施，这对环境行政执法确有一定辅助作用，但司法职能有其自身局限性，因此对待此类诉讼，法院更需审慎。

此外，由于气候变化问题的全球性，国际法和国内法均把减缓全球变暖作为首要解决的环境问题之一。气候变化诉讼中，可将国际条约、习惯法作为国内审判的参考。在此过程中，国际法通过国际条约逐渐向国内法渗透，国际合作的发展也势必推动普遍性规则的发展。审理案件时参考国际环境法基本原则和规范来指导法院作出裁判在国际上并不鲜见。美国 Massachusetts 案中，法院在分析 Massachusetts 的损害时，重申气候变化的全球危害，并将《联合国气候变化框架公约》第 3 条解释为允许对造成整个国际社会损害的行为提起诉讼。Friends of the Earth v. Canada 一案中，原告认为政府除了违反《加拿大环境保护法》的规定外，还没有按照《联合国气候变化框架公约》和《京都议定书》的要求管辖温室气体。Urgenda Foundation 诉荷兰案同样以国际环境法规范和原则为指导制定了国家的减排目标。

---

① 参见生态环境部《关于加强高耗能、高排放建设项目生态环境源头防控的指导意见》（环环评〔2021〕45 号）[EB/OL]. https://www.mee.gov.cn/xxgk2018/xxgk/xxgk03/202105/t20210531_835511.htm。

国内气候变化诉讼还可以气候谈判的结果做指引,谈判确定的国家义务及减排要求可作为国内法院审理案件的参考。实践中也发生过多起援引其他国家案例的情形,如澳大利亚 Walker v. Minister for Planning 一案中,法院引用了美国的判例,包括 Massachusetts 案和 People of the State of California v. General Motors Corporation 案;还引用了英国的 Dimmock v. Secretary of State for Education and Skills 案。我国的气候变化诉讼是全球气候变化司法实践的重要组成部分,合理借鉴域外气候变化诉讼对推动国内、国际气候变化议题有重要意义。

四、应对我国国内气候变化诉讼审判难题的建议

要应对国内气候变化诉讼,除选择合适的路径提起相应的诉讼之外,尚需解决审判过程中出现的难题,即诉讼资格、因果关系及责任承担问题。

(一)诉讼资格"三要件说"

在我国,能够提起环境公益诉讼的主体都由法律明确规定,尤其是对提起环境行政公益诉讼和环境民事公益诉讼的检察机关,法律除了要求其是在"履职"中发现侵害社会公共利益的行为外,未对其作其他限制。对于提起环境民事公益诉讼的社会组织,法律明确要求"提起诉讼所涉的社会公共利益"与其"宗旨和业务范围具有关联性"。由于气候变化诉讼中起诉人要维护的社会公共利益是气候空间容量,既然要求社会组织的"宗旨和业务范围"与之具有关联性,那么,社会组织的宗旨和业务范围必须体现对气候变化问题的关注,而不是仅仅原则性规定致力于环境公益的维护。如,在 Urgenda Foundation 诉荷兰案中,原告作为非政府组织,其章程就明确载明,该组织成立的目的是从荷兰开始推动实现向可持续社会快速转型,专注于向只使用可再生能源的循环经济转型。

我国气候变化私益诉讼均要求原告与案件事实有一定关系。民事诉讼中,原告必须是与案件有"直接利害关系"的主体;①行政诉讼中,原告也是与案件有利害

① 《民事诉讼法》(2021 年修正)第 122 条规定:"起诉必须符合下列条件:(一)原告是与本案有直接利害关系的公民、法人和其他组织;(二)有明确的被告;(三)有具体的诉讼请求和事实、理由;(四)属于人民法院受理民事诉讼的范围和受诉人民法院管辖。"

关系的主体。[①] 那么，如何证明原告与案件有一定关系呢？根据我国相关法律的规定，借鉴域外气候变化诉讼案例，结合气候变化诉讼案件的特点，原告需从三个方面证明其与案件有一定关系，具有提起诉讼的资格：

一是有具体的损害。在我国，"具体的损害"（concrete injury）仅指常见的人身或财产损害，域外则将"审美[②]、娱乐[③]"等也包括在内，范围更加宽泛，这与各国司法制度的不同有关。我国的私益诉讼与公益诉讼泾渭分明，针对同一案件事实，在适格主体提起的环境公益诉讼中，受到损害的特定受害人不能要求加入其中以维护受损私益，只能另行起诉。而国外的公益诉讼与私益诉讼往往交织在一起，并不存在纯粹的公益诉讼。

二是有可追溯至被告行为的损害，即"特定损害"（particularized injury）[④]，指的是原告必须表明一个公司或某个政府机关对气候变化实施了促进工作，从而对自己造成损害。这就使得那些仅作出"一般性抱怨"（generalized grievances）的人无权提起诉讼。这种"一般性损害"不针对特定受害人，侵害的是公众的普遍性利益。在 Massachusetts 案中，原告声称美国环保署拒绝对机动车辆温室气体排放进行规制导致全球气候变暖，对社会大众产生危害。显然，原告所声称的损害并非"特定损害"，而是"一般性抱怨"，败诉也就在所难免了。法官森特尔（Sentelle）就指出："原告认为全球气候变暖对全人类造成危害，因而提起诉讼。"既然危害的"全人类"，针对的就是普遍化的利益、公众的共同福祉，与原告自身就没有什么关系了。

三是有可救济性的损害。气候变化是一个新问题，基于该问题产生的损害而提起的诉讼应当采取新的风险预防原则来确定诉讼资格，以应对具有科学不确定

---

① 《行政诉讼法》（2017 年修正）第 25 条第 1 ~ 3 款："行政行为的相对人以及其他与行政行为有利害关系的公民、法人或者其他组织，有权提起诉讼。有权提起诉讼的公民死亡，其近亲属可以提起诉讼。有权提起诉讼的法人或者其他组织终止，承受其权利的法人或者其他组织可以提起诉讼。"

② 如由于被告的排放加剧了气候变暖，影响了新奥尔良野生动植物保护区，使得某位游客不能很好欣赏保护区的美景，这位游客可对这种审美损害提起诉讼。

③ 如因为被告的排放影响了密西西比河的环境质量，原告无法在河上从事划船、垂钓等活动，原告可以因为这种娱乐损害提起诉讼。

④ 如被告的排放行为加剧了全球变暖，导致北极海平面上升，影响了北极熊的生存。阿拉斯加州的一名居民对北极熊情有独钟，观察它们，与它们生活在一起，那么对其他人而言属于"普遍化""一般化""大众化"利益的北极熊，对这名阿拉斯加州居民而言则是特定化利益，他因此有资格提起诉讼。

性、危害巨大且一旦发生则难以逆转的损害行为。因此，当气候变化给人类带来的“盖然性的损害”(probabilistic injuries)达到“实际上可能的”(substantially probable)的程度时，就可认为公众受到威胁了，损害因而具备可救济性。这意味着虽然全球变暖问题并不会因被告减少温室气体的排放或对温室气体排放采取更严格的管控而得以解决，但如果不对这一行为加以制止，在不久的将来，危害就会切实发生，并且会产生现实性的持续损害，这是一种可预见的而不是猜测的或假设的损害。

另外，在国际气候变化诉讼中，很多时候原告并不是个人或者单独的民间团体、环保组织，而是他们组成的联合(Association)团体向法院提起的诉讼，这些联合团体甚至还包括州政府、市政府。对气候变化这种跨区、跨国的现象，应允许社会中尽量多的主体参与，以能更有效推动气候变化议题的发展。

当然，法院在认定诉讼资格时，还要遵循“谨慎资格”(prudential standing)规则。如考虑所宣称的损害是否在宪法和法律保护的利益区域内，案件所涉及的纠纷是否属于一个纯粹抽象的、一般化的、更适合由立法或政府机关去解决的纠纷。即便在美国，公民诉讼制度名为“任何人”(any person)都可以提起诉讼，但实际上法院仍坚持“谨慎资格”规则，对公民的诉讼资格作出诸多限制。因为过于宽松的诉讼资格规则将使法院偏离立宪者所设计的司法形象，把自己发展成日趋政治化色彩的、具有超级立法权的立法者。正如“迪士尼公司的开发行为对矿金谷环境带来的不利影响不会均等地到达每一个公民，只有那些利用矿金谷和红杉国家公园的人可以直接感受到高速公路和滑雪场的修建会减少这里的美感和娱乐价值”①，也只有他们才有资格提起诉讼。

(二)因果关系“有助于说”

对因果关系的确定过于宽松，将导致生产经营者承担不合理的经济风险、诉讼风险。比如，无视原告与被告相隔千里，仍然认定损害是由被告的排放行为造成。对因果关系的确定过于严苛、严谨，则加大原告的证明难度，不利于督促企业减少

① 李艳芳:《从“马萨诸塞州等诉环保局”案看美国环境法的新进展》，载《中国人民大学学报》2007 年第 6 期。

温室气体排放。比如,要求原告证明被告的排放是造成损害的“唯一”(sole)或“主导性”(predominant)因素。[①] 鉴于气候变化中的污染物并非常规的大气和水污染物,被告作为温室气体排放源,其排放地与排放行为与原告所在地在地理位置上的联系并不紧密,且因果关系的证明还依赖于科学技术,因此,气候变化诉讼中,只要原告能证明被告的行为“有助于”气候变化,即便损害非由被告单独造成,法院依旧可认定因果关系成立。例如,在特雷尔冶炼厂案中,国际仲裁庭坚持裁定由特定国家承担损害的理由,就是特雷尔冶炼厂的污染活动导致部分损害后果是毋庸置疑的。

Comer v. Murphy Oil 案的审理过程我们表明法院是如何适用“有助于”这一因果关系判断标准的。第五巡回法院合议庭(panel)基于专家意见,首先认为大量的排放源于被告的生产行为,进而认可温室气体排放导致全球变暖,使海平面上升,与飓风形成有关联,因此在原告的损害与被告的排放行为之间建立了“可追溯性”。被告辩称己方的排放行为与原告因飓风所受财产损失之间的关联微不足道。合议庭对此持否定意见,其引述了最高法院在 Massachusetts 案中的“排放贡献”标准,即只要被告的排放行为有助于环境损害的发生,即是对合理追溯性要求的满足。这种观点显然对原告有利。但我们也不得不承认,被告的排放行为、极端天气的发生、飓风的形成、原告财产的损失之间的连接链条过于纤细。最终,在第五巡回法院全院(en banc)审理中,合议庭的意见被驳回。可见,“贡献理论”也好,“有助于”也好,都是一定范围内的“贡献”与“有助于”,过于遥远的“贡献”与“有助于”站不住脚,无法令人信服,还可能适得其反,造成全民诉讼,损害社会的稳定和谐,影响经济的正常发展。

Comer v. Murphy Oil 案也表明,要证明温室气体排放者与损害之间的关联性离不开科学技术。实践中,在应对气候变化这类复杂问题上,法院的裁判对科学技术有很强的依赖,科学方法成为法院可靠的“同盟军”。科学技术为法院建构具有可操作性的标准提供有力帮助,而科学技术得以被公众认可往往也离不开司法权威的背书。《联合国气候变化框架公约》、《巴黎协定》、联合国政府间气候变化专

---

① Native Village of Kivalina v. Exxon Mobil, 663 F. Supp. 2d at 880.

门委员会等认可的气候科学都可以成为法院认定案件事实的参考。为提高气候变化诉讼的可能性,原告要学会对气候科学新发展的利用,并充分发挥专家在案件中的作用,可由专家提供法律意见,证明损害或危险因被告的排放行为所致。例如,在 Saúl Luciano 诉德国公用事业公司案中,在法律程序之外,有关人员专门进行了研究,得出的结论是人类活动造成了原告家乡所在的安第斯山脉地区 85% 的气候变暖。对此,研究人员认为:"科学再一次向我们展示了人为引起的气候变化如何使得冰川退缩并给我们带来巨大危险,这项研究有助于我们了解问题所在以及谁应该承担责任。"①

(三)责任承担"分类说"

责任承担方式的选择和责任的分配均与承担责任的主体有莫大关系,可根据责任承担主体的不同类别,以确保裁决能够履行这一结果为导向,对责任承担作出明确的量化要求。

对以直接排放温室气体的企业为被告的诉讼,法院可发出禁令,对被告的排放量作出量化限制,判令被告在未来数年内每年以一定的百分比降低其二氧化碳排放,并对造成的损害作出赔偿。在追究侵害人法律责任的同时,法院还应注重引导和鼓励低成本减排,包括限制化石燃料的使用、引进可再生能源、植树造林,以及使用高新技术,如二氧化碳的捕获和储存等。

非直接排放温室气体的企业,也可能会承担减排义务,需承担法律责任,如金融公司。现实中,大型能源公司往往有融资的需要,有环保团体试图通过对温室气体密集型项目投资提起诉讼以影响此类融资。Friends of the Earth v. Spinelli 一案所达成的协议中,海外私人投资公司和进出口银行同意考虑融资项目的温室气体排放。美国 Export - Import Bank 被诉案中,原告诉称,美国环保署违反了银行批准贷款担保的规定,认为这将使被告能够代理煤矿出口和煤炭销售,会增加温室气体的排放。

对政府机关而言,从域外气候变化诉讼看,有一类与环境影响评价相关的诉讼

① Klaus Mike, Noah Walker - Crawford, Stefan Küper, Study Supports Climate Litigation Claim against German Utility REW: Human - made Emissions Responsible for Glacial Flood Risk in the Andes, https://germanwatch.org/en/19839.

不断增加。这类诉讼即是以行政机关为被告的行政公益诉讼,诉讼理由一般是环评过程中没有考虑项目产生的温室气体对气候的影响。法院可以通过审查政府对碳排放的监管、环境影响评价的实施、许可证的发放等行为来判断政府在应对气候变化上是否做到了依法履职。比如,Border Power Plant Working Group v. Department of Energy 案是关于电缆铺设过程中二氧化碳的排放是否也应当纳入环境影响评价中的案件,法院对此持肯定意见。Mid States Coalition for Progress v. Surface Transportation Board 案是关于铺设运煤铁路过程中产生的温室气体的案件,法院认为应当在环境影响报告书中加入项目产生温室气体对环境影响的分析。Greenpeace New Zealand Inc. v. Northland Regional Council and Mighty River Power Limited 案是关于电力公司设立燃煤发电厂许可的案件。高等法院认为,政府在发放许可证时应当考虑该燃煤发电厂是否会使用可再生能源减少温室气体的排放。可见,依托环境影响评价、许可证等,法院以判令政府重新作出行政行为或者确认其行为违法等方式,实现了敦促行政机关依法履职的目的。鉴于政府机关在气候变化方面拥有裁量权,除非有科学依据,否则法院不宜对具体履职方式“指手画脚”。在 Urgenda Foundation 诉荷兰案中,原告原本诉请荷兰政府到 2020 年减少 25% ~ 40%,法院为尊重政府的裁量权,最终仅采取最低限度的减排努力减少 25%。

结　语

当前,按照国际上气候变化诉讼的标准,我国确实还不存在实质意义上的气候变化诉讼,但从国外气候变化诉讼的发展看,其与各国政府对气候变化的态度有密不可分的关系,当政府应对气候变化的措施与公众的期待存在落差时,社会公众只能选择诉讼这一次优路径去敦促政府作为,去制止温室气体排放大户的不法行为。正如克劳斯·米尔克[①]在 Saúl Luciano 诉德国公用事业公司案中所发的感慨那样:“Saúl Luciano 并不想成为受害人……但为了自身权利,即便是世界上最脆弱的人

① 其是环境与发展组织“德国观察”的董事会主席。Saúl Luciano Lliuya 正是在非政府组织“德国观察”的支持下对德国公用事业公司提起的诉讼。

也只能拿起法律武器提起诉讼……”[①]反观我国，不管是积极签署《巴黎协定》，还是设定“双碳”目标，都表现了我国在应对气候变化上的积极与主动。因此，在我国，诉讼对减缓与适应气候变化起“锦上添花”，而非“雪中送炭”之用。我国的气候变化诉讼类型是符合当下国情的理性选择。作为一个人口众多的发展中国家，我国在工业化发展程度上不能与发达国家比肩，在国情上也与韩国等新兴发展国家有很大不同。我国社会的主要矛盾虽已发生变化，但由于幅员辽阔，各地发展极不平衡，两极分化现象仍很严重，这些都是我国在应对气候变化问题时不得不考量的因素。

我们须认识到，气候变化诉讼是人们试图解决气候变化给人类社会带来危害所采取的应对措施之一，虽不是最佳路径，但显然比以科学不确定性为借口，什么都不做，始终处于观望和袖手旁观要好得多。诉讼让法庭成为一个供当事人就气候变化的法律、科技、经济、社会、伦理等问题进行抗辩说理的平台。气候变化影响的不确定性、后果的复杂性、溯因的困难性通过法庭上的辩论逐一得到解决，最终对个案作出一个具体、清晰的结论，也表达了法院在气候变化问题上的价值和理念，进而影响与之有关的立法与政策制定。“气候司法的意义或许不仅在于个案裁判结果，而更在于其在气候治理体系中的必要角色：影响气候决策过程并反映气候法治的改革诉求。”[②]虽然相较于其他环境诉讼，气候变化诉讼遭遇更多困难，原告败诉者居多，但评价一个案件成功与否的指标除了输赢，还包括案件本身的影响、价值与意义。比如“弃风弃光”案件虽均以驳回诉求结案，但让公众开始关注风电、光电等清洁能源。气候变化诉讼案件将公众的关注目光拉向气候变化问题，引发人们对开发、利用可再生能源等清洁能源的思考，敦促政府颁布并积极贯彻实施应对气候变化的政策，让人们不再把应对气候变化的希望单一地置于国家身上，而开始以个人力量借助现行法律体系寻求救济路径。在此过程中，人们会从更广阔空间，从更久远时间、从更深刻关系思考环境问题，构建人类命运共同体，实现人与自然的和谐共生。

---

① Stefan Küper, Historic Breakthrough with Global Impact in “Climate Lawsuit”, https://germanwatch.org/en/14795.pdf.

② 田时雨：《论气候变化的司法应对——基于环境公益诉讼的路径探索》，载《理论月刊》2021年第12期。

生态修复情节在环境犯罪中的量刑适用问题研究

杨　宁　冯悦超*

摘　要:2016年《关于办理环境污染刑事案件适用法律若干问题的解释》将生态修复规定为酌定量刑情节,由于缺乏刑法的明确规定,该情节在刑事案件的审理中适用率较低,不能完全实现其激励犯罪嫌疑人、被告人主动修复生态的功能。生态修复作为酌定量刑情节既符合刑法规范,也具有切实的理论依据。该情节的适用有助于刑罚目的的实现、符合法益恢复理论的要求,与我国生态文明发展的理念契合。生态修复作为量刑情节有其独立性和特殊性,修复方式包括直接修复和间接修复。要充分发挥该量刑情节的功能,在明确其适用范围、适用条件、具体的量刑幅度的基础上,也需要各部门在适用时进行合作。

关键词:生态修复　环境犯罪　量刑适用

一、问题的提出

党的十九大以来,在习近平生态文明思想指引下,我国生态文明建设取得显著成效,生态环境质量明显改善。目前,通过司法手段促进生态文明进程是贯彻习近平法治思想的可行途径。近来在我国的刑事司法实践中出现了新事物——生态修复,具体而言有三种不同形态:一是作为量刑情节出现,即被告人在法院判决前已经全部履行、部分履行生态修复义务,法院据此酌情对被告人予以从轻处罚的情

* 杨宁,天津大学法学院讲师,法学博士,硕士生导师;冯悦超,天津大学法学院2021级刑法学硕士。

形；二是作为判决的命令出现，成为犯罪人应承担的义务之一；三是在刑事附带民事公益诉讼中出现，要求被告人履行一定的生态修复义务。其中，出现最多的是生态修复量刑情节。在刑事司法中，生态修复主要以补植复绿、增殖放流、土地复垦以及缴纳生态修复费用为内容，适用频率日益增多。

在实务中对于生态修复的性质和认定存在较大争议。由于缺乏立法和司法解释的明确规定，生态修复作为量刑情节的正当性饱受争议，导致其在刑罚裁量体系中的位置模糊不定。同时，司法解释对于该量刑情节的适用范围和适用条件有所限制，导致其一般只能依附在悔罪等量刑情节之下发挥作用。另外，生态修复作为犯罪后的预防刑情节，其具体的量刑模式有待进一步探索。

目前学术研究对刑事案件中的生态修复研究不足，不能满足该量刑情节在司法实务中适用的实际需求。因此，本文以生态修复量刑情节的正当性为基础，明晰生态修复在刑罚体系中的具体含义、不同修复方式之间的差异，进一步提出该情节在法院量刑时的适用建议。

二、生态修复作为酌定量刑情节的正当性

目前，生态修复在司法实践中通常作为酌定量刑情节。酌定量刑情节是指刑法并未明确规定，需要法官在刑罚裁量中斟酌适用的量刑情节。[①] 正是由于刑法对于这类量刑情节缺乏明确的规定，人们对于生态修复量刑情节有偏见和抵触，导致该情节的司法适用受到制约。因此，本文先从法律基础和理论依据两个方面明确生态修复作为量刑情节的正当性，为该情节的适用奠定合法合理的基础。

（一）生态修复作为量刑情节的法律基础

关于生态修复的法律规定集中于民事责任方面，在刑事领域鲜少出现。我国《刑法》没有将生态修复明确规定为量刑情节，但根据《刑法》第 61 条的规定，在对被告人量刑时，应该根据罪责刑相适应原则，综合考虑各种法定和酌定量刑情节判处刑罚。酌定量刑情节包括犯罪后量刑情节。犯罪人主动采取生态修复措施的行为属于犯罪后的情节。酌定量刑情节的本质特征应该能够反映犯罪的社会危害性

---

① 参见敦宁：《量刑情节适用的理论与实践》，中国人民公安大学出版社 2012 年版，第 25 页。

程度或者犯罪人的人身危险性程度。① 因环境犯罪的犯罪性质、犯罪客体具有特殊性，此类犯罪行为给环境造成的损害具有流动性和持续性。② 犯罪人在生态系统遭到损害后，主动采取措施修复生态的行为改善受损的生态环境质量，可以降低未来的环境损害程度。所以，生态修复行为减轻了犯罪行为的社会危害性，可以反映犯罪人责任的降低，将其作为酌定量刑情节符合我国刑法规定。

我国的司法解释中将生态修复作为酌定情节进行了明确规定。最高人民法院和最高人民检察院在2016年联合公布的《关于办理环境污染刑事案件适用法律若干问题的解释》（以下简称《环境污染司法解释》）中明确规定生态修复行为可作为量刑情节进行适用。2019年最高人民检察院发布的检察机关适用认罪认罚典型案例中也明确将"补植复绿"这一修复行为作为"认罚"的重要检验标准。③ 这说明我国司法机关对该情节的适用表示肯定。可见，生态修复作为量刑情节在我国的法律基础虽稍显单薄，但有其根据。因此，笔者认为，生态修复行为在我国环境犯罪案件中作为酌定量刑情节具有法律上的正当性。

（二）生态修复作为量刑情节的理论依据

除了《刑法》第61条和司法解释的规定之外，从理论上把生态修复定性为酌定量刑情节具有以下理由。

首先，生态修复量刑情节有助于实现刑罚目的。刑罚的裁量受制于刑罚目的的实现，刑罚的目的决定了刑罚的严厉程度。④ 就环境犯罪而言，对已经造成的生态环境损害后果进行修复也是刑罚所应达到的目的之一。通过将生态修复纳入量刑情节的做法可以反向激励被害人主动、及时修复生态环境，从而促进恢复目的的实现。同时，由于环境犯罪的根本原因是人们的环境意识较为薄弱，通过刑罚的适

① 参见张小延：《酌定量刑情节的范围探析与界定》，载《公民与法（法学版）》2013年第8卷。

② 参见杨红梅：《修复生态环境的量刑适用研究——兼议法释〔2016〕29号第5条的得与失》，载《重庆大学学报（社会科学版）》2020年第3期。

③ 参见2019年最高人民检察院发布3起检察机关适用认罪认罚典型案例之二：丰某某盗伐林木案。承办人向丰某某详细讲解了认罪认罚从宽制度的具体内容；明确告知丰某某"补植复绿"是"认罚"的重要检验标准，补种的树木成活了，认罪认罚中的"认罚"标准才算达到了。丰某某当场表示认罪认罚，尽快、尽早"补植复绿"，确保树木成活，并赔偿被毁林木损失。

④ 参见樊伊莎：《污染环境罪的刑罚配置研究》，西南政法大学2015年硕士学位论文。

用让行为人以自身的行为弥补其犯罪行为所造成的损害后果,更能加深其对污染环境问题的反思,在预防犯罪上更有效。因此,重视刑罚对环境犯罪的恢复性,一定程度上也是在促进预防目的的实现,更好地发挥刑罚的功能。而且,犯罪人从事修复生态环境活动也能实现刑罚报应的目的。由于犯罪人实施的修复生态环境行为本身就带有惩罚性,犯罪人为修复生态环境付出了劳动或金钱,这在本质上是一种"不愉快的负担"。[①] 另外,行为人采取生态修复措施所付出的成本相较于履行罚金刑而言,能更有效且直接的减轻政府在治理环境污染问题上的负担。环境犯罪大多数源于犯罪人的逐利心理,生态修复和罚金同样是为自己的犯罪行为付出代价,但是生态修复成本的付出是直接针对受损环境的,对于损失的弥补更具有直接性和有效性,而缴纳罚金用则无法直接运用到环境修复中。

其次,生态修复量刑情节符合法益恢复的内涵。法益保护有两层含义:一是施以刑罚对犯罪者予以惩罚;二是采取措施对已受损法益施行弥补。[②] 我国刑罚思想受传统的报应刑理论影响,一直以来关注对犯罪人的报复,而忽视了法益恢复的需求。恢复性司法作为一种修正机制,重视犯罪人对被害人物质及精神补偿,重视修复受损社会关系。[③] 近年来,被害人的地位和需求逐渐被重视起来,法益恢复理论因与被害人的实质性利益息息相关受到关注。生态修复作为对因犯罪行为受损害的生态环境的挽回措施,不仅挽救了生态系统的部分功能,而且能促进犯罪人与被害人和解。这既有利于生态关系的恢复,也有利于犯罪人与被害人社会关系的恢复,生态修复对受损的环境法益的益处十分明显。因此,生态修复量刑情节的适用契合环境犯罪恢复人与人之间、人与自然之间利益平衡与和谐关系的法益恢复目的,是将恢复性司法理论引入环境犯罪的可行路径。

最后,生态修复与我国生态文明的发展理念相契合,符合刑事政策的导向。习近平总书记在党的十九大报告中将"实施重要生态系统保护和修复重大工程"作

---

① 参见杨红梅:《修复生态环境的量刑适用研究——兼议法释〔2016〕29 号第 5 条的得与失》,载《重庆大学学报(社会科学版)》2020 年第 3 期。

② 参见魏红、邓小勇:《生态修复刑事司法判决样态实证分析——以清水江流域破坏环境资源保护罪司法惩治为例》,载《贵州大学学报(社会科学版)》2020 年第 5 期。

③ 参见张墁针:《恢复性司法在环境资源犯罪领域的适用》,载《河北环境工程学院学报》2021 年第 3 期。

为“加快生态文明体制改革,建设美丽中国”的重要内容。[①] 随着环境问题日益严重和我国法治进程的发展,运用司法手段解决环境问题已经成为社会各界的共识。但是应当注意到刑事司法作为惩治违法行为的严厉手段,在积极配合国家生态文明建设的同时,也需要坚持本色——谦抑性。生态修复量刑情节作为生态系统修复理念与刑法相结合的产物,既可以解决我国面临的生态犯罪问题,也可以维护刑法的谦抑性。

综上,将生态修复行为纳入酌定的减轻量刑情节范围具有正当性。换个角度看,当将其纳入量刑情节后,通过减轻刑罚鼓励犯罪人实施生态修复行为,促使犯罪人主动修复受损环境,尽可能降低环境犯罪的损害,也同时减轻了环境治理部门后续的修复压力。

三、生态修复量刑情节的理论内涵

上述《环境污染司法解释》虽有规定,但是生态修复情节适用率不高。只有在理论上进一步挖掘生态修复的深刻内涵,才可以期待在实务中发挥其更大的作用。本文以生态修复的内涵为基础,探究该情节的独立性和特殊性,并将不同的修复方式进行区分,为后文具体适用做铺垫。

(一)生态修复的刑法学概念

对于生态修复的定义,不同领域的学者的理解不同。有环境学者将生态修复理解为:在人利用投入环境中的资金的驱动下协同环境自有的调节、自净能力,使遭到污染破坏的环境调回到或接近于被污染破坏之前的自然状态的人为力量,包括恢复、重建和改建的过程。[②] 也有民法学者认为“修复生态环境”是违反环境法、造成生态环境损害的法律责任承担方式。[③] 根据各学科价值理论和司法目的不同,学者站在自己的角度对同一概念理解有偏差是合理的。本文研究的是生态修复行

① 参见中国共产党第十九次全国代表大会工作报告,载新华网,http://www.xinhuanet.com/politics/19cpcnc/2017-10/18/c_1121822838.htm。

② 参见万熠:《刑事案件中的环境修复费问题研究——以2014年1月至2018年6月87份相关环境刑事裁判文书为分析样本》,西南政法大学2018年硕士学位论文。

③ 参见吕忠梅、窦海阳:《修复生态环境责任的实证解析》,载《法学研究》2017年第3期。

为作为酌定量刑情节的适用问题，因此，从刑法的角度理解生态修复的内涵，在不脱离该名词本义的基础上服务于刑法的司法目的。笔者认为，生态修复是指犯罪嫌疑人在犯罪后主动采取挽救行为，对犯罪所破坏的生态环境已经取得或未来将会取得一定积极效果。

首先，应明确生态修复是一种行为，而不仅是代表一种态度。虽然这种主动弥补曾经犯下的错误的事实行为表达了犯罪人悔罪的心理状态，但是悔罪只是客观行为背后的主观内容，不能代表整个行为。生态修复量刑情节之所以能成为刑罚量刑的因素，主要考察犯罪人为修复生态环境所付出的成本以及通过此行为给环境所带来的积极效果。这也就意味着单纯的承诺修复不应该作为独立的量刑情节。承诺修复是指在法官量刑时犯罪嫌疑人尚未实施任何生态修复行为，但却以口头或书面的形式向被害人或司法机关承诺以后对受损环境进行修复。例如，在江苏苏源辉普化工有限公司、余某青等污染环境案①中，被告虽表示“愿意积极采取措施，消除污染，修复生态环境”，但法官否定了这种修复意愿之于量刑的影响。虽然这种承诺修复的行为不具有对受损环境的客观存在的积极影响，但是其背后所代表的悔罪心理可以酌情考虑。② 再如，在沈某行、余某军非法捕捞水产品案③中，法院认为诉讼中二被告人“均表示愿意增殖放流，投放鱼苗，可视为有悔罪表现，量刑时可酌情考虑”。可见，在司法实践中对于仅仅承诺生态修复体现出的悔罪作为了酌定量刑情节，那么对于采取了实际的生态修复行为更应该认定为酌定量刑情节并加大量刑幅度。

其次，生态修复的主体是犯罪嫌疑人，也就是生态修复行为做出的时间是被告人犯罪后、法院判决前。因为行为人在实施生态修复措施之时还未被判决为明确的犯罪人，此时我们只能称其为犯罪嫌疑人。既然已经进入量刑阶段，行为人有罪已经得到了基本证实与判断，强调主体为犯罪嫌疑人是为了与判决之后的生态修复行为有所区别。换言之，在判决之后无论犯罪人再怎么努力挽救生态环境，也不

---

① 参见江苏省射阳县人民法院刑事判决书，(2017)苏0924刑初431号。

② 参见靳匡宇：《生态修复量刑情节的司法适用研究——以187份长江环境资源刑事裁判文书为样本》，载《交大法学》2020年第3期。

③ 参见贵州省德江县人民法院刑事附带民事公益诉讼判决书，(2019)黔0626刑初145号。

可能对生效判决的刑罚裁量产生任何影响了。

最后,生态修复行为应是犯罪嫌疑人主动做出的。生态修复不只是刑罚裁量的一个情节,还是违反民法、环境法所要承担的侵权责任。当犯罪嫌疑人已经因环境公益诉讼等生效判决、行政机关的处罚文件而被迫承担生态修复义务时,就不能将其认定为主动。只有犯罪嫌疑人并非受上述法律责任的约束,而主动承担生态修复责任才能代表其悔过之心。或许有人认为,即使是被司法机关或行政机关要求而为之,但行为人主观上也可能是积极挽回环境损害的心态。但是,这种潜藏在行为人内心的思想无从考证,要求法官毫无根据地判断行为人背后的真实意图不具有可行性。能判断犯罪嫌疑人是否主动修复的依据是,犯罪嫌疑人在除了民法、环境法等侵权责任之外主动承担进一步的生态修复责任,这是刑罚衡量意义上的生态修复行为。对于不同案件的犯罪嫌疑人而言,考察其是否能主动做出生态修复行为能够体现刑罚衡量的公平性。

(二)生态修复量刑情节的独立性

目前,作为酌定量刑情节的生态修复在量刑时缺乏明确规范,被告人承担环境修复责任常常被视为其有悔罪表现的呈现形式。但是,生态修复重点在于行为,而不是行为人背后的主观心态。生态修复量刑情节类似于退赃退赔这一常见情节,是犯罪后的影响预防刑的情节,能表现出被告人悔罪的心理。2021 年最高人民法院、最高人民检察院发布《关于常见犯罪的量刑指导意见(试行)》(以下简称《量刑指导意见》),将退赃、退赔情节独立出来。这是因为其本身的作用超越了悔罪的内容,已经无法依附于悔罪发挥作用。生态修复不仅能代表悔罪心理,也对生态环境的改善有不可忽视的作用。因此,生态修复在量刑影响方面应该被赋予独立的价值,而不是依附于其他情节。司法实务中有判决将生态修复和悔罪两个情节分别认定,如舒某峰、陈某水污染环境案①,法院明确将被告人积极缴纳生态修复金的行为与悔罪表现区别开来。综上,笔者认为,由于生态修复量刑情节特殊的作用,该量刑情节在刑罚裁量体系中的独立地位需要强调。

---

① 参见江西省九江市中级人民法院刑事判决书,(2019)赣04刑终381号。

（三）生态修复量刑情节的特殊性

与一般量刑情节相比，生态修复量刑情节具有明显的特殊性。一方面，生态修复是环境犯罪后的必然选择，这是源于多数环境犯罪的法益具有可恢复性。“生态环境损害”包括“环境与生物要素的不利改变”与“生态系统功能的退化”，明确将“人身伤害”与“财产损失”排除在外。[①] 与故意杀人罪等结果不可逆的犯罪不同，环境犯罪所造成的环境污染后果大多是可以通过化学手段和物理手段进行修复的，如对于水污染的治理一般通过投入药物或灌水稀释等方式来恢复水质。[②] 环境是人类赖以生存的场所，离开了环境就无法生存，更谈不上发展。既然生态环境有补救的价值、环境犯罪的法益可以恢复，应该将恢复受损环境放在首位。因此，对被犯罪行为损害的生态环境进行生态修复是必要且首选的措施。然而，并非所有受损生态环境都有恢复的价值，所以在该量刑情节的适用前提上，是否具有现实的可恢复性是衡量的重要标准。另一方面，在环境刑事进程之中，生态修复作为一种流动着的量刑事实，与其他一般量刑事实不同。由于环境犯罪侵害的法益并不包括人身与财产损害，而是生态系统及内部生物要素的不利变化，恢复该法益并不简单。生态修复过程具有长期性的特征，无论投入多大的修复成本，修复效果都有可能经历一段时间才能呈现出来。因此，在对该量刑情节进行考量时，对生态修复效果进行公平、合理的界定至关重要。正是源于以上两个方面，应该赋予生态修复量刑情节相对于一般量刑情节的特殊适用地位。

（四）生态修复的方式

在目前的司法适用中，生态修复方式并不是单一的，而是以多种修复形态出现的。依据生态修复行为是否直接针对受损生态环境，可以将其分为直接修复和间接修复两大类。

1. 直接修复

直接修复是指实施环境犯罪的行为人以其实际行为对受损的生态环境进行修

---

① 参见朱晓勤：《生态环境修复责任制度探析》，中国法学会环境资源法学研究会、河北大学“区域环境资源综合整治和合作治理法律问题研究——2017 年全国环境资源法学研讨会（年会）”会议论文，2017 年 8 月 25 日于河北保定。

② 参见樊伊莎：《污染环境罪的刑罚配置研究》，西南政法大学 2015 年硕士学位论文。

复。比如：清除污染物，恢复土地、水体原有的养殖等功能；在植被破坏地按照受损植被的种类、数量进行补种复绿等。直接修复包括原地修复和替代修复。

原地修复是指可以在受损害的生态环境原地进行的修复。在徐某与蔡某武、凌某清滥伐林木一案①（以下简称徐某案）中，三被告人砍伐了被害人两块地上共188株橡胶树。案发后，徐某出资购买树苗、被告人凌某清、蔡某武在吴某家被伐橡胶林地补种200株槟榔苗。该槟榔苗长势较好，成活率95%以上，经验收合格，法院认为可以对被告人从轻处罚。本案中，被告人在被破坏的林地上补种树木，直接针对受损生态环境进行弥补，这是原地修复的典型特征。

替代修复是环境遭到污染或破坏后无法原地修复时所采取的替代性修复措施，比如，通过异地补植林木等方式进行环境容量或生态功能的修复，以达到区域生态环境的总体动态平衡。② 在郑某非法采伐国家重点保护植物一案③（以下简称郑某案）中，由于郑某砍伐的3株野生红豆杉系不可再生资源，且本案中的红豆杉是生长在村民家中，被告人经村民同意进行砍伐。因此，本案不具备原地修复的条件也没有原地修复的意义，案发后郑某委托家属按照要求在荥经县补植复绿警示教育基地补种桢楠树30株，虽不能弥补中国红豆杉作为野生资源的稀缺物种价值，但能够一定程度上恢复生态环境。

直接修复大多适用于生态环境损害不太严重的情况，以直接的劳动行为即可完成修复，无须借助复杂的技术和设备。但是，实践中该方式的适用多有局限。因为环境犯罪在很多情况下涉及面广、后果严重，对其修复需要专业的人员、技术以及设备，而当事人在大多数情况下不具备这种条件，所以对于复杂或严重的环境受损，直接修复无法适用。

2. 间接修复

间接修复是指行为人通过缴纳生态修复费用的方式间接进行生态修复行为。这种方式主要适用于行为人无能力直接修复生态环境时。司法实务中，虽然各法院所采用的具体名称不同，但生态修复费用已经成为最常见的修复方式。例如，在

---

① 参见海南省高级人民法院刑事判决书，(2020)琼刑终69号。

② 参见吕忠梅、窦海阳：《修复生态环境责任的实证解析》，载《法学研究》2017年第3期。

③ 参见四川省雅安市中级人民法院刑事附带民事判决书，(2019)川18刑初7号。

彭某、杨某、黄某非法采矿一案[①]中，法院因三个被告人自愿缴纳生态修复费用而对三人适用缓刑。

相较于直接修复而言，间接修复适用面更广。囿于环境修复的专业性和复杂性，在大多数情况下由犯罪嫌疑人直接承担修复责任难以取得良好的成效，通过支付生态修复费用的方式代替其修复责任的直接履行，再由专业人员在环境资源管理机关主导下进行生态修复，能够更好地实现法律效果、社会效果、生态效果的有机统一。但这种方式一罚了之、生态修复资金去向不明，带来生态修复费用的监督问题。另外，间接修复作为一种单纯的金钱给付方式，若对于量刑产生较大影响，可能引发“花钱买刑”的质疑。因此，在量刑适用时对间接修复的评价需要进行新的探索。

四、生态修复量刑情节的适用建议

生态修复作为量刑情节具有正当性与特殊性，但《环境污染司法解释》将生态修复量刑情节的适用范围和适用标准的规定过于严苛。本文从理论上对该情节的适用范围、标准、量刑幅度进行探讨，也关注该情节适用时各部门协作的具体问题。

（一）生态修复量刑情节的适用范围

根据《环境污染司法解释》第 5 条的规定[②]，生态修复可作为量刑情节进行适用的范围仅包括污染环境罪、非法处置进口的固体废物罪以及擅自进口固体废物罪。然而，环境犯罪不仅包含污染环境犯罪，还包括破坏生态资源的犯罪。对于破坏生态资源犯罪，如在滥伐林木罪、破坏珍稀野生动植物资源等犯罪的刑事裁量中积极适用修复生态环境也可对环境保护与犯罪人改造产生有益作用。《环境污染司法解释》的规定并未涵盖生态修复作为量刑情节的所有可能性，限制了该情节在实践中作用的发挥。因此，笔者认为，应该采用实质性标准给生态修复情节的适用

---

① 参见四川省宜宾市翠屏区人民法院刑事判决书，(2019)川 1502 刑初 501 号。

② 《环境污染司法解释》第 5 条规定：“实施刑法第三百三十八条、第三百三十九条规定的行为，刚达到应当追究刑事责任的标准，但行为人及时采取措施，防止损失扩大、消除污染，全部赔偿损失，积极修复生态环境，且系初犯，确有悔罪表现的，可以认定为情节轻微，不起诉或者免予刑事处罚；确有必要判处刑罚的，应当从宽处罚。”

重新划定一个范围。

首先，应先明确该量刑情节的适用前提是因犯罪行为受到损害的生态环境具有可恢复性。前文已经提到，并非所有受损的生态环境都可恢复，比如永久性损害即不属于修复的范围。环境保护部（已撤销）发布的《环境损害鉴定评估推荐方法（第Ⅱ版）》中规定，永久性损害是指受损生态环境及其服务难以恢复，其向公众或其他生态系统提供服务的能力也完全丧失。值得注意的是，永久性损害并不等于绝对不具有可恢复性，而是“难以恢复”，即没有恢复的价值。因为损害的可恢复性既取决于技术上的可行性，也取决于经济上的可行性。① 有些环境损害后果不可逆转，是因为目前的科学技术认知局限和技术手段缺失，恢复成为不可能。还有些环境损害后果虽然有修复的可能，但是在短时间内修复成本巨大，远远超出承受能力。在这样已经给生态系统造成“难以恢复”的损害的情况下，不应再考虑生态修复情节的适用。即使犯罪嫌疑人采取了一定的措施试图挽回，也没有现实意义。

其次，我国《刑法》分则第六章第六节“破坏环境资源保护罪”共有 9 个条文，规定了 17 个罪名，涉及污染环境类犯罪和破坏生态资源类犯罪。《环境污染司法解释》第 5 条只涉及《刑法》第 338 条和第 339 条规定的污染环境类犯罪，而对破坏生态资源类犯罪只字未提，这显然是不合理的。根据可恢复性标准，并不是所有污染环境类犯罪都可以适用生态修复量刑情节。当行为人“违反国家规定，排放、倾倒或者处置有放射性的废物、含传染病病原体的废物、有毒物质或者其他有害物质”，而且“致使大量永久基本农田基本功能丧失或者遭受永久性破坏”的，被破坏的生态环境已经不具有可恢复性，无法适用该量刑情节。然而盗伐林木罪、滥伐林木罪这样的破坏生态资源类犯罪有生态修复情节适用的空间。当行为人的犯罪行为没有给林地带来永久性损害时，可以通过补植复绿等手段挽回生态环境的功能性。因此，不能单以罪名来判断是否可以适用生态修复量刑情节。

综上，具有可恢复性这一实质判断标准才是适用生态修复量刑情节的依据。虽然《环境污染司法解释》将该情节的适用范围划得很窄，但是司法实务中已经突破了该限制。例如，上文提到的郑某案、徐某案属于破坏生态资源类犯罪。其实，

① 参见吕忠梅、窦海阳：《修复生态环境责任的实证解析》，载《法学研究》2017 年第 3 期。

实践中的做法并没有违背刑法的规定。根据《刑法》第61条关于量刑的规定，生态修复情节适用的罪名是没有限制的，《环境污染司法解释》也只是对在污染环境类犯罪中适用该情节给予肯定，没有明确不许将其应用于其他罪名。因此，该情节在各个罪名中的适用也是有理有据的，以具有可恢复性这样的实质性评判标准比将其限制于固定罪名下的形式标准划定适用范围更合理。

（二）生态修复量刑情节的适用条件

生态修复量刑情节的适用条件，是指行为人将自己的犯罪行为所损害的生态环境修复到某种程度即可被认定为生态修复量刑情节。从严格意义上来说，生态环境受到污染和破坏后，几乎不可能恢复到损害之前的状态，只是尽可能地接近未受损状态。此外，如果受到损害前的生态环境并不处于良好状态，要求犯罪嫌疑人恢复到良好的状态则超出了他所应该承担的责任范围。因此，不应将生态环境修复的标准定为恢复原状，否则就是在苛责犯罪人，也会使得该量刑情节无用武之地。笔者认为，应从两个方面衡量生态修复行为：一是行为人为生态修复所付出的成本，体现在金钱的付出和人力、体力的付出等多个方面，而不是单指物质成本；二是修复行为产生的效果，需要专业人士的评估来确定。

生态修复成本虽然大部分是金钱成本，但也包括行为人提供的具体可行的修复方案、体力付出等其他成本。例如，徐某案中徐某出资购买树苗属于金钱成本，其余两被告人补种槟榔苗属于体力成本。当然，如果是间接修复，则成本只包括生态修复费用的金钱成本。成本的付出反映了犯罪嫌疑人为生态修复所做的努力，应该对其给予肯定。但是，由于生态修复的最终效果不是单凭努力就能达成的，还需要结合生态修复效果综合考量。生态修复效果不仅包括在法官量刑当时已经实现的效果——已然效果，还应包括生态修复行为未来将发生的预期效果。根据生态修复量刑情节的特殊性，其所带来的生态修复效果在量刑前完全展现的情况并不多见。如果仅仅将已经达成的实际效果纳入刑罚裁量范围，对犯罪嫌疑人来说缺乏公平性。因此，笔者认为应把生态修复行为的预期效果也作为生态修复量刑情节的影响因素。

综上，犯罪嫌疑人实施的生态修复行为同时具有生态修复成本和生态修复效果两个必要条件才可以成为酌定量刑的情节。其中，生态修复效果应包括已然效果和预期效果。按逻辑来讲,不会出现只有效果没有成本的情形。反之,如果出现只有成本投入,但现在和未来都对生态修复没有实质益处的情况,则可将成本投入作为犯罪嫌疑人悔罪的依据来看待。

(三)生态修复量刑情节的量刑幅度

生态修复作为量刑情节,其对减刑发挥的作用不能一概而论,而是要根据案情不同进行具体分析。前文已经明确生态修复成本和生态修复效果是生态修复情节的适用前提。但生态修复情节的量刑幅度还需要进一步研究,笔者认为,生态修复成本和生态修复效果是量刑幅度考虑的重要因素。

1. 生态修复成本对量刑的影响

笔者认为,衡量修复成本的基准应为成本投入的必要性。具体案件中生态环境的功能不同、受损程度不同,导致其所需要的修复成本不同。成本的评价不能仅仅按照价值高低影响量刑幅度,一味地投入资本是没有意义的。生态成本的投入应该符合受损生态环境的需要,具有必要性。必要性需要法官根据个案的情况进行具体核算,而没有统一的参照数据,也不能机械地照搬先例。同时,成本投入的多少也可以酌情考虑被告人的承受能力,以此来衡量被告人是否尽力修复受损环境。法院应针对污染事件的具体情况逐一分析相关费用的支出用途,并将总成本投入与修复受损环境所需的最低成本相比较,观察其是否有必要。值得注意的是,修复成本对量刑的影响应该有所限制,只能在一定的幅度内进行。

2. 生态修复效果对量刑的影响

在修复效果的衡量上,应注意区分已然效果和预期效果的不同地位。由于生态修复量刑情节不同于其他情节的流动性,其在最终转化为量刑证据上存在变动性。① 同样程度的生态修复效果,如都是恢复了生态系统功能的80%,已经恢复了和预期恢复还是有区别的。如果认定同样程度的已然效果和预期效果对量刑幅度的影响一样的话,该量刑情节的适用就不能督促行为人及时地补救环境损害。所以,笔者认为,预期效果对量刑的影响相较于同程度的已然效果应该打个折扣,由

---

① 参见靳匡宇:《生态修复量刑情节运用的困境与调适——以污染环境罪量刑中的行政司法衔接为中心》,载《南京工业大学学报(社会科学版)》2020年第2期。

此激励犯罪嫌疑人犯罪后第一时间采取措施修复受损环境。否则,一旦犯罪人在判决后反悔不再继续履行修复义务,就出现了不公平的情况。在上文郑某案中,法官先肯定了被告人的修复成本和预期效果,然后提醒被告人继续履行生态修复义务,体现了法官的智慧。

除此之外,预期效果在两个修复方式中的影响力也不一样。在直接修复方式中,生态修复行为不是一个动作,而是一个持续的行为。比如,补植复绿不仅是栽完树后等着树长大就可以了,还有后续的养护、看管等工作,这是一个长期的工作。所以,直接修复行为的效果既可能是已然效果,也可能是预期效果,还有可能两者皆有。然而,在间接修复方式中行为人实施的修复行为其实仅包括支付生态修复款项。也就是说,生态修复行为在款项缴纳后就结束了,实际效果如何与间接生态修复行为关联性较小。在衡量量刑幅度时,也只能考虑缴纳生态修复费用后应当产生的修复效果。换个角度,此时的犯罪嫌疑人为生态修复所做的努力已经全部完成了,后续实际的修复效果是由专业人员去实施的,对修复效果是有保障的。因此,在缴纳生态修复费用的情况下,预期效果对量刑的影响力应比直接修复的情况更大。

3. 具体量刑幅度的衡量

根据《量刑指导意见》,对于退赃、退赔的,综合考虑犯罪性质,退赃、退赔行为对损害结果所能弥补的程度,退赃、退赔的数额及主动程度等情况,可以减少基准刑的30%以下。类比退赃退赔情节,生态修复减少的量刑幅度也不应超过基准刑的30%。从上文两个影响量刑的因素来看,能减少基准刑的30%的情形应是生态成本的投入符合生态修复的必要性要求,受损生态环境也基本达到犯罪前的状态。

以徐某案为例,被告人共砍伐掉188株树,案发后补种200株,成本投入符合必要性要求,且在量刑时,三被告补种的树苗长势较好,成活率95%以上,经验收合格。在这种情况下,树苗虽然长势较好,但毕竟没有完全长成,而砍伐的是已经长成的树。本案中,已然效果与受损前生态环境还有一定差距。排除一些意外情况的话,新种下的树苗会在未来与原有植株具有基本相同的生态功能,这属于预期效果。结合本案的生态修复成本和生态修复效果,单凭生态修复这一单个量刑情节,应减少基准刑的25%左右。

对比徐某案,郑某案的减刑幅度相对较小。在郑某案中是替代修复方式,补种30株桢楠符合修复成本的必要性要求。问题在于该案中量刑时树苗虽已种下但成活率还未可知,因此几乎没有已然效果。在未来,这批桢楠树苗将生态环境修复到受损前的状态的预期也不如徐某案中可靠。因此,结合本案的生态修复成本和预期效果,应减少基准刑的20%左右。当然,以上两个案件中不仅生态修复这一个量刑情节,最后的刑罚裁量是根据不同量刑情节综合得出的结果。

(四)各部门之间的分工合作

前文已经提到生态修复行为的特点是具有长期性,后续效果的出现与行为的做出往往有着较长的间隔。单靠审判机关对该量刑情节的裁量无法保证该情节发挥其应有的作用,还需要与行政机关、社会机构等部门的分工合作。因此,为保障该情节的适用达到我们所期待的效果,不仅需要科学的裁判机关,还需要有力的监督机关和专业验收机关的共同努力。

1. 科学的裁判机关

在生态修复量刑情节的具体裁量模式已经明确的情况下,审判机关所要做的就是参考环境保护行政机关的意见、专家意见等,结合自己的法学理论,综合判断应否给予犯罪嫌疑人刑罚上的宽缓待遇。在个案裁量时,法官应结合受损生态环境的范围和程度、生态环境的稀缺性、生态环境恢复的难易程度等因素,合理确定根据具体的修复状态以决定量刑幅度。

由于环境犯罪的特殊性、修复受损环境的技术性,在衡量生态修复成本的必要性、生态修复效果的程度时,参考专业鉴定意见是合理的。专业机构制定的环境修复评估报告能在多大程度上反映刑罚裁量中对生态修复的要求则值得进一步讨论。除此之外,评估报告不可避免地会受到部分利益主体的影响,即使是中立的专家,也可能由于专业领域、知识能力的限制,无法充分保证环境修复目标的公正性和科学性。因此,在司法裁判中,法官应当审慎地对待各种技术方案、评估报告,对其进行合法性审查,在妥当衡量其技术性与法律性的关系后再加以采纳。①

① 参见吕忠梅、窦海阳:《修复生态环境责任的实证解析》,载《法学研究》2017年第3期。

2. 有力的监督机关

法院判决生态修复犯罪案件不能一判了之，应当跟踪判决执行情况。生态修复时间长，专业性强，完全由人民法院这个审判机关来操控整个程序不太现实。因修复方式的不同、被监督的主体不同，下文提出针对不同修复方式的监督制度。

在行为人选择直接修复方式的情况下，主要监督的是预期效果的实现程度。在这种情况下，由于犯罪人①还未完成生态修复行为，被监督的主体还是犯罪人。为了达到生态修复效果，以专业的行政机关作为监督机关是最优选择。生态修复主要由林业、环保、国土、水利等部门负责。法院可以与这些部门联动、协调，在判决后将判决书和具体修复方案、修复效果评估意见等文件移送行政机关，委托这些机关完成后续的监督工作。此时，行政机关所要监督的是犯罪人是否达到了法院判决时所依据的预期效果。当然，监督机关的选择也应具有灵活性，可根据不同类型犯罪实施不同生态修复措施、设置不同的监督机关。对于可以通过责令被告人增殖流放、补种树木等方式进行生态修复的情节轻微的非法捕捞水产品罪、盗伐或滥伐林木等犯罪，由于此类生态修复措施简便，也可以由法院自行监督。

在行为人选择以缴纳生态修复费用的方式间接弥补环境损害时，由于犯罪人的生态修复行为已经结束，没有被监督的主体可言。但是，在这种情况下也有监督的必要，监督的重点就在于规范生态修复资金管理。如果不进行监督，这笔钱的用途和去向将不了了之，是否为生态做出贡献也难以考察。首先，应将生态修复费用纳入政府账户或按犯罪类型纳入当地各环保部门的账户（如林业部门、国土部门等）统一存放。其次，要尽量做到专款专用，即把某个犯罪人缴纳的费用切实地用在其犯罪行为破坏的生态环境修复上，而不是随意支出。

3. 专业的验收机关

生态修复量刑情节的衡量虽然在判决后就已经结束，但是由于预期效果的存在，大部分生态修复过程还在进行中。为了让生态修复发挥其该有的作用，对生态修复效果的验收是必不可少的环节。当然，验收针对的量刑类型与监督的对象相同，都是判决时有预期效果计入刑罚裁量的情况，如郑某案中，树苗的成活率还未

---

① 监督过程在判决之后，此时判决已经作出，用犯罪人指代生态修复行为人。

可知,需要后续的监督和验收程序来保证其生态修复行为预期效果的达成。

由于生态环境案件通常涉及高度的专业知识,涵盖化学、物理、生物等学科领域,法官在确定个案的生态环境修复方案或者生态环境损害赔偿费用时,往往因生态环境知识有限而力有不逮。① 在缺乏具体法律文件规定的情况下,任务繁重的司法部门难以胜任生态环境修复任务完成之后的验收工作。这类案件的顺利解决不能仅靠司法机关,而是需要司法机关与环境保护行政机关的协调与配合。

五、结语

犯罪嫌疑人主动修复受损生态环境的行为不仅有利于刑罚目的的实现,也有利于受损生态环境质量的改善,促进生态文明建设。笔者认为,将修复生态环境作为酌定量刑情节进行考虑,既有法律基础也有理论依据。然而,目前刑法和司法解释都没有关于生态修复的明确界定,导致其适用的范围、标准和量刑幅度无法准确把握。本文在明确生态修复内涵的基础上提出了适用该量刑情节的具体建议。为了更好地对环境法益进行保护和恢复,今后在司法实践和理论研究中应当积极探索生态修复行为作为酌定量刑情节的意义,以实现生态修复量刑情节的激励功能。

---

① 参见朱晓勤:《生态环境修复责任制度探析》,中国法学会环境资源法学研究会、河北大学“区域环境资源综合整治和合作治理法律问题研究——2017 年全国环境资源法学研讨会(年会)”会议论文,2017 年 8 月 25 日于河北保定。

《民法典》环境污染和生态破坏责任的法律适用困境及其纾解

俞金香　谢　虹*

摘　要:《民法典》侵权责任编设专章规定了环境污染和生态破坏责任,7个条文包含了一般条款、例外条款和特别条款。为了指导各地法院统一适用法律,最高人民法院先后发布了3个司法解释和1个规定。司法实践中,法律适用方法欠缺、案由规定缺乏科学合理性、侵权事实司法认定困难等影响性因素,容易导致司法困惑,影响法律适用的统一性和稳定性。为了纾解法律适用困境,建议引入"要件分析"的法律适用方法,将环境侵权责任纠纷、环境民事公益诉讼案件、生态环境损害赔偿案件,统合为"生态环境损害案件",根据生态环境损害的公私权益科学合理地设置第三级案由,增加"生态破坏责任"的四级案由;采用体系性的研究方法,将三个司法解释①整合为一个司法解释,充分发挥其明确、细化、可操作的专属功能,从而为环境法治实践提供有效指导。

关键词:民法典　环境污染责任　生态破坏责任　法律适用

---

* 俞金香,甘肃政法大学教授,博士,甘肃省循环经济与可持续发展法制研究中心执行副主任,硕士生导师;谢虹,武汉大学环境法研究所博士生。

① 最高人民法院《关于审理环境侵权责任纠纷案件适用法律若干问题的解释》(2021年1月1日实施)、最高人民法院《关于审理环境民事公益诉讼案件适用法律若干问题的解释》(2021年1月1日实施)、最高人民法院《关于审理生态环境侵权纠纷案件适用惩罚性赔偿的解释》(2022年1月20日实施)。

一、引 言

生态环境治理日益成为各级政府促进经济社会高质量发展的核心任务。然而,本应由行政许可、行政命令、行政处罚、行政强制等广义的行政执法手段解决的生态环境问题,却需由适格主体“借道”民事诉讼分别提起环境侵权诉讼、环境民事公益诉讼、生态环境损害赔偿诉讼处理;本是约束行政相对人保护生态环境的公法义务,却要通过《民法典》追究加害人的环境污染和生态破坏责任。《民法典》设专章规定了环境污染和生态破坏责任,回应了约束民事主体保护生态环境的时代之需,体现了立法担当,学者们对相应的法条作了不同的理解和分析。有的学者寄予厚望,认为现有的法律规定概能解决生态环境问题;有的学者支持惩罚性赔偿适用于环境公益诉讼,司法实践也已出现创新案例;有的学者未能理解生态环境损害赔偿制度改革的实施路径,混淆了诉讼类型与生态环境损害赔偿制度,不恰当地将两者作了类比。实际上,就目前司法困境丛生的环境侵权诉讼、环境民事公益诉讼和生态环境损害赔偿诉讼而言,归根结底都要由审判人员依据《民法典》的具体规定以及《民事诉讼法》的程序规则,对加害人是否承担环境污染和生态破坏责任作出裁判。学界尚未形成共识的法律适用问题,司法实践更是举步维艰,尤其是破坏生态原因行为与生态环境损害条款纳入《民法典》后,环境民事案件法律适用的混乱之势很可能会加剧。①

生态环境具有整体性、综合性、动态变化等特点,涉及多元主体的公私权益交织,司法审判作为彰显司法价值,维护社会公平正义的“最后一道防线”,如何正确适用法律尤为关键。法律适用的过程本质上就是将某个生活事实归入某个法律概念之下的逻辑涵摄过程。② 然而,《民法典》侵权责任编的环境污染和生态破坏责任只有 7 个条文,是否能满足法律适用的制度需求?生态环境的相关权益主体,包括被侵权人、环保社会组织、检察机关,是否完全理解法条,明确其诉讼请求,用足法律资源全面、充分地救济环境私益或公共利益?法律职业共同体,包括法官、检

---

① 参见代杰、徐建宇:《〈民法典〉环境污染与生态破坏责任:原因行为导向与公私益救济衔接——以 206 份裁判文书为样本的实证研究》,载《法律适用》2020 年第 23 期。

② 参见[德]卡尔·拉伦茨:《德国民法通论》(上),王晓晔等译,法律出版社 2003 年版,第 96 页。

察官、律师，是否完全领会《民法典》的立法目的，从而准确地适用法律，各司其职地化解生态环境纠纷和矛盾？国务院授权的索赔主体是否完全领会生态环境损害赔偿制度改革的总体思路和基本意图，准确地适用《民法典》第1234条和第1235条追究加害人的生态环境损害赔偿责任？

二、学界对于“环境污染和生态破坏责任”的理解和分析

（一）部分学者寄予了过高的期望

《民法典》侵权责任编明确了破坏生态的侵权行为，扩大了法律适用范围；规定了生态环境损害赔偿责任，为政府索赔提供了实定法依据；增加了惩罚性赔偿规定，加大了对被侵权人的救济力度。这些规定及时回应了理论研究与审判实务的热点问题，具有明显的时代特征。有学者认为，《民法典》规定的生态破坏责任应扩大解释为包括一切生态破坏的情况。①《民法典》侵权责任编关于生态环境修复责任的规定，成为确保环境污染破坏得到恢复的手段，通过责任承担方式的创新实现了保护环境、维护生态的立法目的。②

对于这些美好的期望，我们应该清醒地认识到，环境侵权成为独立侵权类型的目的并非是加强环境保护、维护公共福祉，而是对侵权责任的构成要件进行部分修正，使其更好地救济民事主体的人身和财产权益。③《民法典》虽然是私法规范的集大成者，但其立法目的是保护民事主体的合法权益，维护社会和经济秩序，主要功能还是调整民事主体的人身关系和财产关系。大量环境资源类案件表明，部分生态环境问题是由公法规制失灵、监管执法不严造成的，不仅涉及私人权益、社会公共利益，危及国家利益，还使生态环境本身遭受不同程度的损害。权益主体多元，法律关系错综复杂，《民法典》只能有限度地解决部分生态环境问题。因为在现行的侵权法律责任体系下，侵权人是否承担生态破坏责任，与适格主体是否启动民

---

① 参见刘士国：《民法典“环境污染和生态破坏责任”评析》，载《东方法学》2020年第4期。

② 参见王利明：《〈民法典〉中环境污染和生态破坏责任的亮点》，载《广东社会科学》2021年第1期。

③ 参见张宝：《环境侵权责任构成的适用争议及其消解——基于4328份裁判文书的实证分析》，载《湘潭大学学报（哲学社会科学版）》2018年第2期。

事诉讼程序有关，并不必然受到法律的追究。即便案件进入诉讼程序，被侵权人也可能因诉讼知识不足、缺乏专业律师的帮助、鉴定评估费用高、鉴定不能、评估不足、因果关系司法认定困难、法律适用错误等因素面临败诉的法律风险。更何况受限于立法技术的不成熟与不完善，并非一切生态破坏的情形都对应地规定了法律责任。申言之，《民法典》规定的生态破坏责任，始终受限于私法的立法目的及其主要功能，以及环境民事诉讼所能发挥的有限作用，不可能及于一切生态破坏的情况。

随着人类开发利用自然资源的广度和深度不断扩大，生态破坏行为呈现多样化，可以是违法行为，如非法采矿、非法滥伐林木、非法占用农用地等；可以是违约行为，如土地使用权人违反《国有土地使用权出让合同》约定的土地用途管制义务，擅自改变土地利用总体规划实施开发建设，破坏土地原貌，明显降低土壤的生态服务功能；承租人违反集体林地的合同义务破坏森林资源实施非农业建设等；还可以是合法行为，如办理了行政许可前置审批程序的风电场，在建设初期因为大量水土流失造成的生态破坏。尽管环境资源法制体系呈现出公私法互融借力的发展态势，但是保护生态环境的义务性规范主要是由公法规定，生态破坏责任主要还是行政责任或刑事责任。《民法典》关于生态环境修复责任的规定，主要体现在第1234条，实质是对"恢复原状"的民事责任承担方式进行明确和细化，便于行政机关和司法机关监督生态环境案件的后期执行。但是，适用该条款具有特定情形，且以生态环境具有修复的必要和可能为前提，法律适用范围非常有限。

（二）部分学者支持惩罚性赔偿适用于环境民事公益诉讼

有学者认为，《民法典》在修改吸纳原《侵权责任法》及相关司法解释规定的基础上，创设了环境领域故意侵权行为的惩罚性赔偿制度，再一次对公益诉讼的赔偿范围进行扩张。① 也有学者持否定观点，旗帜鲜明地认为《民法典》第1232条关于惩罚性赔偿的规定，原则上不适用于公益诉讼。② 笔者赞同第二个观点，现阶段惩

---

① 参见丁晓华：《〈民法典〉与环境民事公益诉讼赔偿范围的扩张与完善》，载《法律适用》2020年第23期。

② 参见王利明：《〈民法典〉中环境污染和生态破坏责任的亮点》，载《广东社会科学》2021年第1期。

罚性赔偿不宜适用于环境民事公益诉讼。

然而,《民法典》刚开始施行,江西省浮梁县人民法院就审结了公益诉讼起诉人浮梁县人民检察院与被告浙江海蓝化工集团有限公司环境污染民事公益诉讼一案①,判由被告承担环境污染惩罚性赔偿金,②首开环境民事公益诉讼适用环境侵权惩罚性赔偿的先河。受案法院对于被告提出的“惩罚性赔偿因涉及民法典溯及力问题,请依法裁判”的抗辩理由并未采纳。姑且不论本案是否涉及《民法典》的时间效力问题,仅公开的裁判文书内容就显露了该案的诸多“人为创新之处”。案件发生于2018年3月3日至7月31日,江西求实司法鉴定中心于2019年1月16日和4月10日分别出具鉴定意见,7月15日,江西求实司法鉴定中心再次对生态环境损害进行鉴定。2020年11月12日,江西求实司法鉴定中心对涉案倾倒点的环境功能性损失费用进行补充鉴定,评估环境功能性损失费用若干元。受案法院于2020年11月19日立案,浮梁县人民检察院增加惩罚性赔偿请求的时间是2021年1月3日,而法院宣判的时间是2021年1月4日。上述时间信息反映出的法律问题是:环境案件从发生到发现、进入司法程序再到案件审结的周期非常漫长,历时近3年,显然不利于生态环境及时得到治理和修复;审判人员不得不高度依赖鉴定评估机构提供的技术性支撑,包括鉴定因果关系、评估环境污染或生态环境损害的范围、程度、计算损失数额等,案件进程不能完全由法院把控;同一案件经同一鉴定机构数次鉴定评估,凸显出生态环境损害司法鉴定评估技术亟待发展和完善。尤为关键的问题是,检察院和法院在很短的时间内对“惩罚性赔偿条款”的法律适用达成了共识,足见法律的有限理性难以抑制司法创新的冲动。

笔者认为,本案法律适用不当,现阶段“惩罚性赔偿”不宜适用于环境民事公益诉讼,理由阐述如下:

第一,从立法目的上看,《民法典》既承认了惩罚性赔偿,又从构成要件上对该制度的适用进行了相应的限制,希冀在承认和控制之间做到平衡,防止惩罚性赔偿

---

① 参见江西省浮梁县人民法院民事判决书,(2020)赣0222民初796号。

② 法院认为,被告按照环境功能性损失费用的3倍承担环境污染惩罚性赔偿,于法有据,与理相合。

的滥用。[①] 环境侵权领域创新性地引入惩罚性赔偿,符合《民法典》关切生态环境保护的时代特征,但立法机关对于《民法典》第1232条却采取了较为模糊的立场,对于如何审查侵权行为的违法性、如何判断侵权人的主观故意、如何判断损害后果的严重性、如何确定惩罚性赔偿的数额和标准,均未作明确规定。当时的环境侵权责任纠纷和环境民事公益诉讼的两个司法解释亦未作出规定,在“能动司法”的理念导向下,受案法院将其适用于环境民事公益诉讼但未在裁判文书说理部分进行充分论证。尽管根据2022年1月20日起施行的最高人民法院《关于审理生态环境侵权纠纷案件适用惩罚性赔偿的解释》第12条规定,[②]法院可以参照处理国家规定的机关或者法律规定的组织,请求侵权人承担惩罚性赔偿责任的案件。从注重公平公正,统筹生态环境保护和经济社会发展的角度来看,现阶段不宜适用该规定。

第二,从条文结构上看,《民法典》第1232条安排在第七章中间,起的是承上但不启下的作用。环境侵权案件适用无过错归责原则,第1232条却明确规定“违反规定+主观故意+严重后果”的认定要件,反映了立法机关限制适用、防止滥用的基本意图,该条款作为第七章的例外条款,适用于环境侵权责任纠纷,救济因环境污染和生态破坏行为造成的人身和财产损失。此外,该条款安排在第1234条和第1235条生态环境损害赔偿条款之前,说明立法机关意在排除国家规定的机关或者法律规定的组织适用于生态环境损害赔偿案件。

第三,从文义解释上看,有权请求惩罚性赔偿的适格主体是被侵权人。《民法典》确认的“被侵权人”指的是因人身权利、财产权利以及其他合法权益受法律保护的民事主体,包括公民、法人、非法人组织等。检察机关是《民事诉讼法》第58条

---

① 参见朱晓峰:《论〈民法典〉对惩罚性赔偿的适用控制》,载《暨南学报(哲学社会科学版)》2020年第11期。

② 《关于审理生态环境侵权纠纷案件适用惩罚性赔偿的解释》第12条规定:“国家规定的机关或者法律规定的组织作为被侵权人代表,请求判令侵权人承担惩罚性赔偿责任的,人民法院可以参照前述规定予以处理。但惩罚性赔偿金数额的确定,应当以生态环境受到损害至修复完成期间服务功能丧失导致的损失、生态环境功能永久性损害造成的损失数额作为计算基数。”

第2款赋予诉权的特殊主体,[①]其提起环境民事公益诉讼是基于履行职责的需要,并不属于人身、财产或其他合法权益受到直接侵害的被侵权人,检察机关无权请求惩罚性赔偿。

第四,结合案件审理的情况而言,本案的环境违法行为是加害人非法倾倒废渣导致水体、土壤受到不同程度的污染。检察机关已经代表国家对行为人污染环境的犯罪行为提起了公诉,追究其刑事责任,又在环境民事公益诉讼中,错误适用惩罚性赔偿条款,明显违背了罪刑法定、罚则相当的基本原则。诸如此类案件的"创新"和"亮点"经过媒体报道,再加上法院和检察院的大力宣传,各地法院选择性适用该条款,可能会影响法律适用的统一性和稳定性。

(三)部分学者未能理解生态环境损害赔偿制度改革的基本意图和实施路径

如何对造成公共性生态环境损害的责任人进行追责和索赔,及时修复受损的生态环境,在我国环境法律中并未有明确规定。[②] 有学者认为,《民法典》第1234条和第1235条的内容合称为生态环境损害修复与赔偿制度,为生态环境民事公益诉讼的开展提供了基本实体法依据。[③] 实际上,这两条规定最大的规范价值就是为政府索赔提供了实定法依据,政府索赔从此变得"有法可依"。

建立生态环境损害法律责任体系及索赔主体制度是我国环境法治转型中的重要任务。近年来环境法学界高度关注的生态环境损害赔偿制度的建立与实践,主要规范依据并非国家的立法而是相关的政策文件。这种创新方式展现了生态环境政党法治弥补环境法律缺陷、推进环境立法及环境司法的作用与意义。[④] 制度改革的基本意图是明确政府作为索赔主体,落实损害担责的环境法基本原则,更好地履行国家环境保护义务。制度改革的实施路径是"试点先行"再"全面试行",待条件

---

① 参见《民事诉讼法》第58条第2款规定:"人民检察院在履行职责中发现破坏生态环境和资源保护、食品药品安全领域侵害众多消费者合法权益等损害社会公共利益的行为,在没有前款规定的机关和组织或者前款规定的机关和组织不提起诉讼的情况下,可以向人民法院提起诉讼。前款规定的机关或者组织提起诉讼的,人民检察院可以支持起诉。"

② 参见吕忠梅:《"生态环境损害赔偿"的法律辨析》,载《法学论坛》2017年第3期。

③ 参见颜运秋:《〈民法典〉视阈下生态环境修复与赔偿司法保障机制》,载《广西社会科学》2021年第1期。

④ 参见陈海嵩:《中国环境法治转型的规范阐释》,社会科学文献出版社2022年版,第71页。

成熟以后再上升到立法层面。制度改革初期,由国务院授权的省级政府可以通过生态环境损害赔偿诉讼索赔,在诉讼制度供给不足的情况下,只能以最高人民法院《关于审理生态环境损害赔偿案件的若干规定(试行)》作为权宜之计,但是该规范性文件系由最高人民法院审判委员会审议通过,显然不符合《立法法》关于诉讼制度的相关规定。为了解决政府索赔于法无据的尴尬,《民法典》第1234条和第1235条为政府索赔诉讼提供了实定法依据,但是这两个条款并不足以支撑一项法律制度,只能视为环境污染和生态破坏责任的特殊条款。就其本质而言,生态环境损害赔偿制度是一个涉及多项子制度的制度体系,包括索赔主体、索赔内容、索赔程序和方式等体系性内容,制度改革工作是一个多元主体协同推进的过程。

三、环境污染和生态破坏责任的法律适用困境

《民法典》侵权责任编环境污染和生态破坏责任,7个条文包含了一般条款、例外条款和特殊条款,其中第1232条是例外条款,第1234条和第1235条是特殊条款,其他则是一般条款。总体而言,尽管《民法典》吸收了法学研究成果及司法实践经验,完善了环境侵权责任,但对于司法实践而言,学术纷争并不能解决法律适用问题,理论研究一旦脱离行政和司法实践,就很难为环境法治提供有效指导。生态环境侵权案件是特殊的侵权案件,不同于其他侵权案件的法律适用特点——法官只需要把抽象的法律条文运用于具体的生活事实,运用从规范到事实,从抽象到具体的法律推理方法即可审判案件。该类案件的专业性、技术性较强,环境污染或生态破坏不同于生活事实,涉及的专门性问题需要鉴定,鉴定意见可能存在较大争议,往往造成司法认定困难。在此情况下,法官如何通过规范作用于案件事实,作出既有约束力又有说服力的裁判文书就变成一门特殊的"技艺"。无技艺,自由的价值、诚信的原则总是养在深闺,纵有千种风情,与何人说?与事实永是银汉相隔。① 然而,法律适用方法欠缺、案由规定缺乏科学合理性、侵权事实司法认定困难、司法解释不清晰不仅没有帮助法官提升"技艺",反而加剧了法律适用困境,具体阐释如下。

---

① 参见[德]卡尔·恩吉施:《法律思维导论》,郑永流译,法律出版社2004年版,第285页。

（一）欠缺简明、可操作性强的法律适用方法指导司法实践

环境司法的价值目标主要依靠法官在具体案件的审判中得以实现。将法律适用于具体案件的过程中，法律适用技术起着决定性的作用，它解决的是将法律适用于个案的方法和手段问题。这些方法和手段构成了一整套的程序和规则体系。法官们理解法律、认知案件事实、适用法律作出裁判等行为无不需要运用一定的方法。① 环境侵权案件的特殊性尤其需要法官具备两方面的综合素质：一方面是系统的法律知识，另一方面是适用法律于科学事实的技能。长期以来，法学界对于具体法律适用方法的研究相对薄弱，从事理论研究的学者不太愿意将时间和精力放在实用法技术层面，也缺乏回答和解决法应用技术层面的先决条件。根据法院级别管辖的规定，大量环境资源类案件最先由基层人民法院受理，从公开的裁判文书可以窥见法律适用方法欠缺。比如，法律推理建立在因果关系不明确的侵权事实上，裁判文书说理部分的逻辑性不强，说明基层人民法院的法官们在逻辑方法上缺乏系统训练；法律适用过程中，引用的法律条文不准确，甚至出现明显错误；法官自由裁量空间较大，同案并不同判，影响法律适用的统一性；等等。

（二）民事案件案由规定缺乏科学合理性

民事案件案由是案件名称的重要组成部分，反映案件所涉及的民事法律关系的性质，是对当事人诉争的法律关系性质进行的概括，是人民法院进行民事案件管理的重要手段。②

案由是民事案件"入门"司法程序的第一关，不同的案由适用不同的证据规则、裁判思路，适用不同的法律依据，对案件的走向和审理结果都有一定的影响。笔者结合多年办理生态环境侵权案件的实务经验发现，生态破坏案件主要产生于自然资源的不合理开发利用。例如：山地型风力发电项目在建设初期扰动地表、破坏植被、造成大量的水土流失；大型基础设施项目砍伐林木、破坏森林资源、侵占基本农田；矿产资源开发主体露天开采，破坏土地原貌，降低土壤的生态服务功能；等等。审理该类案件往往涉及民行交叉，甚至民刑交叉的法律问题，案件的审理难度非常

---

① 参见邹碧华：《要件审判九步法》，法律出版社2010年版，第3～4页。

② 参见最高人民法院《关于印发修改后的〈民事案件案由规定〉的通知》（法〔2020〕346号）。

大。因此,案由直接影响法院立案以后的业务分流,影响法官对于法律依据和类案的查找,不仅如此,案由对证据规则、举证责任分配乃至诉讼结果的影响甚大,进而影响法律的统一适用。

2020年修改的《民事案件案由规定》在第三级案由“环境污染责任纠纷”项下具体列举了大气、水、土壤、电子废物等八种四级案由,但在“生态破坏责任纠纷”项下却没有明确规定四级案由。新增加的第三级案由“生态环境保护民事公益诉讼”项下增加:(1)环境污染民事公益诉讼;(2)生态破坏民事公益诉讼;(3)生态环境损害赔偿诉讼。这种设置既不科学,也不合理。“环境污染责任纠纷”和“生态破坏责任纠纷”是指环境侵权私益诉讼案件,以环境污染、生态破坏的侵权原因行为作为划分标准;“生态环境保护民事公益诉讼”是指诉讼类型,两者并列作为第三级案由本已不妥,项下再次按环境污染和生态破坏区分诉讼类型就更为不妥。实际上,环境民事公益诉讼主要的区别在于诉讼主体不同,包括符合条件的环境保护社会组织、检察机关,以及政府行政机关。

(三)环境污染和生态破坏的侵权事实司法认定困难

《民法典》侵权责任编项下所指的“环境污染和生态破坏”,既是侵权原因行为,又是侵权结果,这也是导致产生司法困惑的主要原因。环境污染指的是排放污染物或有毒有害物质进入环境要素,导致环境质量恶化或明显下降。例如,《水污染防治法》所指的“水污染”,是指水体因某种物质的介入,而导致其化学、物理、生物或者放射性等方面特性的改变,从而影响水的有效利用,造成水质恶化,危害人体健康或者破坏生态环境。生态环境主管部门查处该类案件,判断水体是否受到污染,可依据检测报告或监测报告中特征污染物的指标,结合地表水或地下水环境质量标准判断水质是否恶化或明显降低;对于排污行为的判断,可依据不同的污水排放标准认定排污者属于“超标排污”或是“违法排污”。[①] 因此,审判人员审理环境污染案件可以参照上述办案思路,认定环境污染的侵权事实相对容易。生态破坏指的是因人类不合理地开发、利用自然资源,导致环境要素数量减少、质量降低,

① 超标排污,指的是取得排污许可的主体超过规定的限值标准排放污染物;违法排污,指的是未取得排污许可或违反法律法规规定,擅自排放污染物。

环境效能和生态平衡遭到破坏的现象。[①] 长期以来,我国自然资源法制传统都是合理开发利用资源,但是何谓“合理”却没有相应的评价标准。实际上,环境污染和生态破坏既有联系又有区别,二者的联系表现为不合理开发利用环境会导致生态环境破坏,将过量索取的物质或能量不充分加以利用而使其成为废物排入环境又会造成环境污染,环境污染会导致生物死亡,破坏生态平衡,而生态破坏又会使环境自净能力降低,加剧污染严重程度。[②] 二者的区别在于环境污染是人为活动向环境媒介“过度排放”造成的;生态破坏的表现形态多样,包括物种不当引入、扰动地表、破坏植被、造成水土流失等,既有合法行为,也有违法或违约行为。相较而言,认定生态破坏侵权事实的难度明显大于环境污染侵权事实。

司法实践中,审判人员裁判侵权人承担环境污染和生态破坏责任的前提是认定侵权事实,包括侵权行为和损害后果以及两者之间的因果关系。生态环境具有整体性、复杂性、动态变化等特征,环境污染与生态破坏的真实情况远远超出非专业人士的认知范围,审判人员不得不高度依赖环境科学、生态学、环境治理、生态修复等专业的技术支撑,协助其辨识侵权事实及其因果关系。然而,现阶段我国生态环境损害司法鉴定评估的能力还有待提升,很多生态破坏类案件存在鉴定不能、评估不足、鉴定意见分歧较大等问题。缺乏专业技术机构精准的鉴定评估意见或报告,法官对于侵权事实的认定不客观、不科学、重点不突出、认定或否定的理由不充分,都不能准确适用《民法典》侵权责任编第七章的内容追究侵权人法律责任。

法律责任是一个基础而重要的法学概念,指的是行为人由于违法行为、违约行为、故意行为或者根据法律规定应承担的某些不利的法律后果。本文所指的环境污染和生态破坏责任,是指民事主体因污染环境或破坏生态的行为,造成他人人身、财产损害或生态环境损害,应当根据《民法典》的相关规定承担侵权责任。最早规定环境民事责任的私法是《侵权责任法》(2010 年)第 65 条:因污染环境造成损害的,污染者应当承担侵权责任。2014 年修改后的《环境保护法》第 64 条试图将

① 参见薄晓波:《生态破坏侵权责任研究》,知识产权出版社 2013 年版,第 23 页。

② 参见曾祥生、方昀:《环境侵权行为的特征及其类型化研究》,载《武汉大学学报(哲学社会科学版)》2013 年第 1 期。

破坏生态行为嫁接至《侵权责任法》的规制半径,[①]但在侵权事实认定、救济范围和责任承担等方面仍然力所不逮。尽管《民法典》正式将“破坏生态”作为侵权原因行为,在一定程度上纾解了《侵权责任法》和《环境保护法》因规定不清晰、衔接不畅通的弊端。但是,生态破坏责任兼具公法性质和私法性质,其借助民事责任“外壳”的内容在民法典中有所规定,体现了环境时代的《民法典》侵权责任编为接纳生态破坏责任所做的制度创新。[②] 一言以蔽之,具体个案适用《民法典》的相关规定追究侵权人的生态破坏责任更加复杂,主要原因是对于侵权事实的司法认定存在严重困难。

(四)司法解释缺乏体系性的规定

无论立法技术多么精湛娴熟,法律条文始终存在不周延性、模糊性和滞后性的特点,需要明确、细化的司法解释承担补充和完善立法的重任。从我国的法律渊源来看,司法解释尤其是民商司法解释对社会生活的影响力一点儿不亚于甚至强于立法。[③] 从现有的制度供给来看,《民法典》环境污染和生态破坏责任只有 7 个条文,三个司法解释和一个规定(试行)[④]作为立法补充。

上述司法解释缺乏体系性的规定,具体内容并不清晰。仅以提供“损害”的证明材料为例,均未能说明适格原告应当提供的“损害”证据材料的名称和内容、“损害”证据材料的证明力大小,明显不利于统一法律适用。例如,《环境侵权纠纷司法解释》第 6 条规定:“被侵权人根据民法典第七编第七章的规定请求赔偿的,应当提供证明以下事实的证据材料……(二)被侵权人的损害……”此处的“损害”是指损害事实,还是损害造成的经济损失?如果是损害事实,则与该解释第 8 条关于查明环境污染、生态破坏案件事实的专门性问题可以委托司法鉴定机构的规定相冲突,因为第 6 条要求被侵权人在立案时提供,而第 8 条是在诉讼中申请。《环境民事公

---

① 参见代杰、徐建宇:《〈民法典〉环境污染与生态破坏责任:原因行为导向与公私益救济衔接——以 206 份裁判文书为样本的实证研究》,载《法律适用》2020 年第 23 期。

② 参见梅宏:《生态破坏责任及其入法路径》,载《吉首大学学报(社会科学版)》2020 年第 3 期。

③ 参见王伟国:《最高人民法院民商事类司法解释研究》,中国人民大学出版社 2010 年版,第 22 页。

④ 以下简称为:《环境侵权纠纷司法解释》、《环境民事公益诉讼司法解释》、最高人民法院《关于审理生态环境损害赔偿案件的若干规定(试行)》、《生态环境侵权惩罚性赔偿司法解释》。

益诉讼司法解释》第8条规定原告提起诉讼时应提交"被告的行为已经损害社会公共利益或者具有损害社会公共利益重大风险的初步证明材料",这里的"损害"是指行为的直接损害后果,还是间接损害后果?"初步证明材料"的证明力是什么?《生态环境损害赔偿案件若干规定》第6条规定原告主张被告承担生态环境损害赔偿责任的,应当对"生态环境受到损害,以及所需修复费用、损害赔偿等具体数额"承担举证责任,此处的"损害"专指生态环境损害后果,体现为生态环境修复费用和赔偿损失的数额。在司法实践中,尤其是生态破坏类侵权案件,被侵权人的损害不仅包括直接经济损失,还可能包括自然资源的生态服务功能损失,而该部分损失需要具备专业资质的技术机构作出鉴定评估意见或结论,被侵权人提起诉讼时极有可能无法提供该证据材料,即便单方委托鉴定评估,进入司法程序以后被告以不认可鉴定评估结论为抗辩理由,法院通常会要求原告重新申请鉴定评估,无形中拖延了审理期限,还很有可能造成证据灭失,增加适格原告的诉讼风险。从既往的案例来看,原告败诉的主要原因就是不能证明侵权行为与其损害后果之间的因果关系。总而言之,面对《民法典》侵权责任编法律条款简约的现实,上述司法解释缺乏体系性的规定,部分内容规定不清晰,未能承担起法律规则供给的"补充"功能。

四、纾解法律适用困境的对策和建议

经济社会的发展始终伴生着环境污染和生态破坏。从历史纵轴检视我国环境法制体系的发展,开发利用自然资源的法律制度早于环境污染防治制度。以土地资源为例,我国早在1986年就颁布实施了《土地管理法》,立法目的主要服务于合理开发利用土地资源。从污染防治的角度立法,直到2018年才颁布施行《土壤污染防治法》,明确土地使用权人防治土壤污染的责任。[①] 从调整的对象上看,部门法基于不同的立法目的各有不同:《土地管理法》将"土地"界定为自然资源,作为行政管理的对象;《民法典》将其界定为"物"或"不动产",侧重于权利内容及其经

① 参见《土壤污染防治法》第4条规定:"任何组织和个人都有保护土壤、防止土壤污染的义务。土地使用权人从事土地开发利用活动,企业事业单位和其他生产经营者从事生产经营活动,应当采取有效措施,防止、减少土壤污染,对所造成的土壤污染依法承担责任。"

济价值;《环境保护法》将其视为人类赖以生存和发展所必需的环境要素;《土壤污染防治法》则是防治土壤污染,保护土壤资源永续利用。在此不同的制度逻辑下,生态破坏不可避免。

为了减少生态环境损害,公法赋予行政机关行政命令、行政处罚和行政强制相结合的行政责任追究手段,但是每年仍有大量环境资源类民事案件产生。2019 年,全国法院共受理各类环境资源民事一审案件 202,671 件,审结 189,120 件,同比分别上升 5.6%、3.5%。[①] 环境资源类行政、民事案件都对生态环境造成不同程度的影响,损害问题不仅关涉私人利益、集体利益、社会公共利益,甚至还有国家利益。面对严峻的生态环境治理形势,《民法典》呼应《环境保护法》"保护优先、预防为主"的立法原则,创新性地确立了"绿色原则",规定民事主体节约资源、保护生态环境的法定义务,并限制"民事主体不得滥用民事权利损害国家利益、社会公共利益或者他人合法权益"。[②]《民法典》侵权责任编位列整部法典的最后,其目的就是保护民事主体在前面编章的合法权益,第七章环境污染和生态破坏责任更是特殊规定,通过它直接救济民事主体的合法权益间接保护生态环境,有限度地实现环保功能。

环境司法专门化改革推行十余年,截至 2021 年年底,全国共有环境资源专门审判机构 2149 个。[③] 不论是环境资源审判庭的总量设置、地区分布,还是人均办理环境资源案件的数量,都能充分说明很多法官很少有机会办理环境资源类案件,特别是环境民事公益诉讼和生态环境损害赔偿案件。申言之,环境资源审判体系和审判能力现代化尚处于发展进程中。然而,环境资源类案件专业性、技术性较强,对于侵权事实的司法认定,即便司法解释要求适格原告提供"损害"的证据材料,也需要法官发挥主观能动性,包括依职权调查取证,实地踏勘案件现场,审阅鉴定评估意见或报告,组织论证生态环境修复方案,已明显超出法律专业范围,需要考量法官的综合业务"技艺"。不仅如此,环境司法审查还是一个多元利益权衡的过程,价值衡量技术必不可少,但是现有的法律制度供给不足,欠缺可操作性强的法律适

① 参见《中国环境资源审判(2019 年)》白皮书。

② 参见《民法典》第 9 条和第 132 条。

③ 参见《中国环境资源审判(2019 年)》白皮书。

用方法，司法解释的指引性不明确，法官的自由裁量空间较大，难免影响法律适用的正确性和稳定性。为了纾解法律适用困境，相应的对策和建议如下：

首先，环境资源审判实务需要引入简明、便于操作的法律适用方法。我国是成文法国家，就某种程度而言，立法机关相当于产品制造商，负责供给产品（环境资源法律制度的立、改、废、释）；行政机关是产品使用商，负责使用产品（具体执行或实施上述法律制度）；审判机关更像是产品质检员，负责检视产品质量（在诉讼中通过适用法律作出裁判来完成该项工作）。司法的本质，是以对法律责任的认定、归结和执行为其全部职能。[①] 总体而言，审判机关处于审查法律制度的末端，只能通过具体案件公平公正的裁判，才能让社会公众直接、客观地感受到"良法善治"的法律效果和社会效果。从这个意义而言，法官作为一种必须直面责任的职业，主要职责和功能就是正确适用法律，必须高度重视和强调方法。法律适用方法在司法的职业技能中占据着核心地位。只有具有正确的法律适用方法，法官的法律适用过程才会清晰。[②]

已故的邹碧华大法官经过长期深入的理论研究并结合丰富的司法实践，提出了"要件分析"的法律适用方法，也叫基础规范分析方法，是指以构成诉讼基础的基础规范作为出发点，通过分析并涵摄规范要件对案件作出裁判的方法。要件分析审判思路，就是以确定当事人主张的法律关系为核心，从固定诉讼请求、法律关系，到寻找并确定请求权基础和抗辩权基础，再固定当事人争议焦点、分配举证责任，直至根据实体法律规范的要件进行逻辑分析，并最终作出裁判的审理思路。[③] 这种分析方法具有以下特点：一是符合审判实务的需要。因为适格原告提起民事诉讼的动因是其合法权利受到侵害，他们才是自己权利的最佳维护者，从诉讼要件出发对其权利是否成立进行判断，符合大多数法官的法律思维习惯。如果是社会公共利益受到损害，法律赋予社会组织提起诉讼的特殊诉权，从要件出发也能辨识诉讼主体资格以及法益。二是符合诉讼效率原则。要件分析方法集中审查请求权、抗辩权法律基础规范的构成要件，便于法官归纳案件争点，诉讼活动更加聚焦，避免

---

① 参见张文显：《二十世纪西方法哲学思潮研究》，法律出版社1996年版，第466页。

② 参见邹碧华：《要件审判九步法》，法律出版社2010年版，第6~9页。

③ 参见邹碧华：《要件审判九步法》，法律出版社2010年版，第23~26页。

被告故意拉长事实链条，在非要件事实上纠缠不清。三是保证法律分析的正当性。审查要件的逻辑推理方法在某种程度上压缩了法官自由裁量的空间，避免主观臆断带来的审判不公的问题。四是有利于展示法律推理过程，较为全面准确地反映诉讼全貌。建立在要件分析方法基础上的法律推理过程，有助于加强法官在裁判文书说理部分的逻辑性，有利于提升案件审判质量和司法权威性。

其次，有必要将分化的案件类型统合为“生态环境损害民事案件”，再根据诉讼保护的合法权益划分为生态环境公益案件和生态环境私益案件。根据目前的案由规定和司法解释名称，公益诉讼案件可以类型化为环境污染民事公益诉讼、生态破坏民事公益诉讼和生态环境损害赔偿诉讼，案件类型又分化为环境侵权责任纠纷、环境民事公益诉讼案件和生态环境损害赔偿案件，这种划分方式缺乏科学合理性，内在逻辑不严谨，这种做法潜在地影响法律适用的统一性，造成案件管理和司法统计的不便。由国务院授权或委托的地方政府及其职能部门“借道”民事诉讼进行索赔，其实质与环境民事公益诉讼在诉讼目的、诉的利益、审理规则、法益保护方面具有较多的相似之处，却分别适用两套规范性文件，不仅引起学理纷争，还导致司法困惑。

广义的“生态环境损害案件”，应当包括民事案件、行政案件和刑事案件，其中民事案件包括立法明确规定的环境侵权责任纠纷、环境民事公益诉讼案件，以及目前全面试行将来有待立法的生态环境损害赔偿案件，这三类案件都是通过民事诉讼救济私人权益、集体权益①、社会公共利益和国家利益。建议将上述案件类型统合为“生态环境损害民事案件”，再根据诉的利益划分为生态环境公益案件和生态环境私益案件。其中，救济私人权益和集体权益的案件，《民法典》规定的民事主体均可作为适格原告提起民事诉讼，这类案件统称为“生态环境私益案件”；而救济社会公共利益和国家利益的案件，由《民法典》和国家规定的特殊主体②作为适格原告提起民事诉讼，这类案件统称为“生态环境公益案件”。

再次，科学合理地设置三级案由，增加生态破坏责任纠纷项下的四级案由。民

① 《民法典》第96条规定的农村集体经济组织法人可以作为适格原告提起诉讼维护集体权益。
② 《民法典》第96条确立了机关法人的主体地位。

事案件案由规定是为了方便当事人提起民事诉讼,规范人民法院立案登记、分流审判和司法统计等工作,案由设置应当科学合理,具有内在逻辑性,充分发挥其在民事审判规范化建设中的重要作用。修改案由规定,应当遵循的原则除了严格依法、必要性、实用性以外,还应当遵循科学合理性原则。修改后的《民事案件案由规定》[①]进行了纵向和横向体系的编排设置,以民法学理论对民事法律关系的分类为基础,以法律关系的内容即民事权利类型来编排案由的纵向体系。在横向体系上,通过总分式四级结构的设计,实现案由从高级(概括)到低级(具体)的演进。第三级案由是司法实践中最常见和广泛使用的案由,建议将其确定为“生态环境损害责任纠纷”,根据历年的环境司法实践,第四级案由可以根据环境污染和生态破坏的侵权原因行为明确列举,在原“生态破坏责任”纠纷项下增加水资源破坏、土地资源破坏、矿产资源破坏、水土流失、森林资源破坏、珍稀植物破坏、生物多样性破坏等四级案由。法院受理案件时应首先适用第四级案由。

最后,重视司法解释的功能与作用,整合现有的三个司法解释为一个体系性的司法解释。司法解释作为法院裁判案件的依据,是我国法律体系的有机组成部分,承载着填补法律漏洞、规范法官自由裁判权、统一法律适用等功能。[②] 从《民法典》的立法目的和体系解释来看,确立“绿色原则”在于凸显环保义务在民法秩序中的独立性和重要作用,实际上司法认定侵权事实,尤其是审查违反环保义务的强制性规定,追究民事主体的环境污染和生态破坏责任,还需要依赖公法的具体规定。《环境侵权纠纷司法解释》《环境民事公益诉讼司法解释》《生态环境侵权惩罚性赔偿司法解释》的上位法依据都是《民法典》《民事诉讼法》《环境保护法》的相关规定,《民法典》侵权责任编第七章环境污染和生态破坏责任只有7个条文,与其分散作出司法解释,不如统合制定。

适格主体提起环境民事诉讼的本质是“借道”司法审查途径,有限度地落实环境污染和生态破坏的公法义务。《民法典》刚颁布施行,修法几无可能,为了纾解法律适用困境,最现实的做法就是结合《民法典》的立法目的,对相关法条进行体系和

---

① 最高人民法院《关于印发修改后的〈民事案件案由规定〉的通知》(法〔2020〕347号)。

② 参见杨敬之:《论司法解释的合法性控制》,载《政法论坛》2021年第2期。

文义解释,体系性地整合三个司法解释,重新制定司法解释,重点解释第 1232 条、第 1234 条、第 1235 条,厘清不同主体提起诉讼的受案范围、证据规则、赔偿范围、诉的利益归属等,让各种诉讼各行其道,互不冲突,保证法律救济途径畅通。

总体而言,在我国环境法治转型过程中,环境法治水平参差不齐,法律职业共同体的环保意识普遍不强的现实面前,司法审判除了确立优先保护生态环境公共利益的价值取向以外,更应该统合案件类型,精准制定司法解释,便于审判人员专注于个案的妥善解决,准确适用法律并保证案件的裁判质量。

关于人民法院推动和保障生态环境损害赔偿制度改革的调研

浙江省高级人民法院课题组*

生态环境损害赔偿制度是生态文明制度体系的重要组成部分。2015 年年底，中办、国办印发《生态环境损害赔偿制度改革试点方案》（中办发〔2015〕57 号）（已失效），提出通过试点逐步明确生态环境损害赔偿范围、责任主体、索赔主体和损害赔偿解决途径等，形成相应的鉴定评估管理与技术体系、资金保障及运行机制，探索建立生态环境损害的修复和赔偿制度，加快推进生态文明建设。2017 年年底，中办、国办下发《生态环境损害赔偿制度改革方案》（中办发〔2017〕68 号），提出自 2018 年 1 月 1 日起，在全国试行生态环境损害赔偿制度。到 2020 年，力争在全国范围内初步构建责任明确、途径畅通、技术规范、保障有力、赔偿到位、修复有效的生态环境损害赔偿制度。从部分省份试点，到全国全面铺开，生态环境损害赔偿制度目前已经走过五年历程，这项制度亦已经进入改革"攻坚期"和"深水区"。为推动和完善生态环境损害赔偿相关工作，我们组成了由三级法院参加的课题组，系统梳理生态环境损害赔偿工作实践中存在的问题和困难，并以生态环境损害赔偿磋商和诉讼两个阶段为立足点，就完善该项制度提出若干对策建议。

---

* 课题组成员：朱新力、钱建军、戴文波、夏祖银、俞郭栋。

一、推进和完善生态环境损害赔偿制度建设的重要意义

（一）践行“两山”理念，建设“重要窗口”的重要平台

党的十九届五中全会指出，要推动绿色发展，促进人与自然和谐共生。坚持绿水青山就是金山银山理念，坚持尊重自然、顺应自然、保护自然，坚持节约优先、保护优先、自然恢复为主，守住自然生态安全边界。深入实施可持续发展战略，完善生态文明领域统筹协调机制，构建生态文明体系，促进经济社会发展全面绿色转型，建设人与自然和谐共生的现代化。习近平总书记提出了将长三角地区建设成为展示中国特色社会主义制度优越性的重要窗口的工作要求，而浙江省作为“革命红船起航地、改革开放先行地、习近平新时代中国特色社会主义思想重要萌发地”，特别是作为“两山”理念发源地，如何发挥司法职能，更加奋发有为地为生态文明建设贡献力量，助推我省“重要窗口”建设，已经成为在党、政府和社会公众共识的背景下，极具时代性的课题。在环境资源司法实践中，为了突破“先污染，后治理”“企业污染、群众受害、政府埋单”等现实困局，针对当前一些地域生态文明建设相对滞后的情形，集中力量促进生态环境保护、受损生态修复以及追责环境破坏责任人，依靠制度优势推进中国特色社会主义环境资源法治建设，展示生态文明建设成果，推进生态环境损害赔偿诉讼制度建设将发挥重要作用。

（二）深化改革成果，构筑中国特色社会主义法治体系的重要部分

生态环境损害赔偿诉讼制度作为中国特色社会主义法治体系的重要部分，对深化司法改革成果，构筑中国特色社会主义法治体系具有重要意义。当前司法改革的“四梁八柱”已经架起，如何建设完善各项诉讼制度和司法工作机制，为司法改革添砖加瓦成为重要课题。2017 年 12 月中办、国办印发《生态环境损害赔偿制度改革方案》（以下简称《改革方案》）之后，2019 年 6 月最高人民法院发布《关于审理生态环境损害赔偿案件的若干规定（试行）》（以下简称《若干规定》），标志着生态环境损害赔偿诉讼已经作为一项新兴的诉讼类型，日益成为中国特色社会主义法治体系的重要组成部分。但限于条文，仍有诸多问题亟待明确，随着生态环境损害赔偿案件逐渐增多，新情况新问题不断涌现。法院在处理该类案件时，仅依靠已有的审理规则，已难以回应社会公众对环保的新需求。立足新阶段、新定位，推进和完善生态环境损害赔偿制度，承载了完善环境资源审判制度，推进中国特色社会主

义法治体系建设，以及提升人民群众司法获得感、司法满意度，提高对司法改革的认可度和认同感，进而提升司法工作的社会公信力重要使命。

（三）发挥法院职能，推动新时期生态文明建设的重要抓手

党的十九届五中全会提出了“十四五”时期生态文明建设领域的主要目标：“生态文明建设实现新进步，国土空间开发保护格局得到优化，生产生活方式绿色转型成效显著，能源资源配置更加合理、利用效率大幅提高，主要污染物排放总量持续减少，生态环境持续改善，生态安全屏障更加牢固，城乡人居环境明显改善。”当前生态环境事故往往影响广、危害大、社会关注度高，一旦处置不当，则可能酿成群体性事件，影响社会和谐稳定。随着公众环保意识的不断增强，涉生态环境案件数量逐年增多，给生态环境审判工作带来挑战。司法裁判工作本身具有消极被动、中立的特点，在面对社会公益损害较大的生态环境案件时，如何及时发挥司法职能，更为积极地推进受损生态环境修复，化解社会矛盾纠纷，回应社会大众的诉求，事关人民群众司法获得感的提升，事关人民法院公信力的提升。推进和完善生态环境损害赔偿诉讼制度建设，有助于发挥法院监督行政机关依法履行生态环境保护、修复、追偿等职责。地方政府作为当前社会最有能力承担生态环境诉讼负担，最具备专业知识推进生态环境修复保护的组织，由其基于其维护和代表公共利益的身份提起生态环境损害赔偿诉讼，无论在法理上还是实践中，均最为适宜。特别是在破解“企业污染、群众受害、政府埋单”的现实困局，改变地方政府在保护、修复受损生态环境后怠于追偿索赔或无追偿方式的窘境方面，明确地方政府的诉讼主体地位对解决上述问题大有裨益。而法院以生态环境损害赔偿诉讼为抓手，积极发挥监督、促进行政机关在生态环境保护领域依法行政。因此，推进生态环境损害赔偿诉讼制度建设，是法院积极发挥司法职能助力生态文明建设的重要抓手，有助于法院积极主动并及时介入生态环境纠纷，通过磋商等机制克服法院被动中立以及难以较早介入纠纷的弊端，建立更多司法工作机制，更为积极地发挥司法职能。

二、当前我省生态环境损害赔偿工作中存在的问题及困难

我省虽然不是首批试点省份，但中央出台《改革方案》，部署在全国全面铺开生态环境损害赔偿制度后，2018 年 5 月省委省政府出台《浙江省生态环境损害赔偿

制度改革实施方案》，省生态环境厅、省财政厅等单位第一时间出台相关工作意见和办法。2018年以来，全省共办结生态损害赔偿案件110件，累计生态损害赔偿金7300余万元。从地域分布情况看，绍兴、嘉兴、丽水、台州4市的案例总数达38件，占全省总数的59%，而温州、湖州、衢州、舟山4市的案例总数为8件，仅占全省总数的12.5%；从涉及领域看，目前生态环境损害赔偿案例来源存在局限，已办案例主要集中在生态环境污染领域，占比达90%以上，林业、水利等领域案例启动比例较低，资源破坏类案例较少，仅占不到10%。浙江省高级人民法院先后出台《关于贯彻落实中办发〔2017〕68号〈生态环境损害赔偿制度改革方案〉的意见》《关于审理生态环境损害赔偿案件若干问题的纪要》，全力支持行政机关主张生态环境损害赔偿的权利；对协议双方申请司法确认的，人民法院第一时间予以司法确认，确保协议可强制执行。全省办理的生态环境损害赔偿案件中，经司法确认的10件，磋商不成进入诉讼阶段的1件，为生态环境损害赔偿制度改革提供了有力的司法保障。从司法角度观察，当前生态环境损害赔偿工作主要存在以下问题。

(一)生态环境损害赔偿磋商方面

1.磋商主体范围单一

一是赔偿权利人范围较窄。根据《改革方案》，我国赔偿权利人仅包括省、市级政府及指定的部门或机构。这样主体限制容易使环保监督部门发现生态环境损害情形时无法自行展开磋商工作。另外政府作为行政主体，具有天然强势的特点，在进行磋商时难以把握平等磋商的原则，容易出现"强制磋商"的现象。

二是赔偿义务人范围不明确。确定赔偿责任人是开展生态环境损害赔偿磋商的基础，而生态环境损害事件发生的原因往往隐秘、复杂，并具有"多因一果"的特点。在认定赔偿责任人的过程中，往往会出现责任人无法认定、责任人认定不清晰、责任人不存在、磋商环节难以进行等情形。《改革方案》把生态环境损害赔偿义务人的范围限定于违反法律规定，造成环境污染和生态破坏的单位和个人，在一定程度上缩小了赔偿义务人的范围，如明知受托方违反规定造成生态环境损害的委托方、具有注意义务的运输方等。在磋商时应考量连带责任等特殊情况，依法扩大赔偿义务人范围。

三是参与磋商的第三方[1]主体及功能定位不明确。《改革方案》中虽鼓励社会第三方参与磋商,但其并未对第三方组织参与的内容作出细化规定。而实践中,已出现将磋商由原本双方协商结构逐渐向三方结构过渡、转变,或者说异化为一种新型的调解模式。根据各省改革实施办法的有关规定,可以总结出当前实践中主要存在以下几类“第三方”主体(以一般主体和特殊主体为划分标准):一为律师、专家或利益相关的公民、法人或者其他组织;二为未曾出现在《改革方案》中的特殊主体,即检察院、法院派出人员。以专家参与为例,因专家具有知识上的优越性,因此,专家参与是赔偿磋商过程中重要的一环。但事实上,各省在司法实践中对于专家参与在赔偿磋商当中的应然定位并不清楚。例如,《浙江省生态环境损害赔偿磋商管理办法(试行)》中规定受邀参与磋商人可发表意见,但是对于其意见效力如何,没有具体的解释。受邀人仅能停留在“发表”或“旁听”层面,而无实质的“反对权”“采纳权”,所谓监督、参与在一定程度上有名无实。另外,参与磋商的专家行列中尚包括原政府法制办人员、公职律师等与赔偿权利人关系密切人员,其中立性如何保障,各地尚无详细办法。而且,专家参与赔偿磋商不是一种权利的正当行使,也无相应规则可以参考和保障,如果消极地被挑选、抽取,那么几乎完全受制于赔偿权利人。

2. 磋商适用情形不清晰

《改革方案》列举了启动生态环境损害赔偿磋商的三种情形,并将人身财产损害和海洋生态环境损害两种情形排除在适用范围之外。但《改革方案》对于启动生态环境损害赔偿磋商的三种情形的表述,运用了如“较大及以上”“严重影响”等程度词,表述缺乏明确、统一的具体认定标准,在实践中容易产生理解与适用难题。事实上,司法实践中生态环境损害情形主要包括生产、生活废水排放,危险废物倾倒,恶臭气体排放等造成的水污染、土壤污染以及大气污染等情形,按此理解“较大及以上突发环境事件”“严重影响生态环境”的外延可以大致明确,但是若没有相应的细化规定明确磋商适用范围,赔偿权利人即实际上具有启动生态环境损害赔

① 为防止生态环境损害赔偿磋商中“第三人”与将来生态环境损害赔偿诉讼中的“第三人”之间产生概念上冲突,且第三人暗含与当事人在身份上的同质性,故在此使用“第三方”称谓。

偿磋商的"单方决定权",如此一来则有可能损害赔偿义务人的合法权益。

3. 磋商协议救济规则较为模糊

《改革方案》借鉴了贵州省清镇市的试点经验,规定"对经磋商达成的赔偿协议,可以依照民事诉讼法向人民法院申请司法确认"。《若干规定》沿用了这一思路,但并未将司法确认程序作为赋予赔偿协议强制执行力的刚性途径。在实践中,环境领域的司法确认程序多是参考人民调解协议的司法确认程序。根据《人民调解法》的规定只有经由调解机构主持磋商后达成的赔偿协议才能进行司法确认,这就导致某些赔偿协议虽然合法有效,但因磋商时未经调解机构主持而不能得到司法确认,无法申请人民法院强制执行,从而影响了生态环境修复效果。在管辖法院上,磋商协议司法确认的管辖法院不够明确,有的直接向基层人民法院申请司法确认,有的规定向有管辖权的法院申请司法确认。同时,磋商协议是否进行公示仍是一个问题。并没有明确规定磋商协议的公开问题,只是说要将相关的磋商信息及时予以公布。实践中,各地做法不一。此外,磋商协议救济途径单一,或是赔偿义务人及时主动履行赔偿协议,或是双方向人民法院申请司法确认,不利于赔偿协议的顺利实施。

4. 磋商与诉讼的衔接规则不明确

根据《改革方案》,生态环境损害赔偿制度与环境公益诉讼之间衔接等问题,由最高人民法院商有关部门根据实际情况制定指导意见予以明确。然而《若干规定》现仅是对生态损害赔偿诉讼与环境公益诉讼的衔接问题作了规定,对磋商与生态环境损害赔偿协议司法确认程序如何协调、磋商与生态损害赔偿诉讼如何衔接、磋商与刑事诉讼、环境民事公益诉讼应当如何衔接等问题还存在理论观点模糊、法律制度缺位和实践经验缺乏的困境,亟须法律进一步对诉讼衔接的架构作出制度安排。

(二)生态环境损害赔偿诉讼方面

1. "先刑后民"存在弊端

造成生态环境损害的行为同时具有民事违法以及刑事违法双重属性,《若干规定》对生态环境损害赔偿案件的范围进行了规定,包括发生较大及以上突发环境事件的,在国家和省级主体功能区规划中划定的重点生态功能区、禁止开发区发生环境污染、生态破坏事件的,发生其他严重影响生态环境后果的。根据最高人民法院、最高人民检察院《关于办理环境污染刑事案件适用法律若干问题的解释》的规定,在环境污染刑事案件中,具有违法所得或者致使公私财产损失 30 万元以上等情形的应当认定为“严重污染环境”,需要受到刑事制裁。可见,两个制度在受案范围上有一定重合性。

我国环境资源审判的实践中,在涉及两个诉讼的审理顺序问题上存在“先刑后民”“先民后刑”“刑民并行”等多种模式,比较常见的是“先刑后民”审理模式。生态环境损害赔偿诉讼与环境刑事诉讼在实践中采取“先刑后民”模式,在得知不利刑罚后果的情况下,赔偿义务人往往会消极履行赔偿义务。虽然理论上可以将赔偿义务人积极履行修复生态环境的义务作为对其进行减刑的一个条件,但是这样只能激励赔偿义务人在诉讼完结后积极履行修复生态环境的义务,仍然无法实现对生态环境的及时修复。同时,生态环境损害赔偿诉讼和环境刑事诉讼对事实认定的程度不一样,前者强调对损害结果的测算、损失金额的认定,而环境刑事诉讼只需要确定造成生态环境损害的范围,即是否在某个区间,据此来进行定罪量刑。因此,一般而言,在刑事诉讼中作出的损害鉴定相对简单,无法满足生态环境损害赔偿诉讼的需要。于是,在环境刑事诉讼裁判生效后进行审理的生态环境损害赔偿诉讼很可能需要对生态环境损害再次进行鉴定,从而导致环境案件持续时间较长,生态环境损害修复不及时。

2. 诉讼类型存在冲突

从上述我国当前所构建的社会组织提起的环境民事公益诉讼、人民检察院提起的环境民事公益诉讼和环境行政公益诉讼、地方政府作为赔偿权利人提起的生态环境损害赔偿诉讼、人民检察院提起的刑事附带环境民事公益诉讼等诉讼类型来看,相关诉讼在诉讼程序衔接上存在如下冲突与衔接问题:

一是地方政府作为赔偿权利人提起的生态环境损害赔偿诉讼与社会组织提起的环境民事公益诉讼的衔接问题。在《改革方案》明确规定的“生态环境损害”发生后,赔偿权利人在“组织开展生态环境损害调查、鉴定评估、修复方案编制等工作,主动与赔偿义务人磋商。磋商未达成一致”的情况下,赔偿权利人有权依法提起生态环境损害赔偿诉讼;与此同时,根据《环境保护法》第 58 条和最高人民法院

《关于审理环境民事公益诉讼案件适用法律若干问题的解释》第1条的规定，一旦发现“已经损害社会公共利益或者具有损害社会公共利益重大风险的污染环境、破坏生态的行为”，符合条件的社会组织也有权提起环境民事公益诉讼。这样就出现了地方政府作为赔偿权利人提起的生态环境损害赔偿诉讼与社会组织提起的环境民事公益诉讼如何衔接的问题。最典型的冲突是就同一“已经损害社会公共利益或者具有损害社会公共利益重大风险的污染环境、破坏生态的行为”，社会组织提起的环境民事公益诉讼和作为赔偿权利人的地方政府提起的生态环境损害赔偿诉讼之间的冲突与衔接问题。

二是地方政府作为赔偿权利人向赔偿义务人提起的生态环境损害赔偿诉讼和人民检察院提起刑事公诉时附带环境民事公益诉讼之间的冲突与衔接问题。根据《改革方案》，当“发生较大及以上突发环境事件的”、“在国家和省级主体功能区规划中划定的重点生态功能区、禁止开发区发生环境污染、生态破坏事件的”，以及“发生其他严重影响生态环境后果的”等情形而造成生态环境损害时，赔偿权利人与赔偿义务人磋商未达成一致的，赔偿权利人及其指定的部门或机构应当及时提起生态环境损害赔偿民事诉讼。与此同时，根据《刑法》及最高人民法院和最高人民检察院《关于办理环境污染刑事案件适用法律若干问题的解释》的规定，当行为人实施适用范围所规定的三种情形的违法行为时，该行为通常也构成了刑事犯罪而应受到刑事处罚。根据《关于检察公益诉讼案件适用法律若干问题的解释》第20条第1款关于“人民检察院对破坏生态环境和资源保护……等损害社会公共利益的犯罪行为提起刑事公诉时，可以向人民法院一并提起附带民事公益诉讼，由人民法院同一审判组织审理”的规定，人民检察院对破坏生态环境和资源保护等损害社会公共利益的犯罪行为提起刑事公诉时，可以向人民法院一并提起附带民事公益诉讼，由人民法院同一审判组织审理。这样就会产生人民检察院在对破坏生态环境和资源保护等损害社会公共利益的犯罪行为提起公诉时，掌握了提起附带环境民事公益诉讼的主动权，可以绕过赔偿权利人而直接提起附带环境民事公益诉讼，从而与赔偿权利人享有的与赔偿义务人磋商达成协议或磋商未达成一致协议可提起生态环境损害赔偿诉讼的权利之间发生冲突。换言之，人民检察院提起公诉时发现行为人有破坏生态环境和资源保护等损害社会公共利益的情形时，是根据《关于检察公益诉讼案件适用法律若干问题的解释》第 20 条第 1 款的规定直接提起附带环境民事公益诉讼,还是根据其第 21 条以及《检察院组织法》《刑事诉讼法》等规定,履行法律监督职责,督促赔偿权利人作为主体依法履行提起附带生态环境损害赔偿诉讼的职责？为解决二者冲突问题,亟待明晰二者的衔接关系。

3. 司法鉴定问题突出

一是鉴定难问题较为突出。主要表现为鉴定机构少,鉴定周期长,鉴定成本高。环境保护部(已撤销)于 2014 年和 2016 年分别印发了两个批次的《环境损害鉴定评估机构推荐机构名录》(以下简称《推荐机构名录》),全国仅 29 家环境损害司法鉴定机构分两批次被列入《推荐机构名录》中。由此可见,环境损害司法鉴定供给侧和需求侧的结构性失衡问题较为突出。由于环境损害司法鉴定本身包含污染物质鉴定、污染成因分析、累计因素排除、损失分析评估和损害量化确认等环节,牵涉因素多,加之部分鉴定机构管理水平不高,从而在客观上导致鉴定周期偏长。司法鉴定通常采取政府指导价和行业调节价双重管理。目前并没有环境损害司法鉴定的指导价,所以实践中大多采取委托方和鉴定方协商收费的方式。由于鉴定机构少,鉴定技术要求高,加上缺乏规范透明的鉴定收费标准,而在协商收费中,双方地位是不平等的,导致鉴定费用高企,个案当中评估鉴定费用甚至会超过当事人诉请的损失赔偿额。

二是缺乏一套成熟有效的审查确认规则。从调研的情况来看,大部分环境污染类案件中,被告往往对鉴定意见所采用的方法、得出结论所依据的事实、鉴定意见不科学等提出异议,但部分审判人员对鉴定意见过度依赖,推翻鉴定意见的基本没有,裁判文书对鉴定意见说理采信理由较为简单,主要是从鉴定机构及鉴定人员的资质、鉴定程序是否严重违法等进行审查,缺乏对鉴定意见“科学性、可靠性”的实质性审查。

三、生态环境损害赔偿诉前磋商制度的完善路径

生态环境损害赔偿诉前磋商制度是指生态环境损害发生后,由省政府、设区的市政府指定相关部门或机构与赔偿义务人就生态环境损害赔偿有关事宜开展的磋商活动。生态环境损害赔偿诉前磋商作为一项全新制度设计,上承环境损害鉴定

评估，下接生态环境损害赔偿诉讼，是替代性纠纷解决机制在我国生态环境领域的最新发展。根据生态环境部发布的数据，截至2020年1月，我国各地共办理生态环境损害赔偿案件945件，已结案586件，其中以磋商方式结案占的比例超过2/3[①]该数据充分说明了磋商之于生态环境损害赔偿的可行性和重要性。在该基础上，生态环境部于2020年4月30日发布了生态环境损害赔偿磋商十大典型案例，以期为探索生态环境损害赔偿体制机制提供较好的实践借鉴，从而加大力度推进生态环境损害赔偿制度改革工作，助力生态文明制度体系建设。[②] 具体完善建议如下：

1. 扩大磋商的主体范围。在权利主体方面，我国生态环境的索赔权利人包括省级、地市级政府及其指定的部门或机构，但为提高处理效率，可以考虑将索赔权利人扩大到县级以上人民政府或其指定的部门或单位，形成省、市、县分级负责体系。在赔偿义务主体上，增加连带责任人、保险理赔人等，如明知受托方违反规定造成生态环境损害的委托方、具有注意义务的运输方等一定程度上扩大赔偿义务人范围。在第三人层面，合理配置第三方参与磋商。可探索确定参与主体的“长处”，并针对性配置相应角色，最终实现功能的优化。比如根据第三方知识背景、能力素质和利害关联程度，可以细化为磋商必需人员、实体利害关系人员、利益相关人员、事务性人员四类，并赋予相应功能及参与规则。为实现赔偿磋商机制的确定性和严肃性，纯化磋商环境，应排除各省办法中规定的邀请、选聘、申请、商请等带有行政色彩的参与方式。

2. 探索多元化的协议救济途径。试点期间，除贵州省清镇市探索的司法确认外，赔偿协议的救济途径还有浙江省绍兴市探索的依法直接赋予赔偿协议强制执行效力和浙江省桐乡市探索的赔偿协议提交公证机关公证赋予强制执行效力。对于将公证程序引入保障赔偿协议强制执行力，全国首例是云南省李好纸业违法排污案。在该案例中，赔偿权利人和义务人达成赔偿协议后通过由公证机构对赔偿

---

① 参见《关于印发生态环境损害赔偿磋商十大典型案例的通知》，载生态环境部网2020年4月30日，http://www.mee.gov.cn/xxgk2018/xxgk/xxgk06/202005/t20200506_777835.html。

② 参见《关于印发生态环境损害赔偿磋商十大典型案例的通知》，载生态环境部网2020年4月30日，http://www.mee.gov.cn/xxgk2018/xxgk/xxgk06/202005/t20200506_777835.html。

进行公证来赋予该协议强制执行力。因赔偿协议是在双方合法、自愿、平等磋商的前提下达成的,对其进行公证符合法律依据,具有正当性基础。通过公证出具的公证文书具有高度的客观性和公正性,对于一些法律事实的认定可以起到直接的指引作用。公证文书的客观公正性决定了其所载明的事实具有高度的公信力与证明力,赔偿责任人与权利人如果就赔偿协议的履行产生争议,赔偿权利人只需要出具公证文书不需要提供其他证据。将公证程序运用到赔偿协议的确认中有利于实现生态环境损害赔偿对时效性的追求。

3. 强化磋商信息通报机制和公开机制。探索建立赔偿权利人与公益机构、检察机关的信息通报制度。如赔偿磋商程序启动后,赔偿权利人应当立即告知相关的公益机构和检察机关,并且定期通报磋商进展,做好损害赔偿的衔接工作。信息公开应当贯彻落实到生态环境损害赔偿磋商机制的全过程。各级政府应当搭建网上公开的信息平台,实时公布协商的进程,主动邀请新闻媒体、人大代表等参与协商过程,以保障公众的参与权。

4. 明确生态损害赔偿磋商的衔接规则。一是生态损害赔偿磋商与刑事诉讼的衔接。生态环境损害赔偿系列案件总是会伴随刑事诉讼,这两者展开的时间顺序可以分为三种,即生态环境损害赔偿磋商出现在刑事诉讼之前、生态环境损害赔偿磋商出现在刑事诉讼之中、生态环境损害赔偿磋商出现在刑事诉讼之后。首先,应明确承担生态损害赔偿责任不能免除因其违法行为所应承担的刑事责任。例如,《福建省生态环境损害赔偿磋商管理办法(试行)》第 21 条规定了赔偿义务人承担生态环境损害赔偿责任不能免除因损害生态环境违法行为应当承担的其他民事、行政、刑事法律责任;《山东省生态环境损害赔偿磋商工作办法》第 20 条也明确了赔偿义务人承担生态环境损害赔偿责任不能免除法律、法规规定的造成生态环境损害违法行为应当承担的行政、刑事法律责任。可见,两省的地方法规均明确了生态损害赔偿责任之于民事、行政甚至是刑事责任的特殊性。其次,在生态环境损害赔偿磋商、协议履行在先,刑事诉讼判决在后的基础上,法院根据各被告人的犯罪事实、性质、情节、悔罪表现和修复生态环境的态度进行裁量,将积极修复生态环境或履行赔偿责任的行为纳入量刑考量范围,依法从宽治理,有利于促进赔偿义务人及时采取相应的修复措施并积极履行赔偿义务。例如,《绍兴市生态环境损害赔偿磋商办法(试行)》第25条也明确了对积极参与生态环境损害赔偿磋商并积极履行生态环境损害赔偿协议的当事人,市环保局或者其他负有环境保护监督管理职责的行政主管部门可以将生态环境损害赔偿协议履行情况提供给司法机关作为量罚参考或者依法在作出行政处罚时予以考量。

二是生态损害赔偿磋商与司法确认的衔接。经磋商达成赔偿协议的,赔偿权利人及其指定的部门或机构与赔偿义务人应及时向赔偿权利人所在地的人民法院申请司法确认;逾期申请的,法院不再受理。考虑到根据《若干规定》,生态损害赔偿诉讼原则上由中级人民法院审理,司法确认的管辖权法院也确定为中级人民法院为宜。申请司法确认时,应当提交司法确认申请书、赔偿协议、鉴定评估报告或专家意见等材料。

三是生态损害赔偿磋商与生态损害赔偿诉讼的衔接。《改革方案》将磋商作为提起诉讼的前提条件予以规定。《若干规定》第5条进一步明确,原告提起生态环境损害赔偿诉讼,应当提供与被告进行磋商但未达成一致或者因客观原因无法与被告进行磋商的证明材料。综合《改革方案》和《若干规定》,我们认为,赔偿权利人在磋商不成提起诉讼时,应提交具备提起生态环境损害赔偿诉讼原告资格的材料、符合《改革方案》中追究生态损害赔偿责任的情形的证明材料,被告进行磋商但磋商失败的说明。对于磋商阶段取得的证据在诉讼中如何衔接认定的问题,我们认为,磋商过程中赔偿权利人及其指定的部门或机构委托评估机构开展生态环境损害调查与鉴定评估、修复方案编制、赔偿义务人认定等活动中取得的证据,在诉讼过程中经质证可以作为证据使用。对于赔偿义务人在诉讼阶段对鉴定评估意见提出异议申请重新评估的,人民法院可以根据案件情况决定是否同意。

四是生态损害赔偿磋商与环境民事公益诉讼的衔接。生态环境损害赔偿磋商与环境民事公益诉讼顺位规定不明确的问题是当前亟待解决的一个重大而又极具现实意义的问题,要从以下几种情形分别考虑:对于在磋商过程中能否提起环境民事公益诉讼,有观点认为,基于生态损害赔偿案件的适用条件具有特殊性,对于此种情形下提起的环境民事公益诉讼不予受理。主要理由是:第一,从磋商的行政性和环境民事公益诉讼的司法性来看,有权利必有救济,磋商过程中如果赔偿义务人认为其权利受到侵害或者不服行政机关提出的磋商条件而无法达成磋商协议的,可以借由提起生态环境赔偿诉讼或环境民事公益诉讼，由法院作出相应的判决，同时司法权作为维护社会公平正义的最后一道防线，磋商程序应先于环境民事公益诉讼。第二，从磋商的程序和主体来看，磋商制度作为环境民事公益诉讼的前置程序可节约司法资源。磋商是行政机关与赔偿义务人进行协商的一种行政行为。在磋商过程中借由行政机关的专业性、强制性等对生态环境损害提出一个较为合理的修复意见，即使最后无法达成磋商协议，也为之后的诉讼过程提供了便利。磋商制度就是为了通过赔偿权利人与赔偿义务人之间的协商，尽快出台生态环境损害的赔偿修复方案，从而达到问题的高效率解决，同时也减轻了赔偿义务人的诉累。第三，从生态环境损害赔偿诉讼和环境民事公益诉讼起诉主体的职能定位看，行政机关相较于社会团体在生态环境损害诉讼中具有较大的优势，包括人力、物力等各方面，同时行政机关更方便调查取证。因此，生态环境损害赔偿诉讼应优先于环境民事公益诉讼，而根据《若干规定》的规定，磋商程序又是生态环境损害赔偿诉讼的前置程序，由此可以认为磋商程序应优先于环境民事公益诉讼。我们认为，虽然《若干规定》规定了提起生态损害赔偿诉讼需以生态损害赔偿磋商为前置条件，但生态损害赔偿磋商并非提起环境民事公益诉讼的前置条件，对于社会组织、检察机关在磋商过程中提起的环境民事公益诉讼不予受理，在现行法律框架下缺乏法律依据。当然，为了充分发挥磋商行为提升生态环境修复和损害赔偿效率的作用，受理后，人民法院可以参照《若干规定》第 17 条关于生态环境损害赔偿诉讼与公益诉讼衔接规则的规定，中止环境民事公益诉讼案件的审理。第四，人民法院可以适度发挥职权作用，向社会组织或检察机关行使释明权，可以由社会组织、检察机关参与磋商过程，充分发挥社会组织、检察机关的参与和监督作用。

磋商后有两种结果：一种是达成协议申请司法确认生态环境损害赔偿诉讼；另一种是达不成协议提起生态环境损害赔偿诉讼。对于磋商达成协议经过司法确认的情形，我们认为可以参照《若干规定》第 17 条的规定，继续审理环境民事公益诉讼案件，就民事公益诉讼案件未被涵盖的诉讼请求依法作出裁判。对于达不成协议提起生态损害赔偿诉讼的情形，《若干规定》第 17 条、第 18 条已有明确规定。

对于环境公益诉讼审理过程中赔偿权利人及其指定的部门或机构启动磋商程序的，有观点认为应中止诉讼。我们认为，不区分诉讼阶段一概让生态环境损害赔偿磋商优先于环境民事公益诉讼,有时会浪费司法资源,造成诉讼过分迟延。还是应分析具体情况,对于环境公益诉讼诉请可以涵盖生态环境损害赔偿义务的,生态损害赔偿权利人可以暂缓启动磋商程序,赔偿权利人通过支持民事公益诉讼原告起诉的方式参与诉讼过程。对于环境公益诉讼诉请不能涵盖的,赔偿权利人可商请其变更诉请,不同意变更诉请的,本着政府主导、行政优先、促进修复的原则,先中止环境公益诉讼案件的审理。

四、生态环境损害赔偿案件诉讼规则的完善路径

《改革方案》明确,要完善赔偿诉讼规则,各地人民法院要探索完善诉前保全、先予执行、执行监督等诉讼制度。自生态环境损害赔偿工作试点以来,截至 2019 年 9 月底,全国各级人民法院受理生态环境损害赔偿案件 53 件,审结 34 件。其中受理司法确认案件 34 件,审结 23 件;受理诉讼案件 20 件,审结 14 件。从案件数量看,与公益诉讼相比,生态环境损害赔偿案件呈现诉讼案件数量少,审判实践经验尚不丰富。进一步细化完善现有的生态损害赔偿诉讼规则,对于指导审判实践,推动制度功能的效用发挥具有积极作用。生态损害赔偿诉讼制度内容丰富,我们择要从实践中关注的较多的诉讼衔接问题、鉴定意见审查采信问题、诉讼第三人等方面予以阐述分析。

(一)优化生态损害赔偿诉讼与刑事诉讼的审理顺位

"先民后刑"模式在实践中具有必要性和可行性。赔偿义务人为了争取在刑事诉讼中从轻或者减轻处罚,会及时采取相应的修复措施并积极履行赔偿义务。将赔偿义务人履行生态环境损害赔偿义务的情况作为减轻或者从轻予以刑事处罚的酌定情节,不仅有利于维护国家利益,也有利于保护环境公益。适用普通程序组成合议庭进行审理。一审的审理期限是 6 个月。虽然采用"先民后刑"顺位规则,环境刑事诉讼要在生态环境损害赔偿诉讼审理完结后进行审理,但是环境刑事诉讼涉及的公安机关立案侦查等工作却无须等到生态环境损害赔偿诉讼审理完结后再开展,两项工作可以同时进行,缩短了处理环境案件的时间。只是这两项工作必须做好衔接,相关部门要加强联动。在省级层面,2017 年 6 月,浙江省高级人民法院、省人民检察院、浙江省环保厅联合建立环境执法与司法联动机制,开展环境行政执

法与司法联动工作联席会议,并设立执法联动工作办公室,在机制层面为采取“先民后刑”机制提供了保障。

(二)明确生态环境损害赔偿诉讼与环境民事公益诉讼的衔接

生态环境损害赔偿诉讼与环境民事公益诉讼的先后顺序有两种情形:第一种是生态环境损害赔偿诉讼在先,环境民事公益诉讼在后;第二种是环境民事公益诉讼在先,生态环境损害赔偿诉讼在后。根据《若干规定》第 17 条的规定两种情况同一处理,即人民法院裁定中止环境民事公益诉讼,待生态环境损害赔偿诉讼审理结束后,就未被涵盖的诉讼请求再行审理环境民事公益诉讼。这种做法兼顾了两类原告享有诉权的平等性和行政机关承担环境保护义务的优位性,但实践中该种情形的处理仍需结合后诉发起时前诉程序进行的阶段分不同情况讨论。

在第一种情形中,根据环境民事公益诉讼起诉时,前诉(生态环境损害赔偿诉讼)诉讼的进程不同又可分为两种情况:第一种是生态环境损害赔偿诉讼尚在进行当中;第二种是法院已经对生态环境损害赔偿诉讼审理终结,裁判业已生效。第一种情况可直接适用《若干规定》第 17 条;对于第二种情况,如果已有生态环境损害赔偿诉讼生效裁判的,按照《若干规定》第 18 条规定,其他有权主体依然可以提起环境民事公益诉讼,且必须以后发性损害为由,即就“前案审理时未发现的损害”提起相应诉讼请求,否则将会构成重复起诉。

在第二种情形当中,环境民事公益诉讼在前,生态环境损害赔偿诉讼在后时,情况稍显复杂。事实上,实践中已出现当生态环境损害赔偿磋商正在进行时,检察机关已经着手准备提起环境民事公益诉讼的情况。赔偿权利人在生态环境损害赔偿磋商未果时,提起生态环境损害赔偿诉讼就会与既有的环境民事公益诉讼救济撞车。虽然《若干规定》第 17 条已经明确“应先中止民事公益诉讼案件的审理,待生态环境损害赔偿诉讼案件审理完毕后,就民事公益诉讼案件未被涵盖的诉讼请求依法作出裁判”,但第 17 条存在漏洞,即直接“一刀切”地不区分诉讼阶段,一概强调优先审理生态环境损害赔偿诉讼。当环境民事公益诉讼已经经过举证、质证并且进入辩论环节,此时中止环境民事公益诉讼案件另行审理生态环境损害赔偿案件,其实是重复对案件事实的审查。所以,较为合理的处理原则是不再中止环境民事公益诉讼,待案件审理结束以后,再审理后诉,就生态环境损害赔偿诉讼未被涵盖的诉讼请求进行审理。此种情况还可以通过加强检察机关和环境监管机关之间的联动与合作加以避免，譬如，在环境监管机关业已启动磋商程序的情况下，法院可以向社会组织或检察机关进行释明，不再单独起诉，而是参与磋商过程，及时给出建议。

如果环境民事公益诉讼审理过程中，赔偿权利人又提起生态环境损害赔偿诉讼的，法院可以向赔偿权利人进行释明，可以不再另行提起诉讼，而以支持起诉人的身份参与环境民事公益诉讼。在环境民事公益诉讼业已判决且裁判已生效，赔偿权利人在磋商不成提起诉讼时，可直接按照《若干规定》第 18 条进行处理。

《环境民事公益诉讼解释》第 28 条和《若干规定》第 18 条互为补充，规定环境民事公益诉讼案件的裁判生效后，其他有权提起诉讼的主体在前案被驳回起诉、撤诉被准许或有证据证明存在前案审理时未发现的损害的情况下，就同一污染环境破坏生态行为再行起诉不会构成重复起诉。

此外，生态环境损害中行为人的行为涉嫌构成犯罪时，存在两种附带民事诉讼的情况：一是由人民检察院提起刑事公诉，由赔偿权利人或者社会组织提起附带民事诉讼；二是赔偿权利人不提起附带民事诉讼时，人民检察院可以在提起刑事公诉的同时一并提起附带民事诉讼。根据最高人民法院、最高人民检察院《关于检察公益诉讼案件适用法律若干问题的解释》的相关规定，人民检察院拟提起公益诉讼的，应当依法公告。公告期满，法律规定的机关和有关组织不提起诉讼的，人民检察院可以提起诉讼。因此，对于附带的民事诉讼部分，赔偿权利人可以先于检察机关起诉。根据改革实践，公告期间，赔偿权利人提起生态环境损害赔偿诉讼的，检察机关可以提供法律支持。

（三）完善环境损害司法鉴定与诉讼程序的衔接

环境损害司法鉴定既是辅助环境资源审判的重要手段，也是环境损害赔偿制度的重要技术支撑。调研发现，审判实践中，存在法官对鉴定意见过度依赖的问题，把鉴定意见作为认定事实的唯一依据，且鉴定启动较为随意。此外，在很多环境污染类案件中，被告往往对鉴定意见所采用的方法、得出结论所依据的事实、鉴定意见不科学等提出异议，但裁判文书对鉴定意见说理采信理由较为简单，法官缺乏对鉴定意见"科学性、可靠性"的实质性审查。做好环境损害司法鉴定与诉讼程序的衔接，对于正确审理环境资源案件至为重要，可以做以下几个方面着手：

一是充分考量启动鉴定的必要性，慎重启动鉴定。环境损害司法鉴定往往周期长、成本高，启动鉴定前首先必须考量的是需要确定的事实必须通过鉴定查明的专门性的问题，不能是日常经验法则可以确定的普通事实，更不能是法律问题。同时，鉴定并非是查明案件事实的唯一手段，在有其他办法尤其是能够使用在庭审中直接查明事实的有关措施时，就不宜启动鉴定程序。例如，最高人民法院《关于审理环境民事公益诉讼案件适用法律问题的解释》第23条规定，生态环境修复费用难以确定或者确定具体数额所需鉴定费用明显过高的，人民法院可以结合污染环境、破坏生态的范围和程度，生态环境的稀缺性，生态环境恢复的难易程度，防治污染设备的运行成本，被告因侵害行为所获得的利益以及过错程度等因素，并可以参考负有环境资源保护监督管理职责的部门的意见、专家意见等合理确定。

二是发挥专家作用，弥补法官技术判断能力的不足。最高人民法院《关于审理环境侵权责任纠纷案件适用法律若干问题的解释》第9条规定："当事人申请通知一至两名具有专门知识的人出庭，就鉴定意见或者污染物认定、损害结果、因果关系、修复措施等专业问题提出意见的，人民法院可以准许。当事人未申请，人民法院认为有必要的，可以进行释明。具有专门知识的人在法庭上提出的意见，经当事人质证，可以作为认定案件事实的根据。"故审理环境资源案件要充分发挥专家的技术支撑作用。《贵州省生态环境损害赔偿制度改革试点工作实施办法》提出，对于生态损害较小，责任认定无争议，损害损失金额在50万元以下的案件，可以采用专家证人出具专家意见的简易评估认定程序。多地法院在审判实践中探索不经过评估鉴定，直接参考专家辅助人意见并结合相关因素的基础上酌定生态环境修复费用或修复方法。审判实践中，部分法院建立专家库、聘请专家作为人民陪审员参与案件审理、聘请专家作为特邀调解员参与调解、聘请专家作为专家辅助人参与庭审等方式发挥技术专家在环境资源案件审理中的作用，有效弥补法官技术判断能力不足。

三是重视行政文书在事实认定中的作用。最高人民法院《关于审理环境侵权责任纠纷案件适用法律若干问题的解释》第10条明确规定，负有环境保护监督管理职责的部门或者其委托的机构出具的环境污染、生态破坏事件调查报告、检验报告、检测报告、评估报告或者监测数据等，经当事人质证，可以作为认定案件事实的根据。最高人民法院、最高人民检察院、公安部、司法部、生态环境部《关于办理环境污染刑事案件有关问题座谈会纪要》进一步明确，地方生态环境部门及其所属监测机构委托第三方监测机构出具报告，地方生态环境部门及其所属监测机构在行政执法过程中予以采用的，其实质是“环境保护主管部门及其所属监测机构在行政执法过程中收集的监测数据”，在刑事诉讼中可以作为证据使用。可见，行政文书在环境资源刑事及民事案件中具有重要证据地位，法院在审理案件过程中，应主动加强与环境行政部门的协调对接，可以向负有监督管理职责的环境保护主管部门调取涉及被告的环境影响评价及其批复、环境许可和监管、污染物排放情况、行政处罚及处罚依据等材料，以充分发挥行政文书在案件事实认定中的作用。

四是强化对鉴定意见的审查确认。首先，把握法律判断和技术判断的关系。必须明确技术判断只是司法判断的辅助性手段，本身不能取代司法判断。其次，强化鉴定意见的质证。当事人对鉴定意见有异议的，可以申请鉴定人出庭，同时申请专家辅助人出庭，由鉴定人对鉴定意见的科学性、关联性、可靠性加以充分论证说明。最后，对鉴定意见进行真实性、合法性、关联性审查的基础上，要对其进行科学性审查。美国联邦法院关于科学证据可靠性的判断标准值得参考借鉴，包括：该鉴定意见所依赖的原理、方法和技术是否已经被充分、正确的验证；该原理、方法和技术是否经过同行审查和出版，如经过同行审查，该原理、方法和技术在科学团队中被接受的程度；该原理、方法和技术的错误率等。

涉异类宠物刑事犯罪实证研究

广东省深圳市龙岗区人民法院环境资源法庭课题组

内容摘要:深圳市龙岗区人民法院环境资源法庭在受理的破坏野生动物资源的刑事案件中89.7%属于涉异类宠物类犯罪,且动物类型集中在鹦鹉、蟒蛇、蜥蜴、龟四类。该类案件因其误犯、频发率较高且实务、理论、舆论争议较大,在深圳乃至全国都属典型案件,亟需用更全面的视野和系统化的思维去检视研究。本文采用实证分析的研究方法:首先,以本法庭受理的破坏野生动物资源刑事案件和裁判文书网随机抽取的定量相关裁判文书为样本,管窥异类宠物类案件的典型特征:犯罪主体主观恶性不强,社会身份多元;犯罪对象以四类动物为主,现有技术无法鉴定是否属于野外种群;犯罪交易信息均通过网络获取,线下以多种方式开展交易;裁判结果以缓刑为主,量刑幅度差距较大;法律规范数量庞杂却不周延,裁判依据不一。其次,本文深度剖析异类宠物类案件误犯、频发的多方原因:公众认知层面,网络信息不易甄别,《濒危野生动植物种国际贸易公约》(以下简称《CITES公约》)知晓度低;行政执法层面,机构和职权分散,前段执法程序近乎缺失;行政执法与刑事司法相衔接(以下简称"两法"衔接)层面,体制机制不畅,刑事手段成单一处理方式。最后,本文试图构建以预防为主、惩治为辅的规范路径:普法宣传方面,全链条多方位普法,预防异宠类犯罪;网络监管方面,建立信息共享和联防联控机制,持续净化网络环境;权责分工方面,厘清行政执法权责界限,完善"两法"衔接工作机制。明确该类犯罪具有行政犯的从属性,进而调整刑事司法政策方向、推动司法解释修订。

引 言

我国对于野生动物资源的保护在立法、执法和司法层面渐趋完善。《野生动物保护法》于1989年颁布至今已历经四次修正,行政法规及部门规章构成对野生动物资源行政管理的庞大体系。刑事司法层面,最高人民法院于2000年出台了《关于审理破坏野生动物资源刑事案件具体应用法律若干问题的解释》(以下简称《野生动物司法解释》),最高人民检察院和公安部也出台了相应的刑事立案标准。新冠疫情发生后,全国人大常委会在2020年2月通过了《关于全面禁止非法野生动物交易、革除滥食野生动物陋习、切实保障人民群众生命健康安全的决定》,最高人民法院、最高人民检察院、公安部、司法部联合制定了《关于依法惩治非法野生动物交易犯罪的指导意见》(以下简称《指导意见》)。在严惩涉野生动物犯罪的同时,我们发现,部分原产地为境外的动物在国内被当作宠物饲养,由此引发的犯罪(以下简称异宠类犯罪)占比极高。相较于"毒杀丹顶鹤、买卖穿山甲"等传统意义上的野生动物犯罪,异宠类犯罪则相对新型,处理时所面临的问题也更为突出,广受社会公众关注的"深圳鹦鹉案"①即属该类犯罪。该案不仅引发公共舆情,更引发理论和实务界的广泛讨论。深圳市龙岗区人民法院环境资源法庭以所受理的该类案件作为样本,全面探究异宠类犯罪的实际处置情况,对发现的问题提出对策。

一、问题的提出

深圳市龙岗区人民法院环境资源法庭(以下简称龙岗环资法庭)集中管辖全市环境资源类一审民事、刑事、行政案件,是广东省首个实行环境资源案件"三审合一"的专门化法庭。自2020年6月成立以来,龙岗法庭受理了39宗破坏野生动物资源的刑事案件,其中35宗59人次属于涉异宠类犯罪,占比高达89.7%。在中国裁判文书网上,以"非法收购、运输、出售珍贵濒危野生动物(制品)罪""基层法院""刑事案件""刑事一审""判决书""2019年6月30日至2021年6月30日"作为高级检索条件,共获得2971篇判决书。在上述判决书中随机抽取200份作为研究样

① 该案入选2018年度人民法院十大案件,涉及人工驯养繁殖物种的保护标准、国际公约转化为国内法的适用规范、野生动物司法解释的完善等争议。

本,经统计,涉《CITES公约》案件数量为151宗,占样本总数的75.5%,其中涉鹦鹉、蟒蛇、蜥蜴、龟的案件数量总数为128宗,更占到上述案件总数的84.8%。[①] 由此可见,异宠类案件不单在深圳地区高发,在全国视野下,同样属于破坏野生动物资源中的高发和典型案件,值得引起关注。

实行集中管辖后,我们发现涉案动物类型集中在原产地为境外的鹦鹉、蟒蛇、蜥蜴、龟四类,绝大多数被告人供称是将涉案动物作为宠物进行买卖或运输,动机是个人或家庭成员喜好。除了备受公众关注的涉案主体身份较特殊、量刑较重的案件,如"河南大学生掏鸟案""深圳鹦鹉案"等,事实上,基层人民法院立案受理的更多是普通百姓的情节轻微案件,因为刑罚较轻,大多数被告人未上诉即一审生效,未进入上级法院视野。殊不知该类案件误犯、频发率非常高,存在引发系列社会问题的风险。在审理过程中我们又发现,涉野生动物的法律体系看似完善却庞杂而不周延,其中《野生动物保护法》和《动物司法解释》,以及最高人民法院相关批复和国内林草、农业部门的部门规章以及管理规定之间,存在不少冲突,进而导致该类案件在定罪量刑时存在不少疑惑,事实上公安和检察机关也面临同样的困惑。

"动物案"为什么总是惹争议?[②] 社会公众舆论所关注的是普通老百姓在"无犯罪预谋、无犯罪动机"情况下被判刑的诸多疑问,法学界探讨的更多是在一般犯罪构成要件下,对于人工繁殖野生动物如何准确定性及适用刑罚的问题。[③] 但我们在办理异宠类犯罪案件过程中发现,探析被告人的犯罪动机、手段、背后深层次原因,以及作为行政犯的该类行为在行政执法前端、"两法"衔接、刑事司法过程中的实际处置情况,亟需用更全面的视野和系统化的思维去检视、去研究。诚如有媒体所言,"动物案"折射出民众在保护野生动物方面的法律意识与司法机关依法办案之间形成强烈的矛盾冲突,尤其在国内宠物行业市场规模不断扩大、小众宠物成为

---

① 其他涉《CITES公约》动物的还包括捕鸟蛛、石珊瑚等,因上述动物类型案件较分散,不纳入本次实证范围。

② 参见金泽刚:《捕野兔被刑拘,"动物案"为什么总是惹争议?》,载搜狐网2018年10月30日,https://www.sohu.com/a/272173764_260616。

③ 参见彭新林:《珍贵、濒危野生动物的法教义学分析——以深圳"鹦鹉案"为视角》,载《法律科学(西北政法大学学报)》2020年第3期。

年轻人追捧对象的大背景下,[1]对这类案件的法律治理到了该改进的时候了。

二、透视:异宠类犯罪案件司法现状的实证考察

异宠类犯罪案件是龙岗法庭受理涉野生动物资源案件的主要类型,我们有必要对该类案件的犯罪表征予以分析,同时对密切关联的司法裁判依据和量刑情况予以考察。本文采用实证分析的研究方法,主要以龙岗法庭受理的35宗59人次破坏野生动物资源刑事案件为典型研究样本,另结合中国裁判文书网随机抽取的200份裁判文书样本,从犯罪主体、犯罪对象、犯罪流程、裁判结果、法律适用等角度管窥异宠类犯罪案件的特征,揭示现有法律框架下该类案件的司法裁判现状。

(一)犯罪主体:主观恶性不强,社会身份多元

根据被告人在公安机关及庭审中的供述等信息,我们发现涉案犯罪主体呈现以下三个方面特点。一是主观动机方面,大多数被告人表示交易涉案动物的初衷源于个人饲养或满足孩子的喜好,其中少数被告有出售并获益的行为,但均数额较小且非收入主要来源,为个人之间的普通交易行为;大多数被告人供述称知悉涉案动物属于保护动物,但考虑到只是用于个人饲养,不知悉饲养是否需要许可证,也不清楚会导致犯罪。二是身份职业方面,异宠类犯罪涉案人员身份多元,且一般均有正当职业,如音乐老师、咖啡店主、水族馆老板、大学生、医生、企业主、公司高级管理人员、工程师、程序员、社区干部、司机等,可见涉案主体职业覆盖范围相当宽泛,多为社会上的普通民众。三是犯罪年龄方面,犯罪主体的年龄也呈现年轻化趋势,在龙岗法庭受理的59名被告人中,31人为“90后”,占比52.5%,加上有部分被告陈述是为孩子购买,以此计算将涉案动物当作宠物饲养的年轻人上述比例接近70%。

(二)犯罪对象:以四类动物为主,现有技术无法鉴定是否属于野外种群

龙岗法庭将涉案动物类型进行全面统计,具体科目如表1所示。关于上述动物系野生或人工繁殖的问题,在调研中森林公安机关反馈,目前无法通过技术手段

---

① 参见《2019宠物消费生态大数据报告》,载第一财经商业数据中心网2019年7月18日,https://www.cbndata.com/report/1719/detail?isReading=report&page=1。

鉴定甄别上述物种是否属于野外种群。例如,鹦鹉鉴定方面,广州华南动物物种环境损害司法鉴定中心明确回函,目前全国无任何机构可以鉴定。根据被告人供述以及部分被告人住所处查获的人工繁殖设备,从经验层面判断,部分涉案动物可能系人工繁殖。从随机抽样的200份文书样本中亦未发现明确查明涉案动物系野外种群的案件。此外,根据庭审并结合调研发现,国内也有专门繁殖上述动物的养殖场,如河南省商丘市存在准许经营繁殖和尚鹦鹉、绿颊锥尾(小太阳)鹦鹉等四类鹦鹉的多个养殖场①,桃江县雨翔特种养殖有限公司准许养殖珍稀鹦鹉,吉林省农安县幽谷爬行动物养殖基地准许养殖珍稀蟒蛇,广西朵朵农业发展有限公司准许经营水龟、陆龟养殖业务,湖南今归生物科技有限公司准许经营繁殖多个陆龟品种。但在新冠疫情发生后,上述养殖场许可证被吊销,所涉人工繁殖的物种也禁止交易,由此也引发了系列案件并被媒体关注。

表1　四种典型异类宠物

类型	具体名称
鹦形目	金刚鹦鹉、灰鹦鹉、蓝顶亚马逊鹦鹉、凯克鹦鹉、和尚鹦鹉、绿颊锥尾(小太阳)鹦鹉
蛇目	球蟒、网纹蟒、血蟒、黑头盾蟒、白唇蟒、绿树蟒、红尾蚺
蜥蜴目	绿鬣蜥、砂巨蜥、水巨蜥、古巴鬣蜥、犀牛鬣蜥
龟鳖目	赫尔曼陆龟、苏卡达陆龟、缅甸陆龟、豹纹陆龟、大东方龟

注:本表格基于《CITES公约》附录一、二制作。

(三)犯罪流程:交易信息均通过网络获取,线下以多种方式开展交易

龙岗法庭所受理的案件无一起发生在花鸟市场、宠物市场等正规交易场所,被告人主要通过网络平台如“百度搜索、贴吧、爬虫天下论坛”、“抖音、快手”个人短视频号、“微信群、QQ群”等网络平台和社区获取相关动物信息及联系方式,再通过添加微信和QQ的方式进行线上交易,最后通过“货拉拉、顺风车”运输动物或当面进行交易。其中,深圳因为毗邻港澳,审理中也发现,有多个被告人存在私自从

① 参见《商丘“鹦鹉案”有了答案》,载腾讯网,https://xw.qq.com/cmsid/20210503A06XTO00。

境外夹带相关动物入境以及在关口交易的情形。

(四)裁判结果:以缓刑为主,量刑幅度差距较大

龙岗法庭已审结的21宗34名被告人中,被判处缓刑的32人,占比94.1%。此外,在随机抽取的200份裁判文书样本中,被告人被判处缓刑的数量为159宗,占样本总数的79.5%,所占比例也很高。在该类犯罪适用缓刑较为普遍的情形下,在不同地区和涉不同动物类型案件中,却存在量刑幅度差距较大的情形,如表2所示。

表2 典型案例及其量刑

序号	案名	动物种类数量	地区	刑罚
1	王某非法收购、运输、出售珍贵、濒危野生动物案(1)	绿颊锥尾鹦鹉35只、和尚鹦鹉9只、非洲灰鹦鹉1只	深圳	有期徒刑2年
2	韩某龙非法收购、运输、出售珍贵、濒危野生动物案(2)	绿颊锥尾鹦鹉25只、亚历山大鹦鹉2只	云南昆明	有期徒刑6年
3	邱某荣、万某龙非法收购、出售濒危野生动物案(3)	费希氏情侣鹦鹉8只	江西鹰潭	涉案鹦鹉系人工繁殖故不宜认定犯罪
4	黄某某、袁某某犯非法收购、运输、出售珍贵、濒危野生动物案(4)	辐纹陆龟24只、赫曼陆龟1只、豹纹陆龟1只	上海	有期徒刑5年
5	幸某某非法收购、出售珍贵、濒危野生动物、珍贵、濒危野生动物案(5)	费氏牡丹鹦鹉40只	四川广元	轻罪不起诉

(1)参见广东省深圳市中级人民法院刑事判决书,(2017)粤03刑终第1098号。

(2)参见陈雷柱:《大学生网购鹦鹉售卖被判6年,上诉称系人工繁殖应区别看待》,载澎湃新闻2020年7月23日,https://m.thepaper.cn/newsDetail_forward_8400575。

(3)参见江西省鹰潭市中级人民法院刑事判决书,(2020)赣06刑终92号。

(4)参见上海铁路运输法院刑事判决书,(2019)沪7101刑初572号。

(5)参见四川省广元市朝天区人民检察院广朝检公刑不诉〔2020〕6号不起诉决定书。

(五)法律适用:规范数量庞杂却不周延,裁判依据不一

如表3所示,当前在公安和检察机关立案、起诉阶段适用的是2000年《野生动物司法解释》,依据附表所涉动物数量标准并建议定罪量刑。在审理阶段,有法院通过向最高人民法院层报核准在法定刑以下量刑①,有法院根据最高人民法院复函、指导案例直接突破司法解释在法定刑以下量刑②,还有个别法院依据行政主管部门出台的规范性文件和相关目录对涉案动物的性质以及是否受保护予以认定③,如农业农村部已于2018年10月发布了《濒危野生动植物种国际贸易公约附录水生物种核准为国家重点保护野生动物名录》,部分保护物种明确了"仅野外种群",对于列入"暂缓核准"的则明确"不再视为国家重点保护野生动物进行国内管理"。但国家濒危物种进出口管理机构在将《CITES公约》附录物种核准为国家重点保护野生动物目录的工作中,关于陆生和水生动物的核准和发布还存在不同步,例如陆生动物就尚未核准公布。上述裁判依据的多样化,导致适用时存在明显冲突和不严谨的现象,进而导致《野生动物司法解释》在司法实践中被频频突破。

表3　异宠类犯罪案件法律适用情况

序号	法律性文件	实施时间	适用重点概要	效力级别
1	原林业部《关于核准部分濒危野生动物为国家重点保护野生动物的通知》	1993年4月14日	决定将《公约》附录一和附录二所列非原产我国的所有野生动物,分别核准为国家一级和国家二级保护野生动物	部门规范性文件

① 参见胡某冬、姜某等非法收购、运输、出售珍贵、濒危野生动物(陆龟)案,无锡市锡山区人民法院(2019)苏0205刑初5号刑事判决书。

② 参见陆某、曾某强非法收购、运输、出售珍贵、濒危野生动物(鹦鹉)案,苏州市姑苏区人民法院(2020)苏0508刑初684号刑事判决书。

③ 参见刘某城非法收购、运输、出售珍贵、濒危野生动物(黄头侧颈龟)案,深圳市龙岗区人民法院(2021)粤0307刑初46号刑事裁定书。

续表

序号	法律性文件	实施时间	适用重点概要	效力级别
2	最高人民法院《关于审理破坏野生动物资源刑事案件具体应用法律若干问题的解释》(已失效)	2000年12月11日	1.《刑法》规定的“珍贵、濒危野生动物”包括列入《CITES公约》附录一、附录二的野生动物以及驯养繁殖的上述物种。2.明确了达到情节严重、情节特别严重的动物数量	司法解释
3	最高人民法院研究室《关于收购、运输、出售部分人工驯养繁殖技术成熟的野生动物适用法律问题的复函》	2016年3月2日	对某些经人工驯养繁殖、数量已大大增多的野生动物,附表所列的定罪量刑数量标准,仅适用于真正意义上的野生动物,而不包括驯养繁殖	司法解释
4	农业农村部《濒危野生动植物种国际贸易公约附录水生物种核准为国家重点保护野生动物名录》	2018年10月9日	濒危野生动植物种国际贸易公约附录水生物种按照被核准的国家重点保护动物级别进行国内管理	部门工作文件
5	《野生动物保护法》	2018年10月26日	中华人民共和国缔结或者参加的国际公约禁止或者限制贸易的野生动物或者其制品名录,由国家濒危物种进出口管理机构制定、调整并公布……经国务院野生动物保护主管部门核准,在本法适用范围内可以按照国家重点保护的野生动物管理	法律
6	最高人民法院、最高人民检察院、公安部、司法部《关于依法惩治非法野生动物交易犯罪的指导意见》	2020年12月18日	在认定是否构成犯罪以及裁量刑罚时,应当考虑涉案动物是否系人工繁育、物种的濒危程度、野外存活状况、人工繁育情况……对野生动物资源的损害程度……综合评估社会危害性,确保罪责刑相适应	部门规范性文件

续表

序号	法律性文件	实施时间	适用重点概要	效力级别
7	《刑事审判参考》第124集,1383号《解某芳非法出售珍贵、濒危野生动物案》	2020年12月适用	以观赏或饲养宠物为目的购买少量人工繁育珍贵、濒危野生动物如宠物龟、宠物鹦鹉等行为,社会危害性和行为人主观恶性相对非法出售等行为更小,决定刑责应当慎重,原则不宜按犯罪处理,确有必要的,应大幅度从宽量刑	指导性案件

三、剖析:异宠类犯罪案件误犯频发的多方原因

正如前文所述,异宠类犯罪案件存在社会普通民众即不特定群体的“误犯”之虞,而保护野生动物的观念在今天已广为社会公众所知悉,此外,其他动物类案件如“大学生掏鸟窝案”等一度引发舆论高度关注,但上述案件依旧频发,究其根源,一方面是网络信息繁复冗杂缺乏辨别,另一方面是日常行政执法近乎空白,导致该类案件直接“跳入”刑事程序。

(一)公众认知:网络信息不易甄别,《CITES公约》知晓度低

经调研,网络上将涉案动物视为普通宠物的信息极其普遍,社会上饲养上述异类宠物的人为数不少,社会公众对饲养异类宠物可能触犯刑法的意识不强。第一,涉案动物均原产于境外,普通民众往往通过网络了解相关动物信息。以百度搜索和百度贴吧为例。打开百度搜索和百度贴吧,存在大量涉案动物的各类信息,涉及物种介绍、饲养方法、养宠心得、交易运输等多方面,几乎没有任何警示性提示。涉案动物多外观特别、品性温顺,极易与其他常见宠物相混淆。再加上民众多认为饲养动物系个人喜好,甚至参与异宠类犯罪案件审理的人民陪审员均称不知买卖数只鹦鹉或乌龟会被判刑。第二,涉案动物与国内其他常见的珍贵濒危野生动物不同,仅列入《CITES公约》附录一和附录二名单,再参照国家重点保护野生动物予以分类保护,鉴于普通民众对《CITES公约》基本不了解,更不熟悉对涉案动物的刑事保护政策。第三,据部分涉案被告人陈述,他们在接触涉案动物时,卖方出具相关

行政审批文件,如涉案动物的驯养繁殖许可证,被告人由此默认其行为合法,从而引发相关犯罪。综合上述三点,普通民众缺乏可能触犯刑法的明确认知,加上传播异类宠物的信息渠道众多,社会上逐渐形成饲养异类宠物的爱好者人群,并衍生出相关产业和交易链条。①

(二)行政执法:机构和职权分散,前段执法程序近乎缺失

第一,根据《野生动物保护法》及相关条例规定,行政区域内陆生、水生野生动物保护工作分别由林业草原、渔业主管部门负责,但地方主管部门之间存在"权力错位"现象。以深圳为例,野生动物管理及行政执法分别由市规划和自然资源局(海洋渔业局、林业局)、市市场监管局、市城市管理和综合执法局的相关处室行使,在全市行政管理领域共设有74项权责清单。② 经进一步调研,野生动物行政执法存在部门交叉、分工不规范、权限不明晰、专业执法力量不足等问题,具体如下:深圳市规划和自然资源局的渔业执法支队仅负责涉水生野生动物的执法,深圳市城管执法部门则根据《深圳经济特区城市管理综合执法条例》(2021年7月6日暂停适用)负责陆生野生动物行政执法,深圳市市场稽查局对交易和运输野生动物的行为也可予以处罚,三个部门存在执法权限交叉和不明晰情形。第二,需要特别指出的是,传统林草部门负责陆生动物保护的相关职权,在深圳经特区立法授权由城管部门负责,但该综合行政执法权在实践中则下放至各区的街道执法队分散行使,加上野生动物执法需要鉴定以及对人工繁育专用标识溯源等专业事项,在基层各类行政执法事项繁杂的工作中,涉及上述野生动物的行政执法环节基本空白,而规划和自然资源部门和市场监管部门同样存在类似问题。据统计,上述部门在近三年受理的行政处罚案件数量极少,深圳市规划和自然资源局受理3宗,深圳市城市管理和综合执法局受理1宗外地公安移送的涉鹦鹉案,深圳市市场监督管理局在2020年新冠疫情前受理3宗,2020年至今11宗,且均属食药领域如出售海马干等案件。

---

① 世界动物保护协会2019年2月发布的《狂野之心:异域宠物贸易的残酷现状》显示,目前已有超过500种鸟类及500种爬行动物在全球交易,全球野生动植物贸易年交易额高达300亿~420亿美元。

② 涉野生动物保护的共三个部门计74项清单,参见深圳市—权责清单—政务公开—广东政务服务网,http://gdzwfw.gov.cn。

（三）"两法"衔接：体制机制不畅，刑事手段成单一处理方式

在机构改革以及森林公安转隶前，森林公安隶属于林业部门，具有行政执法以及刑事侦查的完整职能，但改革后部门职责出现分离，在专业机构、人才队伍、工作机制方面均不健全，在协同监管、"两法"衔接方面并不规范，故《野生动物保护法》所规定的行政执法梯度未得到体现，执法案件数量及执法水平均偏低。在刑事司法层面，司法解释与立法、行政法规及规范性文件无法自洽。森林公安机关依据的是国家林业局、公安部于2001年发布的《关于森林和陆生野生动物刑事案件管辖及立案标准》，该标准参照《野生动物司法解释》附表中的数量标准执行并区分不同情节，该涉案数量标准较低且幅度小。与此同时，国家野生动物主管部门在2000年以后对人工繁育及野外种群建立了较科学的区别管理及名录制度，最高人民法院则通过复函、批复等方式对涉上述野生动物犯罪的刑事政策有所调整，最高人民法院、最高人民检察院、公安部、司法部于2020年12月发布的《指导意见》，明确了对涉人工繁育野生动物犯罪的，应充分考虑各种情节，综合评估社会危害性，确保罪责刑相适应。但侦查和公诉部门一则囿于《野生动物司法解释》，二则在行政执法近乎缺失的现实条件下无法向行政执法前端移送案件，最终受限于数量标准，一律以刑事手段处置类似案件，让该类"可能仅属于行政违法的行为"①直接上升为"行政犯"。以深圳为例，2020年至今森林公安部门刑事立案150余宗，很大部分系上述涉异宠类犯罪案件且自行获取线索，这背离了《野生动物保护法》关于行政管理梯度化处罚、情节严重的才构成犯罪的立法本意。在法院审理阶段鉴于适用法律依据不严谨等问题，加上该类案件数量过多，即使通过个案请示也无法系统解决上述问题，总体而言，该类案件的处理社会效果不佳，甚至趋于负面。

四、突围：构建预防为主、惩治为辅的规范路径

新冠疫情发生以来，国家加大了涉野生动物犯罪的打击力度。鉴于社会上饲

① 行政犯须以违反行政法规为前置性条件，有学者认为，立法上，只有当某种行为用行政法中处罚措施不足以保护法益的时候，才能动用刑法，不得轻易将行政法尚属空白的行为直接上升到刑法立法。

养异类宠物的人较多,[①]故此类刑事案件数量有不断增加趋势。对于普通民众有刑事打击面过宽、惩罚力度过严之虞,法院审判如处理不慎,极有可能引发重大舆情,进而影响司法公信力,亟须引起各级法院的高度重视。针对上述问题,龙岗法庭结合已经开展的相关工作,建议构建以预防为主、惩治为辅的规范路径,具体可从以下三个方面展开。

(一)普法宣传:全链条、多方位普法,预防涉异宠类犯罪

开展"保护野生动物,拒绝异域宠物"的专项普法活动,依托互联网等线上线下宣传渠道,针对公众和特定消费人群,加强普法宣传,以案说法,最大限度预防因法律意识不强而造成的违法现象,同时加强与野生动物保护公益组织的合作,由其负责介绍国内外好的经验做法并做好线上线下的公益宣传,各方充分发挥各自优势,共同做好对公众的宣传教育和犯罪预防。对此,龙岗法庭会同深圳市普法办,联合公安、检察、规划和自然资源、市场监管、城管、教育、交通、海关等多部门在全市开展"保护野生动物,拒绝异域宠物"的专项普法方案,力争形成经验做法。

(二)网络监管:建立信息共享和联防联控机制,持续净化网络环境

针对网络平台存在大量涉野生动物违规交易信息的情况,采取多样化的手段进行清理删除,净化网络空间。其中,龙岗区人民法院已向北京百度网讯科技有限公司发出司法建议并得到积极回应,对相关信息进行回溯清理并删除3万余条,在百度贴吧置顶处明确了禁止野生动物交易的标识,另新增175组野生动物关键词进行拦截。此外,龙岗法庭还将进一步依托打击网络野生动植物非法贸易互联网企业联盟和国际爱护动物基金会等知名公益组织,在网络平台治理、内容优化、技术创新等方面的优势,构建涉野生动物行政执法和司法、非政府组织、互联网企业的多方合作联盟,不断提升应对网络非法野生动物贸易的能力。通过在联盟内建立统一的案件信息流转处置平台,行政和司法机关将政策法规、名录标准和典型案例及时同步,指导互联网企业做好前端拦截。互联网公司则做好违规信息和异常舆情的报送,便于行政和司法部门及时研判查处,做好敏感信息的脱敏处理。

---

① 深圳市森林公安机关在2019年集中整治涉野生动物违法犯罪专项行动中作过研判,全市涉及购买少量涉案动物的家庭数量巨大。另根据裁判文书网,预估每年全国超过2000人涉案。上述数据仅用作判断。

（三）权责分工：厘清行政执法权责界限，完善"两法"衔接工作机制

第一，梳理并合理配置规划和自然资源、城管执法、市场监管部门涉野生动物管理的权责清单，对口设置陆生和水生野生动物的执法事项。建立专业执法队伍，加强培训，提升执法水平。第二，明确涉异宠类违法行为首先侵犯的是社会管理秩序，对应的是行政处罚，情节严重的才构成犯罪并予以刑事制裁，即廓清该类犯罪作为"行政犯"的从属性。在此基础上建立并规范相关行政部门与森林公安部门的"两法"衔接机制，研究制定梯度化的行政处罚与刑事立案标准，根据《野生动物保护法》第48条、《指导意见》第9条规定，在深圳试点开展综合执法试点工作。第三，法院加强与公安、检察、行政执法部门的信息沟通和业务指导，在联合普法、搭建平台、出台指引方面牵头引领。通过司法裁判，构建打击与规范并重的野生动物保护机制。

结　语

当前，饲养宠物正成为社会公众的一种生活方式，异类宠物通过不同渠道进入年轻消费群体的视野，如前文所述的多方原因，导致普通民众涉刑的风险极高，由此引发在舆论、理论以及实务层面的激烈争议。本文试图通过建立野生动物行政执法前端的规范化和梯度化运作，实现对异类宠物人工繁育和贸易的规范管理。通过完善"两法"衔接工作机制，创新开展行政执法和刑事司法的综合试点，为该类犯罪的准确定罪量刑提供有益的判例参考。结合线上线下的全方位多渠道普法宣传、从源头防控涉异宠犯罪，及时调整刑事司法政策方向、推动司法解释的修订，构建异类宠物"白名单"，最终实现从"黑"到"灰"到"白"的界定廓清，为构建规范与打击并重的野生动物保护机制提供深圳方案。

从试水到深耕:论技术调查官制度在生态刑事审判领域的建构

林　微　李　菁　林煜程*

提要:近年来,各级法院积极回应人民群众对环境资源司法的新期待新要求,为生态文明建设提供了坚实的司法保障。但生态环境案件的专业化辅助仍然是法院面临的重点难点问题。本文着眼2020年首创的生态环境技术调查官制度,以生态刑事审判领域为切入点,在阐释该制度实践创新的基础上,试图从理论的高度提炼其价值,反思其风险,为进一步完善推广该制度提供思路。笔者建议跳出实用主义的思维定式,从制度建构的整体逻辑性进行重新建构:原则上,坚持以技术调查官为基础的多元化技术事实查明队伍建设;定位上,赋予生态环境技术调查官权力来源;制约上,建立"事前—事中—事后"中立性风险规避路径;保障上,拓宽生态环境技术调查官制度的资金来源;协作上,探索公检法全覆盖的生态环境技术调查官制度。以期实现该制度从局部试水到全面推广,真正发挥技术调查官在生态刑事审判领域的作用。

积极探索生态环境司法保护的中国经验。

——周强①

* 林微,福建省漳州市中级人民法院审判委员会专职委员、生态庭庭长;李菁,福建省漳州市中级人民法院生态庭法官助理;林煜程,福建省漳州市中级人民法院刑庭法官助理。

① 摘自最高人民法院院长周强在世界环境司法大会上的主旨发言。

引　言

生态刑事审判是生态环境司法的重要组成部分，但案件量逐年上升、案件专业性强且覆盖面广，给此类案件的办理带来了挑战。截至 2021 年 6 月 6 日，累计涉生态刑事案件共计 147,470 件①，简单对比 2016 年以来的案件数量，大体呈上升趋势（见图 1）。

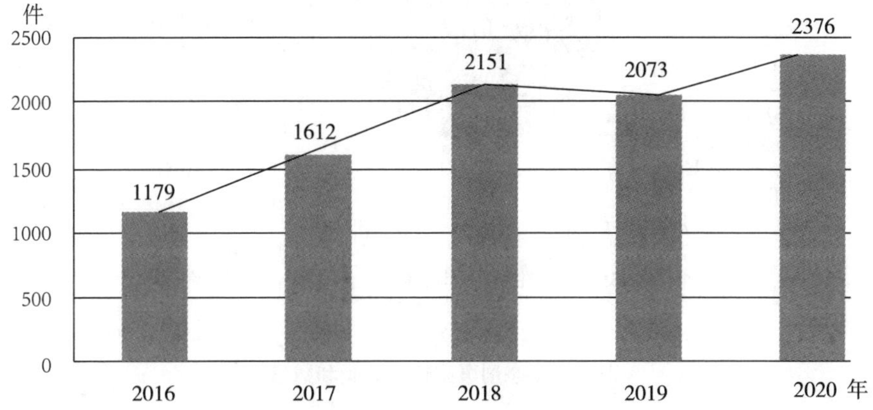

图 1　2016～2020 年涉生态刑事案件数趋势

生态刑事案件具有高度复合性、系统性和专业技术性等特点，且跨域很广，仅在裁判文书网中破坏环境资源保护罪的分类项中就有 17 种（图 2 为生态刑事案件的分类和数量），包含了环保、大气、海洋、农业、林业、牧业、渔业、矿产水利等诸多领域，名副其实的"跨学科、跨物种"，此类案件的特点是繁复的数据材料、专业术语和非内行知的标准，法官往往难以具备足够的生态专业知识，单纯依靠法官运用法学知识难以查明案件关键事实，可以说解决专门性问题是审理生态刑事案件的必由之路。但当前，生态刑事审判中尚未建立起一套完整的、科学的技术事实查明体系。

① 资料来源：中国裁判文书网，检索日期 2021 年 6 月 6 日，检索条件：案件类型：刑事案件、案由：破坏环境资源保护罪、审判程序：一审、文书类型：判决书，结果为 147,470 份。（不排除尚有未文书上网数据未体现）

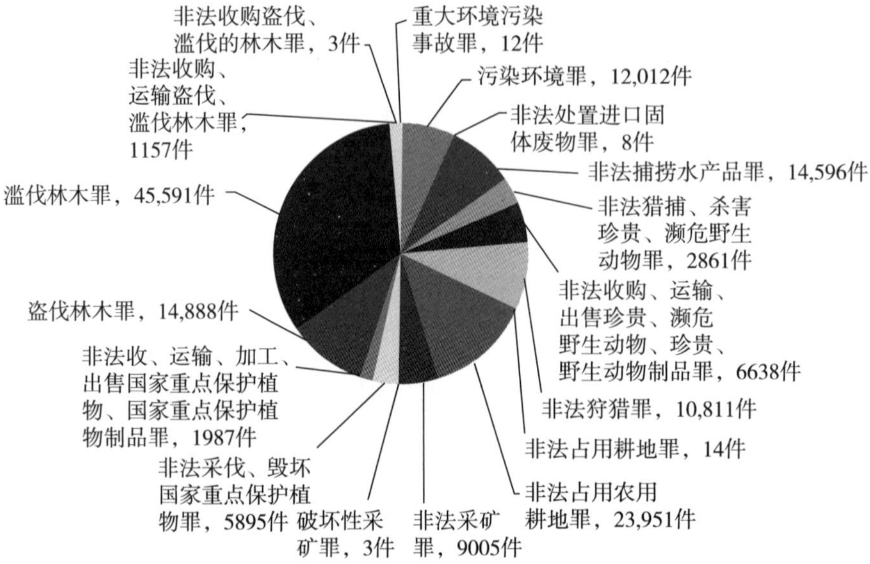

图 2　生态刑事案件的分类和数量

一、首创样本：福建省漳州市中级人民法院在生态刑事案件试水技术调查官制度[①]

2020 年 6 月，福建省漳州市中级人民法院（以下简称漳州中院）在全国首创生态环境技术调查官制度，旨在解决生态环境司法面临的专业辅助难题。生态环境技术调查官制度，是指法院在审理涉生态案件中，聘请生态领域专家担任技术调查官，全程参与案件审理，助力生态文明建设更高质量落地见效。截至 2021 年 6 月，已审结技术调查官参审的生态案件 3 件，均为刑事案件（见表 1）。

① 本部分相关内容，均来源于漳州市中级人民法院微信公众号。

表1　2020 年 6 月至 2021 年 6 月，已审结技术调查官参审的生态案件一览

序号	案号	案由	被告人	案件处理	受理法院	技术调查官人数
1	（2020）闽 0626 刑初 144 号	污染环境罪	黄某树	发出刑事判决书(1)和土壤净化令	东山县人民法院	2
2	（2020）闽 0626 刑初 199 号	污染环境罪	黎某均	发出刑事判决书(2)和水质净化令	东山县人民法院	2
3	（2020）闽 0623 刑初 104 号	非法采矿罪	陈某辉 陈某敏	发出刑事附带民事判决书(3)	漳浦县人民法院	1

(1)以污染环境罪判处被告人黄某树有期徒刑 1 年，缓刑 2 年，并处罚金及从业禁止。

(2)以污染环境罪判处被告人黎某均有期徒刑 10 个月，缓刑 2 年，并处罚金及从业禁止。

(3)以非法采矿罪判处被告人陈某辉有期徒刑 2 年 8 个月，并处罚金；以非法采矿罪判处被告人陈某敏有期徒刑 1 年 6 个月，并处罚金；责令二被告人缴纳生态修复费用，并在市级新闻媒体向社会公开赔礼道歉。

（一）“技术调查官 + 深度参审”：突破专家技术向法律执行的转化通道

漳州中院整合地质矿产、海洋渔业、畜牧兽医等 11 个生态领域 43 名中高级职称专家，组建漳州市生态环境技术专家库；出台《生态环境审判领域技术调查官管理办法（试行）》，明确准入、接续、激励、退出方式，规范机制运行。打破以往引入专家停留在咨询层面的做法，通过一案一聘让专家在具体案件中担任技术调查官，享有法官助理的法律身份，赋予其现场勘验权、调查询问权、文书署名权等，全流程参与各个审判环节，重点针对环境损害程度、生态修复方案和修复费用等核心要素给予技术支持。在调查取证阶段，技术调查官将技术解读融入各方磋商，通过到案发现场辅助实地勘查、取样等工作，针对污染现状明确争议区域，对环境损害鉴定范围、鉴定方法等提出建议，加强与鉴定机构沟通，提升鉴定质效，当事人对鉴定争议或申请二次鉴定的数量大幅减少。比对同类案件，技术调查官参审的案件鉴定周期平均缩短 60 ~ 90 天，鉴定费用平均降低 30% ~50%。在庭前会议阶段，技术调查官解释技术术语和技术背景，帮助法官引导各方当事人确认争议焦点，分析技术事实，释明生态案件涉及的矿产、土壤等专业性问题。在开庭审理阶段，技术调查官对同一技术问题从不同角度进行事实查明,出具技术调查意见,并列席合议庭评议,保证技术事实认定的科学性和客观性,技术意见被采纳的写入裁判文书,真正有了法律效力。

(二)"类型修复+强制履行":实现生态修复闭环管理

漳州中院聚焦被破坏的生态环境修复难度大、替代性修复无法标本兼治等问题,会同技术专家探索总结出山水林田湖草类型化修复模式,包括"削填引种"矿山修复、"增殖放流"江河修复、"引流冲污"溪流修复、"海砂回填"海域修复等。经过技术调查官的建议和论证,在司法实践中率先全国创新"植物富集"土壤修复模式,通过选取对铬和镍有超富集能力的植物,吸收重金属,降低受污染地块的有毒有害物质含量;率先引入"水草净化"池塘修复模式,降低污染水体重金属含量。

为确保修复模式落地见效,漳州中院创新发出"土壤净化令""水质净化令"等生态修复令状,将修复方案纳入被告人缓刑考验内容,用判决方式固定下来,由技术调查官指导被告人进行精准修复,实时跟踪纠正修复偏差。过去因缺乏技术支持,生态环境损害案件中往往采取判处罚金、缴纳生态修复费用等金钱罚的方式,判决原地修复的不足30%。引入技术调查官后,因地制宜、对症下药,提高了生态修复方案的技术可行性和经济合理性,法院通过判决具体修复行为,促使当事人参与受损环境修复的具体行为,做到金钱罚与行为罚并重,就地修复达到100%,实现生态治理从替代修复为主向原地功能恢复为主转变。缓刑期满后,法院与技术调查官及有关部门联合开展验收评估,实现生态修复闭环管理。

二、功能解读:生态环境技术调查官制度的比较优势

现有公开资料显示,目前技术调查官制度在生态刑事案件中得到运用的只有3件,但这3件个案还是充分释放了该制度的作用功效。

(一)与现有技术查明机制相比较,生存环境技术调查官制度更客观、更高效

以往的生态刑事审判领域对于专门性问题多是以鉴定意见、专家辅助人或者专家陪审员的角度解决,但是这些手段存在一些天然的不足。

首先,鉴定意见等专业性证据证成不足。在审理阶段,鉴定意见等专业性证据很难得到进一步的佐证。在实践中,往往是控辩双方均无异议便为合议庭所采纳,

但如果出现双方均对该鉴定意见存在异议时，审判人员受制于专业性的问题则很难进行取舍。虽然实操上可能对检方及其提供的鉴定意见进行毫无保留的采纳，但显然这有极大可能引发冤假错案。最为重要的是，如果一个案件中出现对同一争议问题的多份不同鉴定结果，或者由于专业限制、缺乏相应知识体系、无法取得唯一鉴定意见作为案件的佐证材料时，案件事实的查明会陷入泥沼。另外，从整体司法鉴定环境而言，鉴定机构多是以营利为主要的收入手段，也不可避免地造成了司法鉴定市场化的乱象，对司法鉴定的专业性、客观性产生了负面影响。①。到最后，审判人员无论是凭借“自由裁量权”的理念还是“有利被告人”的做法，都不能很好地还原案件的本貌，也难以彻底达到以事实为依据的理想状态，以此来结案并不能实现法的稳定力、确定力。

其次，专家辅助人可能具有偏向性。专家辅助人制度在实务上面临的最大问题就是中立与否的问题。专家辅助人是经由一方当事人申请而出庭对特定问题进行专业解释，申请方也是希望其作出对己方有利的解释。由于专家辅助人在法律知识上的不齐备或者其他经济、情感上的偏差，会作出利于一方的解释，很可能导致其作出的解释不中立，可能会让双方在专业问题上展开新一轮拉锯战，会出现申请重新鉴定等程序拖沓的问题，极大影响了案件的审理效率。因此，对于事实认定的专业性解答，一定要由中立方即人民法院掌握主动权，才能大幅度减少其偏向性。

最后，专家陪审员的案件参与度有限。专家陪审员虽然参与庭审和评议过程，但一般对案件中具体技术问题的了解不及技术调查官。在参与度有局限的情况下，如果专家陪审员对案件了解不够，那么普通案件审理中所存在“陪而不审”“审而不议”的现象在生态刑事案件中也难以避免。

反观生态环境技术调查官制度，它具备校准他类技术证据的功能。技术调查官的技术调查意见在很大程度上能够帮助审判人员规避他类技术证据上的雷区，也可以通过专业性解答和在控辩间的询问与被询问中避免要求重复鉴定的拖沓，

---

① 参见史秀灿：《刑事诉讼技术调查官制度研究——以知识产权刑事案件为切入点》，华东政法大学2020年硕士学位论文。

提高审判效率。譬如黄某树案件中，技术调查官除了深入现场外，还不断地与法院、检察机关、侦查机关、被告人、鉴定人等进行商谈和解答困惑，商议出受污染地块最适应的检测方法，并通过庭前会议的形式对鉴定意见进行分析，确认其科学性，最大限度地减少了当事人对鉴定意见的抵触和重复鉴定的概率，并且技术调查官对鉴定意见的评论也被该判决所采纳并体现①，是一次极好的尝试与互动。

（二）与知识产权技术调查官制度相比较，生态环境技术调查官制度更全面、更深入

生态环境技术调查官制度借鉴移植于知识产权技术调查官制度，二者存在共性，但也有所区别。

1. 参与案件的切入点不同。知识产权技术调查官着重于就现有提交的证据或者对线上采集的证据的研究分析，通过对证据的分析来认定是否构成侵权。而生态环境技术调查官则更注重于对案件现场的勘查，尽可能地深入案件现场进行实际的考察分析，将取证难、论证难的生态难题解决得更好、更准。

2. 诉讼参与范围不同。生态环境技术调查官诉讼参与范围更广，是全程参审的模式；知识产权技术调查官更注重对双方提供的证据、鉴定等专业性问题进行认定，仅局限在“判决之前”。在生态环境领域，由于生态环境案件的特性，决定了其修复的必要性，故生态环境技术调查官在判决后依然需要与法院、当事人保持一个良性的互动，还需实时跟踪修复的状态，及时指正修复环节中存在的问题和突发因素，确保生态修复的精准性。

3. 审判中的作用不同。知识产权技术调查官仅仅在技术性事实的认定上发挥其功用，而生态环境技术调查官则会间接影响最后的刑事判决。从上文可知，生态环境技术调查官还负责对生态环境修复方案的拟定和评估，并且纳入缓刑考验期的考验内容。一方面，使传统的金钱罚有了更好的替代性惩罚；另一方面，实刑变为缓刑也使“谁污染谁修复”提供了可能，使判决更能实现惩治犯罪、改善环境、降本增效“一判三赢”，取得良好的生态司法效益和社会效益。

---

① （2020）闽0626刑初144号刑事判决书：“技术调查官黄旭光认为福建历思司法鉴定所出具的《司法鉴定意见书》，适用于该案的生态环境损害价值评估。”

综上可以看出,较之知识产权技术调查官,生态环境技术调查官的特别之处在于指导后续生态修复的方向。生态刑事案件的任务不仅仅是定罪量刑、打击犯罪,还有后续被破坏的生态环境修复、恢复问题。当前实务上积极引导、敦促被告人以缴交"生态修复金"、替代性修复等多种方式弥补生态损害,是有其前瞻性考虑的。但就案涉环境的恢复来说这不一定是最好的选择,因为存在生态环境修复难度大、替代性修复无法标本兼治等问题。技术调查官在勘查、检验和后续的不断论证过程中,不断深入对案涉环境污染情况的了解,在其专业知识的支撑下,更容易形成对该环境修复的大致框架,因此,由技术调查官提出生态修复方案会更加专业和精准。回顾黄某树案件中,技术调查官针对该案污染地块的实际情况,建议采取植物富集法削减土壤中重污染物的含量。具体做法是在污染地块种植对特定污染物具有超富集作用的植物,种植的植物达到其生物量最大值后进行收割和减害化处理,并种上新的植物,直至污染地块修复完成(流程见图3)。法院以此作为修复的主要方向,委托第三方制定了相应的修复方案,该方案形成后由技术调查官进行评定,最终技术调查官认为修复方案编制依据与采用的技术标准规范科学,实施年限及修复目标设定合理,并进一步提出细化修复规程的调整意见,形成最终的修复方案。

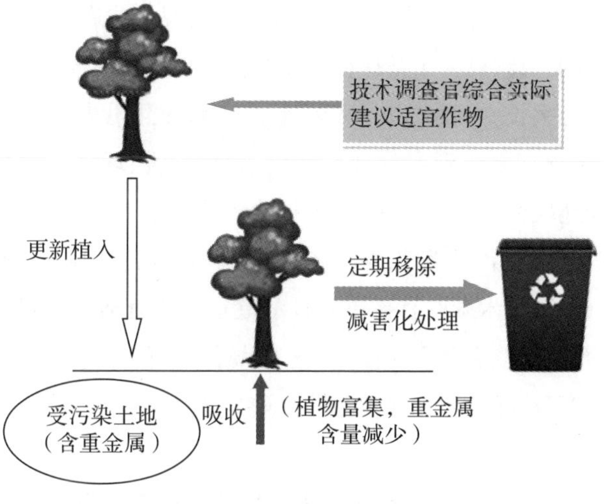

图3 生态修复流程

（三）与单纯由法官裁判释法相比较，生态环境技术调查官制度更具司法公信力

由于缺少专业技术支持，当事人往往对法院判决半信半疑。引入技术调查官全程参与案件审理后，充分发挥技术调查官的专业特长，辅助法官查明技术事实，对技术问题和修复方案作出专业判断，对当事人进行专业解读和专业指导，让当事人对判决结果更信服，执行判决的主动性和配合度更高。例如，因果关系确认的准确性一直以来都是生态刑事案件的难点。“引起或者被引起”的因果放置于生态刑事领域并非是简单的一前一后关系，其因果链条演变和拓展在不同的生态案件中是多种、多重表现形态，仅仅依据传统刑事规则，将使得被告人归罪问题处于陷入涸辙，故生态类犯罪因果关系的证明和认定，需要相关技术和方法的支持。技术调查官制度恰好能够解决审判人员在如此繁复的因果关系上的迷茫，运用其知识来推导行为与后果之间存在概然性还是必然性，而且在确定具有因果关系的前提下，在“多因一果”的案件中确定行为在因果关系中的作用力大小，可以使审判人员在量刑时可以适当斟酌，量刑更加精准，罪责刑更加适应，被告人更易接受。

更深层次地分析，适用技术调查官制度的案件，无论案件最终走向如何，技术事实问题的认定必然以另一种态势出现，当事人对公平正义的理解及体验应会有所不同。技术调查官制度体现了以裁判者立场所实现的传递与组织作用。基于专业技术知识，技术调查官更易于把握技术问题，以全面的、符合逻辑的、轻重有序的系统化视角审视全案技术问题，以补裁判者之不足，提升司法公信力。如黄某树一案中，两位技术调查官多次到案发现场辅助勘查、调查、取样等工作，通过科学采样、检测，对案涉地块受污染程度进行确认；全程参与鉴定机构的采样、送检环节，监督采样过程的合规性和严谨性，保证各个环节都在规范轨道上运行，确保证据保全规范、科学。此外，技术调查官参审案件的庭审网络直播点击量、微信推文阅读量均达上万人次，使企业和群众对修复生态环境体验更直观，受到的环境法治教育更深刻，实现生态司法效益和社会效益的双重提升。

三、反向思考：生态环境技术调查官制度运行可能存在的风险

从当前的制度运行情况来看，可以说，生态环境技术调查官为生态刑事审判装

上了“技术的车轮”、插上了“效率的翅膀”、夯实了“公信的基础”，但作为一项探索实践中的全新制度，不可否认，它还是存在很多不足和缺陷。

（一）正当性风险：身份定位模糊

作为一项全新的创设，生态环境技术调查官制度最大的软肋就在于缺乏权力来源。没有任何一项司法政策或法条为技术调查官这个角色背书，其身份定位、职责范围都没有制度基础。从实践情况来看，技术调查官在生态刑事领域的尝试中，或者说是整个技术调查官制度下，技术调查官的定位均是模糊的审判辅助人员，其作用是辅助法官对技术问题进行分析、认证，其技术调查意见具有封闭性，还需要通过法官进行认定。技术调查官的意见通过法官的判决转化为法庭的意见，其意见不具有独立性，当然这是无可厚非的。但是必须警醒的是，法官是终身负责制，必须承担对整个案件中所有认定的事实的真实性责任，如果技术调查官的意见通过法官认定转化为法官意见，那么对意见真实性的保证责任则理所当然的转化为法官责任，故技术调查意见不能被很好的监管。技术调查意见若无须承担法律上的后果，则会变成“台面之下的事实”，会导致意见的恣意，背离了引入该制度的最初目的。归根结底，生态环境技术调查官法律身份缺位的问题，会从本质上导致其违规履职的风险。

（二）中立性风险：采信机制缺失

目前，生态环境技术调查官制度中缺少对生态环境技术调查官意见采信的相关规定，实际上就是预设了生态环境技术调查官作为审判辅助人员受到法官的足够信任。但这又容易从鉴定中心主义走向技术调查中心主义，让人产生审判权让渡的担忧。技术调查官系审判辅助人员，其工作就是在专业领域为审判员提供技术支撑，但实践中仍应当警惕个别案件以“技术调查意见”代“审”，技术调查官变成了事实的直接认定者，成为案件走向的直接决定者，这违背了以审判为中心的原则。

首先，之所以产生这种担忧，是因为技术调查官在专业领域有着支配性优势。审判活动中权力与知识关系，是一种平等的“互动关系”①，这才达到一个良好的平

---

① 参见陈颖澍：《技术调查官的角色错位及矫正——以“辅助审判”和“隐性审判”对比分析为视角》，载马世忠主编：《司法体制综合配套改革中重大风险防范与化解——全国法院第31届学术讨论会获奖论文集》（下），人民法院出版社2020年版。

衡。技术调查官依托其专业性在技术查明机制中发挥了主力作用，帮助审判人员和当事人梳理案件争议焦点，提出技术调查意见等，在权力和知识关系中，具有“支配优势”。面对知识的不平等性，法官对于技术事实的认定，更多是形式上的审查，而非实质上审查，通过向技术调查官等专业人士寻求帮助以弥补自身知识的不足。这种在支配关系中所寻求的庇护，本质上是被支配的一种方式。另外，缺乏专业知识的法官不仅容易受到专业知识影响，也容易受到技术调查官的语势、眼神等所形成的知识轨迹的影响，从而形成“支配与被支配”关系，造成技术调查官偏离“辅助”性质，法官形成认知偏差。其次，技术调查官归责原则过于笼统。最高人民法院的《若干规定》规定技术调查官只有在提供虚假、误导或者重大遗漏的不实技术调查意见时会承担法律责任，但是否为虚假、误导很难去证明。而且，《若干规定》也明确表示对技术事实的认定由合议庭负责，技术调查意见只能是参考，那么技术调查官凭借自身优势形成甚至决定的结果最终归责于专业之外的审判员，这使技术调查官的权力并没有得到很好的制约，“绝对的权力导致绝对的腐败”①。而且，技术调查意见不对外公开，导致更难以监管到位。综上，技术调查官制度中出现审判权的让渡绝不是没有可能。

（三）推广性风险：制度保障不足

经济实用是制定任何制度措施都必须重点考虑的因素，但目前的生态环境技术调查官制度成本较高，制度保障不足将影响进一步实施和推广。比如，目前的技术调查官均为兼职，一案一聘，技术调查官都有本职工作，根据案件审理及保密要求，他们就需要多次往返法院或现场勘验、阅卷、开庭、评议等，怎么保证沟通联络顺畅、遇到诉讼活动和他们的本职工作发生时间冲突如何处理、如何激励他们在案件中付出劳动？这些目前都没有很好地考虑到。如果单纯依靠公益性，长此以往，技术专家的参与意愿必然下降，导致生态环境技术调查官不愿在生态环境案件中扮演更重要的角色和承担更重要的责任，该制度在完善推广上就会存在阻碍。

---

① 卞佳：《民事专家陪审制度研究》，西南政法大学2013年硕士学位论文。

四、理性建构：技术调查官制度在生态刑事审判领域的规范

笔者认为，生态环境技术调查官制度存在的上述运行风险，归根到底是因为这一制度的创建路线较不明确，基本上是中、基层法院的一种朴素实用主义的探索。因此，有必要跳出实用主义的思维定式，从制度建构的整体逻辑性上重新审视这一制度，构建起明晰的制度规范，才能实现该制度从局部试水到全面推广，真正发挥技术调查官在生态刑事审判领域的作用。

（一）原则上，坚持以技术调查官为基础的多元化技术事实查明队伍建设

知识产权领域初步建成了以技术调查官制度为基石，以技术咨询制度、专家陪审员制度、专家辅助人制度、技术鉴定制度为重要组成部分的多元化技术事实查明机制①，这是生态刑事领域需要借鉴和坚持的。在生态刑事审判中引入技术调查官制度具有紧迫的现实意义。但如上文所说，技术调查官制度仅是补充而不是代替，就是起到“兼听则明”的效果，只有多渠道不同发展和认证，在多渠道上达到统一，才可能最接近案件事实的真相。技术调查官制度应与其他三种案件技术事实查明方法构成“四位一体”的技术查明体系，四种方法在运用上彼此独立、不可替代，但又互相配合，有机协调，可大大弥补单一的技术事实查明方式存在的缺陷与不足。

考虑到技术调查官制度简便、高效的特征及在实践中取得的良好效果，建议构建以技术调查官为基础的技术事实查明机制，充分发挥技术调查官制度效率高、成本低、参与度高的优势和特点，叠加、递进地使用其他案件技术事实查明方法，以最大限度地整合力量，查明生态刑事审判中的事实问题。根据案件难易程度的不同，有的待证事实比较简单，仅通过专家自身的知识、经验、技能就可以进行解释和说明。而有的待证事实则比较复杂，可能涉及行业前沿的尖端问题，这就需要专家具备较高的知识储备。因此，四种案件技术事实查明方法可有针对性地适用，并将技术调查官制度作为一项基础性的制度进行普及和推广，在第一层面消除生态刑事审判中的事实查明难题。若仍然无法解决，则需寻求进一步的技术支持，如外部的技术咨询、专家陪审、司法鉴定等。

---

① 参见乔文心：《让“技术事实认定”中立、客观、科学——近五年中国法院多元化技术事实查明机制建设发展综述》，载《人民法院报》2019 年 11 月 8 日，第 1 版。

此外，要形成权力和知识的互动性，就一定要建立联动的技术事实查明机制，将每项机制串联起来，相互制衡又相互促进技术事实的查明，而非听取一家之言。一方面，明确各项机制特点，使其相互配合互促互助。对于一些高难复杂的案件，邀请相关领域专家进行查明。在技术调查官人数有限的时候，灵活选任特定领域的专家审判员。完善鉴定人出庭制度，使得其鉴定意见接受质证。根据专家辅助人代表当事人利益等诉讼地位、身份性质，考虑其参与诉讼的阶段从庭审延伸至庭前。另一方面，明确各位事实查明者的责任和查明意见的效力顺位。技术调查官作为技术事实查明的主力军，其意见效力高于鉴定意见、专家证人证言、专家咨询意见等。加强技术调查官和其他事实查明者的工作衔接和组织，尊重当事人申请的专家辅助人意见，并与鉴定人意见相互制约，同时有益探索专家审判员，视情况补充专家咨询意见。

（二）定位上，赋予生态环境技术调查官权力来源

生态环境技术调查官制度是一种辅助司法裁判的手段，而不是目的。这与司法裁判本身不同，司法裁判既是矫正不正义的手段，其自身也具有程序正义的目的性。要在生态刑事审判中确立技术调查官制度，亟须赋予其合法的权力来源。技术调查官制度在知识产权审判中确立的直接法律依据是最高人民法院《关于技术调查官参与知识产权案件诉讼活动的若干规定》，而该司法解释是对全国人民代表大会决定的具体落实。全国人民代表大会常务委员会《关于在北京、上海、广州设立知识产权法院的决定》审议时明确提出要探索建立技术事实调查制度。目前，在环境资源审判领域，尚无任何可以援引的法律依据，从全国人大的顶层设计来看，亦未明确涉及关于环境资源审判技术调查问题的具体改革精神。

2015 年 6 月 3 日起施行的最高人民法院《关于审理环境侵权责任纠纷案件适用法律若干问题的解释》第 8 条对环境资源审判中司法鉴定的适用进行了一定程度的扩张。该条规定："对查明环境污染案件事实的专门性问题，可以委托具备相关资格的司法鉴定机构出具鉴定意见或者由国务院环境保护主管部门推荐的机构出具检验报告、检测报告、评估报告或者检测数据。"这是为弥补我国环境损害司法鉴定机构过少的现实缺陷，着力于突破环境损害鉴定这一困扰环境资源审判的瓶颈问题而作出的规定。但该条款仅是对司法鉴定这一案件技术事实查明方法的扩张,该司法解释并未能拓展其他案件事实查明方法,留有遗憾。2021 年施行的最高人民法院《关于适用〈中华人民共和国刑事诉讼法〉的解释》第 100 条第 1 款“因无鉴定机构,或者根据法律、司法解释的规定,指派、聘请有专门知识的人就案件的专门性问题出具的报告,可以作为证据使用”的规定,似乎又为技术调查官的正当性提供了些许曙光,但技术调查官的诉讼地位仍旧尴尬。为此,笔者建议根据国家发展战略及中央司法改革精神,尽快通过立法或司法解释的形式,赋予生态环境技术调查官制度权力来源,明确其作为技术助理的审判辅助人员诉讼地位。

(三)制约上,建立“事前—事中—事后”中立性风险规避路径

一是事前,选任机制的优化。通过研读漳州中院出台的两份关于生态环境技术调查官制度的文件,总结生态环境技术专家库的资格确认标准为:(1)德才兼备,突出选择生态领域为重点之专业技术人员;(2)具有本科以上学历(高级职称不受限)、中级以上专业技术资格、相当年限之从业经历;(3)违法、违纪、受处分之排除;(4)须经有关单位、组织推荐和漳州中院审核。笔者认为,该资格确认标准比较符合现阶段技术调查官引入生态刑事审判的现状,恰如其分地将准入领域限定在生态相关的范畴,使得提供技术调查更具针对性。形成多名专家学者的智库,实施一案一聘,能有效解决技术事实查明人才来源单一、领域不均、供应不足等问题。此外,还要适时扩大生态环境技术专家库,避免有关人员准确预料生态环境调查官的人选并施加影响。

二是事中,采信机制的完善。首先,要明确法官在技术调查意见采信方面的自由裁量权。绿色发展理念要求在生态环境司法裁判中既要考虑生态环境因素,也要考虑社会经济因素,因此即便在技术调查意见和鉴定意见真的能完全反映客观事实的情形下,法官对于生态环境损害赔偿金的判罚实际上也不应当仅仅依据客观事实来判定。更何况由于科学的不确定性,技术调查意见不可避免地受主观因素的影响,而不可能完全反映客观实际,因此,更应当明确和扩大法官在认定技术调查意见上的自由裁量权。其次,要细化技术调查意见规范。在形式上,技术意见调查报告必须是技术调查官参与诉讼程序后书面作出,并在技术调查意见上署名确认,但是技术调查官在参与诉讼时就专业性问题临时向司法人员作出的解释除外。技术调查官出具技术调查意见还应符合期限要求,即需要在案件进行最终评议之前作出。技术调查官出具的技术调查意见只能够针对案件中特定的专门性技术事实或者有争议的科学证据，超出范围的应不予采纳。在关联性层面，技术调查意见需要与具体案件具有直接关联，即技术调查意见不应具有普适性，应针对个案作出，个案中的具体信息都应当在技术调查意见之中体现，即便有其他相似案件涉及相似的专门性技术事实已经作出过技术调查意见，也不得直接进行适用。在内容分析层面，技术调查意见必须要将获得结果所依据的材料、过程等进行详尽的体现。此外，对于存在争议的科学证据的认定，技术调查官必须将控辩双方的观点和结论进行比对后得出调查意见，如得出的技术调查意见有引用或者参照专业性数据资料，还需要注明出处供司法人员最终核实。在结果层面，技术调查意见中针对专门性技术事实或者科学证据的认定结果必须明确，不可出现模糊或者模棱两可的情形，以此便于司法人员更好地进行甄别，也便于对瑕疵或者错误的技术调查意见出具者进行问责。但该等要求不应包括问题分析性质的技术调查意见。

三是事后，责任机制的严明。为了更好地发挥技术调查官的作用，必须明确技术调查官应当承担的责任，对于技术调查官违法行使职责的行为应当予以惩处。技术调查官不应对其具出的技术调查意见报告无条件免责。责任机制能够对生态环境技术调查官的违法行为形成震慑，但这更多的是一种事后的惩罚机制，而并非常态的制度运行规则。

（四）保障上，拓宽生态环境技术调查官制度的资金来源

生态环境技术调查官制度的资金保障不足问题将严重阻碍该制度的发展。为使生态环境技术调查官真正负担起查明生态环境损害情况、制定生态环境修复方案的责任，有必要赋予他们与这一责任相匹配的权利。笔者认为，可以引入生态环境损害赔偿资金用以支付生态环境技术调查官的相关费用。根据《生态环境损害赔偿资金管理办法（试行）》第 8 条的规定"生态环境损害赔偿资金统筹用于在损害结果发生地开展的生态环境修复相关工作"，而生态环境技术调查官制度就是为了更好地修复受损生态环境，因此，将生态环境损害赔偿资金用于支付生态环境技术调查官的相关费用，并未超出其法益范围，是符合生态环境损害赔偿金创设目的的。

（五）协作上，探索公检法全覆盖的生态环境技术调查官制度

在生态环境刑事诉讼中针对事实认定部分，仅依靠技术调查官在法院审理阶段发挥的作用有限，有必要在刑事诉讼的各个阶段都引入技术调查官，形成以技术调查官协作为路径的事实查明辅助机制，使裁判达到“事实清楚，证据确实、充分”。比如，技术调查官在侦查阶段介入，首先可以弥补侦查人员专业技术方面的短板，其次充当侦查人员的技术助理，对技术事实的调查范围、顺序、方法提出建议，指导、协助侦查人员收集司法鉴定所需的材料，从而保证鉴定意见的稳定性和可靠性，为接下来的起诉和审判阶段打下坚实的基础。将生态环境技术调查官制度的应用领域，由审判机关延伸到检察机关、侦查机关，有利于为统一执法司法办案尺度提供专业支持，完善生态环境多元共治共享格局，

余　论

福建漳州中院探索的生态环境技术调查官制度，借鉴移植于知识产权领域的技术调查官制度，运行一年多以来，在生态刑事审判领域展现出了极大的活力和张性，具有极强的现实意义和应用价值。但综合该制度在生态刑事审判领域的运用，技术调查官这个名称概念已无法再准确涵盖其全部内涵外延，笔者认为，未来是否可以在生态环境技术调查官基础上，更名为生态环境司法技术官，以更准确地界定其身份定位，体现其在生态司法过程中发挥的作用。当然，关于生态环境司法技术官命名的科学性、职责范围、配套机制等相关论证，囿于篇幅，本文不再探讨，但可以作为今后继续研究的方向。我们有理由期待在生态环境技术调查官制度的理论与实践的持续对话中，形成一套解决生态审判“疑难杂症”的中国智慧和中国方案。受资料局限及作者能力限制，文中分析和观点难免会有失偏颇，但只要能够引起对生态环境技术调查官制度的关注和审视，这种尝试就是值得的。

恢复性司法理念在环境行政处罚中的应用路径探究

张　弦　李会利*

摘　要：传统的环境行政处罚更多彰显的是事后制裁功能，难以真正达到事前预防环境违法行为与保护环境要素免受侵害的目的，且因惩罚措施严苛、处罚方式单一、能动性不足等问题，易引发行政纠纷。为突破这一困境，兼顾预防环境行政纠纷与保护生态环境的双重目标，本文提出将恢复性司法理念引入环境行政处罚领域。从环境行政处罚的功能定位、恢复性司法理念与行政处罚立法宗旨等相一致、在行政领域的应用优势与动力等角度论述恢复性司法理念的可行性。在适当借鉴域外恢复性环境行政执法经验的基础上，从恢复性司法理念的适用原则、适用条件、范围及限度、适用方式等方面提出恢复性司法理念应用于环境行政处罚的路径构想，即在处罚法定、保护优先、比例原则的框架下，在违法事实已经确认、行为人明知且自愿的基础上，环境行政机关在行政处罚过程中恢复性执法，司法机关加强引导、衔接与补充，注意环境保护的整体统筹，共同减轻或修复污染环境、破坏生态行为造成的危害，预防和化解环境行政争议，提升环境治理能力。

关键词：恢复性司法　环境行政处罚　行政争议化解

引　言

《黄帝内经素问》云："是故圣人不治已病治未病，不治已乱治未乱，此之谓也。

---

* 张弦，江苏省如皋市人民法院审判员；李会利，江苏省南通经济技术开发区人民法院审判员。

夫病已成而后药之，乱已成而后治之，譬尤渴而穿井，斗而铸锥，不亦晚乎！”①可见，中医注重“治未病”，即较之事后治疗，更重视积极预防。行政争议犹如人体患病，不可避免，但与其待疾病生成而治，不如防患于未然。申言之，“治未乱”才是国家治理的上策。传统的行政争议化解机制主要包括行政复议、行政诉讼、信访、行政调解等，侧重于事后化解，对如何预防行政争议鲜有涉及。然而，环境行政争议因涉及环境公共利益，易受公众关注，甚至易引发群体性事件。因此，环境行政争议的预防尤为重要，而预防机制的研究需以了解环境行政争议的成因为基础。笔者通过分析所在法院受理的环境行政案件类型，发现其中大部分系因不服行政处罚而引发，继而剖析传统环境行政处罚方式易引发争议的原因：一是传统的环境行政处罚方式重惩罚而轻预防、救济，加之法定的处罚力度加大，易导致行政相对人不服处罚决定进而诉讼、信访；二是传统的环境行政处罚方式易导致公众对生态环境主管部门实质性解决环境问题的期待难以实现，即人民群众对美好生态环境的需求与生态环境主管部门保护和改善环境的效果之间存在矛盾，可能引发群体性纠纷。基于此，本文通过借鉴司法实践及域外相关有益探索，提出在环境行政处罚领域应用恢复性司法理念，以期推动预防和化解环境行政争议、提升生态环境治理能力的目标实现。

一、行政诉讼视域下环境行政争议的现状及成因

（一）环境行政争议的现状分析

基于江苏省的环境资源审判机制改革，江苏省南通经济技术开发区人民法院从2018年7月1日起受理南通的一审环境行政案件，从2019年9月1日起受理南通、扬州、泰州的一审环境行政案件。该区域位于长江中下游，且南通市地处长江入海口，加之环境资源类案件具有流域性特征，因此，该区域的环境资源类案件对于反映长江流域的环境资源类案件现状，进而折射全国的案件情况，具有重要样本意义。笔者分别以2018年7月1日至2019年6月30日、2019年7月1日至2020年6月30日、2020年7月1日至2021年6月30日、2021年7月1日至2022年4

① 《黄帝内经素问》，王冰撰注，鲁兆麟等点校，辽宁科学技术出版社1997年版，第5页。

月1日四个时间段进行统计,发现相关数据呈现环境行政争议的结构特征。具体如表1所示。

表1　四个时间段环境行政诉讼案件受理数和不服环境行政处罚案受理数一览

单位:件

受案时间	环境行政诉讼案件受理数	不服环境行政处罚案受理数
2018年7月1日至2019年6月30日	59	52
2019年7月1日至2020年6月30日	66	41
2020年7月1日至2021年6月30日	45	22
2021年7月1日至2022年4月1日	32	23

资料来源:人民法院综合信息管理平台

上述统计数据表明,在四个统计时段内,不服环境行政处罚的行政诉讼案件受理数分别占环境行政诉讼案件受理总数的88.1%、62.1%、48.89%、71.88%。

为确保论证的合理性,避免样本的个体差异带来的数据偏差,笔者对最高人民法院近年来发布的环境资源审判白皮书、环境司法发展报告进行了检索,发现其中虽未载明环境行政处罚案件的受案数,但对环境行政审判的整体状况和环境行政诉讼结构进行了分析。在《中国环境司法发展报告(2015—2017)》中,相关学者根据2012年以来的环境行政裁判文书分析得出,环境行政案件类型多元、内容复杂,具体表现为案件数量总体较少、行政处罚类案件一支独大、诉讼参加人类型相对集中等。①《中国环境司法发展报告(2019)》对全国法院2014年至2019年环境行政案件一审收结案数量及案件类型进行分析,表明环境行政案件中的行政行为以行政处罚、行政许可、行政批准等较为常见,行政处罚类案件数量最多。②

上述统计数据及分析一致反映,在行政诉讼视域下,环境行政处罚是环境行政

① 参见丁瑶瑶:《最高法发布环资审判白皮书和环境司法发展报告》,载《环境经济》2017年第14期。

② 参见最高人民法院环境资源司法研究中心、清华大学环境资源与能源法研究中心联合课题组:《2019年环境司法回顾与展望:持续推进环境司法制度成熟定型》,载微信公众号"中国法律评论"2020年5月8日,https://mp.weixin.qq.com/s/Nztxmin5 YMrlgi75r5xog。

争议的主要类型。尽管争议会暴露出既有制度的缺陷与不足,为其完善提供方向和内容指引,但不可否认的是,争议意味着对秩序的破坏,而秩序是法律追求的首要价值。[①] 维护社会秩序和稳定,既要注重及时有效地化解争议,更要从源头上预防和减少争议的发生。论及争议的预防,则须追根溯源、诊断病因。

(二)传统环境行政处罚易引发争议的原因

1. 惩罚措施严苛

环境行政处罚是针对环境违法行为进行的制裁与规制,系行政处罚在环境法领域的具体适用。[②] 因此,制裁性是环境行政处罚的固有属性。2014 年《环境保护法》因引入按日连续处罚、查封扣押、限产停产、移送行政拘留等规定,被称为"史上最严"的环保法。从宏观上对比 1989 年《环境保护法》与 2014 年《环境保护法》的行政处罚设置,可以看到行政处罚的力度整体提升。[③] 后者跳过"警告"这种最轻微的行政处罚方式,直接始于罚款,并延展至行政拘留这一限制人身自由的行政处罚。此外,多处出现关停的处罚措施,等同于结束企业的生命,对企业的影响可谓巨大。加之关停企业带来的地方经济压力、劳动力过剩等问题,均有可能成为引发环境行政争议的导火索。根据报道,2018 年全国环境行政处罚案件 18.6 万件,较 2014 年增加 124%。[④] 在如此庞大的案件基数和严厉的制裁措施之下,不服环境行政处罚的行政诉讼案件成为环境行政诉讼的"主角"不足为奇。

2. 处罚方式单一

环境法律法规规定了环境行政处罚的诸多种类,包括罚款、警告、停止生产和使用、责令停止建设等,大致可分为三类:一是声誉罚[⑤],主要是警告;二是财产

---

① 参见刘莘、刘红星:《行政纠纷解决机制研究》,载《行政法学研究》2016 年第 4 期。

② 参见杨帆、李传珍:《"罚款"在我国环境行政处罚中的运用及绩效分析》,载《法学杂志》2014 年第 8 期。

③ 参见郭武、姜潇:《〈环境保护法〉修订案中环境行政功能之反思与批判》,载《西部法学评论》2018 年第 1 期。

④ 参见李飞:《"史上最严"环境保护法实施四年多,环境行政处罚案件增 124%》,载腾讯内容开放平台,https://xw.qq.com/cmsid/20190929A0HSKE00。

⑤ 参见乔世明:《环境损害与法律责任》,中国经济出版社 1999 年版,第 201、206、213 页。

罚[①],主要是罚款、没收违法所得;三是行为罚[②],包括责令停产、停业,吊销许可证等。由于罚款具有执行简便、快捷高效等特点,所以无论是在立法层面还是在行政执法实践中,罚款都是适用情形最多、应用范围最广的一种行政处罚措施。可以说,罚款是行政机关的偏好性处罚方式,[③]但在执法实践中,面临自由裁量权较大、处罚标准不一等问题,甚至会导致罚款功能的异化,如"以罚代管"等。生态环境主管部门一旦习惯于将罚款作为主要处罚方式,便容易忽视对违法主体的指导与正向激励,而违法主体缺乏积极改正违法行为的外部推力与内在动力。在此情况下,非但难以实现保护环境的终极目标,反而会使生态环境主管部门与违法主体之间的关系变得机械且脆弱,易引发环境行政纠纷。

3. 执法能动性不足

根据《行政处罚法》第 32 条及《环境行政处罚办法》第 6 条的规定,行政机关应当根据当事人改正违法行为的态度、所采取的改正措施及效果行使自由裁量权,对于主动消除或减轻违法行为危害后果的,应当从轻或减轻行政处罚。然而,在环境行政执法实践中,囿于执法力量、考核指标、办案期限等因素的制约,环境行政处罚大多重处罚而轻救济、预防。大多执法部门经过立案、调查取证等程序,固定环境违法事实后,即进入案件审查、处罚告知、听证等程序,随后作出行政处罚决定。在此过程中,很少对当事人改正违法行为、消除污染等情节进行认定及综合考量,并据此调整处罚结果,更缺乏引导当事人消除污染、修复环境的执法能动性。此种能动性的缺乏,一方面,使环境违法问题不能在行政执法层面及时解决,违法主体出于守法成本等因素考虑,缺乏积极改正违法行为、修复环境的动力,导致违法行为屡禁不止;另一方面,行政机关未能将惩罚效能放大,并及时转化为一般预防。大多数环境行政处罚从本应呈现出的"查—改—罚"模式简化为"查—罚",取消了矛盾缓冲地带,使潜在的环境行政纠纷更加凸显。例如,某船业公司露天堆放废砂、废钢材等一般工业固体废物,当地生态环境局检查发现该违法行为并责令改正,该公司随即整改。后生态环境局作出行政处罚事先听证告知书,某船业公司认

---

① 参见刘景一、乔世明主编:《环境污染损害赔偿》,人民法院出版社 2000 年版,第 321 ~ 327 页。

② 参见应松年、刘莘主编:《行政处罚法理论与实务》,中国社会出版社 1996 年版,第 49 页。

③ 参见阎锐:《行政处罚罚款设定普遍化研究》,载《行政法学研究》2005 年第 2 期。

为其已及时整改,申请听证。听证过程中,执法人员对整改情况予以认可。其后,生态环境局作出行政处罚决定,既未认定某船业公司整改的事实,也未载明整改情况对量罚的影响,同时认为某船业公司所陈述的理由不影响对违法事实的认定。某船业公司不服,提起行政诉讼。该案中,生态环境主管部门仍然停留在传统的"违法事实存在—进行处罚"的单一执法理念上,未能将引导当事人整改、修复与行政执法有机衔接,造成了"重处罚轻治理"的不良效果。

二、恢复性司法理念的引入及借鉴

(一)恢复性司法理念的提倡与引入

1. 环境行政处罚的功能定位

环境行政处罚制度的本质是行政处罚制度在环境领域的运用。作为行政处罚的一种,环境行政处罚与治安管理处罚、税务行政处罚等分别在不同的行政领域发挥作用,既具有行政处罚的共性,又有自身的个性。除了具有传统行政手段的功能和优势外,环境行政处罚的特殊性在于引入了风险预防、环境正义、公众参与等环境理念,必须结合环境问题的特色才会使其更能发挥在应对环境危机方面的独特作用。运用行政处罚手段规制环境行政违法行为,一方面是通过规范日常的环境管理以预防环境危害的发生,另一方面是对已经发生危害的环境违法行为进行惩戒。① 因此,环境行政处罚本身并非目的,而应将其定位为预防和制裁环境违法行为、提升环境治理能力、有效保护和改善环境质量的一种手段。

现代化的环境治理路径,应当将生态环境作为一个整体性范畴来看待与保护。环境行政处罚通过惩治违法主体,虽然有助于实现特殊预防与一般预防的目的,避免将来可能发生的环境损害,却不能弥补已经产生的环境损害。因此,对于人类活动给生态造成的损害,不仅要施以经济上的制裁,更要以恢复生态的方式予以弥补,以谋求人类和环境的双重可持续发展。② 从环境整体角度来看,人类仅是自然

---

① 参见程雨燕:《环境行政处罚研究:原则、罚制与方向》,武汉大学2009年博士学位论文。

② 参见郭武、姜潇:《〈环境保护法〉修订案中环境行政功能之反思与批判》,载《西部法学评论》2018年第1期。

环境系统中的一个部分……生态中心论并不是脱离人类利益去抽象地看待环境法益,保护环境的最终目的仍是保护人类利益,但这是一种未来的、预期的利益,就现实保护而言,只能转移为保护与人类生存密切联系的现实整体环境。[①] 从这一意义上讲,在环境行政处罚中凸显恢复性生态责任的功能尤为重要。恢复性生态责任要求不再简单地对污染主体直接科以高额罚款、关停等行政处罚,而是强调对生态环境的修复,在规定期限内尽可能消除违法行为造成的环境损害,恢复生态原貌。这正是恢复性司法理念在环境行政处罚领域的运用。

2. 恢复性司法理念的应用可行性

恢复性司法理念作为一种合意机制,为矛盾对立的双方营造了对话的氛围与空间,将其引入环境行政处罚领域,可称为恢复性执法。从更高层次上看,恢复性执法是一种新的利益争端解决方式,即环境行政争议化解机制。其主要表现为,生态环境主管部门在执法过程中,通过与违法主体建立对话关系,改变传统执法模式对行为人单纯的惩罚、矫正,更多从教育、指导的角度出发,以协商、调解等为基本手段,引导行为人主动改正违法行为,或者责令行为人采取停止侵害、排除妨害、恢复原状或者修复环境等措施,使行为所侵害的生态环境得到及时有效修复,将行为对国家、集体和公众利益造成的损害降到最低,从而对行为人从宽处理。恢复性执法实质上是生态环境主管部门代表"被害方"与违法主体就如何修复环境、弥补被破坏的社会关系进行协商。违法主体在优惠处罚的条件吸引下,基于趋利避害的本性,愿意主动参与协商,以较小的利益损失为代价,获得较轻的处罚。生态环境主管部门基于法律原则、自身职责以及司法机关的监督与引领,加之机械处罚可能引发的诉讼、信访等风险,亦会产生引导违法主体协商、修复的内在动力。因此,恢复性司法理念的引入对于预防和实质性化解行政争议具有根本性意义,具有理论与现实的可行性。

一是与行政处罚的立法宗旨相一致,本质上属于补救性的环境行政责任。有学者认为,根据责任功能和目的的不同,可将环境行政责任划分为惩罚性环境行政责任和补救性环境行政责任。后者是指环境行政违法行为主体补救履行自己的法

---

① 参见周光权:《刑法各论》,中国人民大学出版社 2016 年版,第 421 页。

定义务或补救因自身违法行为所造成的危害后果,以恢复遭受破坏的环境行政法律关系和行政法律秩序为目的的环境行政责任。[①] 从规范主义的视角观察,《行政处罚法》第32条第1项规定,当事人主动消除或者减轻违法行为危害后果的,应当从轻或者减轻行政处罚。该规定实质上是恢复性司法理念的体现。具体到环境行政处罚领域,消除或减轻违法行为的危害后果一般表现为对环境违法行为进行整改,并履行生态恢复责任。因此,恢复性司法理念在环境行政处罚领域的应用具有立法支撑,实质是要求行为人履行补救性的环境行政责任。

二是与环境行政处罚的风险预防、生态恢复功能相契合。"预防为主"是环境保护的一项基本原则。环境行政处罚设置的初衷是惩治违法,保护环境与自然资源不受侵害。因为空气、土壤、水等环境要素一旦受到污染,修复时间长、难度大、成本高,因此从源头上预防和控制污染是最有效的保护手段。在完善环境行政处罚的过程中,需要立足于保护环境、风险预防,改变机械、单一的惩罚思路,引入柔性、多样化的执法方式,引导和激励企业增加环保投入、优化环保设施,对于已造成的污染后果及时修复。恢复性司法理念能够使该目标更好地实现,并起到预防环境行政争议产生的效果。

三是与环境犯罪及行政违法之间的逻辑关系相符合。恢复性司法理念可适用于社会危害性大的环境犯罪行为,势必可以应用于社会危害性相对较小、属于同一性质的环境行政违法行为。在司法实践中,生态环境、水务等行政主管部门在污染环境罪、非法采砂罪等案件办理过程中,已逐步形成损害评估、赔偿磋商[②]等机制,注重与行为人就生态损害赔偿问题进行磋商,引导其通过缴纳生态修复资金等方式修复受损的生态环境,并将磋商及赔偿结果及时向办案机关反馈,以运用于刑事裁判结果。"举重以明轻",恢复性司法理念自然可以适用于行政处罚领域。

3. 恢复性司法理念的应用优势与动力

相较于恢复性司法理念在环境司法中的应用,其在环境行政处罚领域更具应用优势。一方面,从实施主体来看,生态环境主管部门以配套资金、人员、技术为基

---

① 参见吕忠梅主编:《环境法学概要》,法律出版社2016年版,第211页。

② 2017年9月,江苏省南通市在江苏省率先出台《南通市生态环境损害赔偿制度改革试点实施方案》;2018年10月,江苏省人民政府办公厅印发《生态环境损害赔偿磋商办法(试行)》等文件。

础，以诸多法律制度为工具，以执法机制为保障，通过恢复性执法来预防环境公共利益受到损害，指导和参与环境修复工作，是最优选择。① 相对于司法权的中立、被动及事后救济等特点，生态环境主管部门在专业性、能动性、效率性等方面具有不可比拟的优势，可以采取的措施更为丰富，更有利于生态环境的保护和修复。另一方面，从生态修复的及时性看，环境违法行为一般由生态环境主管部门先发现、先调查，而一旦进入刑事诉讼程序，则需经过侦查、起诉、一审甚至二审，再进入执行程序，可能需要几年。如果由司法机关主导环境修复工作，则会错失最佳修复时机，甚至导致污染扩大。因此，无论是环境行政处罚案件，还是污染环境犯罪案件，由生态环境主管部门引导行为人进行生态修复或技术改造等，都应当是最优选择。

将恢复性司法理念引入环境行政领域，尽管缺乏立法的刚性约束，但公众和司法监督产生的外在压力会转化为环境保护部门的内在动力。比如，民行交叉案件中，违法主体非法排污给下游养殖户造成经济损失，生态环境主管部门如果仅一罚了之，而不指导违法者消除污染、修复环境，那么下游养殖户除了主张民事赔偿责任之外，很可能会通过投诉、信访、提起履行法定职责之诉等方式要求生态环境主管部门督促违法者履行生态恢复责任。又如，生态环境主管部门在行政处罚过程中不督促违法主体消除污染、修复环境，将会面临检察建议、司法建议、行政公益诉讼，甚至可能因行政处罚明显不当承担败诉风险。概言之，生态环境主管部门基于上述压力和风险，为预防、减少行政争议及诉讼风险，会产生恢复性行政执法的内在动力。

（二）域外恢复性环境行政执法的经验借鉴

1. 美国替代环境项目

美国在20世纪末创设补充环境项目政策②，或译为替代环境项目③（Supplemental Environmental Projects Policy，SEPs），是指行政相对人在行政执法活动中承

① 参见王明远：《论我国环境公益诉讼的发展方向：基于行政权与司法权关系理论的分析》，载《中国法学》2016年第1期。

② 参见梁晓敏：《环境行政罚款的替代性履行方式研究》，载《中国地质大学学报（社会科学版）》2019年第3期。

③ 参见何勤华、靳匡宇：《行政和司法衔接视域下长江环境替代性修复方式研究——以美国替代环境项目为镜鉴》，载《法治研究》2020年第2期。

担的、非法律要求执行的、对环境有益的项目或活动。① 替代环境项目作为替代性的恢复方式,以生态环境整体思维为基础。出于合法性考虑,替代环境项目必须与环境违法行为存在合理关联。在具体操作中,将替代环境项目与金钱处罚挂钩,通过 SEPs 达成和解协议替代部分民事罚款②,实现阶梯性豁免。根据相关因素评估项目履行情况,以此确定减轻责任的比例,评估因素包括对公众或一般环境的好处、创新性、环境正义及污染防治等。

大部分替代环境项目在环境监管机构的主导下完成,但在部分公民诉讼③中,相应的替代环境项目在司法环节得以达成。第三方对约定了替代环境项目的调解协议提出异议时,可以由法院确认其合理性。

2. 德国、瑞士的环境保护体系

在德国、瑞士的环境保护体系中,生态环境主管部门是中坚力量,司法机关主要起监督作用。公众对环境保护的参与度较高,对于损害自身利益的污染环境、破坏生态行为,往往不通过民事诉讼寻求救济,而是首先向行政主管部门反映,对处理不满意的,可以提起行政诉讼。司法机关对行政主管部门制定的环境标准以及在处理环境纠纷过程中作出的技术性判断高度尊重。

在德、瑞两国,无论是环境行政执法还是环境司法,都将预防为主视为首要原则。行政机关注重源头治理,制定严格的环境质量和排放标准,对污染环境、破坏生态行为能够及时、主动依法治理,行政不作为或乱作为的现象鲜有出现。生态环境主管部门的主要职责是防止危险发生、固定证据和修补损害等。在环境污染、生

---

① 参见王明远:《论我国环境公益诉讼的发展方向:基于行政权与司法权关系理论的分析》,载《中国法学》2016 年第 1 期。

② 美国民事上的金钱惩罚是指由于违反法律法规及行政命令,由行政机关或者法院给予经济上的制裁,且应上缴美国国库。在美国需要对违反行政法律法规义务进行罚款时,多数情况下由主管行政机关或独立委员会向普通基层法院提起民事诉讼来解决。因此,在美国将行政罚款称为"民事罚款"。参见陈太清:《美国罚款制度及其启示》,载《安徽大学学报(哲学社会科学版)》2012 年第 5 期。

③ 公民诉讼属于公益诉讼的一种,是指制定法尤其是环境保护制定法授权公民、公益组织、政府机关等等一切适格的主体,依据法律的授权,针对其他主体的违反环境保护法律或怠于执行环境保护法律的行为,向法院寻求强制令和罚款的诉讼。参见朱丽:《美国环境公共利益诉讼的司法保护及对我国的启示》,载最高人民法院环境资源审判庭编:《环境资源审判指导》总第 5 辑,人民法院出版社 2018 年版。

态破坏发生后，国家先承担修复责任，并作出行政命令向责任人追偿。在多个主体造成同一损害的情况下，环境保护行政主管部门有权决定损害金额和每个污染者的责任比例，严重的科以行政处罚，如没收违法所得、罚款等，如污染者对行政处罚决定不服的，可以提起行政诉讼。①

德国、瑞士环境司法的另一项重要原则是注重环境修复，而非简单的损害赔偿。对于环境损害，以恢复原状为原则；如果技术或经济上不可行，则采取异地恢复的替代性办法；纯粹的损害赔偿是最后的选择。

三、恢复性司法理念应用于环境行政处罚的路径构想

（一）恢复性执法理念的适用原则

1. 处罚法定原则

有学者从立法论的角度提出，生态恢复责任旨在督促企业矫正其违法行为对整体生态环境造成的负外部性，契合行政处罚维护公共利益的制度目的，应当作为一种处罚形式纳入行政处罚。② 主张将生态恢复责任转化为行政法责任，在环境单行法中设定相应的行政处罚责任形式，并规定生态环境损害的认定标准。

从规范主义的视角看，行政合法性原则要求行政机关必须严格执行法律规定。行政处罚作为一种特定的行政行为，其结果是导致相对人权利的剥夺，其种类、实施机关、程序等均必须法定。因此，对于行政执法及司法层面而言，必须在处罚法定原则的框架下探索如何在环境行政处罚过程中贯彻恢复性司法理念。

2. 保护优先原则

保护环境作为基本国策，在环境行政执法过程中应当始终予以贯彻。这是环境行政执法与其他行政执法最主要的区别，也是恢复性司法理念得以适用的基础。在具体应用过程中，应与预防为主、综合治理、损害担责原则相结合，在处罚法定原则下强调环境正义的价值取向，将环境行政处罚的首要目标校正为保护环境，而非

---

① 参见最高人民法院赴德国、瑞士环境司法专题团：《赴德国、瑞士进行环境司法交流总结报告》，载最高人民法院环境资源审判庭编：《环境资源审判指导》总第 1 辑，人民法院出版社 2015 年版。

② 参见谭冰霖：《环境行政处罚规制功能之补强》，载《法学研究》2018 年第 4 期。

惩治违法行为。

保护优先原则体现在已经发生的污染环境、破坏生态行为上，就是相较于惩罚与制裁，更需督促违法主体履行生态恢复责任。在我国环境法上的生态恢复有两层涵义：一是基于损害担责原则产生的生态恢复责任，由造成生态环境损害的违法主体承担。二是基于综合治理原则的要求，由国家承担托底性的环境保护义务。①《环境保护法》第 32 条从宏观上规定，国家负有建立和完善修复制度的职责。这与德国、瑞士的环保体系存在相通之处，即环境污染、生态破坏发生后，国家先承担修复责任，并作出行政命令向责任人追偿。

借鉴上述思路，当污染环境、破坏生态的违法行为发生后，生态环境主管部门应当及时责令违法主体承担修复责任；如违法主体无法查清或者确无修复能力，则由生态环境主管部门、地方政府先行承担修复责任，后再追偿。

3. 比例原则

比例原则作为行政法上合理性原则的一项下位原则，要求行政主体对被处罚人采取的措施必要且适当，包括对相对人最小损害原则、罪罚相当原则。② 美国 SEPs 根据“联结度”选择认定替代环境项目，要求替代环境项目必须与违法行为具有合理关联，一定程度上也是基于比例原则的考虑。SEPs 要求只有符合以下目的，才可视为存在合理联结：有助于减少未来发生类似违法行为的可能性、减少违法行为对公众健康或生态环境的负面影响、减少违法行为对公众健康或生态环境可能造成的总体性危害。③

因此，在环境行政处罚中应用恢复性司法理念时，必须考量违法行为与恢复性措施之间的关联性，即违法行为的性质、危害后果与修复措施的种类、修复范围、成本之间是否符合比例原则。一方面，根据个案谨慎选择修复措施，要考虑的因素包括受损环境的情况、实际损害程度、环境修复标准、行为人的选择意愿、支付能力、

---

① 参见谭冰霖：《环境行政处罚规制功能之补强》，载《法学研究》2018 年第 4 期。

② 参见胡建淼：《行政法学》，法律出版社 2015 年版，第 55 页。

③ 参见谭冰霖：《环境行政处罚规制功能之补强》，载《法学研究》2018 年第 4 期。

完成修复所需工程量、执行成本等。[①] 另一方面，违法主体进行修复后，行政机关应当根据其所采取的恢复性措施及效果来确定从轻、减轻处罚的幅度，做到罪罚相当。

(二)恢复性司法理念的适用条件、范围及限度

1. 适用条件

第一，建立在违法事实已经确认、违法主体没有异议的基础上。具体是指违法主体承认违法行为是其所为，并认识到自己的违法行为造成了污染环境、破坏生态的后果，是“认错、悔过”的一种表现形式。在此基础上，恢复性司法理念的适用主要是对如何修复环境、如何履行处罚内容进行探索与协商。

第二，建立在行为人自愿与明知的基础上。[②] 恢复性司法理念的运用常常具有协商、合意性质，必须建立在有充分证据证明违法事实存在、被处罚对象自愿同意并明确知晓参与恢复性活动的后果的基础之上。

2. 适用范围

(1)应用于责令改正的履行

根据《行政处罚法》第28条第1款及《环境行政处罚办法》第11条、第12条的规定，生态环境主管部门实施行政处罚时，应当责令当事人改正或限期改正违法行为。通常情况下，消极停止违法行为、终止违法状态被视为当事人改正的方式。但若依据恢复性司法理念，消极改正远远不够，而应主动采取措施，积极消除违法行为的影响。因此，恢复性司法理念的应用赋予了责令改正更为丰富的内涵，为违法行为如何改正、是否改正提供了相对客观的衡量标准。

具体到操作层面，根据权限来源，可将责令改正分为两类：一是法定的履行生态恢复责任的情形。生态恢复责任虽未被列入《行政处罚法》第9条所规定的处罚种类中，但在一些单行法中却有所体现。例如，《水污染防治法》第85条、第88条，《固体废物污染环境防治法》第118条，《森林法》第76条等分别设置了限期治理、消除污染、补种树木、限期恢复植被等责任形式。二是依据裁量权作出行政命令的

① 参见李挚萍、田雯娟：《恢复性措施在环境刑事司法实践中的应用分析》，载《法学杂志》2018年第12期。

② 参见彭海青：《论恢复性司法》，载《中国刑事法杂志》2004年第3期。

情形。在无明确单行法依据的情况下，生态环境主管部门应当根据《环境保护法》确立的保护优先、预防为主、损害担责等原则，参考《环境行政处罚办法》第 6 条、第 11 条、第 12 条的规定，先对违法者发布行政命令，责令其停止违法行为、限期治理，要求其对已产生的生态环境损害进行修复；如修复及时、避免危害后果发生，则视情况对其减轻处罚或者不予处罚。

（2）应用于民行交叉、刑行交叉领域

在涉及环境资源的部分民行交叉、刑行交叉案件中，环境行政执法与环境民事案件、刑事案件所追求的目的具有一定的一致性，所维护的社会关系存在重合。从恢复性司法理念的角度观察，在民行交叉案件中，如果行政违法行为损害的社会关系已经由行政或民事途径之一得到修复，则没有必要再启动另一途径对当事人“惩罚”。虽然民事权利由当事人自行主张，生态环境主管部门无权干预，但可通过调解等方式推动当事人就民事问题的处理方案进行协商。如果当事人的主观恶性及行为的社会危害性不大，愿意承担生态恢复责任，生态环境主管部门可以在引导民事关系妥善处理的前提下，依法调整行政处罚方式或结果，以实现“恢复”的目的。比如，下游养殖户举报上游排污致其经济损失的民事案件，在因果关系查证难度大、违法事实难以固定的情况下，可组织双方协商，避免因事实不清导致行政处罚风险，进而引发行政纠纷。

在刑行交叉案件中，恢复性执法的应用更为重要。一方面，涉嫌污染环境、破坏生态犯罪的行为，对生态环境的危害都比较严重，较之一般的环境违法行为更需要及时进行生态环境修复。另一方面，积极修复生态环境是一项重要的量刑情节，对违法主体的刑罚适用具有重大影响。因此，生态环境主管部门应当在环境损害事件或行为发生后，积极促使行为人对生态环境进行修复、赔偿。

（3）消极履行法定义务的违法行为排除适用

在环境行政处罚案件中，行为人因“未批先建”、违反“三同时”受到处罚的占很大比例。为了加强对建设项目的环境影响预测、分析与管理，《环境保护法》《环境影响评价法》《建设项目环境保护管理条例》等法律法规规定了建设单位必须履行环境影响评价、配套建设的环境保护设施与主体工程同时设计、同时施工、同时投产使用等一系列法定义务。上述规定是为了从源头上防止建设项目产生新的污染、破坏生态环境，属于作为的义务性规范，没有自行选择的余地。因此，对于因违反相关环境保护法定义务而受到行政处罚的情形，不得以恢复性司法理念为由进行协商或变通，这也是处罚法定原则的必然要求。

3. 适用限度

恢复性执法理念的引入只能作为传统行政处罚模式的一种补充和借鉴，而不能一律适用，更不能取而代之。一是由于社会关系的复杂性。一些严重污染环境、破坏生态的违法行为所侵犯的不仅仅是生态环境利益，因此不能单纯以生态修复来弥补或消除其危害后果。二是因为恢复性执法理念的应用必须以行为人的自愿为前提，否则无用武之地。三是基于恢复性执法理念对行为人的约束在很大程度上依赖传统执法的存在。在恢复性司法理念不能适用或恢复性协议不能执行时，仍然需要适用传统的执法方式进行处罚。处罚对于行为人履行恢复责任起到反向激励作用。

（三）恢复性司法理念的应用方式

1. 环境主管部门主导争议的诉前化解

2014 年 7 月，最高人民法院环境司法专题团赴德国、瑞士交流时，几乎所有受访对象都认为环保行政主管部门在环境保护中所起的作用居于首位，而司法的作用主要在于监督行政机关依法行政。[①] 行政权和司法权的本质区别在于行政权是管理权，而司法权是判断权。[②] 加之现代环境公共事务十分复杂，环境司法具有个案裁量、司法资源有限、诉讼成本较高等局限性，因此，"面对环境要素和自然资源受到普遍的侵害和破坏的情况，首要的解决措施和第一道防线并不应当求助于司法机关的个案裁量，而应当通过加强行政执法以及行政法上的制度创新实现规则之治"[③]。引入恢复性司法理念的环境治理方式需要以环境行政为主要手段，充分发挥行政权的专业性。

---

① 参见最高人民法院赴德国、瑞士环境司法专题团：《赴德国、瑞士进行环境司法交流总结报告》，载最高人民法院环境资源审判庭编：《环境资源审判指导》总第 1 辑，人民法院出版社 2015 年版。

② 参见孙笑侠：《司法权的本质是判断权——司法权与行政权的十大区别》，载《法学》1998 年第 8 期。

③ 参见王明远：《论我国环境公益诉讼的发展方向：基于行政权与司法权关系理论的分析》，载《中国法学》2016 年第 1 期。

具体到处理方式，可根据环境行政争议的来源区别适用：一是群众发现污染环境、破坏生态的行为，主动寻求行政处理的情形。如上文介绍的德国、瑞士两国的环保体系，公众对环保的参与度较高，群众发现相关行为后向生态环境主管部门举报，生态环境主管部门应当畅通利益表达渠道，及时有效地解决环境争议，回应群众诉求，一旦发现违法行为则依法进入立案调查程序，避免因处理不当引发群体性纠纷。二是生态环境主管部门在日常执法过程中发现环境违法行为的情形。在现场检查、立案、调查取证、告知、处罚等各个环节均以指导、激励等方式规范、引导违法主体修复生态环境，将修复情况应用于处罚方式的选择和处罚结果的裁量，如采用税收减免、抵扣、融资便利、环保保证金提取与奖励、环境信用评估等手段，进行环境综合执法。① 行政机关可以结合《行政处罚法》第 33 条，在衡量违法行为严重程度、危害结果大小等因素的基础上，依法适用不予处罚的规定，从源头上预防和化解环境行政争议。

2. 司法机关引导争议诉中化解

现代化的环境治理及纠纷化解需要疏堵结合，既要靠经济、行政等手段实现“疏”，也需要司法惩治进行“堵”。司法部门所承担的环保职能是对环保行政执法权的重要补充和有效监督，既不能将更适用于由行政机关行使的环保执法职能通过诉讼的方式转移至法院②，也需要发挥环境司法的能动作用，将预防性司法理念与恢复性司法理念有机结合，补充环境执法的不足。

是发挥司法审查与引领作用。司法最终原则作为法治国家普遍遵循的一项原则，与司法权威相辅相成。司法机关在办理环境刑事等案件过程中，以恢复性司法理念为指导，通过确立裁判规则，倒逼行政机关及时与违法主体协商生态恢复问题。对于已经在行政主导下进行了环境修复的活动应当予以尊重，并尽量与之衔接。法院通过案件审理和裁判，审查恢复性措施的合法性、合理性及实施效果，对恢复性司法理念的运用进行事后评价，形成正向激励。比如，在刑行交叉的刑事诉

---

① 参见黄锡生、王江：《中国环境执法的障碍与破解》，载《重庆大学学报（社会科学版）》2009 年第 1 期。

② 参见最高人民法院赴德国、瑞士环境司法专题团：《赴德国、瑞士进行环境司法交流总结报告》，载最高人民法院环境资源审判庭编：《环境资源审判指导》总第 1 辑，人民法院出版社 2015 年版。

讼案件或者环境民事公益诉讼案件中,生态环境主管部门在与违法主体达成生态损害赔偿协议后,应将协议内容及履行情况提交法院审查。如果经审查认定不存在侵犯国家利益或者社会公共利益的情形,才能确认其效力,并作为从轻处罚的依据。

二是促进行政争议的预防与化解相衔接。在行政诉讼案件审理过程中,通过运用恢复性司法理念,促进环境行政争议实质性化解,引导行政机关将恢复性司法理念与预防纠纷理念贯穿于环境行政处罚决定的作出、复议、诉讼、执行全过程。比如,某公司因超标排放水污染物受到环保行政处罚后,认为处罚过重提起行政诉讼。在诉讼过程中,经法院引导,该公司积极进行污染治理,采取措施修复环境。生态环境主管部门鉴于原告改正违法行为、消除污染后果,故运用自由裁量权调整处罚系数,对原告从轻处罚,后原告撤诉。该案的处理不仅使生态环境得到修复,而且使行政纠纷及时化解。更重要的是,向生态环境主管部门释放了一个信号——在今后的处罚过程中,要积极引导违法主体进行生态修复。

三是补充环境执法的不足。一方面,对于个案中拒不履行环境修复或损害赔偿义务的违法主体,法院经过审查,进入行政强制执行程序;在刑事案件中,依法给予严惩。另一方面,对于生态环境主管部门怠于履职的情形,通过发送检察建议、司法建议、提起行政公益诉讼等方式督促其积极履行职责,保护公共利益。例如,某地检察院根据举报发现某公司闲置厂房内堆有遗留的大量危险废物铝灰,存在严重污染环境风险,遂向当地生态环境主管部门、镇政府发出检察建议,建议迅速履行职责。镇政府立即设置隔离标识、安排专人巡查看护,并委托鉴定。检察院认为生态环境主管部门、镇政府未采取实质性措施履行职责,未对铝灰规范化处置,造成严重污染环境的隐患,提起行政公益诉讼。诉讼过程中,经生态环境主管部门指导,镇政府委托危废处置单位将铝灰全部规范化处置。检察院遂向法院申请撤回起诉。法院经审查认为铝灰确已全部依法规范处置,国家和社会公共利益不再受到侵害,准许撤回起诉。可见,在生态环境主管部门未能积极履职、保护环境的情况下,司法机关及时介入,发挥监督和补充作用,通过行政程序与司法程序的有效衔接促进生态恢复,预防潜在的行政纠纷产生。

3. 注重环境保护的整体统筹

保护环境的原则要求在具体运用恢复性司法理念的过程中,必须综合考虑违法行为的类型及环境修复的必要性、可行性,注重生态系统的平衡与稳定。

环境单行法所规定的"消除污染""限期治理""补种树木"等生态恢复法律责任并不能有效担负起生态恢复的预期功能,对如何消除污染、如何治理并无明确要求,可操作性不强,或者只针对某个单一的环境要素,偏向经济利益的补偿或简单的数量补充,缺乏对生态服务功能的综合考量。① 因此,生态环境主管部门在运用恢复性司法理念时,应根据个案情况,创新损害评估方式,细化和拓展生态恢复责任履行方式,制定可操作的评估标准,以规范自由裁量权的使用,更好地将违法主体进行生态修复的情况及效果与处罚结果相匹配。

环境公共利益关乎每个公民的利益。公众环境意识的觉醒以及对环境公共利益的重视是当下我国环境治理中不容忽视的环节。在环境行政处罚领域应用恢复性执法理念,并不是要放弃原有的惩罚性理念,更非模糊行政处罚的边界,而是试图从环境司法的视角考察现有环境行政执法方式的利弊得失,从而创新环境行政执法,优化、补充现有的执法方式,更好地保护环境公共利益。将生态恢复责任置于环境治理模式之中,在加强生态环境保护的同时,预防和化解环境行政争议,推进生态环境治理能力的现代化。

① 参见谭冰霖:《环境行政处罚规制功能之补强》,载《法学研究》2018 年第 4 期。

环境侵权责任与救济的法律争议

李东原 著　国瀚文 译*

一、引言

环境侵权具有随时随地发生的危险性。小到以地区为中心发生的大气、水质、土壤污染或噪音、振动等环境污染，大到像泰安郡原油泄漏事故（2007 年 12 月 7 日，韩国忠清南道）、龟尾市氢氟酸罐车爆炸事故（2012 年 9 月 27 日，韩国庆尚北道）、丽水洛浦洞第二码头原油泄漏事故（2014 年 1 月 31 日，韩国全罗南道）一样，以大规模环境破坏的形式出现。

对于这种环境侵害，事前预防当然是最好的选择，但事故发生后的事后救济制度也很重要。从领域来看，环境侵权受害者可以要求民事损害赔偿，相关当局①可以采取各种行政处分或通过保险制度实现实质性救济，也可以实施刑事处罚。

其中，在民事救济方面，原则上可以根据韩国《民法》第 750 条的不法行为请求损害赔偿，但如果坚持民法上的原则，就会面临因果关系及故意、过失相关的举证问题，难以实现实质性的损害救济。韩国《民法》第 756 条要求的用户责任、第 758

* 李东原，法学博士，（韩国）国立忠北大学法学院教授，韩国经济法学会会长，韩国法学会副会长，韩国国务总理室功绩评审委员；国瀚文，法学博士、博士后，西北政法大学民商法学院讲师、硕士生导师，数字法学研究院特聘研究员，长安青年学术骨干，（韩国）国立忠北大学法学研究所研究员，最高人民法院第五批青年挂职学者，中国司法大数据研究院“灯塔计划”首批法学专家、中国司法大数据研究院金融司法研究中心研究员。本文为李东原书写，国瀚文翻译整理。

① 통상 주무관청(主務官廳)을 말하며, 중국의 국무원 환경보호주관부서(国务院环境保护主管部门) 또는 성・자치구・직할시 인민정부（省、自治区、直辖市人民政府）를 말한다“相关当局”译为相关部门、主管机关等，此处作者按照中国文献常见的称谓进行书写。

条要求的职务责任都有其局限性，法院对受害人的监护作用也具有相似的局限性，因此国家考虑到环境侵权的特殊性，在环境保全法或环境责任法等方面对民事原则都有特殊规定。即使适用民事特殊规定，如果环境侵权的加害人赔偿能力不足，或者破产导致受害人得不到充分的赔偿，则有必要通过保险制度等进行实质性救济。此外，为了确定加害人或证明损害及因果关系等，也有必要提供有关加害人的充分信息。因此，为了反映这种需求，韩国环境部门主导制定了环境污染损害特别法作为预防和修复环境侵害的方法，其认为增加适当的刑事制裁也是必要的。

本文首先通过各国立法例了解环境侵权的含义，探讨民事损害赔偿中环境责任的主体、无过错责任原则、因果关系的认定与否、损害赔偿的范围等相关特例，并提出可取的立法动向。此外，将对保险制度的利用和信息请求权的承认等实质性救济方案进行制度性探讨。

二、环境侵害的意义

"环境侵害"一词虽是一般用语，但在法律文本中使用有限。在《环境政策基本法》中，将"环境"分为自然环境[①]和生活环境[②]（该法第 3 条第 1 号）。"环境污染"是指经营活动及其他人员活动所产生的大气污染、水污染、土壤污染、海洋污染、放射能污染、噪音、振动、恶臭、日照干扰、人工照明造成的光污染等对人的健康或环境造成损害的状态（同法第 3 条第 4 号）；"环境损坏"是指滥用野生动植物、破坏其栖息地、扰乱生态系统秩序、破坏自然景观、破坏表土等对自然环境原有功能造成重大损害的状态（同法第 3 条第 5 号）。因此，在法律文本上可以将对大气、水、土壤、废弃物等与日常生活有关的生活环境的侵害称为"环境污染"，而将与包括生态系统、自然景观在内的所有生物和非生物在内的自然状态有关的对自然环境的侵害解释为"环境损害"。但是，与环境相关的个别法律规定中两种概念会表达出同一种意思。例如，在《自然环境保护全法》中，宣布保护自然环境的基本原则

① "自然环境"是指自然状态（包括生态系统和自然景观），包括地下、地表（包括海洋）和地面上的所有生物及其周围的非生物（该法第 3 条第 2 号）。

② "生活环境"，是指大气、水、土壤、废弃物、噪声、振动、恶臭、日照、人工照明、化学物质等与人的日常生活有关的环境（同法第 3 条第 3 号）。

的同时规定,“在利用或开发自然环境时,不得破坏生态平衡或降低其价值。但是,自然生态和自然景观受到‘破坏、毁损或侵害’时,应尽最大努力进行恢复”(同法第3条第5号)。2014年12月31日制定的《关于环境污染损害赔偿责任及救济的法律》(以下简称《环境污染损害救济法》)中规定,造成自然环境或自然景观的“侵害”时,受害人可以向相关事业者要求恢复原状或直接恢复原状(同法第14条)。

德国《环境责任法》①规定:损害是由物质、震动、噪音、压力、光线、煤气、烟气、热等,或其他通过土地、大气或水扩散而产生的现象导致环境影响的结果[UmweltHG §3(1)]。德国《环境损害防治法》②规定,环境损害是:(1)《联邦自然保护法》第19条所比照的种质和自然栖息地的损坏;(2)《水资源法》第90条准用水域的损坏;(3)由物质、制剂、生物或微生物的直接、间接进入所造成的土壤受损,或指《联邦土壤保护法》第2条第2款意义内的土壤功能受损,其对人类健康构成风险(USchadG §2)。据此,德国《环境责任法》适用于大气、水体、土壤等环境污染,《环境污染防治法》不仅适用于环境污染,也适用于野生动植物、栖息地破坏、自然景观受损等环境损害。

中国《环境保护法》规定,“环境”是指影响人类生存和发展的各种天然的和经过人工改造的自然因素的总体,包括大气、水、海洋、土地、矿藏、森林、草原、湿地、野生生物、自然遗迹、人文遗迹、自然保护区、风景名胜区、城市和乡村等(同法第2条)。第三章主要规定了生态功能区保护等对自然环境的保护。第四章规定了对各种污染物质的限制及其预防和治理,主要规定了对生活环境的保护。因此,该法和韩国《环境政策基本法》一样,也体现了对自然环境和生活环境进行限制的态度。

因此,环境侵害通常指的是环境污染和环境毁损。“环境保护”是指防止环境污染和损害环境;“生活环境”是指大气、水、土壤、废弃物、噪声、振动、恶臭、日照、人工照明、化学物质等与人的日常生活有关的环境(《环境政策基本法》第3条第3号),或在改善受损环境的同时维持和营造舒适环境状态的行为(《环境政策基本法》第3条第6号)。此外,因环境侵害而发生的“环境损害”,是指除放射性污染

① Umwelthaftungsgesetz, 2017. 7. 17.

② Gesetz über die Vermeidung und Sanierung von Umweltschäden, 2021. 3. 5.

所造成的损害以外，业务活动，其他由人的活动造成或预计造成的空气污染、水污染、土壤污染、海洋污染、噪音、振动、恶臭、自然生态系统破坏、日照干扰、通风干扰、眺望障碍、人工照明造成的光污染、地下水水位或移动路线的变化、河流水位的变化以及其他总统令规定的原因造成的健康、财产和精神损害（《环境纠纷调整法》第2条第1号）。在个别法的领域，也可以进行以下分类：一是与环境污染相关的法律：《水环境保护法》《大气环境保护法》《土壤环境保护法》等；二是与环境损害相关的法律：《自然环境保护法》等；三是具有全面性的法律规范：《环境纠纷调整法》。

三、环境侵权与损害赔偿责任中的法律争议

在与环境侵害相关的损害赔偿中，除环境法律规定与设施的设置、运营相关的环境污染损害赔偿外，必须遵守《民法》的规定（《环境污染损害救济法》第5条第1款），在大部分国家也是如此规定的。因此，环境侵权损害赔偿基本上适用的是《民法》的相关规则：(1)环境侵权行为（违法行为）；(2)损害的发生；(3)侵权行为与损害发生之间的因果关系；(4)需要故意或过失四个要件（同法第750条）。但是，由于环境侵害的特殊性，在损害的发生、因果关系、故意、过失的认定上有很多特例。因此，下面将以各国立法例为中心，对环境责任的主体和因民事法律和其他规则所产生的环境侵权损害赔偿的范围、因果关系认定的特例，以及故意、过失，特别是无过失责任相关的争议点进行研究。

（一）环境责任主体

1. 定义

环境侵权责任的承担者究竟是设施的“所有者”，还是该项目的“经营者”，抑或导致环境侵权发生的“原因者”，是目前理论界和司法界主要讨论的问题。如果将责任主体仅限于“设施的所有人”，严格限制“设施”的范围，则相应地也限制了受害人的范围。因此在法律规定上明确了责任人和受害人，有利于法律认定的稳定性。但此种认定方式，可能会出现得不到补救的受害者，因此无法对受害者进行忠实保护。可是，如果将责任主体扩大到“原因者”，又认定无过错责任（虽然对保护受害人非常有用），随着责任范围的全面（而无限）扩大，甚至令企业倒闭等都可

能会导致受害人得不到损害赔偿的结果。对此,各国的立法政策均依照实际情况进行了充分考虑。

2. 立法例

在韩国,原《环境保护法》①规定“经营者”赔偿对生命或身体的损害,此后制定的《环境政策基本法》②也维持了这一态度。但在2011年7月21日《环境政策基本法》全部修订后,规定“原因者”也需赔偿其损害,即现《环境政策基本法》规定“因自己的行为或者经营活动,造成环境污染或者环境损害的人”,承担防止污染、损害、恢复、修复被污染、损害的环境的责任;并且,宣告“污染原因者责任原则”(同法第7条),主要是承担因环境污染或者环境损害而产生的损害的救济费用。进而,国家及地方自治团体宣布“国家或地方自治团体以外的人”为保护环境的事业而获得显著利益时,可让获得利益者在其利益范围内承担该环境保护事业费用的全部或部分的“受益人负担”原则,也被称为“受益人负担原则”(同法第7条之二)。这种立法态度可以评价为在发生环境侵害的情况下,相关环境污染或环境损害所造成的损害由造成者全部赔偿,从而成为忠实于保护受害者的立法。但也有人提出了批评:《环境政策基本法》非常笼统地规定了“环境污染”和“环境损害”的概念,甚至“原因者”也应赔偿原子能和日照造成的生态损害。法律规定中的“损害”通常应指具体的、个别的法益没有受到侵害的一般生态损害。因为个人的私权没有受到侵害,而环境责任领域需要用公法手段来进行治理,这也是德国制定《环境损害防止法》的理由之一。③

德国《环境责任法》规定,附表1④中所列设施发生的环境影响,导致人死亡或其身体或健康受到损害,或物受损时,设施的所有人有义务对由此造成的损害赔偿损失。“设施”是指营业场所和仓库等固定设备,这些设施包括:(1)机器、车辆和其他便携式技术设备;(2)通过界定与设施或部分设施的一部分在空间上或操作上

---

① 1977 년 12 월 31 일 제정,1990 년 8 월 1 일 폐지됨.

② 「환경보전법」 이 폐지되고, 대체 입법으로서 1990 년 8 월 1 일 제정됨.

③ 全京量, 環境汚染被害에 대한原因者의無過失責任, 法曹(第67卷 第2号), 法曹協會, 2018. 04., 521-523 面.

④ 附表1列出了产生热量的仪器、能源、陶瓷领域等96种设施。

有关,并可能对环境影响的产生至关重要的附属设备包括在内,原则上承认了严格的环境影响下的“设施责任”。

中国《环境保护法》规定,企业事业单位和其他生产经营者[①]违法排放污染物的,应当承担法律责任(该法第59条),基本上规定了行为人的责任;中国的《民法典》也规定,因污染环境或者破坏生态发生纠纷的,应当承认“行为人”的责任(同法第1230条)。

在日本的《环境基本法》中,关于“事业者的职责”和公害防治等事业的必要性,只宣布了“原因自负”的一般原则(同法第8条及第37条);具体的民事内容在各个单独的法律中都有规定。例如,《大气污染防治法》规定,工厂或工作场所随着工作活动向大气中排放健康损害物质,对人的生命或身体造成危害时,与该排放有关的经营者负责对此所产生的损害进行赔偿(同法第25条第1款)。[②]《水质污浊防治法》规定,当工厂或工作场所的除油作业中含有有害物质的污水或废液,排放或渗入地下危害人的生命或身体时,与该排放或渗入地下有关的经营者承担责任,并应赔偿由此产生的损失(同法第19.1款)。[③]

3. 小结

综合有关责任主体的立法例来看,在民法特别法的环境法中,损害赔偿体系的运作领域,主要将环境污染责任的主体限定为设施的所有人或者经营者,并认定无过错责任;设施或营业场所的概念也通过狭隘的设定来追求法律的稳定性和概念的明确性,对于其他环境污染或环境损害,则倾向于将其交给适用公法手段环境损

---

① 《环境污染损害救济法》(制定于2014年12月31日)中的“事业者”是指对该设施具有事实支配关系的设施所有人;因为是指设置者或运营者(该法第2条第3号),所以可以认为中国法上的“企业事业团体和其他生产者、运营者”属于本法所说的“经营者”。

② 第25条　工場又は事業場における事業活動に伴う健康被害物質(ばい煙、特定物質又は粉じんで、生活環境の みに係る被害を生ずるおそれがある物質として政令で定めるもの以外のものをいう。以下この章において同じ。)の大気中への排出(飛散を含む。以下この章において同じ。)により、人の生命又は身体を害したときは、当該排出に係る事業者は、これによつて生じた損害を賠償する責めに任ずる。

③ 第19条　工場又は事業場における事業活動に伴う有害物質の汚水又は廃液に含まれた状態での排出又は地下への 浸透により、人の生命又は身体を害したときは、当該排出又は地下への浸透に係る事業者は、これによつて生じた損害を賠償する責めに任ずる。

害防止法或过失责任原则的一般民事解决。可以说,立法将环境责任主体拓宽为原因者,一方面可以从广度上保护受害者,但也存在一个缺点,即由于涉及面广,导致不能明确指出是谁的责任。

批判者认为,《环境污染损害救济法》只承认环境污染损害时因“设施的设置、运营”而产生的“设施责任”(同法第 2 条第 1 号),对设施的概念也进行了限制。也就是说,“设施”是指适用本法规定的赔偿责任和申报义务等的第 3 条的设施①,与该设施的设置运营有密切关系的事业场所;规定包括仓库、固定在土地上的设备,此外还包括伴随场所转移的机械、器具、车辆、技术设备和附属设备(该法第 2 条第 2 号)。因此,在宣言上承认“原因者”的责任,但通过缩小其范围的方式,在具体责任领域采取折中态度。

(二)无过错责任原则

1. 定义

在《民法》上,作为成立承担损害赔偿责任的非法行为的要件,原则上必须“故意或过失”。不过,《民法》上也有例外,如“工作物等的所有人”,承担“无过错责任”(同法第 759 条第 1 款)②。

环境法上很多时候承认以“设施责任”为中心的无过错责任。但是,在原则上是否认定“设施责任”,存在疑问。如果认定,则将行为责任或者过失责任原则修改

---

① 《环境污染损害救济法》适用对象的设施是指属于下列各项之一的设施(同法第 3 条):(1)《大气环境保护法》第 2 条第 11 号规定的大气污染物质排放设施;(2)《水环境保护法》第 2 条第 10 号、第 11 号规定的废水排放设施或废水无排放排放设施;(3)《废弃物管理法》第 2 条第 8 号规定的废弃物处理设施,根据同法第 25 条第 3 款规定由废弃物处理业者设置的设施及同法第 29 条第 2 款规定的批准或申报对象设施;(4)《关于促进建设废弃物再利用的法律》第 2 条第 16 号规定的建设废弃物处理设施(包括《关于促进建设废弃物再利用的法律》第 13 条之 2 第 2 款规定的临时保管场所);(5)根据《关于家畜粪便管理及利用的法律》第 2 条第 3 号规定的排放设施,根据同法第 11 条规定的许可和申报对象设施;(6)《土壤环境保护法》第 2 条第 3 号规定的土壤污染管理对象设施;(7)《化学物质管理法》第 2 条第 11 项规定的处理设施中,从事同法第 27 条规定的有害化学物质营业者及提交同法第 41 条规定的危害管理计划书者的处理设施;(8)《噪音 · 振动管理法》第 2 条第 3 号规定的噪音 · 振动排放设施;(9)《持久性污染物管理法》第 2 条第 2 号规定的排放设施;(10)《海洋环境管理法》第 2 条第 17 号规定的海洋设施中总统令规定的设施;(11)其他总统令规定的设施。

② 第 758 条(工作物等的占有人、所有人的责任)因工作物的设置或者保存瑕疵给他人造成损害时,工作物占有人负有赔偿损失的责任。但占有人没有懈怠为防止损害所必要的注意时,其所有人负有赔偿损失的责任。

到何种程度,以何种方式认定,各方之间存在的差异等,都是需要讨论的问题。从各国关于环境侵权的设施责任还是行为责任的立法例来看,以何种方式认定"设施责任",各国之间存在差异。

2. 立法例

《环境政策基本法》规定,环境污染或环境毁损造成损害时,由该环境污染或环境毁损的制造者赔偿其损失,因此,"环境污染或环境毁损"的制造者承担无过错责任(同法第44条第1款)。《环境污染损害救济法》规定,因设施的设置、运营而发生环境污染损害时,由该设施的所有者(事业者、企业主)赔偿其损失,即事业者承担无过错责任(同法第6条第1款)。此外,《原子能损害赔偿法》规定,因核反应堆的运转等造成原子能损害时,承认"该原子能事业者的无过失责任"(同法第3条第1项本文);[①]当原子能损害是由原子能事业者之间运输核燃料物质等造成时,承认"该核燃料物质的发送人(原子能事业者)"的无过失责任(同法第3条第2款)。[②] 在这种情况下,规定除承担无过失责任的原子能事业者以外的人不承担损害赔偿责任(同法第3条第3项),只集中承认原子能事业者无过失责任。同理,《油类污染损害赔偿保障法》上承认油轮的船东无过错责任(该法第5条第1款),如果油类污染损害赔偿事故是由一系列事件构成的,则将最初事件当时的油轮的船东视为事故当时的油轮的船东,从而明确地确定了无过错责任的主体(该法第5条第3款)。这些都是针对《民法》原则上宣称根据故意或过失规定"过失责任原则"的特例规定。

德国《环境责任法》中指出:第一,在设施产生的环境影响导致人死亡、身体或健康受损或物受损的情况下,承认该设施的所有人有相应的无过错损害赔偿义务;第二,如果环境影响是由未完成的设施造成的,且该设施在完成后存在可认定其危险性的情形,则该未完成设施的所有人仍承担第1条规定的无过错责任;第三,如果环境影响是由停止运营的设施造成的,且在停止运营前可以认定该设施的危险

---

① 但在这种情况下,如果损害是由国家之间的武装冲突、敌对行为、内乱或叛乱造成的,则不承担赔偿责任(同一法律第3条第1款但书)。

② 但是,在这种情况下,原子能事业者之间就损害赔偿责任有特约时,按照该特约执行(同法第3条第2项但书)。

性，则停止运营时设施的所有人仍承担第 1 条规定的无过错责任。整体上看，在认定设施存在危险性的情况下，该设施的所有人在设施完成之前、运营中、运营中断时不承担行为责任，而是承担设施责任。

日本环境法也规定向大气中排放健康危害物质，或者将有害物质纳入污水等排放或者渗入地下危害人的生命或者身体时，承担赔偿由此造成的损失的责任，规定了“与排放有关的经营者的无过错责任”。（《大气污染防治法》第 19 条第 1 款）。另外，如果某一物质成为有害物质，则以该物质成为健康损害物质或有害物质之日为起点，对其处以无过失责任（《大气污染防治法》第 25 条第 2 项、《水质污染防治法》第 19 条第 2 项）。这是对日本民法在“不法行为的损害赔偿中认定故意或过失责任原则”的例外规定。①

3. 小结

德国《环境责任法》之所以承认“危险责任”，而不是“行为责任”的理由是：（1）德国的危险责任大致是对危险设施的责任；（2）环境侵权行为的危害十分严重，且行为责任的范围过于扩大，如果行为责任被包括在内，构成要件的轮廓就几乎被抹去了。② 此外，如上所述，在设施责任中，设施一般并不是问题，只对法律附表 1 中所列的 96 种设施所有人承担责任，通过限定风险责任所涉及的风险，为设施所有人提供可预测性，是为了谋求法律稳定性而不可避免的规定。

（三）因果关系的认定

1. 因果关系的推定

《环境污染损害救济法》认为，当设施有可以视为提供环境污染损害发生原因的“相当的盖然性”时，可以推定是因该设施而发生环境污染损害（《环境污染损害救济法》第 9 条第 1 款）。是否存在“相当盖然性”，要根据设施的启动过程、使用的设备、投入或排放的物质种类和浓度、气象条件、危害发生的时间和地点、危害状态和其他影响危害发生的情况等进行判断（《环境污染损害救济法》第 9 条第 2 款）。

---

① 第790条　故意又は過失によって他人の権利又は法律上保護される利益を侵害した者は、これによって生じた損害を賠償する責任を負 う。

② 장병주, 환경오염피해 배상책임에 관한 비교법적 검토 - 독일의 환경책임법과 환경오염피해배상책임법의비교를 중심으로 –, 민사법의이론과 실무(제 19 권 제 1 호), 민사법의 이론과 실무학회, 2015.12., 6면.

德国《环境责任法》以风险责任为要件，根据个案情况，在设施适于引起损害时，推定该设施造成损害。个案中的“盖然性”是指启动过程、使用的设施、投放或排放的物质种类和浓度、根据气象条件、损害发生的时间和地点、损害状况和其他影响损害发生的情况等因素，在个案中作出判断。换言之，受害人应利用启动过程、使用的设备等证明损害发生的可能性。如果证明这种可能性，则在法律上可推定该设施与损害之间存在因果关系。

在中国，因环境污染或者生态破坏发生纠纷时，行为人为了依照法律不承担或者减轻违法行为责任，自行承担行为与损害之间“因果关系不存在”的举证责任（《民法典》第1230条）。

2. 因果关系推定的排除

在《环境污染损害救济法》中：（1）环境污染损害是由其他原因造成的；（2）事业者全部遵守总统令规定的环境污染损害发生原因相关的环境、安全关系法令[①]及许可条件，为预防环境污染损害而努力等，履行了第4条第3项[②]规定的事业者职责的事实时，上述因果关系的推定被排除（同法第9条第3项）。

从德国《环境责任法》上推定规定不适用或排除的情况来看：第一，排除推定。在多重设施可能造成损害的情况下，则根据个案情况认定；如果损害可能由其他原因造成，则不做认定。在这种情况下，判断个别事件发生的盖然性，要考虑损害发生的时间和地点、损害的状态以及个别事件受害原因的存在与否[UmweltHG § 7（1）]。此外，如果只有一个设施可能造成损害，则根据个案情况，如果损害可能由其他原因造成，则不作估计[UmweltHG § 7（2）]。第二，如果设施正常运行，则不适用这些估算规定。此处的“适当操作”是指在遵守特殊操作义务的情况下，其操

① 总统令规定的与环境污染损害发生原因相关的环境、安全相关法令是指下列法令（韩国《环境污染损害救济法》施行令第5条）：《大气环境保护法》《水环境保护法》《废弃物管理法》《关于促进建筑废弃物再利用的法律》《家畜粪便管理与利用法》《土壤环境保护法》《化学品管理法》《噪音·振动管理法》《持久性污染物管理法》《海洋环境管理法》《海洋废弃物和海洋污染沉积物管理法》《危险品安全管理法》《职业安全卫生法》《关于火灾预防、消防设施设置与维护及安全管理的法律》《高压气体安全管理法》《液化石油气的安全管理与工作法》《电气工作法》《电气安全管理法》《输油管道安全管理法》。

② 事业者为预防设施的设置、运营而产生的环境污染损害，自行努力，发生环境污染事故时，应采取减轻损害的必要措施，为有效推进第1款和第2款规定的国家或地方自治团体的政策而进行合作的义务（韩国《环境污染损害救济法》第4条第3款）。

作不会受到影响[UmweltHG § 6(2)]。“特殊经营义务”是指因行政法律许可、条件和执行令和法律而产生的义务,目的是预防可能造成损害的环境影响[UmweltHG § 6(3)]。其中,在许可、条件、执行命令和法规中规定了必要的检查以监控特殊运营义务:(1)对设施可能造成的环境影响进行了检查,如果此检查结果未显示违反运营义务的依据;(2)如果有问题的环境影响在索赔时超过10年,则推定为遵守了这些运营义务[UmweltHG § 6(4)]。

3. 小结

通过环境法上的“盖然性”证明,从法律上推定因果关系,为了保护被害人,存在不可避免的方面。但是,这种因果关系的推定规定虽然可以忠实于对受害人的保护;但相反,作为事业者的设施所有人则会变得苛刻,因此为了当事人之间的均衡,推定排除规定也是必要的。

因此,《环境污染损害救济法》以德国《环境责任法》为范本,规定在证明环境污染损害是由其他原因引起,或者通过遵守法令或许可条件等努力尽到事业者的职责时,排除因果关系的推定。① 虽然两部法律都将“努力”或“适当运营”的判断标准具体化为“许可”“条件”“遵守法令”等,但表达本身是抽象的,而且这种证明并不容易,可能会成为诉讼拖延的理由或被用作通过因果关系的推定免除责任的手段。因此,为进一步明确损害赔偿责任的判断标准,推定排除的事由最好用更明确的文字进行界定。

(四)损害赔偿的范围

1. 定义

在构成环境侵权的情况下,对于承担环境责任的人,损害赔偿的范围是指根据环境法,在多大范围和多大程度上让其承担责任的问题。也就是说,是限定在对生命或身体的损害赔偿上,还是认定民事特例直至物的损害并让其承担,也产生了如果作出损害赔偿,在何种情况下排除或限制责任的问题。

在《环境污染损害救济法》中,“环境污染损害”是指因设施的设置、运营而产

① 但在德国《环境责任法》中,对于“环境污染损害可能由其他原因引起”排除推定,对于“该设施运行得当”不适用推定规定(例外的认定)。

生的大气污染、水污染、土壤污染、海洋污染、噪音、振动。此外,还有总统令规定的原因,①其他人的生命、身体(包括精神上的损害)及财产上发生的损害(包括同一原因造成的一系列损害)。(同法第2条第1号)规定,设施的设置、运营所造成的"生命、身体上的损害"和"财产上的损害",承认了损害赔偿责任。

德国《环境责任法》也规定,因环境影响导致人死亡、身体或健康受损或物品受损时,有义务对由此产生的损害进行赔偿(UmweltHG §1),不仅包括"生命、身体上的损害",还包括"财产上的损害",承认了损害赔偿责任。

日本规定,在工厂或工作场所,因事业活动中的健康损害物质,人的生命或身体受到损害时,有责任赔偿损害(日本《环境基本法》第25条第1款)。因此,日本原则上只承认对"生命、身体上的损害"的责任。

2. 生命和人身损害的责任

(1)死亡损害赔偿责任范围

如果受害者死亡,德国《环境责任法》规定:①死者所需治疗费用;②对于死者在治疗期间因收入能力停止或降低或需求增加的事实而造成的财产损失,赔偿责任人还应向承担此类费用的人偿还相关丧葬费用[UmweltHG §12(1)]。

此外,赔偿责任人在死亡结果导致第三人(配偶、伴侣、父母或子女具有直接亲属关系的人)被剥夺赡养权利的,应当推定死亡者的生命期,按照赡养义务的限度赔偿第三人损害。对具有特殊人际亲密关系的遗属的精神痛苦,也应当给予适当的金钱补偿。

(2)人身伤害损害赔偿责任的范围

被害人身体受到伤害或者健康受到损害的:①被害人的治疗费用;②因受伤者的收入能力暂时或永久停止或减少,或因需求增加而造成的财产损失应予以赔偿;除财产损失外,如果有损失,可要求合理的金钱赔偿(UmweltHG §13)。原则上德国《民法》规定,在非财产损害的情况下,只有在有法律规定的情况下才可以要求金

① 所称"总统令规定的原因"是指:(1)震动引起的地面沉降(开采矿物为主要原因的除外);(2)《化学物质管理法》第2条第13号规定的化学事故(同法施行令第2条)。

钱赔偿[BGB §253(1)],[①]在同条第2款中规定:人身伤害、健康、自由等,或者在由自我决定权是否行使引起的损害赔偿的情况下,规定即使不是财产性的损害,也可以要求正当的金钱赔偿。

3. 财产损失责任

(1)金钱赔偿原则

在《环境污染损害救济法》中,环境污染损害以金钱赔偿为原则,德国《环境责任法》也在没有对财产损害另有特例规定的情况下,根据德国《民法》的一般原则承担金钱赔偿的责任。但根据德国《民法》规定,受害人可以选择恢复原状或金钱请求赔偿(BGB §249),即使受害人希望恢复原状,恢复原状支出过多费用时,加害人也可以用金钱进行赔偿[BGB §251(2)]。

(2)关于金钱赔偿的特例

根据德国《环境污染损害救济法》规定,在环境污染受害的情况下,与赔偿金额相比,不花费过多的费用而可以恢复原状的,受害人可以请求恢复原状(同法第13条)。

德国《环境责任法》规定,在死亡的情况下,除对第三者进行的损害赔偿外,因收入能力停止或减少而产生的损害赔偿应以定期金的形式为将来支付,在此情况下,准用德国《民法》第843条第2款至第4款(UmweltHG §14)。

中国《民法典》规定,加害人因"故意"污染环境或破坏生态系统,造成严重后果时,受害人可以请求相应的惩罚性损害赔偿(同法第1232条)[②]。

(3)对环境损害的特别规定

《环境污染损害救济法》上的"设施"造成的环境污染损害,同时造成《自然环

---

① BGB §253 Immaterieller Schaden (2) Ist wegen einer Verletzung des Körpers, der Gesundheit, der Freiheit oder der sexuellen Selbstbestimmung Schadensersatz zu leisten, kann auch wegen des Schadens, der nicht Vermögensschaden ist, eine billige Entschädigung in Geld gefordert werden.

② 关于惩罚性赔偿,中国《民法典》进行了原则性规定,另外在《劳动合同法》《消费者权益保护法》《旅游法》《商标法》《食品安全法》《专利法》等均有相关规定(如2倍、1倍以上3倍以下、3倍等)。韩国在《关于分包交易公平化的法律》《关于代理店交易公平化的法律》《关于期限制及短时间劳动者保护等的法律》《环境卫生法》等个别法中规定了通常3倍的惩罚性损害赔偿。

境保护法》第 2 条第 1 号[①]规定的自然环境或同法第 2 条第 10 号[②]规定的自然景观侵害时，受害人可向该事业者要求恢复原状或直接恢复原状。受害人直接恢复原状时，可以在相当大的范围内向该事业者请求其费用(同法第 14 条)。

德国《环境责任法》规定，如果物品损坏同时导致自然或景观损坏，就认可德国《民法》的特别规定。因为一般情况下，环境损害的复原费用甚至超过物品的损害费用，即使在这种情况下，根据德国《民法》的原则规定，加害人违背受害人的意思允许进行金钱赔偿的，大部分也只能进行金钱赔偿。但实践中，受害者并不一定会将该赔偿额用于恢复原状。因此，为了实质性的环境损害的复原，德国《民法》进行了特别规定。也就是说，环境损害者只有在将损害恢复到未发生的状态的情况下才受《民法》的约束，同时规定，在这种情况下，仅以恢复原状的费用超过物的价值为由，并不意味着出现不平衡[UmweltHG § 16(1)]，而且，在这种情况下，加害者应当根据赔偿请求权人的请求先行支付必要的费用[UmweltHG § 16(2)]。

4. 赔额限制

《环境污染损害救济法》规定，事业者对环境污染损害的赔偿责任限额在 2000 亿韩元的范围内，并需要考虑设施的规模及可能发生的损害后果：根据总统令规定。[③] ①环境污染损害因经营者故意或者重大过失造成的；②提供环境污染危害原因的设施，经营者在设施的设置、运营中不遵守安全管理标准或超过排放许可标准等不遵守相关法令的；③提供环境污染危害原因的经营者未采取适当措施防止危害扩散等防治环境污染危害的，不受此限度的限制(同法第 7 条，施行令第 4 条附表 2)。

德国《环境责任法》规定，赔偿责任人因统一的环境影响而造成的损失，对死亡、身体和健康伤害的责任赔偿额最高可达 8500 万欧元，对财产损失的责任赔偿额最高可达 8500 万欧元。如果由于统一的环境影响而必须支付的每个赔偿额上限超过 8500 万欧元，则单个赔偿额将按总额上限的比例递减(UmweltHG § 15)。

---

① 本法所称“自然环境”，是指自然状态(包括生态系统和自然景观)，包括地下、地表(海洋除外)和地面上的所有生物及其周围的非生物。

② 本法所称“自然景观”，是指在自然环境方面具有视觉、审美价值的地域、地貌及其所附属的自然要素或者事物综合而成的自然景色。

③ 在同一法律施行令附表 2 中，根据适用对象设施及其范围，将其分为 2000 亿韩元(甲群)、1000 亿韩元(乙群)、500 亿韩元(丙群)等，规定了赔偿责任限额金额。

5. 损害赔偿的豁免

《环境污染损害救济法》虽然规定对事业者的环境污染损害进行赔偿，但如果该损害是由战争、内乱、暴动或天灾、地变、其他不可抗力引起的，则免除赔偿义务（同法第6条第1款）。

德国《环境责任法》规定，因不可抗力造成损害时，不承担赔偿责任（UmweltHG §4）。此外，如果设施是合法运行的（UmweltHG §6 Ⅱ 2）、其财产损失轻微或根据当地情况仅达到合理程度，则免除对物质损失的赔偿责任（UmweltHG §5）。

日本法律也规定向大气中排放伴随商业活动危害健康的物质，或者将有害物质纳入污水等排放或者渗入地下危害人的生命或者身体的认定了损害赔偿责任。此时，天灾或其他不可抗力发生时，法院可以在确定损害赔偿的责任或数额时令其酌情予以赔偿（《大气污染防治法》第25条之3、《水污染防治法》第20条之2）。

（五）其他特例事项

1. 过失相抵

德国《环境责任法》规定，在发生损害时，如果受害者有部分责任，则适用德国《民法》第254条。[①] 对于财产损害，对某物行使实际力量者的过失与受害者的过失同等对待（UmweltHG §11）。

2. 消灭时效

德国《环境责任法》上的消灭时效适用德国《民法》中适用于不法行为的消灭时效规定（UmweltHG §17）。因此，自受害人知道加害人及损害之日起10年，自发生侵权行为之日起30年后，消灭时效即告完成（BGB §852）。

中国《民法典》原则上规定诉讼时效期间为3年（同法第180条）；中国《环境

---

① 기여(寄與) 과실이라고 한다. BGB §254 Mitverschulden (1) Hat bei der Entstehung des Schadens ein Verschulden des Beschädigten mitgewirkt, so hängt die Verpflichtung zum Ersatz sowie der Umfang deszu leistenden Ersatzes von den Umständen, insbesondere davon ab, inwieweit der Schaden vorwiegendvon dem einen oder dem anderen Teil verursacht worden ist. (2) Dies gilt auch dann, wenn sich das Verschulden des Beschädigten darauf beschränkt, dass erunterlassen hat, den Schuldner auf die Gefahr eines ungewöhnlich hohen Schadens aufmerksam zumachen, die der Schuldner weder kannte noch kennen musste, oder dass er unterlassen hat, denSchaden abzuwenden oder zu mindern. Die Vorschrift des § 278 findet entsprechende Anwendung.

保护法》规定环境损害赔偿的诉讼时效期间为3年，自当事人知道或者应当知道受到损害之日起计算（同法第66条）。

日本法律规定，因向大气排放健康损害物质或有害物质等引起的损害赔偿请求权：（1）被害人或者其法定代理人知悉损害和赔偿义务人之日起5年；（2）自损害发生之时起经过20年的时效消灭（《大气污染防治法》第25条之4、《水质污染法》第20条之3）。

3. 共同不法行为人的连带责任

韩国《民法》规定，有共同不法行为即数人因共同的不法行为给他人造成损害时，应承担连带赔偿责任，在无法确定非共同的数人的行为中哪一人的行为造成损害时，也应承担连带责任，此时认为教唆者或帮助者是共同行为者（同法第760条）。但是《环境政策基本法》规定，环境污染或环境损害的原因者为两个以上时，无法确定是哪一个原因者造成环境污染或环境损害的损害时，各原因者应连带赔偿（同法第44条第2款）。另外，在《环境污染损害救济法》上，造成环境污染损害的事业者有两个以上的情况下，在无法知道是由哪个事业者造成其损害时，相关事业者应当连带赔偿（同法第10条）。根据《环境污染损害救济法》第6条规定，对其他事业者的设施设置、运营所造成的环境污染损害进行赔偿的事业者，可以向该设施的事业者追偿。环境污染损害是由提供用于设施安装、运营等的材料、劳务造成的，只有提供该材料、劳务的人故意或者有重大过失时，事业者方可追偿（同法第11条）。《油污损害赔偿保障法》规定，两艘以上油轮相关事故中发生的油污损害，如果不清楚是由哪艘油轮流出或排出的油类造成的，各油轮船东人应承担连带责任（同法第5条第2款）。

中国《民法典》规定，两个以上加害人污染环境或者破坏生态系统的，责任范围根据污染物的种类、浓度、排放量、破坏生态的方式、范围、程度以及他们的行为对损害后果产生的效果来确定（第1231条）。在这种环境污染或生态系统破坏是第三人的过错造成的情况下，受害人可以向加害人或第三人请求损害赔偿，加害人可以向第三人行使追偿权（第1233条）。

日本《民法》规定共同侵权行为人的责任，数人因共同的侵权行为给他人造成损害时，各自承担连带赔偿其损害的责任。即使在无法确定共同行为人中是谁造成损害的情况下，也规定了他们的连带责任（同法第719条第1款）。[1]

（六）与其他法律的关系

《环境政策基本法》规定，在制定或修改有关环境政策的其他法令等时，应符合该法的目的和基本理念。从字面上说，环境法是"基本法"（同法第6条之2）。损害赔偿，特别是关于设施的设置、运营相关的环境污染损害赔偿，除可以适用《环境污染损害救济法》规定的请求权外，还可以适用《民法》和其他法律规定的请求权（同法第5条第1款、第2款），从多方面有利地保护了受害者。

德国《环境责任法》中其他规定下的环境责任不受影响[UmweltHG §18(1)]。因此，受害人可以作为另外的诉讼物，以《民法》上的非法行为为依据，请求精神损害赔偿。此外，本法和民事诉讼法关于环境影响的专属管辖规定，[2]仅在本法实施后发生环境侵害时才适用（UmweltHG §23）。

在中国，因污染环境和破坏生态造成损害的，依照《民法典》的有关规定承担违法行为的责任（同法第64条）。根据《民法典》的一般原则，原则上需要"故意、过失"要件，并规定在例外情况下承担"无过失责任"（《民法典》第1165条、第1166条），在共同不法行为的情况下承担连带责任等（同法第1168条），大部分不法行为规定与其他国家有类似规定。但是，与其他国家的不同是，并不用《中华人民共和国环境保护法》等特别法规定的民事责任特例，而是通过《民法典》第七编规定了环境污染和生态破坏责任。另外，《环境保护法》规定：依照法律规定征收环境保护税的，不再征收排污染费（同法第43条第2款）。

四、环境侵权救济上的法律争议

（一）环境污染损害的救济

1. 定义

几乎所有国家都承认受到环境污染损害的人在民法上享有损害赔偿请求权。

---

① 第719条　数人が共同の不法行為によって他人に損害を加えたときは、各自が連帯してその損害を賠償する責任を負う。共同行為者のうちいずれの者がその損害を加えたかを知ることができないときも、同様とする。

② Zivilprozessordnung §32a Ausschließlicher Gerichtsstand der Umwelteinwirkung.

进而,为了对受害人进行实质性救济,环境法上对“因果关系的推定”或“无过失责任的认定”等一般民事原则进行修改或使其成为特例。但是民法或环境法上的救济方案是以加害人充分的赔偿能力为前提的,在实际大规模的环境污染损害中,被害人往往得不到特别的赔偿,因此需要有现实的救济方案。

因此,在修改民事原则之外,试图通过管辖机关的介入解决这一问题。例如,对于因环境污染损害,受害人或遗属无法通过《环境污染损害救济法》上的“保险”制度和“救济给付”制度得到全部或部分赔偿的,可通过“责任保险”制度和“赔偿或保证义务”的执行机关的介入来保护实际受害者。

2. 环境污染损害保险

(1)环境责任保险的投保义务

《环境污染损害救济法》规定,设置运营设施的事业者必须加入环境责任保险,但是如果事业者有以下情形:①被拒绝投保环境责任保险;②环境责任保险未得到开发和运用;③环境责任保险的交易条件等明显失去公正性等环境部令规定的情况,应根据环境部令的规定与运营机关签订保障合同。如果以上事业者未加入环境责任保险或签订保障合同,则不能运营设施。并且要求需要进行土壤污染治理的事业者必须在安装设施前投保环境责任保险或签订保障合同(同法第17条)。

(2)环境责任保险的运营、管理

根据《环境污染损害救济法》规定,保险人应通过环境污染受害救济政策委员会的审议,与环境部长官签订环境责任保险事业的约定。为有效运营此类保险事业和分散风险,必要时可组成由多数保险人共同承担责任的环境责任保险事业团(同法第18条第1款和第2款)。为了增进事业者减少环境污染损害,环境部经过委员会的审议,可以制定事业者对环境责任保险的自我负担金标准(同法第19条第1款)。另外,排污设施的认可、许可机关对该设施进行认可、许可时,应当确认是否加入符合本法规定标准的环境责任保险或者是否签订保障合同(同法第19条第1款、第2款)。

(3)保险金的给付等

根据《环境污染损害救济法》规定,受害人可以直接向保险人请求给付保险金,保险人在超过一定期限的情况下,即使在保险金确定之前,在受害人提出请求的情况下,保险人应当先行支付保险人推定的部分保险金(同法第 20 条)。此外,受害人在请求损害赔偿时,有权优先于其他债权人受偿保险金。对于此类保险金的给付请求权,不得转让、扣押或提供担保(同法第 21 条)。政府可以再经营环境责任保险(同法第 22 条)。

3. 环境污染损害救济给付

(1)救济金的发放

根据《环境污染损害救济法》规定,可获得救济金的受害者是指:①造成环境污染损害的原因不明、不清楚是否存在环境污染损害的无能力承担者;②因超过第 7 条规定的赔偿责任限额的事由,不能获得全部或者部分环境污染损害赔偿的,可以向受害人或者其遗属(以下简称受害人等)支付环境污染损害的救济给付(以下简称救济给付,同法第 23 条第 1 款)。此外,在一定的情况下,可以根据受害人等的申请先行支付救济给付(同法第 23 条第 2 款)。对于事业者负有赔偿责任的环境污染损害,环境部长官向受害者支付救济工资时,可以在赔偿责任限度(2000 亿韩元的范围)和支付的救济工资范围内向该事业者追偿(同法第 23 条第 4 款)。为审议和决定支付救济工资的事项,可以举行环境污染损害救济审议会,为调查和研究所需事项,可以设置和运营环境污染损害调查团(同法第 24 条第 1 款和第 2 款)。

(2)救济补助的发放和发放限制

根据《环境污染损害救济法》规定,要领取救济补助金的受害者等必须向环境部(机关)申请救济补助金的支付。环境部长认为救济补助对象的相应疾病已经痊愈时,可以停止发放救济补助(同法第 26 条第 2 款),如果停止发放救济补助,应立即通知受害者(同法第 26 条第 3 款)。

另外,受害人或其遗属以相应环境污染损害为理由,根据《环境污染损害救济法》或其他法令可获得损害赔偿或救济等时,不支付救济给付(同法第 34 条)。可获得救济给付的人因同一原因根据《民法》或其他法令获得相当于救济给付的赔偿或救济等时,在该金额的限度内不支付救济给付(同法第 34 条第 2 款)。

4. 提供担保的义务

德国《环境责任法》上附表 2 所述设施的所有人,应采取措施履行法律义务,就因设施所造成的环境影响的后果导致人死亡、身体或健康受损或物受损所引起的损害进行赔偿。具体而言,如果停止运营的设施造成特殊风险,主管当局可以命令在停止运营时拥有设施的人提供相应的财务担保,期限最多为10年[UmweltHG §19(1)]。这种情况主要有:(1)通过与有权在本法范围内执行营业的保险公司的责任保险;(2)通过联邦或州政府的赔偿或担保义务;(3)在本法范围内,在保证提供相当于责任保险的担保的情况下,可通过开展营业的信用机构的赔偿或保证义务,提供财务担保[UmweltHG §19(2)]。主管当局认为:(1)业主未履行提供财务担保的义务;(2)如未在主管当局确定的合理时间内提供财务担保,可禁止附表2所列设施的全部或部分运作[UmweltHG §19(4)];(3)如上所述,对设施所有人仅以环境侵害的潜在加害者为由,规定提供担保的义务,如果不履行此义务,主管当局可以禁止设施的运营。这可以说是为了保护潜在受害者而规定的特例。

(二)信息请求权

1. 定义

实践中,受害人在请求损害赔偿时,在因果关系或损害额的举证等方面处于相当不利的地位。为了弥补这一点,有必要承认作为环境侵权主体的设施所有人或管辖这些设施的当局的信息请求权。但是,因保护商业秘密,设施所有人在一定情况下可以拒绝信息披露,而信息披露的事由以及信息披露的范围需要由客观的第三方机构来决定。另外,收到损害赔偿请求的事业者为了自己的损害赔偿及对其他事业者的求偿权的行使,也有必要承认当局或其他事业者的信息请求权。

2. 立法例

(1)韩国《环境污染损害救济法》

受害者对相关设施的运营商的信息请求权和被要求损害赔偿的运营商对其他运营商的信息请求权是双轨制的。

第一,从受害人对该设施的经营者的信息追索权来看,为确定损害赔偿请求权的成立及其范围,必要时受害人应向该设施的事业者了解“相当盖然性的存在与否”的设施的启动过程,可以要求提供或查阅使用的设备、投入或排放的物质的种类和浓度、气象条件、受害发生的时间和地点、受害状态和其他影响受害发生的情况等相关信息(同法第15条第1款)。

第二,从被索赔商家对其他商家的信息追索权来看,收到损害赔偿请求的事业者为确定对受害人的损害赔偿或对其他事业者的求偿权的范围,可以请求其他事业者提供或阅览与“相当盖然性存在与否”相关的上述信息(同法第 15 条第 2 款)。

此时,被要求提供或阅览信息的人应当提供或阅览该信息(同法第 15 条第 3 款),受害者及经营者以营业上的秘密等为由拒绝提供或阅览信息时,可向环境部长官申请提供或阅览信息的命令(同法第 15 条第 4 款)。如有此申请,环境部长官有权经环境污染损害救济政策委员会审议决定是否责令提供信息或阅览,并根据该决定责令该事业者提供或阅览信息(同法第 15 条第 5 款)。此外,据此接受或查阅信息的人不得将该信息用于不正当目的,即被传递或阅读信息(阅读)的人必须仅用于该目的,不得出于恶意(例如赚钱)使用。

(2)德国《环境责任法》

德国《环境责任法》以双轨制设置信息索取权。受害者被赋予可以向设施所有者和当局索取信息的权利。

第一,从受害者对设施所有人的信息请求权来看,如果存在可以认定设施造成损害的假设的情况,受害者可以在证明索赔所必需的限度内,向设施所有人索要信息,且在法定情形下,只能收取使用的设备、使用或释放的物质的种类和浓度以及对设施产生的影响(如特殊操作义务)的信息[UmweltHG § 8(1)]。受害者可向设施的所有者索要信息,但仅限于证明索赔要求所必需的限度。在这种情况下,只能收取使用的设备、使用或释放的物质的种类和浓度以及对设施产生的影响(如特殊操作义务)的信息[UmweltHG § 8(1)]。①根据法律规定程序应保密;②因设施所有者或第三方的更大利益而应保密,则此项请求权不予承认[UmweltHG § 8(2)]。受害人①有理由相信资料不完整、不准确或不充分;②如果信息未在合理时间内提供,则可要求设施所有人查阅现有文档[UmweltHG § 8(3)][①],适用《民法》第 259 条至第 261 条关于责任范围等规定[UmweltHG § 8(4)]。

第二,从受害者向当局索取信息的权利来看,存在可以认定设施造成损害的假设的情形。在证明索赔要求的必要范围内,受害人可向批准或监测该设备或了解环境影响的主管机关索取信息。只是如果当局提供信息有碍当局正常履行职责,或

① 在这种情况下,适用该条第 1 款和第 2 款。

披露信息内容有损于联邦或各州的福利;或者根据法律或其实质,如程序特别为利害关系人或第三者的正当利益而必须保密,则没有义务提供信息。[①] 可以要求提供设施所有人、法定代理人或者任何授权代理人的姓名和地址信息(UmweltHG § 9)。

第三,若按照本法对设施的所有者提出索赔;需要提供以下信息:(1)证明自己对受害人的赔偿责任的范围;(2)在他对其他设施所有者的赔偿要求所必需的范围内,设施所有者可以要求受害者和其他设施所有者索取信息和检查,或向第 9 条所指的当局索取信息[UmweltHG § 10(1)]。在这种情况下,向受害者提出的索赔是根据第 8 条第 2 款、第 3 款和第 4 款提出的,向其他设施所有者提出的索赔是根据第 8 条第 1 款至第 4 款提出的,向当局提出的信息索赔是根据第 9 条提出的[UmweltHG § 10(2)]。

(三)行政责任

1. 定义

《环境污染损害救济法》规定的行政责任是指由国家主导的监管作用,通过对环境污染损害害者实施强制保险或救济金制度,可以为救济受害者发挥实际作用,这是但通过对负责任的事业者施加必要的行政义务,或者以此明确规定主管当局的义务和权限,防止提前破坏环境,同时保障主管当局能够及时采取措施。

换言之,行政当局对故意侵害环境行为的行政处分也将具有意义。例如,中国《环境保护法》规定,各级地方人民政府、县级以上人民政府环境保护部门、其他负责环境保护监督管理的部门可以对不符合行政许可条件的行政许可、隐瞒环境违法行为等进行处罚、重大处罚或降级。在造成严重后果的情况下,可给予解聘或罢免处分,并要求主要负责人辞职(同法第 68 条)。

2. 行政责任主体

根据德国《环境损害防治法》,责任人是指①从事或决定从事职业活动的任何自然人或法人,包括获得有关活动许可或认可的人;②因报告或通知某种行为而直接造成环境损害或极有可能引起此类损害危险的人。

---

① 在这种情况下,第 8 条第 1 款第 2 句适用于批准或监测设施的主管机关。也就是说,只能索要有关设施产生的影响的信息,如使用的设备、使用或释放的物质的种类和浓度以及特殊操作义务。

3. 行政责任的适用范围

(1)原则

德国《环境损害防治法》①附表 1 中所列职业性活动之一,造成的环境损害以及这种损害有可能造成的危险;②在《联邦自然保护法》第 19 条第 2 款和第 3 款的规定范围内,适用于对物种和自然栖息地的损害,以及如果责任人是故意或过失行为,则适用于表 1 所列以外的职业活动造成这种损害的直接危险。如果环境损害或这种损害的可能性威胁是由不明确的污染造成的,本法只在损害与责任方个人的活动之间有明确的因果关系的情况下才适用。

(2)例外

德国《环境损害防治法》规定责任主体无须承担行政责任的例外情形:①敌对行动,内战或起义;②无法控制的自然事件;③属于该法附表 2 所列国际公约中在德国发生的责任或赔偿范围内的案件;④执行与建立欧洲原子能共同体条约有关的活动;⑤不适用于环境损害或造成这种损害可能性的危险,或属于该法附表 3 所列国际公约之一范围内的具有责任或赔偿的事件。此外,不适用于以国防或国际安全为主要目的的活动,也不适用于以防止自然灾害为唯一目的的活动。

4. 责任内容

(1)负责人的义务

①告知义务

如果存在造成环境损害的可能性危险或环境损害已经发生,负责人应立即通知主管机关。

②规避风险的义务

如果在面临环境损害的危险时,责任人应立即采取必要的预防措施。

③纠正义务

发生环境损害时,责任人可采取必要的损害限制措施,并可根据第 8 条采取必要的纠正措施。

(2)主管当局的义务和权限

①一般义务和权限

主管当局应监测责任人是否采取了必要的预防、损害限制和纠正措施,就责任人的告知义务、避险义务和纠正义务，主管当局应要求责任人：可以提交关于造成环境损害可能性的危险、对这种可能性的危险或造成的损害的自我评估，以及实施必要的预防措施，执行必要的损害限制和纠正措施的必要信息和数据。

②预防和纠正措施成本

负责人应根据向当局或第三方提出的请求，承担预防、损害限制和纠正措施的费用。如存在多方责任人，无论其是否相互关联，均有赔偿义务，除非另有约定，否则赔偿义务和应给付的赔偿费用以各负责人引起的风险或损害程度进行认定。此外，赔偿请求在3年后因时效消灭，如主管机关自行提出，则在收取费用后开始；在其他情况下，在责任方知悉赔偿义务人且在措施结束后开始。无以上情况，赔偿请求权在措施终止后三十年期满，如发生争议，可以向普通法院提起诉讼。

③行动要求

主管当局或依职权执行本法规定的纠正义务、受或可能受环境损害影响的人，或根据第11条第2款可提出异议的协会，如果申请所提供的事实，并支持使环境损害的发生看起来可信的申请，则执行纠正义务（USchadG § 10）。

（四）刑事责任

在大多数国家，《水环境保护法》《大气环境保护法》《土壤环境保护法》《自然环境保护法》等大多数个别环境法规定了强于普通刑事犯罪的刑事处罚。特别是与《关于环境犯罪等的管制及加重处罚的法律》[①]一样，规定对危害生活环境或自然环境等的环境污染或环境损害行为的加重处罚及管制、预防等相关事项，制定以为保护环境做贡献为目的的刑事特别法。

五、启示

截至目前，以各国的立法例为中心，对环境侵权责任和受害者救济上可能成为法律问题的部分进行了探讨。总体来看，在过去的几十年间，环境的重要性越来越

① 1991年5月31日制定了《关于处罚环境犯罪的特别措施法》，《关于取缔环境犯罪的特别措施法》（1999年12月31日全部修订）、《关于环境犯罪等的管制及加重处罚的法律》（2011年4月28日部分修订）等，法名不断变化。

高，在这种背景下，环境侵权的法律应对也取得了相当大的进展。这种法律发展大致可以从民事法律应对和公法应对这两个方面来看待。

首先，根据现有民法上对环境不法行为具有法律体系的局限性，环境法对其进行了补充后，完善了民法在司法上的适用性。第一，将环境侵害者指定为“设施的所有人”或“事业者”，或规定为“原因者”，试图保护受害者，两种方式各有其优缺点。第二，对于民法上的过失责任原则，通过承认以“设施责任”为中心的“无过失责任”，反映了环境侵害的特殊性，大体上在大气、水质、土壤等个别法律中反映其特性，予以承认。第三，为了救济民法上被害人的举证困难，在民法本身或环境法上具有“相当盖然性”的情况下，将该设施造成环境污染损害作为“因果关系的推定”。但是，为了环境侵害者和受害者之间的平衡，事业者履行了各种职责或因其他原因有可能发生环境侵害时，排除上述推定。第四，对有关生命、身体上的损害或财产上的损害的民法上的损害赔偿范围承认特例。例如，规定恢复原状或金钱赔偿中的特例或对环境损害的特则，或对损害赔偿额的限制或免除、共同不法行为中的连带责任等进行理论上的修改，使之适合环境责任。

其次，通过构建公法应对体系，对民事原则进行修正，并以此克服民事法律应对的局限性，弥补了受害者无自力救济等情况下可能发生的空白。第一，允许管辖当局介入征收保险制度、救济给付制度或担保制义务等，从而实现实质性的受害者保护。第二，为了克服受害人缺乏实质性信息的问题，在承认环境侵害者或管辖当局的信息请求权的同时，允许当局的监护性介入，试图从实质上保护受害人。第三，对侵害或有可能侵害环境的人赋予报告义务或纠正义务等一定的公共责任，同样也允许管辖当局进行干预，把重点放在事前预防环境侵害上。第四，对于环境侵害者，特别是故意造成环境侵害或环境损害的情况，各国通过强有力的刑事处罚予以应对。

以上是私法和公法应对的展开过程，但今后还需要进行很多制度上的改善，如环境公益诉讼制度的改善和环境法院的设置等。但最重要的是设施负责人或事业者要自觉预防环境侵害，在发生环境污染或环境损害时，要对受害者忠实地尽到救济义务。

桂林银行股份有限公司与邵阳市城市建设投资经营集团有限公司、永清环保股份有限公司侵权纠纷案

——《民法典》绿色原则司法适用的方法分析

竺 效 吴 昂*

【裁判摘要】

《民法典》第405条改变了原《物权法》第190条关于租赁关系与抵押权之间的对抗规则。在民法典时代,租赁关系可以对抗抵押权的条件为:抵押权设立前抵押物已出租+转移占有,即租赁物必须被实际占有才能对抗抵押权。

一般情况下,法院在民事案件审理中需适用绿色原则时,可遵循以下几个步骤:第一,先判断案涉民事纠纷的解决是否存在可适用的具体民事法律规范。第二,若存在可适用的具体民事法律规范,则需判断该规范适用于纠纷案件后是否会与绿色原则产生价值冲突。第三,若民事规范的适用会与绿色原则发生冲突,则根据可适用的民事规范数量进行再次划分。若仅有一个可适用的规范但其适用与绿色原则存在矛盾,那么就需要用绿色原则重新解释该规范用以裁判案件;若存在两个及以上可能适用的民事规范,则须以绿色原则为依据选定一个最优规范进行适用。需要注意的是,绿色原则的适用可能会对案涉纠纷当事人的民事权利造成影响,因此在适用时应遵循比例原则的要求。不仅如此,若适用绿色原则会导致当事

* 竺效、吴昂,中国人民大学法学院。

主体间出现明显的利益失衡，还需对双方进行适当的利益平衡。另外，法院在裁判文书中应对绿色原则的适用进行充分说理，并同时引用绿色原则和被解释的具体民事规范。

【案件基本信息】

1. 诉讼当事人

原告（二审被上诉人）：桂林银行股份有限公司。

被告（二审上诉人）：邵阳市城市建设投资经营集团有限公司。

被告：永清环保股份有限公司。

2. 案件编号

一审：湖南省邵阳市双清区人民法院（2019）湘0502民初2485号民事判决（2019年12月23日）；

二审：湖南省邵阳市中级人民法院（2020）湘05民终569号民事判决（2020年5月28日）。

3. 案由

侵权责任纠纷。

【基本案情】

2011年11月25日，湖南合力热电有限公司（以下简称热电公司）将原登记在其名下位于湖南省邵阳市双清区龙须塘的土地使用权［土地使用证分别为：邵市国用（2004）第某甲号、第某乙号、第某丙号］抵押给桂林银行股份有限公司（以下简称桂林银行）。2013年1月29日，经广西壮族自治区桂林市象山区人民法院（2012）象民初字第773号民事判决，桂林银行对上述土地使用权折价或者拍卖、变卖后所得价款享有优先受偿权。2015年12月28日，象山区人民法院作出（2013）象执字第1773号执行裁定，将上述三宗土地及地上建筑物共作价18,575,621元交付桂林银行抵偿债务。后桂林银行持该裁定向邵阳市国土资源局申请办理不动产权过户登记，并于2016年11月14日取得了不动产权证书。

2016年1月28日，热电公司与邵阳市城市建设投资经营集团有限公司（以下简称城投公司）签订了《龙须塘改造工程建设项目两沟、两路弃土场弃土协议》，该协议约定热电公司把原编号邵市国用（2004）第某丙号［现编号湘（2016）邵阳市不动产权第某丙号]范围内的土地交给城投公司用作两沟、两路渣土的弃土。该协议约定,城投公司如不到两年弃完12万方土则自合同签订之日起满两年,如两年内未弃完12万方土,则自弃完之日起两个月内将场地交还。

2018年7月30日,热电公司和城投公司、邵阳市双清区龙须塘片区建设协调指挥部签订了《双清区龙须塘片区改造建设项目两路两沟(龙须塘、洋溪沟)临时用地协议书》。该协议书约定,参照《龙须塘改造工程建设项目两沟、两路弃土场弃土协议》标准,热电公司将上述土地交给城投公司作为临时用地使用,使用期自2018年7月20日至2019年7月20日止。后城投公司将双清区龙须塘片区改造建设项目两沟、两路发包给永清环保股份有限公司(以下简称永清公司)施工。

桂林银行在办理涉案土地及地上房屋的不动产权登记过程中发现城投公司占用原编号邵市国用(2004)第某丙号土地,在其取得不动产证权证后与城投公司和永清公司交涉,要求立即停止在涉案土地上挖掘土方的施工行为。因城投公司和永清公司未停止施工,桂林银行遂向法院提起诉讼,请求判令城投公司、永清公司立即停止施工,拆除施工设施,将施工的土地恢复原状并交还。

【案件焦点】

1. 城投公司与热电公司的土地租赁关系是否能够对抗桂林银行的抵押权;

2. 城投公司、永清公司是否应当立即停止施工并将土地恢复原状交还桂林银行。

【裁判结果】

一审法院认为,根据《物权法》第190条"订立抵押合同前抵押财产已出租的,原租赁关系不受该抵押权的影响。抵押权设立后抵押财产出租的,该租赁关系不得对抗已登记的抵押权"之规定,城投公司与热电公司的租赁关系不得对抗桂林银行的抵押权,城投公司和永清公司在涉案土地上的施工行为侵害了桂林银行的权益,桂林银行有权要求城投公司、永清公司停止在该土地上的施工行为。但是,城投公司、永清公司在涉案土地上的施工行为系环保公益项目,根据《民法总则》第9条"民事主体从事民事活动,应当有利于节约资源、保护生态环境"的规定,桂林银行应在合理范围内行使权利。考虑到本案实际情况,可给予城投公司、永清公司合理的时间,在完成工程项目后从桂林银行的土地上拆除施工设施,把土地交还给桂林银行。案中永清公司陈述,工程项目可在2020年1月20日前完成。最终,法院依据《民法总则》第9条,《物权法》第35条、第36条、第190条,判令城投公司、永清公司于2020年1月30日之前停止在第某丙号土地上的施工行为,并将该土地上的施工设施拆除,恢复原状后返还桂林银行。

城投公司和永清公司不服一审判决,提起上诉;二审法院审理后驳回上诉,维持了一审判决。

【裁判摘要评析】

本案主要涉及两个与绿色原则的司法适用的法律问题:一是城投公司和热电公司的租赁关系能否对抗桂林银行的抵押权;二是城投公司和永清公司是否应当立即停止施工、拆除设施、返还土地。以上两个问题不仅是本案的核心争议点,对实践中的类似纠纷解决也具有较强的指导意义。

一、成立在后的租赁关系不得对抗抵押权

就案件事实而言,城投公司与热电公司的租赁关系成立于桂林银行的抵押权设立之后。原《物权法》第190条规定,"订立抵押合同前抵押财产已出租的,原租赁关系不受该抵押权的影响。抵押权设立后抵押财产出租的,该租赁关系不得对抗已登记的抵押权",因此,该租赁关系不得对抗桂林银行的抵押权,后续城投公司与永清公司之间的合同关系自然也不得对抗桂林银行的抵押权,城投公司与永清公司理应立即停止在第某丙号土地上的施工,并将土地恢复原状。

需要注意的是,《民法典》第405条改变了原《物权法》第190条关于租赁关系与抵押权之间的对抗规则。《民法典》第405条规定:"抵押权设立前,抵押财产已经出租并转移占有的,原租赁关系不受该抵押权的影响。"这意味着在民法典时代,租赁关系可以对抗抵押权的条件为:抵押权设立前抵押物已出租+转移占有,即租赁物必须被实际占有才能对抗抵押权,这种修改既有利于加强对抵押权人和承租人的保护,也为实践中承租人和抵押权人提供了更加清晰具体的行为指引。

二、用绿色原则重新解释原有规范以合理限制一方权利需经严格审判考量

自原《民法总则》确立绿色原则以来,如何将其正确适用于案件审理一直是司

法实践中的疑难问题,本案中法院作出了一个较好示范。结合案件事实,法院依据原《物权法》第190条明确了原告抵押权的优先性,并根据原《物权法》第35条确认了原告享有排除妨害请求权。但考虑到绿色原则,法院并未要求被告立即停止在涉案土地上的施工行为,而是结合被告的答辩意见,判决“被告在完成工程项目后合理的时间内从原告的土地上拆除施工设施,把土地交还给原告”。相较于立即拆除,法院的迟延拆除施工设施判决既有利于节约资源,也因案涉土地为环保公益项目而同时实现了对生态环境公共利益的增进,较好地满足了绿色原则的要求。

为了帮助法院在案件审理中妥当适用绿色原则,我们在对已公开裁判文书进行分析总结的基础上,提炼并构建了绿色原则适用的基本框架。① 一般情况下,在民事纠纷解决涉及绿色原则的适用时,可遵循以下几个步骤:第一,先判断案涉民事纠纷的解决是否存在可适用的具体民事法律规范。第二,若存在可适用的具体民事法律规范,则需判断该规范适用于纠纷案件后是否会与绿色原则产生价值冲突。第三,若民事规范的适用会与绿色原则发生冲突,则根据可适用的民事规范数量进行再次划分。若仅有一个可适用的规范但其适用与绿色原则存在矛盾,则须用绿色原则重新解释该规范用以裁判案件;若存在两个及以上可能适用的民事规范,则须以绿色原则为依据选定一个最优规范进行适用。

在本案中,原本应作为纠纷解决直接依据且适用后可能与绿色原则产生冲突的民事规范是原《物权法》第35条。在这种情况下,法院应在绿色原则和与其冲突的民事法律规范之间进行价值优先位序的个案排列,以决定哪种利益应当让步。而具体的权衡方法,则是衡量绿色原则和具体民事规范背后的法律原则间的关系。若结合案件事实衡量后发现,绿色原则应具有更优先的价值顺位,则可利用绿色原则对具体民事规范进行重新解释。本案中,原《物权法》第35条背后的支撑性原则是民事权益受法律保护原则。相较之下,绿色原则作为旨在平衡民事主体个人利益和环境公共利益的新型限制性原则,在本案中应具有更优先的顺位,以实现对个人利益和公共利益的共同长久保护。而在解释方法的选择上,可采用扩大解释、权

---

① 关于绿色原则司法适用更为详细的介绍,参见竺效:《论绿色原则的规范解释司法适用》,载《中国法学》2021年第4期;竺效主编:《绿色原则规范解释实案释法》,中国人民大学出版社2022年版;竺效主编:《环境法案例研习之绿色原则规范解释》,中国人民大学出版社2022年版。

利限缩、权利推迟、权利否定、义务延长、标准细化等方法。[①] 本案中,法院利用绿色原则适当延长了两被告停止施工、拆除设施的时间,使原告的权利不能即时实现,是采用了权利推迟的解释方法。需要注意的是,利用绿色原则对具体民事规范进行重新解释,可能会对案涉纠纷当事人的民事权利产生影响,因此在适用绿色原则时还需遵循比例原则的要求,将对主体权利的限制控制在最小范围内。不仅如此,若适用绿色原则会导致当事主体间出现明显的利益失衡,还需对双方进行适当的利益平衡。就本案而言,法院将被告停止施工的时间定为 2020 年 1 月 30 日,将对原告的影响控制在了最小范围内且未造成明显的利益失衡。最后,法院在裁判文书中应注意对绿色原则的适用进行充分的说理,并同时引用绿色原则和被解释的具体民事规范。本案中,法院对绿色原则适用的说理相对不够充分,未能详细展现绿色原则的适用过程;但该裁判文书值得称赞之处是,判词部分同时引用了绿色原则和被解释的民事规范。

综合上述分析,本案为典型的利用绿色原则对已有规范进行解释的案例。通过对绿色原则的运用,法院延迟了原告权利实现的时间,在权利主体的私益和环境公共利益之间实现了较好的平衡。尽管法院在具体的适用方面还存在一些不足,但已充分体现了在民事活动中贯彻绿色原则的价值和意义。

---

① 关于绿色原则司法适用更为详细的介绍,参见竺效:《论绿色原则的规范解释司法适用》,载《中国法学》2021 年第 4 期。

收集、贮存危险废物构成犯罪需造成严重环境实害

马文立　李丽鲜*

【裁判摘要】

未取得危险废物经营许可，仅收集、贮存危险废物于容器内的行为，不属于污染环境罪中的处置行为。收集、贮存行为造成个别容器泄漏，在公私财产损失数额、生态环境修复费用未达到入罪标准，亦不存在其他严重污染环境情形下，不宜按全部容器的重量，以处置危险废物超过 3 吨为由，认定构成污染环境罪。

【案件基本信息】

1. 诉讼当事人

公诉机关：苏州市姑苏区人民检察院。

被告人：朱某锋、姚某华。

2. 案件编号

一审：苏州市姑苏区人民法院（2019）苏 0508 刑初 1183 号刑事裁定（2021 年 5 月 21 日）。

3. 指控罪名

污染环境。

【基本案情】

2016 年六七月起被告人朱某锋及其家人租住于江苏省苏州市横泾街道长远村

* 马文立、李丽鲜，苏州姑苏区人民法院。

27 组吴兴华居民的沙场棚户内，并租用沙场空地用于废桶回收生意。

被告人朱某锋将从英诺公司、姚某华等处收集的装有危险废物的废桶堆放在苏州横泾街道长远村沙场附近，拟转卖他人。2017 年 6 月 19 日环保部门会同固废管理中心对该场地进行检查，现场堆放有 110 个桶，其中 80 余个桶装有不明液体。同年 6 月 22 日环保部门工作人员对上述桶中的废物进行称重，其中来自英诺公司的废物重 6270 公斤(铁桶均无破损，未指控)，其他来源废物十余吨。

因堆放期间管理不慎，其中一桶(最大容量 200 升)废液有泄漏。江苏康达检测技术股份有限公司司法鉴定所工作人员于 2017 年 6 月 20 日与吴中区环境局工作人员等至涉案固废堆放地进行现场勘查。经抽样检测，桶中物质均属于具有石油溶剂有毒物质含量特征的危险废物。从泄漏废液的收集桶中采集的样品属具有甲苯、二甲苯浸出毒性特征的危险废物。委托方提供的苏东运河靠近涉案固废存放地河段水样比背景点水样化学需氧量高出 10 倍以上，甲苯也有明显检出，表明苏东运河靠近涉案固废存放地河段的地表水受到了有机污染。在涉案固废堆放区域东南侧树林内采集的背景点样品中未检出苯系物，而在涉案固废堆放区域采集的 7 个土壤样品中均有苯系物检出，表明涉案场地的表层土壤受到了苯系物的污染。综上，该桶废液外泄致堆放区域表层土壤及附近的苏东运河受到污染。

公诉机关指控认为被告人朱某锋非法处置危险废物 3 吨以上，构成污染环境罪，被告人姚某华系共同犯罪。

法院认为，被告人朱某锋的收集、贮存行为不属于指控认定的处置行为。虽被告人朱某锋收集、贮存危险废物数量达 3 吨以上，但泄漏的废液未导致“严重污染环境”，未达到其他入罪标准，不构成污染环境罪。被告人姚某华无共同犯罪基础，亦属无罪。公诉机关曾派员列席法院审判委员会对该案的讨论，后决定撤回对两被告人的起诉。

【案件焦点】

1. 危险废物的收集、贮存行为是否属于处置；

2. 污染环境案中，贮存、收集、运输、处置与排放、倾倒危险废物，对污染环境后果的证明要求有何不同；

3. 以转卖为目的贮存危险废物的被告人在贮存危险废物过程中仅造成少量危

险废物泄漏,是否构成污染环境罪。

【裁判结果】

苏州市姑苏区人民法院认为:根据最高人民法院《关于适用〈中华人民共和国刑事诉讼法〉的解释》第296条之规定,裁定准许公诉机关苏州市姑苏区人民检察院撤回起诉。

法院准许撤诉的事实依据为:被告人朱某锋收购危险废物后贮存的行为不属于公诉机关指控的处置行为。泄漏的危险废物仅1桶(最大容量200升),被告人朱某锋的行为所致公私财产损失及生态环境损害后果均未达入罪条件,亦未达到其他入罪标准,故被告人朱某锋不构成污染环境罪。被告人姚某华无共同犯罪的基础,亦不构成污染环境罪。

【裁判摘要评析】

判断被告人的行为是否构成污染环境罪,首先需判断该行为是否属于刑法规定的“严重污染环境”情形。对于某种行为能否被认定为“严重污染环境”,最高人民法院、最高人民检察院《关于办理环境污染刑事案件适用法律若干问题的解释》(以下简称环境污染司法解释)第1条作出了明确规定。检察机关认为被告人朱某锋的行为属于该条第2项中的处置行为。故本文首先分析涉案行为是否属于处置。

一、危险废物的收集、贮存行为不属于处置

处置与收集、贮存是不同的行为。

首先,从文意解释看,“收集”“贮存”不属于“处置”。

按照《固体废物污染环境防治法》第124条第7项、第9项规定,贮存,是指将固体废物临时置于特定设施或者场所中的活动;处置,是指将固体废物焚烧和用其他改变固体废物的物理、化学、生物特性的方法,达到减少已产生的固体废物数量、缩小固体废物体积、减少或者消除其危险成分的活动,或者将固体废物最终置于符合环境保护规定要求的填埋场的活动。两者有明显区分。非法处置即行为性质类似、结果相反的违法行为。处置的核心要义在于改变固体废物形态,使其进入环境并不再取回。贮存行为不符合“处置”的定义。

其次,“处置”可涵盖“提取利用”,但“收集”、“贮存”与“提取利用”后果区别明显。

环境污染司法解释第16条规定,无危险废物经营许可证,以营利为目的,从危险废物中提取物质作为原材料或者燃料,并具有超标排放污染物、非法倾倒污染物或者其他违法造成环境污染情形的行为,应当认定为“非法处置危险废物”。该司法解释对于“提取、利用”作了较为明确的界定。“提取、利用”明显是一个动态过程,与静态的贮存有明确区别。本案中,如果把废石油溶剂等从桶内取出加工,可认定为处置。但被告人朱某锋未实施加工行为。

最后,“处置”可涵盖“遗弃”,但“收集”、“贮存”与“遗弃”主观心态区别明显。

最高人民法院、最高人民检察院、公安部、司法部、生态环境部《关于办理环境污染刑事案件有关问题座谈会纪要》第8条规定:对名为运输、贮存、利用,实为排放、倾倒、处置的行为应当认定为非法排放、倾倒、处置行为,可以依法追究刑事责任。比如,未采取相应防范措施将没有利用价值的危险废物长期贮存、搁置,放任危险废物或者其有毒有害成分大量扬散、流失、泄漏、挥发,污染环境。上述情形的“长期贮存、搁置”,即为遗弃。遗弃是对于物质的抛弃,使其进入环境并不再取回,就物质将对环境造成何种后果完全不予考虑。通常情况下,即便有包装,被遗弃的物质对于外环境造成污染只是时间长短问题。但“贮存”通常对于物质的处理有目的、有计划。“贮存”“遗弃”在主观心态方面有明显区别:贮存一般是为了使用,属于利用或转卖的前置过程;遗弃属纯粹的放弃占有、使用、收益、处分权,再无对于物质利用、转卖等获利行为的打算。

综上,收集、贮存行为不属于处置。

二、不同行为入罪的证明要求因环境危害性不同应有区别

污染环境案中,对于危险废物有贮存、收集、运输、处置及排放、倾倒等多种行为。收集、贮存不属于环境污染司法解释第1条第2项中的处置,且涉案行为或后果在该解释第1条明确列举的17项中均未无对应条款。该解释第1条第18项的内容为“其他严重污染环境的情形”。综观该解释,可发现与涉案行为关联较大的还有第6条,其第1款规定,无危险废物经营许可证从事收集、贮存、利用、处置危

险废物经营活动，严重污染环境的，按照污染环境罪定罪处罚。综合上述内容，该条中所列举的收集、贮存行为，以及与收集、贮存紧密关联的运输行为，是否能构成污染环境罪，关键需判断有无造成“严重污染环境”的后果。因各种行为致污染物暴露于环境的可能性、污染物与环境接触的直接程度存在差异，司法实践中判断某种行为是否属于“严重污染环境”，在证明要求上应有所区别。

实践中，一方面，危险废物的合法处置需求与具备危险废物经营许可证企业的处置能力之间有缺口，造成部分企业产生的危险废物难以匹配合规处置的接收单位；另一方面，部分危险废物本身有被非法利用获利的空间。因此，危险废物违法进入生产、流通领域屡见不鲜，比较常见的有废蚀刻液、废电路板、废机油等。危险废物进入生产、流通领域，一般用于非法处置，并附随产生贮存、收集、运输行为。这些附随行为与排放、倾倒、处置危险废物的环境风险有所区别，入罪的证明标准因环境危害性不同亦应有区别。

建议证明标准如下：处置致严重污染环境的证明标准应严于排放、倾倒，但应宽于收集、贮存、运输；处置危险废物达到 3 吨，仍需证明该行为造成了一定的污染环境后果。下面分别予以论述。

第一种情形：排放、倾倒危险废物达到 3 吨，可降低对于是否造成严重环境污染后果的证明要求。

为遏制危险废物肆意流通，严厉打击危险废物所涉犯罪行为，环境污染司法解释第 1 款第 2 项对于危险废物的排放、倾倒、处置设置的入罪标准为：非法排放、倾倒、处置危险废物 3 吨以上。该标准看上去简单明了、易于判断，实际上对于排放、倾倒而言亦确实如此。因排放和倾倒行为使得危险废物直接进入外环境，对于上述两行为的污染环境后果显而易见，因此实践中对于非法排放、倾倒危险废物 3 吨以上的行为构成污染环境罪意见较为统一，且非法排放、倾倒危险废物案件中，对于犯罪后果的证明目的显著降低，甚至在极端情况下无法证明环境污染后果，亦可认定排放、倾倒危险废物 3 吨以上的行为构成污染环境罪。如 3 吨液态危险废物被倾倒至河流，危险废物短期内即被稀释并冲走，案发后无论是从河水、底泥还是河边环境，均无法检测出污染环境的后果，但只要证据足以证明行为人的主观心态、危险废物的性质、排放、倾倒行为，即可认定行为人构成污染环境罪。

第二种情形：污染环境案中，处置危险废物达到3吨，仍需证明该行为造成了一定的污染环境后果。

对于处置危险废物达到3吨是否即构成犯罪，有极大争议。本案中有观点认为，贮存行为属于处置，因此该案被告人朱某锋的行为属非法处置危险废物3吨以上，显然构成污染环境罪，无需再达到其他入罪标准。对于非法处置危险废物是否需达到一定的污染环境后果才构成污染环境罪的判断，首先需明确污染环境罪是行为犯，还是结果犯。

从《刑法》第338条规定看，污染环境罪的构成要件包含"严重污染环境"，原则上属于结果犯。例外情形只有以下几种：一是行为显而易见必将造成污染的情形。例如非法排放、倾倒、处置危险废物3吨以上，或排放、倾倒、处置超过国家或者地方污染物排放标准3倍或10倍以上的含重金属废水。二是以逃避监管的方式排污，造成取证困难。例如通过暗管、渗井、渗坑、裂隙、溶洞、灌注等逃避监管的方式排放、倾倒、处置有放射性的废物、含传染病病原体的废物、有毒物质，或重点排污单位篡改、伪造自动监测数据或者干扰自动监测设施，排放化学需氧量、氨氮、二氧化硫、氮氧化物等污染物。三是对2年内曾因违反国家规定，排放、倾倒、处置有放射性的废物、含传染病病原体的废物、有毒物质受过两次以上行政处罚再次实施污染环境行为、主观恶性大、社会危害性强的行为人，不再强调结果以示严厉打击。其余明确列举情形均为结果犯。

因此，有观点认为，污染环境罪保护的法益是环境法益，如果未取得经营许可证经营处置危险废物，在处置过程中未违法造成环境污染的，未对环境法益造成侵害，不宜以污染环境罪论处。① 另有观点认为，处置型污染环境罪中处置行为是指排放、倾倒以外的将有害物质置于外环境并造成环境严重污染的行为。② 上述两种观点实质是一致的，都强调处置行为需造成环境污染后果，方能入罪。笔者对上述两种观点非常认同。实践中，有的企业具备危险废物处理能力，但因危险废物经营许可证的管理较为严格，或受限于其他客观因素，迟迟无法取得危险废物经营许可

① 参见喻海松：《环境资源犯罪实务精释》，法律出版社2017年版，第56页。

② 远桂宝：《处置型污染环境罪行为内涵解析》，载《检察日报》2020年9月16日，第3版。

证。这类企业如处理技术过关，未对环境造成污染，即未超标排放污染物，则不应认定其造成了严重污染环境的后果，不应以污染环境罪论处。

但需注意的是，处置危险废物达到 3 吨的情况下，虽需证明该行为造成了一定的环境污染后果，但该后果不要求再达到环境污染司法解释第 1 条中的其他入罪标准。处置危险废物且有超标排放污染物情形，无论排放的污染物是气体、液体、还是固体废物，均可构成污染环境罪。该点从司法解释的第 1 条即可看出，“实施刑法第三百三十八条规定的行为，具有下列情形之一的”，应当认定为“严重污染环境”。上述条款并不要求同时达到两种情形。部分地区关于污染环境刑事案件的审理指南也认同该观点，如江苏省高级人民法院《关于环境污染刑事案件的审理指南（一）》中规定“每增加《环境污染司法解释》第一条第（一）项至第（十七）项情形中的一项，增加六个月刑期确定基准刑”，①即满足其他入罪情形属量刑加重情形，而非入罪同时需具备的情形。

第三种情形：污染环境案中，贮存与收集、运输等行为一样，需证明达到环境污染司法解释第 1 条中“严重污染环境”相当程度。

常规的带有包装的贮存与收集、运输行为过程中，污染物均不直接与外界接触。故除非以贮存、运输等为名实施排放、倾倒、遗弃之实，一般情况下贮存、收集、运输行为的污染环境风险小于处置，更小于直接的排放、倾倒的污染环境风险。有观点认为，非法运输危险废物暂时还不能直接入罪，除非与倾倒、排放等行为结合才能追究刑事责任。②笔者认同该观点。即便贮存、收集、运输危险废物的数量达到 3 吨以上，也不能直接认定构成犯罪，仍需考察其是否具备环境污染司法解释第 1 条中的入罪情形。

三、以转卖为目的贮存危险废物的被告人在贮存过程中仅造成少量危险废物泄露，未达到其他入罪标准，不构成污染环境罪

该案中有危险废物泄漏情况，即有污染后果。判断该行为是否构成污染环境罪，需要进一步分析泄漏具体情况，与环境污染司法解释列举的“严重污染环境”多

---

① 江苏省高级人民法院《关于环境污染刑事案件的审理指南（一）》。

② 参见陈庆瑞：《污染环境罪的司法适用问题》，载《人民司法（应用）》2016 年第 4 期。

种情形做“相当性”比较，是否属于“其他”严重污染环境情形，达不到则不构成犯罪。污染环境案中“相当性”的判断，除了常规刑事犯罪行为中的社会危害性，还需判断环境危害性，是否与环境污染司法解释列明的入罪情形相当。

有意见认为，本案被告人朱某锋的行为构成污染环境罪。主要观点如下：

第一种观点认为，被告人朱某锋处置了 3 吨危险废物即可入罪，不要求其他附加条件。

经过上述充分论述可知，当被告人实施的是“排放”“倾倒”行为时，无需达到其他入罪标准，只要有污染环境的迹象即可入罪，甚至特殊情况下无须证据证明有环境污染后果，推定必定造成严重污染后果，就可入罪。但本案中被告人朱某锋的行为不属于排放、倾倒。

本案绝大部分危险废物以转卖为目的购入后，被贮存于容器内短期堆放，未与外部环境直接接触，未造成泄漏，亦无证据证明贮存桶内的污染物释放了污染物，环境危害性明显低于“排放”“倾倒”行为，不属于造成了环境污染后果的处置，而系收集、贮存行为。涉案容器中，仅 1 桶（最大容量为 200 升）泄漏。基于被告人朱某锋违法收集、贮存危险废物并堆放河边，堆放地点无防渗漏措施，无任何降低环境危险性措施，可认定其有放任泄漏的间接故意；但因参与泄漏的污染物容器最大仅 200 升，远未达到入罪标准。故第一种观点不予支持。是否构成其他犯罪，需考察被告人朱某锋的行为是否达到其他入罪标准。

第二种观点认为，结合环境污染司法解释第 6 条的规定可得出结论：无证 + 收集、贮存 + 一定的环境损害后果，可以直接认定构成犯罪，降低入罪门槛。该观点认为，收集、贮存与利用、处置并列，可见收集和贮存危险废物也与处置一样，只需造成一定的环境损害后果，无须达到其他“严重污染环境”的入罪标准。该观点系对上述条文的误读，笔者不能认同。

环境污染司法解释条文为：无危险废物经营许可证从事收集、贮存、利用、处置危险废物经营活动，严重污染环境的，按照污染环境罪定罪处罚。其明确要求是：即便无危险废物经营许可证从事收集、贮存危险废物经营活动，仍需达到严重污染环境后果，才能按照污染环境罪定罪处罚。环境污染司法解释第 16 条的规定很明确：无危险废物经营许可证，以营利为目的，从危险废物中提取物质作为原材料或者燃料，并具有超标排放污染物、非法倾倒污染物或者其他违法造成环境污染的情形的行为，应当认定为“非法处置危险废物”。该条明确，如果是提取和利用等处置行为，只需造成环境污染后果即可，无须达到其他“严重污染环境”情形。但该条款并未将普通的无证贮存纳入非法处置的范畴。关于收集、贮存与利用、处置危险废物行为入罪条件的区别，前面已详述，不再赘述。

对于环境污染司法解释的准确理解，还得结合司法解释具体条文的制定目的综合考虑。环境污染司法解释第6条的制定目的可见一斑：污染环境犯罪保护的法益是环境法益。如果未取得经营许可证处置危险废物，在处置过程中未违法造成环境污染的，未对环境法益造成侵害，不宜以污染环境罪论处。此外，对于无资质处置危险废物，尚未污染环境，未构成污染环境罪的情形，是否可以适用非法经营罪的相关规定，实践中存在不同认识。对此，有些地方持肯定态度，但这实际上形成悖论：无资质处置危险废物，违法造成环境污染的，以污染环境罪最高只能处7年有期徒刑；未违法造成环境污染的，以非法经营罪最高可以处15年有期徒刑。为此，环境污染司法解释第6条作了明确。[①] 综上，环境污染司法解释第6条系为了解决污染环境罪与非法经营罪适用中存在的问题而制定，并不能由此推断出“无证+收集、贮存+一定的环境损害后果，可以直接认定构成犯罪”的结论。无危险废物经营许可证，虽然使污染环境的风险加大，但并不必然产生环境危害性，造成实际的环境污染后果。

第三种观点认为，可认定被告人朱某锋系处置未遂，构成污染环境罪。被告人朱某锋暂时没有找到下家不等于其不找下家。根据当前环保形势，实质上其难以找到下家。

犯罪未遂系指行为人已经着手实施犯罪，但由于意志以外的原因而未能得逞。有三个基本特征：(1)已经着手实施犯罪。以此区别于犯罪预备。(2)未得逞，即行为人的行为没有完成某一犯罪的全部构成要件。以此区别于犯罪既遂。(3)未得逞是行为人意志以外的原因造成的。以此区别于犯罪中止。

要判断行为人有无着手实施犯罪，还是得回到案件事实来判断。本案中在案

① 参见喻海松：《环境资源犯罪实务精释》，法律出版社2017年版，第56页。

证据显示,被告人朱某锋未在现场加工、利用污染物,也不足以证明其系为加工利用而购入污染物。朱某锋系购入危险废物后为出售而贮存,通俗说,其属于危险废物的“二道贩子”。结合案情,比照环境污染司法解释,较为对应的条款为第7条,“明知他人无危险废物经营许可证,向其提供或者委托其收集、贮存、利用、处置危险废物,严重污染环境的,以共同犯罪论处”。非危险废物生产者如果明知他人无危险废物经营许可证,将自己已经收集的危险废物出售给他人,他人排放、倾倒、处置危险废物超过3吨,或者达到其他入罪条款,非危险废物生产者可能构成共同犯罪。但本案中被告人朱某锋尚未寻找到危险废物接收方。无危险废物经营许可证的被告人,将其所有或占有的危险废物交给他人,理论上有三种可能的后果:一是交给有危险废物处理资质的单位;二是交给无危险废物处理资质、但有能力处置危险废物的单位或个人,未造成污染环境后果;三是交给无危险废物处理资质、亦无处理能力的单位或个人,或者虽有危险废物处理能力、但因各种原因未按规范操作的单位或个人,接收方实施了排放、倾倒、处置的行为,并造成了污染环境后果。因被告人朱某锋尚未确定危险废物去向,无法预见行为是否会严重污染环境,无法准确判断其行为的社会及环境危害性,故无法推断出被告人朱某锋的行为构成污染环境罪共犯,未遂的结论亦无法得出。

本案中,被告人朱某锋以转卖为目的从他人处购买废桶及废液,且截至案发堆放时间最短的只有数日,最长的才约一个月。其未从危险废物中提取物质作为原材料或者燃料,且现有证据不足以证明其有遗弃危险废物的目的。堆放过程中仅造成最大容量为200升的污染物外泄,社会危害性、环境污染后果与《关于办理环境污染刑事案件有关问题座谈会纪要》中第8条的规定中的“大量扬散、流失、泄漏、挥发”情形亦不相当。故被告人朱某锋的行为亦不属于利用、处置。综上,在无证据证明其行为达到其他入罪标准的情况下,不能认定被告人朱某锋严重污染了环境,应认定无罪。被告人姚某华无共同犯罪基础,亦属无罪。公诉机关撤诉决定符合法律规定,故准许公诉机关撤回起诉。

违法使用受控消耗臭氧层物质可构成污染环境罪

傅贤生　王昆明　许婷婷*

【裁判摘要】

三氯一氟甲烷为受控消耗臭氧层物质，是会造成大气污染的有害物质。我国正逐步削减并最终淘汰相关消耗臭氧层物质。因特殊用途确需使用的，由国务院环境保护主管部门会同国务院有关部门批准，未经批准许可擅自使用，构成严重污染环境情形的，应当以污染环境罪追究刑事责任。

【案件基本信息】

1. 诉讼当事人

公诉机关：德清县人民检察院。

被告单位：德清明禾保温材料有限公司。

被告人：祁某明。

2. 案件编号

一审：浙江省德清县人民法院（2019）浙0521刑初592号刑事判决。

【基本案情】

被告单位德清明禾保温材料有限公司（以下简称明禾公司）成立于2017年3月8日，主要从事聚氨酯硬泡组合聚醚保温材料的生产，以及聚氨酯保温材料、化

* 傅贤生，浙江省德清县人民法院院长；王昆明，浙江省德清县人民法院新市人民法庭庭长；许婷婷，浙江省湖州市中级人民法院环境资源审判庭庭长。

工原料(除危险化学品及易制毒化学品)、塑料材料、建筑材料批发零售。法定代表人为被告人祁某明。

2017 年 8 月至 2019 年 6 月,被告人祁某明在明知三氯一氟甲烷系受控消耗臭氧层物质,且被明令禁止用于生产使用的情况下,仍向李某峰、韩某新、葛某涛、薛某平(均另案处理)购买,并用于被告单位明禾公司生产聚氨酯硬泡组合聚醚保温材料。期间,被告单位明禾公司共计购买三氯一氟甲烷 849.5 吨。根据被告人祁某明供述及有关证人证言,可就低确定明禾公司生产并销售含三氯一氟甲烷的聚氨酯硬泡组合聚醚保温材料 2427 吨。经煤科集团杭州环保研究院有限公司核算,明禾公司在使用三氯一氟甲烷生产过程中,造成三氯一氟甲烷废气排放为 3049.7 千克。经德清天勤会计师事务所审计,明禾公司销售含有三氯一氟甲烷的聚氨酯硬泡组合聚醚保温材料每吨利润为 602.1 元。被告单位明禾公司因使用三氯一氟甲烷生产销售产品总计违法所得就低认定为 1,461,296.7 元(2427 吨 ×602.1 元/吨)。

【裁判结果】

德清县人民法院经审理认为:三氯一氟甲烷为受控消耗臭氧层物质,是会造成大气污染的有害物质,被明令禁止使用。被告单位明禾公司违反规定,将三氯一氟甲烷用于生产保温材料并出售,违法所得 30 万元以上,严重污染环境,其行为已构成污染环境罪。被告人祁某明作为被告单位法定代表人,明知三氯一氟甲烷禁止用于生产,却主动购入并用于明禾公司保温材料生产,造成环境严重污染,亦应当以污染环境罪追究刑事责任。被告人祁某明到案后,如实供述自己的犯罪事实,系坦白,依法可以从轻处罚。被告单位明禾公司、被告人祁某明当庭表示自愿认罪认罚,可以酌情从轻处罚。

德清县人民法院根据《刑法》第 338 条、第 30 条、第 31 条、第 45 条、第 47 条、第 67 条第 3 款、第 61 条、第 52 条、第 53 条、第 64 条,最高人民法院、最高人民检察院《关于办理环境污染刑事案件适用法律若干问题的解释》第 1 条第 1 款第 9 项,《行政处罚法》第 28 条第 2 款的规定,以污染环境罪,判处被告单位明禾公司罚金 70 万元,判处被告人祁某明有期徒刑 10 个月,并处罚金 5 万元,追缴被告单位明禾公司违法所得 1,461,296.7 元。

一审宣判后,被告单位明禾公司、被告人祁某明均未提出上诉,公诉机关亦未提起抗诉,判决已发生法律效力。

【裁判摘要评析】

本案的争议焦点为:一是违法使用受控消耗臭氧层物质能否构成污染环境罪?二是定罪量刑标准应如何把握?因违法使用受控消耗臭氧层物质被追究刑事责任,笔者在司法实务中未闻有先例。在日益重视环境保护背景下,本案审理体现了法院落实环境保护责任以及坚定维护全球臭氧层保护成果的司法担当,对潜在类似环境违法犯罪行为人起到警示作用,为此后该类案件的审理创造了一个良好的开端。

一、违法使用受控消耗臭氧层物质应予刑事处罚的法律依据

《刑法》第 338 条第 1 款规定:"违反国家规定,排放、倾倒或者处置有放射性的废物、含传染病病原体的废物、有毒物质或者其他有害物质,严重污染环境的,处三年以下有期徒刑或者拘役,并处或者单处罚金;情节严重的,处三年以上七年以下有期徒刑,并处罚金……"由此可见,《刑法》对可构成污染环境罪物质的规定采取了开放性列举的方式,即有放射性的废物、含传染病病原体的废物、有毒物质或者其他有害物质。对于上述列举物质,除其他有害物质外,法律、法规或司法解释均作了规定。例如,对有放射性的废物,相关规定见于《放射性污染防治法》《放射性废物安全管理条例》;对含传染病病原体的废物,相关规定见于《传染病防治法》;对有毒物质,相关规定见于最高人民法院、最高人民检察院《关于办理环境污染刑事案件适用法律若干问题的解释》(以下简称《环境污染司法解释》)。其他有害物质的范围认定直接影响污染环境罪的适用范围,而对其他有害物质的具体范围和判断标准缺乏明确规定,导致司法实践对涉及其他有害物质污染环境犯罪定罪处罚畏葸不前。鉴于此,最高人民法院、最高人民检察院、公安部、司法部、生态环境部联合印发了《关于办理环境污染刑事案件有关问题座谈会纪要》,其中列举了常见的有害物质种类,受控消耗臭氧层物质便位列其中。上述意见将受控消耗臭氧层物质作为其他有害物质纳入污染环境罪适用范围,为司法实践定罪处罚指明了方向。本案中,被告单位明禾公司、被告人祁某明违法使用受控消耗臭氧层物质,

依法可以污染环境罪定罪处罚。

二、对违法使用受控消耗臭氧层物质予以刑事处罚的现实意义

《关于办理环境污染刑事案件有关问题座谈会纪要》将受控消耗臭氧层物质认定为其他有害物质,进而纳入污染环境罪适用范围,法院在符合法定条件时给予刑事处罚具有如下现实意义。

(一)对违法使用受控消耗臭氧层物质予以刑事处罚是履行国际公约义务体现大国责任担当的表现

构建人类命运共同体,保护生态环境,推动可持续发展是国际社会共同面临的挑战与责任。我国作为《保护臭氧层维也纳公约》和《关于消耗臭氧层物质的蒙特利尔议定书》的缔约国之一,负有保护臭氧层的国际义务。为履行上述义务,我国制定了《中国逐步淘汰消耗臭氧层物质国家方案》,颁布了《消耗臭氧层物质管理条例》等政策法规,通过不断努力,如期实现了各阶段履约目标,为臭氧层保护作出了重大贡献。生态环境部门严厉打击违法生产、使用、销售受控消耗臭氧层物质行为,加强行政执法的推动作用,体现了我国切实履约的态度,但从全方位履约的角度来看,刑事司法的缺失,不免成为有关国家或国际组织诟病的借口。笔者认为,国际条约可以作为我国刑法规定罪名打击范围的来源和依据,其有关内容可以纳入和转化为我国刑法规定。这在实践中已普遍存在。例如,最高人民法院《关于审理破坏野生动物资源刑事案件具体应用法律若干问题的解释》将《濒危野生动植物种国际贸易公约》附录一、附录二的野生动物以及驯养繁殖的上述物种,纳入非法猎捕、杀害珍贵、濒危野生动物罪中的珍贵、濒危野生动物种类范围。再如,《环境污染司法解释》将《关于持久性有机污染物的斯德哥尔摩公约》附件所列物质认定为污染环境罪中规定的有毒物质。因此,根据《保护臭氧层维也纳公约》和《关于消耗臭氧层物质的蒙特利尔议定书》将消耗臭氧层物质纳入污染环境罪适用范围必要且可行,对于完善国内履约体系及能力建设具有重要意义,充分体现了我国的大国责任担当。

(二)对违法使用受控消耗臭氧层物质予以刑事处罚符合我国关于环境保护的刑事司法政策

《刑法修正案(八)》第 46 条对污染环境罪进行了如下修改:一是删除了"向土

地、水体、大气”，强调了环境的一体性；二是将“其他危险废物”修改为“其他有害物质”，扩大了罪名的规制范围；三是将“造成重大环境污染事故，致使公私财产遭受重大损失或者人身伤亡的严重后果”修改为“严重污染环境的”，降低了入罪门槛。上述修订体现了我国不断加大对环境违法行为刑事打击力度的刑事司法政策。党的十九大提出要把生态文明建设和生态环境保护提升到前所未有的战略高度，贯彻最严格生态环境保护制度的严密法治观。保护臭氧层就是保护蓝天、保护地球生命、保护人类的未来。我国对环境保护的认识不仅仅注重于当下，更加侧重于未来。囿于经济发展水平，我国曾是消耗臭氧层物质生产和使用大国，但随着经济科技发展水平的不断提高，我国已经具备了淘汰和替代消耗臭氧层物质的能力和条件，保护臭氧层已成为保护国民环境权益的现实需要。在当前形势下，仅仅依靠行政执法打击违法使用消耗臭氧层物质行为，已不能满足生态环境保护的战略需要，也不符合当前关于环境保护的刑事司法政策。因此，将违法使用受控消耗臭氧层物质行为纳入污染环境罪进行刑事处罚符合现实需要。

三、违法使用受控消耗臭氧层物质的定罪量刑

如前所述，违法使用受控消耗臭氧层物质可以适用污染环境罪予以刑事处罚，但前提是必须符合该罪名规定条件，即严重污染环境。《环境污染司法解释》对严重污染环境的情形作了列举，其中适用于本案的情形为“非法排放、倾倒、处置危险废物三吨以上的”“违法所得或者致使公私财产损失三十万元以上的”“其他严重污染环境的情形”。此外，《环境污染司法解释》也对后果特别严重情形作了规定，适用于本案情形为“非法排放、倾倒、处置危险废物一百吨以上的”“造成生态环境特别严重损害的”。有观点认为，对违法使用受控消耗臭氧层物质进行刑事处罚，应按照上述规定情形予以定罪量刑。笔者不同意上述观点。笔者认为受控消耗臭氧层物质作为其他有害物质，有别于有放射性的废物、含传染病病原体的废物以及有毒物质，对其危险性、毒害性以及后果严重性目前仍缺乏科学的评判标准，不能单以相关量化标准予以认定。《关于办理环境污染刑事案件有关问题座谈会纪要》认为，办理非法排放、倾倒、处置其他有害物质的案件，应当坚持主客观相一致原则，从行为人的主观恶性、污染行为恶劣程度、有害物质危险性毒害性等方面进行

综合分析判断，准确认定其行为的社会危害性。

具体到本案中，被告单位明禾公司、被告人祁某明违法使用受控消耗臭氧层物质，德清县人民法院综合考虑其使用受控消耗臭氧层物质数量、造成废气排放量以及违法所得等实际情况，对其定罪量刑，作出涉案判决，是恰当的。

医疗污水违法排放行政处罚案件的法律适用

——海关总署(北京)国际旅行卫生保健中心(北京海关口岸门诊部)诉北京市海淀区生态环境局、北京市海淀区人民政府行政处罚及行政复议案

梁　菲　林昱彤*

【裁判摘要】

任何公民、法人或者其他组织均有义务保护水资源,防止水污染。海关总署(北京)国际旅行卫生保健中心(北京海关口岸门诊部)作为医疗保健中心,更应避免直接排放医疗污水。依据《水污染防治法》第 39 条和《医疗废物管理条例》第 47 条第 5 项的规定,卫生行政主管部门或环境保护行政主管部门针对未按规定"对污水、传染病病人或者疑似传染病病人的排泄物,进行严格消毒"的违法行为均具有行政处罚权。在此情况下,根据《环境行政处罚办法》第 9 条规定,当事人的一个违法行为同时违反两个以上环境法律、法规或者规章条款,应当适用效力等级较高的法律、法规或者规章;效力等级相同的,可以适用处罚较重的条款。环境保护行政主管部门适用法律效力等级更高的《水污染防治法》对原告实施行政处罚并无不当,且医疗污水直接排放至市政管道,对水资源的污染后果极其严重,直接涉及民生安全问题,应当予以重罚,这亦是《水污染防治法》(2017 年修正)第 39 条的应有之义。

* 梁菲、林昱彤,北京市第一中级人民法院。

【案件基本信息】

1. 诉讼当事人

原告(二审上诉人):海关总署(北京)国际旅行卫生保健中心(北京海关口岸门诊部)。

被告(二审被上诉人):北京市海淀区生态环境局。

被告(二审被上诉人):北京市海淀区人民政府。

2. 案件编号

一审:北京市海淀区人民法院(2019)京0108行初216号行政判决(2019年5月31日)。

二审:北京市第一中级人民法院(2019)京01行终837号行政判决(2019年9月19日)。

3. 案由

环境行政处罚及行政复议。

【基本案情】

海关总署(北京)国际旅行卫生保健中心(北京海关口岸诊部)(以下简称国旅卫生保健中心)于2013年2月22日取得北京市海淀区生态环境局(以下简称区环境局)核发的海环保审字〔2013〕0132号《关于对北京国际旅行卫生保健中心建设项目环境影响报告表的批复》,并于2014年3月3日通过建设项目环境保护竣工验收。

2018年7月11日,区环境局的执法人员到国旅卫生保健中心进行现场检查,发现该单位安装的水污染处理设施处于断电状态,医疗污水未经处理直接排放入市政管道。区环境局对上述违法行为立案调查中,国旅卫生保健中心认可其水污染处理设施在同年7月11日处于断电状态的事实予以认可。区环境局对该案进行听证、集体讨论后作出海环保罚字〔2018〕第295号行政处罚决定书(以下简称被诉处罚决定),并于同年10月18日向国旅卫生保健中心送达。被诉处罚决定的主要内容为:2018年7月11日,区环境局执法人员进行现场检查中发现,该单位作为医疗卫生机构按照环境影响评价要求安装有水污染处理设施,但水污染处理设施处于断电状态,医疗污水未经处理直接排放,属不正常运行水污染防治设施等逃避监管的方式排放水污染物，该行为违反了《水污染防治法》第39条的规定。根据《水污染防治法》第83条第1款第3项的规定，决定责令改正，处10万元罚款。国旅卫生保健中心不服，向北京市海淀区人民政府（以下简称区政府）提起行政复议。区政府作出海政复决字〔2018〕314号行政复议决定书（以下简称被诉复议决定），维持了被诉处罚决定。国旅卫生保健中心不服，诉至一审法院，请求撤销被诉处罚决定及被诉复议决定。

【案件焦点】

区环境局适用《水污染防治法》作出被诉处罚决定是否正确。

【裁判结果】

北京市海淀区人民法院于2019年5月31日作出北京市海淀区人民法院（2019）京0108行初216号行政判决：驳回国旅卫生保健中心的诉讼请求。

国旅卫生保健中心不服原审判决，提起上诉。北京市第一中级人民法院于2019年9月19日判决驳回上诉，维持一审判决。

法院生效判决认为：区环境局接到举报后，发现国旅卫生保健中心在其办公地点安装的臭氧消毒发生器处于断电状态。在案证据及国旅卫生保健中心陈述能够证明，该臭氧消毒发生器是国旅卫生保健中心将日常产生的医疗废水通过臭氧加过滤吸附方式消毒后，排放至市政污水管道的唯一处理医疗污水的设备。鉴于国旅卫生保健中心安装的臭氧消毒发生器断电的后果是将医疗污水未经任何处理直接排放至市政管道，因此，无论该设备的功效为消毒还是防治水污染，国旅卫生保健中心对该设备断电的行为均会造成水污染的后果，属于《水污染防治法》第39条所规定的"不正常运行水污染防治设施等逃避监管的方式排放水污染物"的情形。国旅卫生保健中心应避免直接排放医疗污水，其具有保护水资源的义务。而且，国旅卫生保健中心正因配备了臭氧消毒发生器这一避免将医疗污水直接排放至市政管道的设备，方能通过建设项目环境保护竣工验收从而正式营业。因此，关于国旅卫生保健中心称该设备不属于水污染防治设备，而是医疗废物处置设施，其不具有必须配置水污染防治设施的法定义务，进而主张其臭氧消毒发生器断电的行为不属于上述法律规定的不正常运行水污染防治设施行为之主张，法院不予支持。

另外，根据《医疗废物管理条例》第47条第5项规定，未按照本条例的规定对污水、传染病病人或者疑似传染病病人的排泄物，进行严格消毒，或者未达到国家规定的排放标准，排入污水处理系统的，由县级以上地方人民政府卫生行政主管部门或者环境保护行政主管部门按照各自的职责责令限期改正，给予警告，并处5000元以上1万元以下的罚款；逾期不改正的，处1万元以上3万元以下的罚款；造成传染病传播或者环境污染事故的，由原发证部门暂扣或者吊销执业许可证件或者经营许可证件；构成犯罪的，依法追究刑事责任。本案中，国旅卫生保健中心对臭氧消毒设备断电的行为属于上述条款中规定的"未按照本条例的规定对污水、传染病病人或者疑似传染病病人的排泄物，进行严格消毒"的行为，对该违法行为环境保护行政主管部门和卫生行政主管部门均有权进行处罚。

鉴于依据《水污染防治法》第39条和《医疗废物管理条例》第47条第5项的规定，区环境局均有权对国旅卫生保健中心进行处罚。在此情况下，根据《环境行政处罚办法》第9条规定，当事人的一个违法行为同时违反两个以上环境法律、法规或者规章条款，应当适用效力等级较高的法律、法规或者规章；效力等级相同的，可以适用处罚较重的条款。区环境局适用法律效力等级更高的水污染防治法对国旅卫生保健中心实施行政处罚并无不当。且医疗污水直接排放至市政管道，对水资源的污染后果极其严重，直接涉及民生安全问题，应当予以重罚，这亦是《水污染防治法》（2017年修正）第39条的应有之义。因此，区环境局依据《水污染防治法》第83条第3项的规定对国旅卫生保健中心进行处罚，事实清楚，证据充分，适用法律正确。

【裁判摘要评析】

任何公民、法人或者其他组织均具有保护水资源，防止水污染的义务。水污染防治是生态文明建设的重要内容，水环境维护事关人民群众的切身利益，故加大加强对水污染排放的监督和管理，通过从严处罚避免、杜绝发生更多的水污染问题亦是修订《水污染防治法》第39条的意义所在。原告作为特殊的医疗卫生机构对保护水资源应具有更高的注意义务。本案的典型意义在于对"水污染防治设施"作广义理解，并仅将排污的客观结果作为衡量是否属于"不正常运行水污染防治设施"的违法情形。同时，本案深入剖析了同一污水排放违法行为同时违反两个环境法律、法规时的法律适用标准。案件的审理和法律适用符合国家对生态环境的治理要求,亦契合广大人民群众对解决民生环境问题的心声。就被诉行政处罚行为的合法性而言,本案主要争议在于法律适用问题,即涉案环境违法行为涉及不同行政机关的行政处罚权,并同时违反两个环境法律,区环境局适用《水污染防治法》作出被诉处罚决定是否正确,值得研究和探讨。现分述如下。

一、"水污染防治设施"的含义

《水污染防治法》第39条加强了对污水排放的监督和管理,但未对"水污染防治设施"进行明确的界定,而环境监督管理执法领域又对该概念的认知不可避免,实践中对"不正常运行水污染防治设施"的违法情形之判断容易产生歧义。如何正确理解并准确定义"水污染防治设施"在行政执法及行政审判领域具有重要意义。笔者认为,首先要清楚水污染的概念和后果。水污染是指人类活动排放的污染物进入水体,从而影响水的使用价值,造成水质恶化,危害人体健康或破坏生态环境的现象。其次,对"水污染防治设施"的认定应当考虑有关污水处理设施的作用及污水排放的客观后果,并与《水污染防治法》的立法本意相结合,对水污染防治设施作广义理解认定。

水资源与民生健康息息相关,将污染物直接排放至市政管道会对水资源造成极大的危害。《水污染防治法》第39条规定,禁止利用渗井、渗坑、裂隙、溶洞,私设暗管,篡改、伪造监测数据,或者不正常运行水污染防治设施等逃避监管的方式排放水污染物。该条针对排放水污染物的方式进行了列举式规定,同时明确,包括并不限于利用渗井、渗坑、裂隙、溶洞,私设暗管,篡改、伪造监测数据的方式,任何以不正常运行水污染防治设施逃避监管的方式排放污染物的行为,均属于《水污染防治法》规范的排放水污染物的行为。但是该条并未对水污染防治设施的内涵进行界定。有一种观点认为,水污染防治设施专门特指需要设计、施工的,具有一定规模,涉及建设相关的大型设施,而不是本案臭氧消毒发生器这种简单便宜、即插即用、只用于消毒功能的电器设备。对此,笔者认为,从《水污染防治法》第39条的规定来看,水污染防治的出发点是保护水资源免受污染和侵害,因此水污染防治设施的界定应作广义理解,即为任何为了保护水资源免受污染的设施,与设施的大小、复杂程度、具体功能无关。本案中,国旅卫生保健中心的臭氧消毒发生器是其将日常产生的医疗废水通过臭氧加过滤吸附方式消毒后,排放至市政污水管道的唯一处理医疗污水的设备。环保部门出具的环境影响报告表的批复亦显示,该保健中心正因配备了臭氧消毒发生器这一避免将医疗污水直接排放至市政管道的设备,方能通过建设项目环境保护竣工验收从而正式营业。虽该保健中心称该设施的目的是消毒,并非处理污水,但该臭氧消毒发生器客观上属于该医疗机构唯一保护水资源免受污染的设施,故符合水污染防治设施的定义。

二、"不正常运行水污染防治设施"违法情形的界定

关于不正常运行水污染防治设施的违法情形,有一种观点认为,不具有排污动机、无法带来经济利益、无逃避监管故意的过失行为不属于不正常运行水污染防治设施的违法行为。笔者对此并不认同,理由如下:

其一,原国家环保部曾针对"不正常使用"污染物处理设施的认定提出以下意见:(1)将部分或全部污水或者其他污染物不经过处理设施,直接排入环境;(2)通过埋设暗管或者其他隐蔽排放的方式,将污水或者其他污染物不经处理而排入环境;(3)非紧急情况下开启污染物处理设施的应急排放阀门,将部分或全部污水或者其他污染物直接排入环境;(4)将未经处理的污水或者其他污染物从污染物处理设施的中间工序引出直接排入环境;(5)将部分污染物处理设施短期或长期停止运营;(6)违反操作规程使用污染物处理设施,致使处理设施不能正常发挥处理作用;(7)污染物处理设施发生故障后,排污单位不及时或者不按规程进行检查和维修,致使处理设施不能正常发挥处理作用;(8)违反污染物处理设施正常运行所需条件,致使处理设施不能正常运行的其他情形。参考上述意见,并结合对《水污染防治法》相关规定的深入理解可知,任何客观上造成将水污染物未经保护水资源免受污染之设施的处理,而直接排放污水的行为,即属于不正常运行水污染防治设施的行为。《水污染防治法》第 39 条中"逃避监管的方式"是对前述列举的内容及"不正常运行水污染防治设施"的修饰,是对客观结果的描述,无论排污者是否具有逃避监管的主观故意,只要实施了不正常运行水污染防治设施,且造成逃避监管排污的后果,即属于该条规定的违法行为。

其二,本案中,国旅卫生保健中心对其臭氧消毒发生器进行断电处理的行为,

不论其主观上有无排放污水的动机，亦不论其是否具有逃避监管的故意，因客观上造成了医疗污水未经处理直接排放的后果，即属于《水污染防治法》第39条规定的以不正常运行水污染防治设施逃避监管的方式排放水污染物的违法行为。

三、对同一违法行为进行行政处罚时，法律规范竞合情形下的选择标准

（一）行政法律规范竞合的基本理论

我国行政管理领域广泛，行政法律规范体系庞大。实践中，在不同的行政管理领域，基于不同角度考虑违法行为的情况均需予以规范，即产生了同一违法行为违反不同的法律规范、不同的行政机关均具有管辖权的情形。因此，法律规范竞合是指在各种行政管理法律、法规的规定复杂交错的情况下，行政管理相对人的某一行为同时触犯两个以上法律、法规。通常情况下，法律规范竞合存在以下情形：(1)同一个违法行为，违反了两个以上的行政法律规范，而实施行政处罚的主体涉及不同的行政执法部门，即同一个违法行为不同的行政机关均具有行政处罚权。(2)同一个违法行为，违反了两个以上的行政法律规范，由一个行政机关行使行政处罚权。(3)同一个违法行为，违反两个以上行政法律规范，不同行政机关对该行为均具有行政处罚权，且所适用的处罚种类不同。(4)一个违法行为违反两个以上同一行政管理领域的行政法律规范，只有该行政机关具有行政处罚权。

（二）行政法律规范竞合情况下的行政处罚权行使

在行政法律规范竞合情况下，行政机关应根据法律适用的基本原则及“一事不再罚”的原则行使行政处罚权。

其一，《行政处罚法》规定，对当事人的同一个违法行为，不得给予两次以上罚款的行政处罚。因此，一个违法行为同时违反两个以上行政法律规范，而相关行政法律规范均规定有罚款处罚时，即行政法律规范竞合产生多次罚款情形，行政机关应适用“一事不再罚”原则，只能进行一次罚款处罚。

其二，在不同的行政管理领域，行政机关行使不同的行政管理权，对违法行为的监管和纠正需要采取不同的处罚手段。从依法行政角度及行政诉讼法中对行政行为合法性审查的规定角度，行政机关在行政法律规范竞合情况下的法律适用应遵循以下基本原则：合法性原则、特别法优于普通法原则、后法优于先法原则。同

时，某一行政管理领域行政机关已经通过规章对法律规范竞合的适用作出了明确规定的，应当从其规定。

（三）医疗污水违法排放行为的行政处罚

对于医疗污水违法排放行为，现行法律即存在法律规范竞合，即涉及两个问题的具体判断：一是谁有权对此类违法行为进行处罚，二是如何适用罚则。

1. 卫生行政主管部门及环境保护主管部门均具有行政处罚权

根据《医疗废物管理条例》第 47 条第 5 项规定，未按照本条例的规定对污水、传染病病人或者疑似传染病病人的排泄物，进行严格消毒，或者未达到国家规定的排放标准，排入污水处理系统的，由县级以上地方人民政府卫生行政主管部门或者环境保护行政主管部门按照各自的职责责令限期改正，给予警告……因此，针对未对污水进行严格消毒或未达到国家规定的排放标准，排出污水处理系统的情形，卫生行政主管部门及环境保护行政主管部门均有权按照各自的职责进行行政处罚。本案中，国旅卫生保健中心将医疗污水未经处理直接排放至市政管道，违反上述法规规定，卫生及环保部门均有权行使行政处罚权。

2. 环境保护部门可以适用较重的条款作出行政处罚

《环境行政处罚办法》第 9 条规定，当事人的一个违法行为同时违反两个以上环境法律、法规或者规章条款，应当适用效力等级较高的法律、法规或者规章；效力等级相同的，可以适用处罚较重的条款。因此，针对同一违法行为，同时违反两个以上环境法律条款时，法律适用的选择标准是以效力等级为基本原则，等级相同时从重处理。而且，《行政处罚法》第 29 条中“同一个违法行为违反多个法律规范应当给予罚款处罚的，按照罚款数额高的规定处罚”的规定，亦确立了关于法条竞合从一重处罚的原则。所谓按照罚款数额高的规定是指按照法律规定的罚款数额，而非行政机关实际处以的罚款数额。①

就本案而言，基于前述对水污染防治设施内涵的界定可以认定，实施不正常运行水污染防治设施的行为，与《医疗废物管理条例》中对污水、传染病病人或者疑似传染病病人的排泄物，未进行严格消毒的违法行为，均属于违法排放污水的行为。

---

① 参见许安标主编：《中华人民共和国行政处罚法释义》，中国民主法制出版社 2021 年版。

国旅卫生保健中心违法排放医疗污水的行为同时触犯了《水污染防治法》第 39 条和《医疗废物管理条例》第 47 条第 5 项的规定，本案属于典型的行政法律规范竞合情形，涉及对同一违法行为如何适用法律进行行政处罚的问题。首先，要考虑两个条款的效力等级高低。《水污染防治法》属于法律，《医疗废物管理条例》属于行政法规，故应当适用效力等级较高的《水污染防治法》。其次，本案中，国旅卫生保健中心作为特殊的医疗机构，不仅具有保护水资源的义务，还比一般的行业机构负有更高的对排放污水的注意义务，其更应避免直接排放医疗污水，因医疗污水直接排放至市政管道，对水资源的污染后果极其严重。环境保护部门依据效力等级高的《水污染防治法》，按照罚款数额高的规定予以重罚未违反法律规定。而且，蓝天白云绿水是广大人民群众对生态环境最质朴的理解，其中治理水污染是解决民生环境问题的必然要求，加大加强对水污染排放的监督和管理，通过较重的行政处罚避免、以致杜绝发生更多的水污染问题亦是《水污染防治法》的应有之义。

云南省高级人民法院
民事判决书

（2020）云民终824号

上诉人（原审原告）：北京市朝阳区自然之友环境研究所。住所地：北京市朝阳区祁家豁子2号（南院）10号楼（友诚大厦）406室。

法定代表人：张伯驹，总干事。

委托诉讼代理人：刘湘，上海金钻律师事务所律师。代理权限：一般授权代理。

委托诉讼代理人：何艺妮，女，汉族，1994年10月28日出生，住云南省昆明市西山区。代理权限：一般授权代理。

上诉人（原审被告）：中国水电顾问集团新平开发有限公司。住所地：云南省新平彝族傣族自治县桂山街道办事处平山路25号。

法定代表人：杨正广，董事长。

委托诉讼代理人：刘双俊，北京德恒（昆明）律师事务所律师。代理权限：特别授权代理。

委托诉讼代理人：张梦婷，北京德恒（昆明）律师事务所律师。代理权限：特别授权代理。

被上诉人（原审被告）：中国电建集团昆明勘测设计研究院有限公司。住所地：云南省昆明市人民东路115号办公楼。

法定代表人：冯峻林，执行董事、总经理。

委托诉讼代理人：刘双俊，北京德恒（昆明）律师事务所律师。代理权限：特别授权代理。

委托诉讼代理人：张梦婷，北京德恒（昆明）律师事务所律师。代理权限：特别授权代理。

上诉人北京市朝阳区自然之友环境研究所（以下简称自然之友）与上诉人中国水电顾问集团新平开发有限公司（以下简称新平公司）、被上诉人中国电建集团昆明勘测设计研究院有限公司（以下简称昆明设计院）环境污染责任纠纷一案，因不服云南省昆明市中级人民法院（2017）云 01 民初 2299 号民事判决，向本院提出上诉。本院立案后依法组成合议庭公开开庭审理了本案。上诉人自然之友的法定代表人张伯驹、委托诉讼代理人刘湘、何艺妮，上诉人新平公司的委托诉讼代理人刘双俊、张梦婷，被上诉人昆明设计院的委托诉讼代理人刘双俊、张梦婷到庭参加了诉讼。本案现已审理终结。

自然之友上诉请求：1. 改判新平公司与昆明设计院共同消除云南省红河（元江）干流戛洒江一级水电站建设对绿孔雀、陈氏苏铁等珍稀濒危野生动植物以及热带季雨林和热带雨林侵害的危险，永久停止戛洒江一级水电站建设项目；2. 改判新平公司及昆明设计院共同支付自然之友因本案产生的维护社会公共利益的合理费用，包括差旅费、调查费、专家咨询费、律师费等一审期间的合理费用 290193 元，以及二审期间的合理费用 88092 元。

事实与理由为：一、原审判决对案涉项目存在生态上重大风险的事实认定不全面。原审判决虽认定案涉项目对绿孔雀栖息地、陈氏苏铁生长有重大风险，却未认定对淹没区系由绿孔雀和陈氏苏铁等珍稀物种，及与其赖以生存的大面积原始季雨林、热带雨林片段共同构成的完整生态系统也造成重大风险。（一）自然之友一审期间所举证的《红河上游戛洒江、石羊江、绿汁江植被调研报告》《云南绿汁江下游河谷季雨林群落学研究》等证据足以证明案涉项目对淹没区整个生态系统的生物多样性和生物安全存在重大风险。1. 通过对绿汁江、石羊江河谷物种和植被进行调查发现，电站淹没区域除了是绿孔雀栖息地并分布有大片苏铁外，还生活和生长着多种国家保护动植物。如红椿、千果榄榄等丰富的兰科植物都属于国家一级或二级保护植物。同时，淹没区也是黑颈长尾雉、绿喉蜂虎等诸多国家一、二级保护动物的栖息地。2. 淹没区完好保存着大面积连片热带季雨林，在全国非常罕见，生态保护价值极高，有着很高的科研价值，是一个巨大的野生生物物种资源库和基因库，对研究中国西南植物区系的起源、演化有着重要的意义。3. 淹没区生态系统生物多样性丰富而独特，保存有原生热带季雨林生态系统和热带雨林片段，承载、养育着多种珍稀濒危动植物，是多个保护物种赖以生存和繁衍的生境要素，具有不可替代的重要生态价值。（二）案涉项目淹没区大部分被划入国家生态保护红线的事实进一步说明该项目对生态系统整体具有生态上的重大风险。根据中共中央办公厅、国务院办公厅《关于划定并严守生态保护红线的若干意见》（以下简称《生态保护红线若干意见》）中"生态保护红线是指在生态空间范围内具有特殊重要生态功能、必须强制性严格保护的区域，是保障和维护国家生态安全的底线和生命线"规定可知，案涉项目对生态系统整体具有生态上的重大风险。

二、原审判决已经明确认定"戛洒江一级水电站淹没区大部分被划入红河（元江）干热河谷及山原水土保持生态保护红线范围"，却没有适用《中华人民共和国环境保护法》和《生态保护红线若干意见》中关于生态红线区域实行严格保护、禁止开发的规定，依法判令禁止戛洒江一级水电站开发建设，系适用法律不当。按照《中华人民共和国环境保护法》第二十九条及《生态保护红线若干意见》中"生态保护红线原则上按禁止开发区域的要求进行管理，严禁不符合主体功能定位的各类开发活动，严禁任意改变用途"的规定，生态保护红线区域应实行严格保护，具有代表性的各类自然生态系统区域、珍稀濒危野生动植物自然分布区域应当采取措施加以保护，严禁破坏。戛洒江一级水电站违反上述法律和政策关于生态红线的禁止性规定，但原审判决并未依法判令其永久停建，属于适用法律不当。

三、原审判决认定事实不当，适用法律错误，戛洒江一级水电站不符合开展环境影响后评价的法定情形。（一）戛洒江一级水电站淹没区涉及绿孔雀栖息地、苏铁属植物生境、大面积雨林片段的事实，是编制建设项目环境影响评价文件时就已经存在的事实，并不在项目建设、运行过程中产生，不符合《中华人民共和国环境影响评价法》第二十七条规定。（二）根据原环保部制定的《建设项目环境影响后评价管理办法（试行）》第二条规定，未完成建设的项目不符合进行环境影响后评价的情形。（三）原环保部于 2017 年 7 月责成新平公司进行环境影响后评价的情况已经发生重大改变，案涉项目淹没区已经划入生态红线，属于禁止开发区域。新平公司已经主动停止建设，因此戛洒江一级水电站不符合法定开展环境影响后评价的情形。

四、原审判决判定新平公司消除危险的方式不足以消除案涉项目对涉案区域生态上的重大风险，应依法判决永久停建。（一）案涉项目存在生态上重大风险的特点决定消除危险的方式应是永久停建。1. 案涉项目淹没区的绿孔雀栖息地是我国数量最多、面积最大、最为完整的栖息地，具有不可替代性。自然之友提交的证据足以表明，绿孔雀的栖息地很难迁移改变，而以栖息地保护为主的“就地保护”是珍稀濒危物种保护最重要的方式。2. 作为珍稀濒危物种和极危物种的陈氏苏铁，不具有移栽的可能性，无法实行迁地保护，唯有永久停建方能进行保护。3. 案涉项目淹没区对整体的生态系统具有重大风险。绿孔雀和陈氏苏铁等珍稀动植物需要保存完整的原始季雨林才能生存繁衍，淹没区生态价值具有唯一性和不可替代性。（二）开展环境影响后评价无法消除案涉项目对绿孔雀栖息地的重大风险。环境影响后评价仅能对建设项目提出补救方案或者改进措施，根据已有事实并非进行环境影响后评价即可消除对该区域的重大影响。（三）开展环境影响后评价存在客观困难，缺乏现实可行性。新平公司自 2017 年 7 月接到《关于责成开展云南省红河（元江）干流戛洒江一级水电站环境影响后评价的函》（以下简称《责成后评价函》），但至今尚未开展相关环境影响后评价工作，原因是存在较大科研难度。（四）案涉项目的选址违反了《中华人民共和国野生动物保护法》《中华人民共和国自然保护区条例》等法律的禁止性规定。《恐龙河州级自然保护区范围调整报告》（以下简称《调整报告》）显示，为保证项目顺利建设，该报告将位于淹没区的自然保护区进行调区，该事实说明案涉项目选址违法。（五）在云南省水电严重过剩的情况下，戛洒江一级水电站已无建设的必要。

五、昆明设计院虚假环评遗漏重大事实，直接实施侵权行为存在过错，应依法承担连带责任。昆明设计院编写的《云南省红河（元江）干流戛洒江一级水电站环境影响报告书》（以下简称《环境影响报告书》）违反法律规定和技术规范，对陆生生物和陆生生态部分的评价存在基础资料明显不实，内容存在重大缺陷、遗漏的情况，对主管部门的审查审批造成方向性误导，与新平公司共同导致案涉区域珍稀濒危物种绿孔雀和陈氏苏铁及其生境处于重大风险中，构成共同侵权，应依法承担连带责任。（一）原审判决及《元江中上游绿孔雀种群调查报告》（以下简称《调查报告》）均认定案涉项目淹没区构成绿孔雀生物学上的栖息地，且《调整报告》是昆明设计院当时编制《环境影响报告》时的重要参考资料，根据该《调整报告》可知所调整地段（包含绿孔雀等保护物种的栖息地）将作为戛洒江一级水电站的建设区域，该变化幅度破坏了物种栖息地。作为一个环境影响评价工作者，可以依据该《调整报告》得出淹没该栖息地会对绿孔雀等保护物种造成中度影响的结论，但是《环境影响报告书》却故意掩盖《调整报告》中认定的事实和科学结论，并主观断定不会影响该物种在当地生存和繁殖，昆明设计院以虚假结论通过欺骗的方式最终获得环评批准，具备"弄虚作假"的法定要件。（二）《环境影响报告书》中关于苏铁的基础资料明显不实，内容存在重大遗漏。《环境影响报告书》描述陈氏苏铁发现的株数，明显少于2017年苏铁专家现场调查株数，虽然《环境影响报告书》是2014年5月编制，早于2015年陈氏苏铁被正式列入世界苏铁名录的时间，但具有一般植物学知识的人均可辨认苏铁属植物。（三）昆明设计院开展环评时违反了国家技术规范，存在过错。《环境影响报告书》未显示对珍稀濒危物种绿孔雀、陈氏苏铁这些特别保护对象做过专题调查，没有针对绿孔雀、陈氏苏铁等珍稀濒危保护物种提出可靠的避让或生境替代方案。

六、原审判决支持自然之友的合理费用与实际情况不符。按照《最高人民法院关于审理环境民事公益诉讼案件适用法律若干问题的解释》（以下简称《环境公益诉讼司法解释》）第二十二条的规定，一审中自然之友向法院提交的所有合理费用为140193元，原审判决仅支持8万元，不利于其持续开展维护社会公共利益活动。自然之友委托律师费用15万元应予支持。综上所述，原审判决认定事实不全，适用法律不当，应改判支持自然之友全部诉讼请求，依法维护社会公共利益。

新平公司答辩并上诉请求：1.撤销原审判决第一、二项，依法改判驳回自然之友的全部诉讼请求。2.两审案件受理费由自然之友承担。

事实与理由为：一、原审判决新平公司立即停止戛洒江一级水电站建设属认定事实不清，适用法律不当。（一）自然之友起诉前新平公司已经停止对戛洒江一级水电站的建设，不存在原审判决的"立即停止电站建设"的事实前提。2017年7月下旬开始，新平公司对戛洒江一级水电站工程分部位、分步骤停止施工作业，至2017年8月本案在自然之友起诉前，新平公司已全部停止了戛洒江一级水电站的建设。（二）本案中环境保护行政主管机关已依法履行监管职责，向新平公司发出

《责成后评价函》,责成新平公司就案涉项目开展环境影响后评价,后评价工作完成前不得蓄水发电,自然之友原审诉称的重大风险已得到有效控制。参照《环境公益诉讼司法解释》第一条,原审判决既已认定本案为预防性公益诉讼,那么对于尚不明确事实状态的重大风险程度、是否存在有效的预防性措施以及戛洒江一级水电站能否继续建设等一系列问题,不能简单地由法院进行司法审查认定,更多应在专业机构环境影响后评价结论的基础上,由行政主管机关进行认定。

二、原审判决未适用生态红线相关法律法规属适用法律不当。原审判决认定戛洒江一级水电站大部分范围已划入生态保护红线范围内,根据《生态保护红线若干意见》的规定,案涉项目不属于大型基础设施项目及重大民生保障等例外情形,在案涉项目已被划入生态保护红线无法继续进行建设情况下,自然之友原审诉称的潜在威胁已不存在,应驳回其诉讼请求。

三、原审判决判令新平公司承担 8 万元费用属适用法律不当。《中华人民共和国环境保护法》第六十四条、《中华人民共和国侵权责任法》第六十五条及《环境公益诉讼司法解释》和《最高人民法院关于审理环境侵权责任纠纷案件适用法律若干问题的解释》均只规定了污染环境适用无过错原则,对于经审批的合法建设项目是否造成生态破坏、是否应承担法律责任并未明确。生态破坏类因不同于环境污染,不适用无过错责任原则,而应适用《中华人民共和国侵权责任法》第六条规定的过错原则。戛洒江一级水电站遵照国家和地方相关法律法规办理了各项审批手续,新平公司不存在主观过错,侵权责任的构成要件不满足,依法不应承担责任。据了解,恐龙河自然保护区将由州级自然保护区调整为省级自然保护区,自然保护区的调整也将制约戛洒江一级水电站的继续建设。综上,请求二审法院依法改判驳回自然之友的诉讼请求。

昆明设计院答辩称:一、昆明设计院不是本案适格的诉讼主体;二、昆明设计院客观全面开展各项评价工作,没有违法情形,不存在违反法律规定和技术规范、虚假环评、遗漏重大事实的情形,也无污染环境及破坏生态的事实,自然之友主张昆明设计院承担连带责任无事实依据;三、戛洒江一级水电站大部分范围已划入生态保护红线,客观上无法建设,自然之友的诉请因政策原因得以实现,法院应驳回其诉讼请求。

自然之友向一审法院起诉请求判令:1.新平公司及昆明设计院共同消除戛洒江一级水电站建设对绿孔雀、苏铁等珍稀濒危野生动物以及热带季雨林和热带雨林侵害危险,立即停止该水电站建设,不得截流蓄水,不得对该水电站淹没区内植被进行砍伐等;2.新平公司及昆明设计院共同支付自然之友因本案产生的维护社会公共利益的合理费用;3.本案诉讼费用由新平公司及昆明设计院共同承担。

原审判决认定事实:一、戛洒江一级水电站的建设单位为新平公司,昆明设计院系该建设工程总承包方及受托编制环境影响报告书的技术单位。戛洒江一级水电站坝址位于云南省新平县境内,下游距新平县水塘镇约6.5千米,电站采用堤坝式开发,坝型为混凝土面板堆石坝,最大坝高175.5米,水库正常蓄水位675米,淹没区域涉及红河上游的戛洒江、石羊江及支流绿汁江、小江河。电站总装机容量27万千瓦(3台9万千瓦),相应库容14.91亿立方米,调节库容8.22亿立方米,具有年调节性能,对下游各梯级电站有显著的调节作用。水库淹没影响和建设征地涉及新平县和双柏县8个乡(镇)。2011年6月11日,国家发展和改革委员会办公厅作出《关于同意云南红河戛洒江一级水电站开展前期工作的复函》,同意戛洒江一级水电站开展前期工作。2012年2月3日,云南省环境保护厅(现云南省生态环境厅)作出《关于戛洒江一级水电站三通一平工程环境影响报告书的批复》同意按照该项目环境影响报告书中所述进行项目建设。2014年7月15日,国土资源部作出《关于戛洒江一级水电站建设用地预审意见的复函》,原则同意通过用地预审。2014年8月19日,环境保护部(现生态环境部)作出《关于云南省红河(元江)干流戛洒江一级水电站环境影响报告书的批复》,原则同意新平公司环境影响报告书中所列建设项目的性质、规模、地点和提出的各项环境保护措施。戛洒江一级水电站项目还取得了云南省发展和改革委员会、云南省住房和城乡建设厅及水利部等相关主管部门的批复。2017年7月21日,生态环境部办公厅向新平公司发出《责成后评价函》,责成新平公司就该项目建设开展环境影响后评价,采取改进措施,并报生态环境部备案。后评价工作完成前,不得蓄水发电。2017年8月至今,新平公司主动停止对戛洒江一级水电站建设项目的施工。按工程进度,戛洒江一级水电站建设项目现已完成三通一平工程并修建了导流洞。

二、《环境影响报告书》载明:(一)在水库建设过程中水库建成初期,由于清理库盆、修筑道路、堤坝施工(噪声、粉尘、气体和水污染等)和蓄水等活动,将影响或淹没陆栖脊椎动物原有的栖息环境、取食地和巢穴等。电站建设对陆栖脊椎动物的主要不良影响表现在缩小了动物的适宜生境。由于当地各种动物的种群数量低下,压缩其生境,迫使动物从原生境后退将不会导致原动物区系的明显变化,也不会导致动物多样性的明显降低。且陆栖脊椎动物具有趋避的本能,只要项目区以外的环境不遭破坏,当地的动物会选择适宜的生境继续生存和繁衍。因此电站施工和水库蓄水对陆栖脊椎动物所产生的不良影响是有限的,不会导致当地各种动物的大量死亡,也不会导致当地物种多样性的显著降低。戛洒江一级水电站库尾地段邻近双柏恐龙河州级自然保护区,水库正常蓄水位 675 米,保护区最低海拔 680 米,距坝址最近距离 34 千米以上,水库蓄水不淹没保护区。水库蓄水将淹没野生动物的部分生境,但保护区邻近水库淹没区部分环境人为干扰较为严重,故水库蓄水对保护区野生动物的生存和繁殖影响不大。(二)绿孔雀为典型热带、亚热带林栖鸟类,系国家、省级重点保护鸟类。主要在河谷地带的常绿阔叶林、落叶阔叶林及针阔混合林中活动,杂食类,为稀有种类,属Ⅰ级国家重点保护动物,在中国濒危动物红皮书中列为"濒危"物种。野外调查未见动物活动,但有动物活动痕迹。访问调查表明该物种有夏季到评价区周边农田中觅食习性。根据野外调查和相关资料,其主要活动区域为恐龙河自然保护区低海拔区域,数量 50 – 70 只。电站施工可能迫使该物种放弃紧靠江边的觅食地点,但江边地段人为干扰强烈,其活动几率小。因此,不会影响该物种在当地生存和繁衍。同时,由于时间局限和野生动物特点,无论鸟类还是其他隐蔽性更强的类群的动物均不可能在短期内通过实地观察得出满意结论,所以评价时综合对文献资料和访问调查的结果进行分析,最后得出结论。(三)自然之友的证人悉志农(大理白族自治州野性大理自然教育与研究中心创始人、野生动物摄影师)出庭作证,其于 2017 年 3 月 15 日在玉溪市新平县某地河滩拍摄到 7、8 只绿孔雀,同行人员还拍摄到绿孔雀在河边饮水的视频及图片。2018 年 2 月 28 日在石羊江河谷,电站上游 9 公里处拍摄到 2 只绿孔雀。2018 年 3 月 17 – 25 日,在石羊江支流小江河河谷拍摄到两群绿孔雀近十余只在沙滩觅食、求偶和沙浴,其中有两只成年雄性绿孔雀。证人王某(红河学院动物学专业副教授)出庭作证,其2017年12月至2018年1月期间参与了对红河上游石羊江的漂流考察,在玉溪市新平县附近的石羊江干区沙滩上,观察到大量绿孔雀的新鲜脚印。在新平县与双柏县交界的石羊江支流小江河中也观察到绿孔雀脚印、羽毛、粪便等痕迹。2018年3月9日傍晚和10日清晨直接观察到8只(次)绿孔雀在小江河沙滩上活动并拍摄到照片和视频,还记录了绿孔雀的叫声。(四)《中国绿孔雀种群现状调查》(滑荣等人撰写)认为,绿孔雀主要生活在沿河谷两岸的亚热带常绿阔叶林和低密度的思茅松林。调查显示确定有绿孔雀分布的地点仅有怒江流域龙陵、永德段局部、澜沧江流域景谷段局部以及红河流域石羊江、绿汁江沿岸部分地区,该文还对绿孔雀种群数量急剧下降等进行了分析。(五)就绿孔雀相关问题,一审法院发函云南省林业和草原局,2019年4月4日云南省林业和草原局进行了函复。此后,一审法院又向该局调取了其编制的《元江中上游绿孔雀种群现状调查报告》,该报告载明戛洒江一级水电站建成后,蓄水水库将淹没海拔680米以下河谷地区,将对绿孔雀目前利用的沙浴地、河滩求偶场等适宜栖息地产生较大影响。同时,由于戛洒江一级水电站的建设,淹没区公路将改造重修,也会破坏绿孔雀等野生动物适宜栖息地。对暂停建设的戛洒江一级水电站,应评估停建影响,保护和恢复绿孔雀栖息地措施等。

三、(一)陈氏苏铁为国家Ⅰ级重点保护植物。2015年被列入《云南省生物物种红色名录(2017版)》,为极危物种。据《云南省生物物种红色名录(2017版)》所附红色名录生物物种图鉴载明,2010年在楚雄双柏县爱尼山乡清水河看到一农家栽培的苏铁与已知苏铁种类都不同,询问得知是从附近山上挖来的,随即去山上寻找,仅在新开垦的核桃地里发现几株遭到破坏的个体,因缺乏大小孢子叶而无法鉴定。2012年在红河县相继发现了类似的苏铁。2013年和2014年,在红河县和双柏县找到了有大小孢子叶球的植株,确定为尚未发表的苏铁并采集了分子材料,研究了该苏铁与已知种类的分子系统关系。2015年陈氏苏铁发表于《植物分类学报》(Journal of Systematics and Evolution)上。迄今已发现8个陈氏苏铁分布点,但个体数量都非常少,全部个体数量少于500株,且破坏严重。(二)自然之友提交了其在绿汁江、石羊江河谷等戛洒江一级水电站淹没区拍摄到的陈氏苏铁照片。证人刘某(中国科学院助理研究员)出庭作证,陈氏苏铁仅在我国红河流域分布。国家世界自然保护联盟(IUCN)的评价标准,陈氏苏铁应为濒危(EN)。经野外实地调查结果显示陈氏苏铁呈点状或斑状分布于绿汁江两侧,在新平县侧,陈氏苏铁集中分布在N24.29312,E101.6064到N24.269808,E101.59098之间,有陈氏苏铁分布的区域沿河岸线超过了5公里,海拔跨度在200米左右(567－769米之间),以600－700米海拔分布最为集中。在淹没区内用三种方法记录了有详细GPS坐标的陈氏苏铁植株205株,高于海拔675米的植株仅有23株,绝大多数植株海拔位于570－630米之间。尽管上述陈氏苏铁存在雌雄比高、结实率低的问题,但总体上表现出了健康的种群结构,且种群数量都明显多于此前调查的居群。(三)由于《环境影响报告书》于2014年8月19日获得审批,而陈氏苏铁2015年之后才被正式描述并列入世界苏铁名录,故《环境影响报告书》中不包含有陈氏苏铁的相关内容。本案审理过程中,一审法院就《环境影响报告书》中未对陈氏苏铁影响进行评价的问题向生态环境部发函询问。该部办公厅于2018年11月12日进行了函复。

四、2018年6月29日,云南省人民政府下发《云南省人民政府关于发布云南省生态保护红线的通知》,对外发布《云南省生态保护红线》。根据《云南省生态保护红线》附件1《云南省生态保护红线分布图》所示,戛洒江一级水电站淹没区大部分被划入红河(元江)干热河谷及山原水土保持生态保护红线范围,在该区域内,绿孔雀为其中一种重点保护物种。

五、自然之友主张其为本案支出合理费用合计109036元,包括交通费、住宿费、餐费和专家费等费用。

原审判决基于以上事实认为,一、本案属于《环境公益诉讼司法解释》第一条规定的预防性环境公益诉讼。预防性环境公益诉讼其适用对象是可能对环境造成的重大风险,具体表现为危害尚未发生,但如不阻止事件发生,可预知此事件的发生必会造成严重或不可逆的环境损害事实。面对"尚不明朗的事实状态"及"不确定性",按照《环境公益诉讼司法解释》第八条之规定,自然之友需首先提出初步证据证明存在(重大或不可逆转)环境损害可能性,然后再由环境重大风险制造者提供证据,以充分的理由消除合理怀疑或证明其行为的无损性。根据自然之友提交的证据、云南省林业和草原局的回函及《元江中上游绿孔雀种群调查报告》可以证实戛洒江一级水电站的淹没区是绿孔雀频繁活动的区域,构成其生物学上的栖息地,一旦该栖息地被淹没，对该区域绿孔雀生存所产生的损害将是可以直观估计预测且不可逆转。因此，自然之友主张戛洒江一级水电站建设项目将对该区域绿孔雀产生重大风险的主张成立。而新平公司仅凭《环境影响报告书》来抗辩电站建设对绿孔雀的生存环境没有重大风险显然缺乏足够的证明力，《环境影响报告书》只是一种预测性判断，报告书内“由于时间局限和野生动物特点……不可能在短期内通过实地观察得出满意结论”的有关评价并非绝对定论。况且生态环境部也已责成新平公司就项目建设开展后评价，并采取改进措施后报生态环境部备案，进一步说明戛洒江一级水电站建设项目尚需通过环境影响后评价的方式得到验证和改进。同时现有建设方案没有采取任何针对性的保护措施也显现了消除重大风险的迫切性。此外，淹没区内存在的众多数量的极危物种陈氏苏铁此前未进行过环境影响评价，如仍按原定建设方案进行清库砍伐显然不妥。基于此，新平公司不能证明上述重大风险不存在或业已采取合理必要的预防措施，故应承担相应法律责任。二、新平公司应针对目前出现的重大风险采取相应的预防性措施。综合考虑预防性措施实施对环境保护的迫切性及对于社会经济的冲击性，兼顾合理性及实效性，对自然之友提出立即停止水电站建设，不得截流蓄水，不得对该水电站淹没区域植被进行砍伐的诉请，对消除戛洒江一级水电站建设项目目前所产生的重大风险应予支持。但这种停止建设针对的是基于现有环境影响评价下的建设方案，对于今后是否继续建设的问题，应在新平公司按要求完成环境影响后评价之后，由相关行政部门视情况作出决定。此外，承担停止建设责任的主体应为戛洒江一级水电站的建设方新平公司。自然之友未证明昆明设计院在环境影响评价中存在违法行为，不应承担相应法律责任。三、对自然之友主张的因诉讼支出的费用，依据案件情况酌情支持 8 万元。据此，判决：1. 新平公司立即停止基于现有环境影响评价下的戛洒江一级水电站建设项目，不得截流蓄水，不得对该水电站淹没区内植被进行砍伐。对戛洒江一级水电站的后续处理，待新平公司按生态环境部要求完成环境影响后评价，提出改进措施并报生态环境部备案后，由相关行政主管部门视具体情况依法作出决定。2. 由新平公司于本判决生效后三十日内向自然之友支付因诉讼发生的合理费用 8 万元。3. 驳回自然之友的其他诉讼请求。案件受理费 100 元，由新平公司负担。

二审中,自然之友为证明其主张提交以下证据材料:1. 图片及视频 – 2020 年 3 月拍摄戛洒江一级水电站坝址周边情况。2. 二审期间的《差旅费统计表》及附件,《法律服务委托代理协议》及《发票》复印件。证明以下内容:第一,建坝时开挖的道路、电站建设的相关设施设备、电站导流洞、电站生产设施、仓库和生活区尚在,仍有随时复工的可能性,电站对绿孔雀生存的重大风险未完全消除;第二,自然之友二审期间产生的费用共计 88092 元,其中差旅费 8092 元,律师代理费 8 万元。

经质证,新平公司、昆明设计院对上述证据材料的真实性认可,但不认可证明内容。认为:1. 图片与视频记录内容仅能看出坝址周边情况,而重大风险更多集中在淹没区,因云南省生态保护红线的重新划定和恐龙河自然保护区的调整,电站客观上无法继续建设,案涉重大风险因政策原因已消除,因此不能达到证明目的。2. 餐费及交通补助费无相应凭证印证不认可,律师费发票的开票时间与开庭时对方陈述矛盾,对 8 万元律师费不认可。3. 新平公司不承担本案相应法律责任故不应承担上述费用。

新平公司为证明其主张提交以下证据材料:《中国水电工程顾问集团有限公司关于终止建设云南红河(元江)干流戛洒江一级水电站(270W)项目的请示》(以下简称请示)、《关于水电顾问集团终止云南省红河(元江)干流戛洒江一级水电站工程建设事项的批复》(以下简称批复)各一份,证明,因电站库区大部分被划入生态保护红线范围,项目无法继续建设。该意见已提请中国电力建设股份有限公司并经批复同意。

经质证,自然之友对上述证据材料的真实性、合法性认可,但不认可证明内容。认为:1. 上述文件表明新平公司仅是目前决定终止水电站投资建设,而非永久性终止建设。2. 该文件性质上属于当事人陈述,不具有公文书证的证明力,也无任何第三方有效背书,水电站退出并非公司内部决定即可实现,最终能否终止仍具有不确定性。3. 文件证明新平公司具有终止建设的可能性,但仍存在诸多不确定因素。

鉴于双方对各自所提交证据材料的真实性均无异议,本院经审查后对上述证据材料的真实性予以确认。本院认为,自然之友所提交图片及视频中记录的内容能够说明前期工程停工以后坝体周边的现存状态,但不足以证明其主张的事实;自然之友所提交的《差旅费统计表》及附件、《法律服务委托代理协议》及《发票》能够证明其支出费用情况;新平公司所提交的请示及批复能够证明其向上级公司请示并得到批复同意停建的事实,本院对除图片及视频外的证据材料作为证据予以采纳。

本案经二审审理,原审判决认定的基本事实有相应证据予以证明,本院予以确认。同时补充认定,本案二审中自然之友产生费用共计 88092 元。2020 年 7 月 28 日,中国水电工程顾问集团有限公司向中国电力建设股份有限公司请示停建案涉项目,中国电力建设股份有限公司批复同意该请示意见。原审判决事实部分自然之友主张合理费用合计 109036 元更正为 290193 元。

综合各方诉辩主张,归纳本案的争议焦点为:1. 戛洒江一级水电站是否应当永久性停建? 2. 昆明设计院是否应当承担连带责任? 3. 自然之友主张的费用是否应当得到支持?

本院认为:本案符合《环境公益诉讼司法解释》第一条“对已经损害社会公共利益或者具有损害社会公共利益重大风险的污染环境、破坏生态的行为提起诉讼”规定其中“具有损害社会公共利益重大风险”的法定情形,属于预防性环境公益诉讼。预防性环境公益诉讼突破了“无损害即无救济”的诉讼救济理念,是《中华人民共和国环境保护法》第五条“保护优先,预防为主”原则在环境司法中的重要体现。预防性公益诉讼的核心要素是具有重大风险,重大风险是指对“环境”可能造成重大损害危险的一系列行为。本案中,自然之友已举证证明戛洒江一级水电站如果继续建设,则案涉项目工程淹没区势必导致国家Ⅰ级重点保护动物“绿孔雀”的栖息地及国家Ⅰ级重点保护植物“陈氏苏铁”的生境被淹没,生物生境面临重大风险的可能性毋庸置疑。此外,从生态环境损害后果的严重性来看,案涉项目淹没区动植物种类丰富,生物多样性价值及遗传资源价值无法估量,戛洒江一级水电站若继续建设所产生的损害将是可以直观预测且不可逆转的。针对该现实上的重大风险,新平公司并未就风险不存在加以有效证实,而仅以《环境影响报告书》予以反驳,缺乏足够证明力。因此,原审判决结合生态环境部责成新平公司对项目开展后评价工作的情况及戛洒江一级水电站未对绿孔雀采取任何保护措施等事实，认定戛洒江一级水电站淹没区对绿孔雀栖息地存在重大风险的评判恰当，应予肯定。

二审中，自然之友及新平公司双方对戛洒江一级水电站淹没区对绿孔雀栖息地存在重大风险均未提出异议。但自然之友进一步认为，案涉项目并不仅限定于对绿孔雀栖息地和陈氏苏铁的生长存在重大风险，该项目对由大面积原始雨林、热带雨林片段共同构成的完整生态系统亦存在重大风险。本院认为，戛洒江一级水电站淹没区是绿孔雀及陈氏苏铁等珍稀物种赖以生存的栖息地，也是各类生物与原始季雨林共同构成的一个完整生态系统，该区域不仅涉及绿孔雀及陈氏苏铁等国家重点保护动植物，也涉及河谷植被、河漫滩、季雨林、自然形成河水等无机环境，其生态价值、遗传资源价值、科研价值、景观价值等均具有不可替代性，因此，从电站淹没区生态系统的一体性、完整性以及生态价值的独特性两方面来看，自然之友主张戛洒江一级水电站的建设对淹没区整个生态系统生物多样性和生物安全存在重大风险的证据详实，观点成立。

关于戛洒江一级水电站永久性停建问题，根据《中华人民共和国环境影响评价法》第二十七条："在项目建设、运行过程中产生不符合经审批的环境影响评价文件的情形的，建设单位应当组织环境影响后评价，采取改进措施，并报原环境影响评价文件审批部门和建设项目审批部门备案；原环境影响评价文件审批部门也可以责成建设单位进行环境影响后评价，采取改进措施"规定，2017 年 7 月 21 日，生态环境部办公厅针对本案建设项目，向新平公司发出《责成后评价函》，责成新平公司就该项目建设开展环境影响后评价，采取改进措施，并报生态环境部备案，后评价完成前不得蓄水发电，该函符合上述法律规定。原审判决在已经出现重大风险的情况下，综合考虑预防性措施的必要性，作出判令新平公司立即停止基于现有情况下戛洒江一级水电站的项目建设，不得截留蓄水、不得对淹没区内植被进行砍伐，待完成环境影响后评价并备案后由行政主管部门作出决定的结论，符合在当时情况下环境保护迫切性的现实需要，判决结果综合考虑了对社会经济带来的冲击并兼顾合理性及时效性，有效防范了可能带来的绿孔雀及陈氏苏铁等濒危物种灭绝的重大风险，应予肯定。目前，戛洒江一级水电站处于停建状态，新平公司业已向其上级主管单位申请停建戛洒江一级水电站并获批复同意，绿孔雀生态栖息地面临的重大风险已经得到有效控制。新平公司所属集团内部虽决定停建案涉项目,但该决定并未报经相关行政主管部门批复和同意,在生态环境部已经责成新平公司开展环境影响后评价情况下,新平公司应继续履行该项工作。同时,对于案涉项目生态红线如何适用、环境影响后评价工作如何开展等问题,也需经相关行政主管部门明确。因此,戛洒江一级水电站是否永久性停建应在新平公司完成环境影响后评价后,由相关行政主管部门视具体情况依法作出决定。综上,对自然之友的该上诉主张和新平公司的上诉请求,本院不予支持。

关于自然之友认为昆明设计院制作《环境影响报告书》所参考的《调整报告》内容足以让一个环境影响评价工作者得出电站不宜建设的结论,而昆明设计院故意隐瞒信息,以虚假结论通过欺骗的方式最终形成《环境影响报告书》并向环保部门申请并获得批准,该行为具备了“弄虚作假”的法定要件,应当依法承担连带责任的观点,本院认为,环评报告的制作方如何采用相关材料进行评价并作出结论,依赖于制作方的认知水平、评判标准以及环评技术发展程度等一系列主客观因素,结合到本案《环评报告书》所参考资料来看,其内容与结论的作出也并无唯一、对应、直接且必然的关联,因此,自然之友的该主张并无确凿的事实依据,亦无证据证明昆明设计院在环评中具有违法行为,对自然之友要求由新平公司与昆明设计院共同承担侵权责任的请求并无事实基础,不予支持。

根据《环境公益诉讼司法解释》第二十二条“原告请求被告承担检验、鉴定费用、合理的律师费以及为诉讼支出的其他合理费用的,人民法院可以依法予以支持”的规定,对自然之友一审中主张的费用(差旅费、律师费),原审判决在综合考虑自然之友所提交证据之间的对应性、关联性及社会公益组织为诉讼支出费用的合理性等因素后酌定支持8万元并无不当,应予维持。二审中自然之友因其上诉请求未得到支持,故对其二审主张的费用不予支持。此外,针对新平公司认为生态破坏类纠纷不同于环境污染类纠纷,应当适用一般归责原则的观点,因生态破坏与环境污染具备相同侵权实质,且该观点与《中华人民共和国环境保护法》规定不符不予采纳。据此,依照《中华人民共和国民事诉讼法》第一百七十条第一款第(一)项之规定,经本院审判委员会讨论决定,判决如下:

驳回上诉,维持原判。

二审案件受理费100元,由上诉人北京市朝阳区自然之友环境研究所负担50元,由上诉人中国水电顾问集团新平开发有限公司负担50元。

本判决为终审判决。

审 判 长　向　凯
审 判 员　苏静巍
审 判 员　田奇慧
二〇二〇年十二月二十二日
法官助理　马　荣
书 记 员　江　娜

重庆市高级人民法院
民事判决书

（2020）渝民终387号

上诉人（一审被告）：重庆瑜煌电力设备制造有限公司，住所地重庆市北碚区蔡家岗镇凤栖路6号，统一社会信用代码91500109556764719N。

法定代表人：符必川，该公司执行董事。

委托诉讼代理人：周国华，重庆百君律师事务所律师。

委托诉讼代理人：唐绍均，重庆百君律师事务所律师。

上诉人（一审被告）：重庆顺泰铁塔制造有限公司，住所地重庆市江北区港城工业园区C区，统一社会信用代码915001057659431 82D。

法定代表人：游晓，该公司执行董事。

委托诉讼代理人：周国华，重庆百君律师事务所律师。

委托诉讼代理人：唐绍均，重庆百君律师事务所律师。

被上诉人（一审公益诉讼起诉人）：重庆市人民检察院第五分院。

一审被告：重庆市鹏展化工有限公司，住所地重庆市南岸区四公里街115号，统一社会信用代码91500108709370287C。

法定代表人：张治建，该公司总经理。

委托诉讼代理人：汤贤琅，重庆财信律师事务所律师。

上诉人重庆瑜煌电力设备制造有限公司（以下简称瑜煌公司）、重庆顺泰铁塔制造有限公司（以下简称顺泰公司）与被上诉人重庆市人民检察院第五分院（以下简称市检察院五分院）、一审被告重庆市鹏展化工有限公司（以下简称鹏展公司）水污染环境民事公益诉讼一案，不服重庆市第五中级人民法院（2019）渝05民初

256 号民事判决,向本院提起上诉。本院于 2020 年 4 月 22 日立案后,依法组成合议庭,公开开庭进行了审理。上诉人瑜煌公司和顺泰公司的委托诉讼代理人周国华、唐绍均,被上诉人市检察院五分院检察员梁琴、检察官助理卢彦汝,一审被告鹏展公司的委托诉讼代理人汤贤琅到庭参加诉讼。重庆市人民检察院指派检察员彭劲荣、孙大为到庭并发表了意见。本案现已审理终结。

瑜煌公司、顺泰公司上诉请求:撤销一审判决,改判瑜煌公司在生态环境损害赔偿金及技术咨询费合计金额10%的范围内承担责任,改判顺泰公司不承担责任。事实和理由:1. 一审判决关于瑜煌公司与鹏展公司构成共同侵权的事实认定错误,适用法律错误。废盐酸不是从瑜煌公司控制下直接进入外环境,瑜煌公司不是污染者。瑜煌公司与鹏展公司主观方面没有意思联络,行为方面也没有客观关联共同性,瑜煌公司只是不作为侵权,且不作为与环境损害后果之间因果关系较弱,只应承担按份责任,份额不应超过 10%。一审法院判决认定涉案废盐酸来自于顺泰公司的依据之一是重庆市江津区人民法院的刑事判决,但顺泰公司并非该案的诉讼主体。根据现有证据,可以证明鹏展公司非法排放造成污染的 717.14 吨废盐酸全部来自于瑜煌公司,而非顺泰公司。没有证据证明顺泰公司提供的废盐酸被鹏展公司非法排放。2. 一审判决关于虚拟治理成本认定错误。根据一审证据材料,废盐酸的处置价格应当为 195.66 元/吨,而不应当是 3000 元/吨。评估报告中确定的单位治理成本不符合客观事实。一审关于认定重庆天志环保有限公司的处置价格的证据未在一审中举示、质证,不应采信。

市检察院五分院辩称,一审判决认定事实清楚、证据充分,请求维持原判。瑜煌公司和顺泰公司在明知鹏展公司没有案涉危险废物处置资质的情况下,以明显低于市场价的价格将案涉危险废物交鹏展公司处置,对鹏展公司偷排行为持放任态度。瑜煌公司和顺泰公司非法交托的行为与鹏展公司偷排行为结合,造成环境污染,瑜煌公司和顺泰公司分别与鹏展公司构成共同侵权,应当承担连带责任。本案中虚拟治理成本法的运用并无不当之处,案发期间重庆市内案涉污染物处置价格在2800 元/吨至4500 元/吨之间,没有超过重庆市物价局规定的3000 元/吨的上限,一审法院认定 3000 元/吨的价格具有合理性。请求驳回上诉,维持原判。

鹏展公司述称,瑜煌公司只承担不超过 10% 的按份责任和顺泰公司不承担责任的上诉理由均不能成立。本案的危险废物均来自瑜煌公司和顺泰公司,两家公司都明知鹏展公司没有危险废物的处置资质,仍然以低价的方式交鹏展公司处置,最终导致损害后果的发生。瑜煌公司和顺泰公司是危险废物非法处置链条上最大的获利者。瑜煌公司只承担10%的责任与其获利不对等。顺泰公司也是危险废物的提供者,有生效刑事判决书和鹏展公司驾驶员的证言可以证实。鹏展公司认同瑜煌公司和顺泰公司关于3000元/吨的虚拟治理成本不合理的上诉理由。

市检察院五分院向一审法院起诉请求:1. 判令瑜煌公司、顺泰公司和鹏展公司赔偿因非法排放废盐酸产生的生态环境污染损害量化数额6 479 360元;2. 判令瑜煌公司、顺泰公司和鹏展公司承担为鉴定损害后果所支付的技术咨询费用5000元;3. 判令瑜煌公司、顺泰公司和鹏展公司在重庆市市级媒体上向社会公众赔礼道歉。

一审法院认定事实:鹏展公司成立于2001年4月13日,瑜煌公司成立于2010年5月28日,顺泰公司成立于2004年10月26日,上述三家公司均无危险废物经营资质。

2015年4月10日,鹏展公司分别与瑜煌公司、顺泰公司签订《工矿产品购销合同》,约定鹏展公司以420元/吨的价格向瑜煌公司、顺泰公司出售工业盐酸,由鹏展公司承担运费。同时,鹏展公司与瑜煌公司、顺泰公司均认可前述价格包含鹏展公司向瑜煌公司、顺泰公司销售工业盐酸的价格和鹏展公司将瑜煌公司、顺泰公司的废盐酸运回进行处置的价格。2015年7月开始,鹏展公司为降低成本增加收益,将废盐酸从瑜煌公司、顺泰公司运回后,通过外接管道的方式将废盐酸排放至鹏展公司仓库厕所的下水道内。2015年7月至2016年3月,鹏展公司非法排放废盐酸累计达717.14吨,造成南岸区近维协汽修地段的跳蹬河受到污染。

受重庆市南岸区人民检察院委托,重庆市环境科学研究院对鹏展公司违法排放废盐酸造成环境损害进行鉴定评估,并于2018年7月出具《评估报告》。该《评估报告》载明:鹏展公司在2015年6月2日至2016年3月22日期间非法运输废酸共计1234.9吨,并通过公司厕所直排共计717.14吨。案涉污染物属《国家危险废物名录》(2008年版)中的HW23类含锌废物,废物代码346 - 103 - 23。事发区域受到污染的环境损害结果与鹏展公司非法排放废酸行为之间存在直接因果关系。

根据《环境损害鉴定评估推荐方法(第Ⅱ版)》,采用虚拟治理成本法对生态环境损害进行量化,重庆市环境科学研究院参照重庆市物价局《关于调整危险废物处置收费标准的通知》(渝价〔2013〕第383号)的规定,选取3000元/吨作为单位虚拟治理成本,再乘以违法排放废盐酸量717.14吨,计算出虚拟治理成本2 151 420元。结合《关于虚拟治理成本法适用情形与计算方法的说明》规定,生态环境损害数额取虚拟治理成本的3倍,最终评估出本次事件生态环境损害数额为6 454 260元(2 151 420元×3=6 454 260元)。同时,本次事件还产生事务性费用25 100元,由余酸处置费用7400元和监测部门检测投入费用17 700元两部分组成。综上,鹏展公司违法排放废盐酸造成的生态环境污染损害量化数额为6 479 360元。重庆市环境科学研究院是原环境保护部《关于印发〈环境损害鉴定评估推荐机构名录(第一批)〉的通知》中确认的鉴定评估机构。重庆市南岸区人民检察院已支付鉴证咨询服务费5000元。

另查明,2015年1月1日,鹏展公司与重庆蓝洁广顺净水材料有限公司(以下简称蓝洁公司)签订《废盐酸回收协议》,约定鹏展公司在2015年1月1日至2015年12月31日期间将废盐酸用罐车送到蓝洁公司交由蓝洁公司使用。2015年6月至11月期间,鹏展公司交蓝洁公司回收利用的废盐酸共计479.94吨。

再查明,截至2016年4月30日,重庆市仅有重庆天志环保有限公司一家公司具有处置含HW23类危险废物的资质。重庆天志环保有限公司于2019年5月17日出具说明,该公司2012年至2016年期间,处置废酸(包含HW23类别)实际价格为2800元/吨至4500元/吨。重庆天志环保有限公司在2018年3月31日至2019年3月30日期间为重庆铁马工业集团有限公司处置含锌废渣、液(含HW23)的价格为3800元/吨。重庆天志环保有限公司在2018年11月3日至2019年5月31日期间为重庆电池总厂处置含锌废水(HW23)的价格为4500元/吨。

还查明,重庆市江津区人民法院于2017年3月13日作出(2017)渝0116刑初1号刑事判决,认定鹏展公司现场管理人员张治友在明知鹏展公司无处置废盐酸相关资质的情况下,为降低成本增加收益,指使公司库管员张云坪安排驾驶员、押运员等工作人员将废盐酸从瑜煌公司、顺泰公司运回后,通过外接管道的方式将废盐酸排放至鹏展公司仓库厕所的下水道内,判决鹏展公司构成污染环境罪,判处罚金20万元;鹏展公司法定代表人张志建等人构成污染环境罪,分别被判处有期徒刑一年六个月到八个月,缓刑二年到一年,并处罚金5万元到1万元。判决后,被告人未上诉,检察机关亦未提起抗诉,该判决已经发生法律效力。

一审法院认为,对于破坏生态环境,损害社会公共利益的行为,相关责任人应当依法承担民事责任。根据《最高人民法院　最高人民检察院关于检察公益诉讼案件适用法律若干问题的解释》第十三条规定:“人民检察院在履行职责中发现破坏生态环境和资源保护、食品药品安全领域侵害众多消费者合法权益等损害社会公共利益的行为,拟提起公益诉讼的,应当依法公告,公告期间为三十日。公告期满,法律规定的机关和有关组织不提起诉讼的,人民检察院可以向人民法院提起诉讼。”本案中,市检察院五分院对案件拟提起公益诉讼的情况进行了公告,公告期满后,没有任何符合提起环境民事公益诉讼条件的机关或有关组织提起诉讼,故市检察院五分院提起本案诉讼符合上述规定,各方当事人对其主体资格亦无异议,一审法院对此予以确认。

本案的争议焦点为:一、案涉《评估报告》是否合法以及环境损害量化数额是否客观公正;二、鹏展公司的排放行为与环境污染有无因果关系;三、瑜煌公司、顺泰公司与鹏展公司是否构成共同侵权;四、瑜煌公司、顺泰公司在污染环境行为中的责任大小。一审法院分别评判如下:

一、关于案涉《评估报告》是否合法以及环境损害量化数额是否客观公正的问题

首先,关于《评估报告》是否合法的问题。《最高人民法院关于审理环境侵权责任纠纷案件适用法律若干问题的解释》第八条规定:“对查明环境污染案件事实的专门性问题,可以委托具备相关资格的司法鉴定机构出具鉴定意见或者由国务院环境保护主管部门推荐的机构出具检验报告、检测报告、评估报告或者监测数据。”2014年1月原环境保护部下发《环境损害评估鉴定推荐机构名录(第一批)》,其中包括重庆市环境科学研究院。据此,重庆市环境科学研究院具有相应资质,作出的《评估报告》符合法律规定,可以作为本案确定直接经济损失的依据。其次,关于《评估报告》中所附的刑事判决书、检测报告等能否作为鉴定评估依据的问题。

《评估报告》所附的检测报告、危险废物认定意见等均经重庆市江津区人民法院(2017)渝0116刑初1号刑事判决确认,该判决已发生法律效力,其所确认的事实具有既判力,除非鹏展公司提出相反证据足以推翻,而本案中鹏展公司并未举示证据,故鹏展公司对此提出的异议不能成立。再次,关于环境损害结论中污染物排放量是否正确的问题。前述刑事判决书已认定鹏展公司非法排放废盐酸达717.14吨。而且,重庆市南岸区环境监测站的多份监测报告显示,污染地渗出水的废水种类与鹏展公司非法排放废盐酸种类一致。故鹏展公司对《评估报告》确定的污染物排放量的异议不成立。最后,关于虚拟治理成本是否合理的问题。《关于虚拟治理成本法适用情形与计算方法的说明》规定:"单位虚拟治理成本的确定,有收费标准的,优先适用收费标准法,使用时需要对收费标准的合理性进行判断;没有收费标准的,优先适用实际调查法。"按照《重庆市物价局关于调整危险废物处置收费标准的通知》的规定,一般危险废物的废液处置工艺成本不超过3000元/吨。结合重庆天志环保有限公司出具的价格说明及其处置HW23类含锌废物的价格考虑,重庆市环境科学研究院确定案涉废盐酸的单位虚拟治理成本为3000元/吨较为合理。故瑜煌公司、顺泰公司和鹏展公司提出本案单位虚拟治理成本过高的理由不成立,不予支持。总之,《评估报告》程序合法,结果客观、公正,可以作为认定本案事实的依据,对该《评估报告》确定的生态环境损害赔偿金6 479 360元予以采纳。

二、关于鹏展公司的排放行为与环境污染有无因果关系的问题

根据《中华人民共和国侵权责任法》第六十五条"因污染环境造成损害的,污染者应当承担侵权责任"以及第六十六条"因污染环境发生纠纷,污染者应当就法律规定的不承担责任或者减轻责任的情形及其行为与损害之间不存在因果关系承担举证责任"的规定,污染环境造成损害的,应由污染者承担侵权责任,且适用无过错责任原则和举证责任倒置原则。鹏展公司通过外接管道的方式将数百吨废盐酸排放至公司厕所下水道再流至外环境,必然导致环境污染。《评估报告》从污染行为的明确性、时间顺序的合理性、污染物传输路径的合理性和污染特征的合理性四个方面详细分析,判定环境损害结果与鹏展公司非法排放废盐酸行为之间存在直接因果关系。且生效的刑事判决已对鹏展公司的污染行为作了事实认定,故鹏展

公司对此提出的异议不成立，其应承担污染者的侵权责任。

三、关于瑜煌公司、顺泰公司与鹏展公司是否构成共同侵权的问题

根据《中华人民共和国固体废物污染环境防治法》(2015年修正)第五条规定："国家对固体废物污染环境防治实行污染者依法负责的原则。产品的生产者、销售者、进口者、使用者对其产生的固体废物依法承担污染防治责任。"该法第十七条第一款规定："收集、贮存、运输、利用、处置固体废物的单位和个人，必须采取防扬散、防流失、防渗漏或者其他防止污染环境的措施；不得擅自倾倒、堆放、丢弃、遗撒固体废物"。鹏展公司对危险废物进行回收利用、处置，具有采取防止污染环境措施的法定职责，其应当取得相应危险废物的处置资质。瑜煌公司、顺泰公司作为生产厂家，对其产生的危险废物负有依法承担污染防治责任的法定义务，在自己无危险废物处置资质情况下，必须交由取得相应危险废物经营许可证的企业进行处置、利用。瑜煌公司、顺泰公司与鹏展公司在《工矿产品购销合同》中约定的价格420元/吨，既包含购买新盐酸还包含处置废盐酸，该价格明显不足以承担正常无害化处置废盐酸的费用。瑜煌公司、顺泰公司虽辩称其在与鹏展公司签订购销合同时，知晓鹏展公司将废盐酸交由蓝洁公司再生利用，其与鹏展公司没有共同的环境侵权故意，但蓝洁公司在瑜煌公司、顺泰公司与鹏展公司签约及履约时并不具备再生利用案涉废盐酸的资质，故瑜煌公司、顺泰公司在明知鹏展公司、蓝洁公司均无处置、再生利用废盐酸资质的情况下，应当预见到其将废盐酸交由鹏展公司会存在极大的环境风险。瑜煌公司、顺泰公司在明知废盐酸极有可能被非法排放的情况下，对此持放任态度，客观上也为违法排放行为的完成提供了条件，造成了环境污染的严重结果。由于环境侵权不同于一般侵权行为，具有主体的不平等性、侵害对象的广泛性和损害结果的潜伏性、滞后性与放大性等特点，根据《中华人民共和国侵权责任法》第八条"二人以上共同实施侵权行为，造成他人损害的，应当承担连带责任"以及《最高人民法院关于审理环境侵权责任纠纷案件适用法律若干问题的解释》第二条"两个以上污染者共同实施污染行为造成损害，被侵权人根据侵权责任法第八条规定请求污染者承担连带责任的，人民法院应予支持"的规定，本案系环境污染侵权纠纷，瑜煌公司、顺泰公司作为危险废物的生产者，将该危险废物交给

明知无危险废物处置资质的鹏展公司进行处置,主观上虽没有明确的共同意思联络,但客观上造成环境污染的严重后果,故二者的行为结合构成共同实施污染行为,属于两个以上污染者共同实施污染行为造成损害,依法应当承担连带责任。

四、关于瑜煌公司、顺泰公司在污染环境行为中的责任大小问题

《中华人民共和国侵权责任法》第十二条规定:“二人以上分别实施侵权行为造成同一损害,能够确定责任大小的,各自承担相应的责任;难以确定责任大小的,平均承担赔偿责任”。其一,生效的刑事判决已经认定鹏展公司违法排放的废盐酸717.14吨来自于瑜煌公司、顺泰公司。其二,鹏展公司的罐车驾驶员、押送员均陈述鹏展公司的废盐酸来自于瑜煌公司和顺泰公司,且顺泰公司的出门条亦显示鹏展公司在非法排放废盐酸期间多次从顺泰公司运回废盐酸。其三,据以统计废盐酸数量的出门条系顺泰公司的格式化出门条,该出门条上虽然加盖有瑜煌公司采购部印章,但部分出门条上有顺泰公司管理人员的签名。其四,本案因环境污染实行举证责任倒置,顺泰公司没有举示其提供给鹏展公司废盐酸的具体数量或合法处置废盐酸的相关证据,应承担举证不能的不利后果。顺泰公司不应承担侵权责任的辩解理由不能成立。综上,本案现有证据无法区分来源于瑜煌公司、顺泰公司废盐酸排放的具体数量或各自所占份额,难以确定二者的责任大小,故瑜煌公司和顺泰公司应对鹏展公司违法排放造成的环境侵权损失平均承担连带赔偿责任。

此外,对于市检察院五分院请求判令瑜煌公司、顺泰公司和鹏展公司承担鉴定费的诉讼请求。根据《最高人民法院关于审理环境民事公益诉讼案件适用法律若干问题的解释》第二十二条“原告请求被告承担检验、鉴定费用,合理的律师费以及为诉讼支出的其他合理费用的,人民法院可以依法予以支持”的规定,市检察院五分院主张此次委托评估所支出的技术咨询费为5000元,并提供了合同、票据予以证明,予以支持。

对于市检察院五分院请求判令瑜煌公司、顺泰公司和鹏展公司向社会公众赔礼道歉的诉讼请求。《最高人民法院关于审理环境民事公益诉讼案件适用法律若干问题的解释》第十八条的规定:“对污染环境、破坏生态,已经损害社会公共利益或者具有损害社会公共利益重大风险的行为,原告可以请求被告承担停止侵害、排除妨碍、消除危险、恢复原状、赔偿损失、赔礼道歉等民事责任。”本案瑜煌公司、顺泰公司和鹏展公司污染环境行为的后果严重，并引起社会及媒体关注，造成了不良的社会影响，损害了社会公众享有美好生态环境的精神权益，理应通过媒体方式对社会公众进行赔礼道歉，以消除不良社会影响。市检察院五分院要求判令瑜煌公司、顺泰公司和鹏展公司在重庆市市级以上媒体向社会公众赔礼道歉，有事实和法律依据，予以支持。

综上，公益诉讼起诉人市检察院五分院的诉讼请求有事实根据和法律依据，予以支持。一审判决：一、鹏展公司赔偿因非法排放废盐酸产生的生态环境修复费用 6 479 360 元、技术咨询费 5000 元，合计 6 484 360 元，限本判决生效之日起十日内支付至一审法院指定的司法生态修复费专款账户（户名：重庆市第五中级人民法院；账号：5001021110180100026l5；开户行：交通银行重庆分行解放西路支行）；二、瑜煌公司和顺泰公司对本判决第一项确定的鹏展公司的赔偿款分别承担 3 242 180元的连带清偿责任；三、鹏展公司、瑜煌公司和顺泰公司在本判决生效之日起三十日内在重庆市市级以上媒体向社会公众赔礼道歉。如果未按本判决指定的期间履行给付金钱义务，应当按照《中华人民共和国民事诉讼法》第二百五十三条之规定，加倍支付迟延履行期间的债务利息。本案案件受理费 57 191 元，由鹏展公司、瑜煌公司及顺泰公司共同负担。

本院二审期间，上诉人瑜煌公司和顺泰公司提交了新证据。上诉人瑜煌公司举示了以下两组新证据。第一组：1. 瑜煌公司酸雾锌烟收集处理系统改造合同及付款凭证。2. 瑜煌公司生活污水治理整改工程合同及付款凭证。3. 瑜煌公司废气监测能力提升项目合同及付款凭证。4. 瑜煌公司焊接烟尘净化设备采购合同及付款凭证。5. 瑜煌公司助镀槽再生系统改造合同及付款凭证。该组证据是在一审开庭后形成，拟证明瑜煌公司案发至今共投入了 642 万余元用于技术改造，截至目前已经支付 263 万余元，尚欠 379 万余元。第二组：6. 瑜煌公司 2019 年资产负债表。7. 瑜煌公司 2019 年利润表。该两份证据拟证明瑜煌公司 2019 年经营亏损超 5600 万元，出现经营困难。上诉人顺泰公司举示了以下两组新证据。第一组：1. 顺泰公司助镀槽再生系统改造合同及付款凭证。2. 顺泰公司焊接烟尘净化设备采购合同及付款凭证。该组证据均产生于一审后，结合一审提交的技术改造合同及付款凭证等共同证明,顺泰公司在案发后至今共投入 359 万余元用于技术改造。第二组:3. 顺泰公司审计报告。该组证据证明截至 2019 年 12 月 31 日顺泰公司存在 1.23 亿元的亏损。瑜煌公司和顺泰公司称,举示新证据的目的在于申请法院同意其分期支付赔偿金以及用于环保技术改造的资金抵扣应承担的生态环境损害赔偿金。本院组织当事人进行了证据交换和质证。市检察院五分院质证认为,认可瑜煌公司和顺泰公司在技术改造方面有投入,但这些投入与本案已经造成的环境损害无关。鹏展公司质证认为,从时间上看,这些证据与本案不具有关联性,不能减轻瑜煌公司和顺泰公司在本案中应承担的责任。本院认为,瑜煌公司和顺泰公司举示的新证据具有真实性、合法性,可以证明其在事发后进行了环保技术改造。

本院对一审查明的事实予以确认。

庭审后,瑜煌公司和顺泰公司向本院提交申请称,瑜煌公司和顺泰公司在 2019 年出现经营困难,受新冠肺炎疫情影响,2020 年经营困难进一步加剧,希望法院同意分期支付,并提出了具体的分期支付计划。同时,瑜煌公司和顺泰公司在事发后投入了大量的资金进行环保技术改造,并表示愿意今后继续加大环保技术改造投入,减少生产过程中的废酸产量、分离废酸中的含锌废物,降低环境风险,申请法院对环保技术改造费用抵扣其应当承担的生态环境损害赔偿金。

市检察院五分院向本院提交申请,申请在技术咨询费执行到位后向该院指定账户支付。

本院认为,本案的争议焦点是:一、瑜煌公司、顺泰公司是否均应对鹏展公司非法排放危险废物的行为承担连带责任;二、瑜煌公司与顺泰公司的责任应当如何分担;三、采用虚拟治理成本法确定本案的生态环境损害后果是否正确;四、瑜煌公司和顺泰公司用于技术改造的资金能否用以抵扣其应承担的生态环境损害赔偿金。

一、关于瑜煌公司、顺泰公司是否均应对鹏展公司非法排放危险废物的行为承担连带责任的问题

《中华人民共和国固体废物污染环境防治法》(2015 年修正)第五十七条规定:"从事收集、贮存、处置危险废物经营活动的单位,必须向县级以上人民政府环境保护行政主管部门申请领取经营许可证;从事利用危险废物经营活动的单位,必须向

国务院环境保护行政主管部门或者省、自治区、直辖市人民政府环境保护行政主管部门申请领取经营许可证。具体管理办法由国务院规定。禁止无经营许可证或者不按照经营许可证规定从事危险废物收集、贮存、利用、处置的经营活动。禁止将危险废物提供或者委托给无经营许可证的单位从事收集、贮存、利用、处置的经营活动。”根据前述规定,鹏展公司对涉案危险废物的收集、处置必须申请领取经营许可证,但鹏展公司并未取得危险废物经营许可证。瑜煌公司、顺泰公司作为危险废物的生产者,具有污染防治的法定义务,不得将危险废物提供或者委托给无经营许可证的单位从事收集、贮存、利用、处置。本案中瑜煌公司和顺泰公司理应知道其酸洗后的废液中不仅含有废盐酸,还包括含锌废物。瑜煌公司、顺泰公司与鹏展公司在《工矿产品购销合同》中约定购买新盐酸和处置废盐酸的总费用为420元/吨。三家公司作为长期从事盐酸销售、利用的企业,理应知道该价格明显低于正常无害化处置废盐酸的成本。鹏展公司低价处置废盐酸,故将危险废物回收后不经合法处置直接非法排放具有高度可能性,这种可能性亦在瑜煌公司和顺泰公司可以预见的范围之内。但为降低生产成本,瑜煌公司和顺泰公司对鹏展公司将严重污染环境的非法处置行为持放任的心态,没有采取任何有效措施防止环境污染结果的发生。瑜煌公司和顺泰公司各自将危险废物交由鹏展公司处置、鹏展公司将危险废物非法排放,该系列行为属于《中华人民共和国侵权责任法》第八条及《最高人民法院关于审理环境侵权责任纠纷案件适用法律若干问题的解释》第二条规定的“二人以上共同实施”的侵权行为,应认定为共同侵权。瑜煌公司和顺泰公司应分别对鹏展公司造成的生态环境损害承担连带赔偿责任。瑜煌公司关于危险废物并非从其控制下直接进入外环境、只是不作为侵权、只应承担不超过10%的按份责任和顺泰公司关于其不应承担责任的上诉理由均不能成立。

二、关于瑜煌公司与顺泰公司的责任分担问题

顺泰公司主张鹏展公司违法排放的717.14吨危险废物全部来自瑜煌公司,顺泰公司不应承担责任。本院认为,顺泰公司该上诉主张不能成立,理由如下:第一,在重庆市江津区人民法院审理的(2017)渝0116刑初1号鹏展公司、张治建等污染环境一案中,公诉机关根据2015年6月2日至2016年3月22日期间瑜煌公司过磅单及加盖了瑜煌公司采购部印章的出门条,认定鹏展公司从瑜煌公司处运出的危险废物有1234.9吨,扣除事发当天被查获的危险废物37.82吨和交由蓝洁公司回收利用的危险废物479.94吨,剩下的危险废物为717.14吨。由于顺泰公司自身管理不规范,没有对每次从该公司运出的危险废物计量,致使公安机关无法查清从顺泰公司处实际运出的危险废物重量,公诉机关未将该部分计入犯罪总量,仅以717.14吨作为鹏展公司非法排放的危险废物数量符合刑事诉讼"排除合理怀疑"的证明标准。第二,从民事诉讼的角度,现有证据可以证实在鹏展公司非法排放危险废物期间顺泰公司亦将大量的危险废物交给鹏展公司处置。重庆市江津区人民法院(2017)渝0116刑初1号刑事案件中鹏展公司驾驶员、押运员的证言可以证明曾从顺泰公司处运出危险废物,车辆每次运输的危险废物重量为二三十吨左右,该重量与鹏展公司此前向蓝洁公司供货时每张供货单载明的重量基本吻合。市检察院五分院一审期间举示了顺泰公司的出门条,显示2015年6月2日至2016年3月22日期间,鹏展公司车辆从顺泰公司处运出危险废物达30余次,可以推定此期间从顺泰公司运出的危险废物重量可能达600-900吨。第三,本案现有证据无法区分鹏展公司非法排放的危险废物中瑜煌公司、顺泰公司各自提供的具体数量或所占份额,难以确定二者的责任大小。《中华人民共和国侵权责任法》第十二条规定:"二人以上分别实施侵权行为造成同一损害,能够确定责任大小的,各自承担相应的责任;难以确定责任大小的,平均承担赔偿责任"。一审法院据此判决瑜煌公司和顺泰公司应对鹏展公司所造成的生态环境损害平均承担责任并无不当。顺泰公司主张其不应承担责任的理由不能成立。

三、关于采用虚拟治理成本法确定本案的生态环境损害后果是否正确的问题

瑜煌公司和顺泰公司认为,根据一审证据材料,废盐酸的处置价格应当为195.66元/吨,而不应当是3000元/吨,《评估报告》中确定的单位治理成本不符合客观事实。对此,本院认为,重庆市环境科学研究院在《评估报告》中将3000元/吨作为单位治理成本并无不当。具体理由如下:第一,重庆市环境科学研究院是原环境保护部推荐的环境损害鉴定评估机构,重庆市环境科学研究院具有从事环境损害评估的资质。第二，原环境保护部办公厅《关于虚拟治理成本法适用情形与计算方法的说明》规定："单位治理成本的确定：指工业生产企业或专业污染治理企业治理单位废气、废水、固体废物或单位特征污染物所发生的费用，包括能源消耗、设备维修、人员工资、管理费、药剂费等处理设施运行费及固定资产折旧费等有关的其他费用。推荐采用实际调查法、收费标准法、成本函数法三种方法，来获取不同类型污染物的单位治理成本。有收费标准的，优先适用收费标准法，使用时需要对收费标准的合理性进行判断；没有收费标准的，优先适用实际调查法。"《关于虚拟治理成本法适用情形与计算方法的说明》对"收费标准法"进一步明确，"对于废水和固体废物的单位治理成本，可以采用处理相同或相近污染物的园区集中式污水处理设施与危险废物处理企业最新的收费标准作为单位治理成本。"本案中，经环保行政主管部门认定，鹏展公司向外环境排放的废液为 HW23 含锌废物。重庆天志环保有限公司系重庆市内具有处置 HW23 含锌废物资质的企业，其出具的价格说明表明 2012 年至 2016 年期间其处置含 HW23 的废液价格为 2800 – 4500 元/吨。一审中市检察院五分院举示了该价格说明，并经庭审质证，可以作为证据采信。重庆市物价局《关于调整危险废物处置收费标准的通知》规定，一般危险废物的废液处置工艺成本不超过 3000 元/吨。因此，重庆市环境科学研究院将 3000 元/吨作为单位治理成本符合《关于虚拟治理成本法适用情形与计算方法的说明》中相关规定。瑜煌公司和顺泰公司关于将 3000 元/吨作为单位治理成本不当的理由亦不能成立。

四、关于技术改造费用能否用以抵扣应承担的生态环境损害赔偿金的问题

在环境污染事件发生后或者在公益诉讼过程中甚至在判决执行过程中，企业如果已经实施或者将要实施环保技术改造，因此而产生的费用能否用以抵扣企业应承担的生态环境损害赔偿金，当前法律和司法解释没有明确规定。本院认为，环境公益诉讼作为环境保护法确立的重要诉讼制度，其诉讼目的不仅仅是追究环境侵权责任，更重要的是督促引导环境侵权人实施环境修复，鼓励企业走生态优先、绿色发展的道路，实现环境保护同经济建设和社会发展相协调。对技术改造费用能否用以抵扣应承担的生态环境损害赔偿金的问题，应秉持前述环境司法理念，对

企业实施的环保技术改造的项目和目的加以区分，分类对待。具体而言，如果企业实施的环保技术改造的项目和目的仅满足其环境影响评价要求、达到排污许可证设定的污染物排放标准或者履行其他法定的强制性义务，那么对该部分技术改造费用应不予抵扣；如果企业在已完全履行法律对企业设定的强制性环境保护义务基础之上，通过使用清洁能源、采用更优技术、工艺或设备等方式，实现资源利用率更高、污染物排放量减少、废弃物综合利用率提升等效果，则该部分技术改造费用就应考虑予以适当抵扣。

瑜煌公司和顺泰公司在本次污染事件发生后，投入资金开展酸雾收集、助镀槽再生系统、焊接烟尘收集处理系统、废气监测、生化池及生活污水池等多个方面的技术改造，环境保护水平有所提升。瑜煌公司和顺泰公司目前已经开展的环保技术改造，有的属于履行法律规定的强制性义务，有的已超出了强制性义务的范畴。对于超出履行强制性义务范畴的技术改造所投入的资金，本可以抵扣其应承担的生态环境损害赔偿金。由于市检察院第五分院在统计鹏展公司非法排放的危险废物数量时无法精确统计顺泰公司提供的危险废物数量，瑜煌公司与顺泰公司仅就717.14吨危险废物造成的生态环境损害承担赔偿责任，但实际上鹏展公司非法排放的危险废物并不止717.14吨。基于此，为更好地保护社会公共利益，对瑜煌公司和顺泰公司在本案二审前已经开展的环保技术改造所投入的资金，在本案中不予以抵扣。

瑜煌公司和顺泰公司在庭审后向本院表示，愿意继续进行技术改造，实现含锌废物和废盐酸的分离，延长盐酸的利用周期提高使用效率，减少废盐酸的产量，从而实现危险废物的减量化。《中华人民共和国循环经济促进法》第三条规定：“发展循环经济是国家经济社会发展的一项重大战略。”《中华人民共和国环境保护法》第四十条第一款规定：“国家促进清洁生产和资源循环利用。”第三款规定：“企业应当优先使用清洁能源，采用资源利用率高、污染物排放量少的工艺、设备以及废弃物综合利用技术和污染物无害化处理技术，减少污染物的产生。”《中华人民共和国环境保护法》第三十六条规定，“国家鼓励和引导公民、法人和其他组织使用有利于保护环境的产品和再生产品，减少废弃物的产生。”可以看出，企业在生产、流通和消费等过程中进行减量化、再利用、资源化活动，属于法律对企业的倡导性义务。由于对危险废物的减量化、再利用和资源化并非瑜煌公司、顺泰公司的强制性义务，同时，该技术改造对热镀锌酸洗的企业亦具有示范作用，从鼓励、引导企业主动投入资金实现危险废物的循环利用降低环境风险的角度，本院认为，可以对此部分投入的资金进行一定幅度的抵扣。《最高人民法院关于审理环境民事公益诉讼案件适用法律若干问题的解释》第二十四条规定："人民法院判决被告承担的生态环境修复费用、生态环境受到损害至恢复原状期间服务功能损失等款项，应当用于修复被损害的生态环境。其他环境民事公益诉讼中败诉原告所需承担的调查取证、专家咨询、检验、鉴定等必要费用，可以酌情从上述款项中支付。"本案中，由于河流具有自净能力，受到污染的水体现已无必要进行生态环境的修复。瑜煌公司和顺泰公司承诺实施的技术改造，有利于实现污染物的减量化、再利用和资源化，将有利于降低当地的环境风险。将瑜煌公司和顺泰公司已实际支付的环保技术改造费用用于抵扣其应承担的生态环境损害赔偿金，符合环境公益诉讼维护社会公共利益的目的。为支持企业绿色转型，鼓励瑜煌公司和顺泰公司投入更多的资金用于节能减排，本院将瑜煌公司和顺泰公司各自可以抵扣的上限设定为其应承担的生态环境损害赔偿金的50%。若瑜煌公司和顺泰公司在本判决生效后开展技术改造，在相同产能的前提下明显减少危险废物的产生或降低资源的消耗，且未因环境违法行为受到处罚，其已支付的技术改造费用可以凭技术改造效果评估意见和具有法定资质的中介机构出具的技术改造投入资金审计报告，向人民法院申请抵扣。

在环境民事公益诉讼案件中，既要确保受损的生态环境得到及时有效修复，又要给予正确面对自身环境违法行为、愿意积极承担环境法律责任的企业继续进行合法生产经营的机会，实现保护生态环境与促进经济发展的平衡。新冠肺炎疫情期间，瑜煌公司和顺泰公司的生产经营受到一定影响，两家企业在案发后投入大量资金实施技术改造，且部分尚欠的技术改造费用已到清偿期，两家企业当前均出现一定程度的经营困难。《中华人民共和国侵权责任法》第二十五条规定："损害发生后赔偿费用应当一次性支付，一次性支付确有困难的可以分期支付，但应当提供相应的担保。"在企业出现问题和困难的时候，人民法院应当发挥促发展、稳预期、保民生的司法功能，最大限度维持企业的持续经营能力，故本院依法对瑜煌公司和顺泰公司请求分期支付的意见予以采纳，准许其两年内分三期支付生态环境损害赔偿金，具体支付方式为瑜煌公司和顺泰公司在提供有效担保的前提下，首期支付赔偿金的25%；第二期、第三期分别支付赔偿金的25%和50%。

综上所述，瑜煌公司关于只应承担不超过10%的按份责任和顺泰公司关于不应承担责任的上诉理由不能成立。鉴于二审中出现的新情况，本院对瑜煌公司和顺泰公司分期支付赔偿金以及用今后技术改造产生的费用予以抵扣其应承担的赔偿金的申请予以准许。依据《中华人民共和国侵权责任法》第二十五条，《中华人民共和国环境保护法》第三十六条、第四十条第一款，《中华人民共和国循环经济促进法》第三条及《中华人民共和国民事诉讼法》第一百七十条第一款第二项之规定，判决如下：

一、维持重庆市第五中级人民法院(2019)渝05民初256号民事判决第一、第三项；

二、撤销重庆市第五中级人民法院(2019)渝05民初256号民事判决第二项；

三、重庆瑜煌电力设备制造有限公司、重庆顺泰铁塔制造有限公司对重庆市鹏展化工有限公司应承担的生态环境损害赔偿金分别承担3 242 180元的连带清偿责任。重庆瑜煌电力设备制造有限公司、重庆顺泰铁塔制造有限公司在向重庆市第五中级人民法院提供有效担保后，按照25%、25%及50%的比例分三期支付。具体支付时间为本判决生效之日起十日内各支付809 920元及技术咨询费2500元;2021年12月31日前各支付809 920元;2022年12月31日前各支付1 619 840元。技术咨询费在执行到位后十日内支付到重庆市人民检察院第五分院指定的账户；

四、如果重庆瑜煌电力设备制造有限公司、重庆顺泰铁塔制造有限公司在本判决生效后实施技术改造，在相同产能的前提下明显减少危险废物的产生或降低资源的消耗，且未因环境违法行为受到处罚，其已支付的技术改造费用可以凭技术改造效果评估意见和具有法定资质的中介机构出具的技术改造投入资金审计报告，可在支付第三期款项时向人民法院申请抵扣。

如果未按本判决指定的期间履行给付金钱义务，应当按照《中华人民共和国民事诉讼法》第二百五十三条之规定，加倍支付迟延履行期间的债务利息。

一审案件受理费57 191元,重庆市鹏展化工有限公司和重庆瑜煌电力设备制造有限公司连带负担28 595.5元,重庆市鹏展化工有限公司和重庆顺泰铁塔制造有限公司连带负担28 595.5元。二审案件受理费57 191元,重庆瑜煌电力设备制造有限公司负担28 595.5元,重庆顺泰铁塔制造有限公司负担28 595.5元。

本判决为终审判决。

审 判 长　唐亚林

审 判 员　赵　翎

审 判 员　黄　成

二〇二〇年十二月二十四日

书 记 员　陈书晓